Hans Günther Homfeldt (Hrsg.):

Erlebnispädagogik

Geschichtliches
Räume und Adressat(inn)en
Erziehungswissenschaftliche Facetten
Kritisches

2. korrigierte Auflage

Schneider Verlag Hohengehren GmbH

Umschlaggestaltung:
Wolfgang H. Ariwald, BDG, 59519 Möhnesee

Gedruckt auf umweltfreundlichem Papier (chlor- und säurefrei hergestellt).

Die Deutsche Bibliothek – CIP-Einheitsaufnahme

Erlebnispädagogik : Geschichtliches, Räume und Adressat(inn)en, erziehungswissenschaftliche Facetten, Kritisches / Hans Günther Homfeldt (Hrsg.). – 2., korrigierte Aufl. – Baltmannsweiler : Schneider-Verl. Hohengehren, 1995
   ISBN 3-87116-994-3
NE: Homfeldt, Hans Günther [Hrsg.]

Alle Rechte, insbesondere das Recht der Vervielfältigung sowie der Übersetzung, vorbehalten. Kein Teil des Werkes darf in irgendeiner Form (durch Fotokopie, Mikrofilm oder ein anderes Verfahren) ohne schriftliche Genehmigung des Verlages reproduziert werden.
© Schneider Verlag Hohengehren GmbH., Baltmannsweiler, 1995.
   Printed in Germany – Druck: Wilhelm Jungmann, Göppingen

Inhaltsverzeichnis

Ein Wort vorweg 1

Erlebnispädagogik – ihre Zeiten und Konjunkturen 5

Jürgen Oelkers:
„Erlebnispädagogik": Ursprünge und Entwicklungen 7

Horst Dräger:
Erlebnis als unmittelbarer Weg der Führung. Perversionen des Erlebens in der NS-Zeit 27

Hans Thiersch:
Abenteuer als Exempel der Erlebnispädagogik 38

Erlebnispädagogik – ihre Räume und Adressat(inn)en, Reflexionen und Kritisches 55

Josef Koch:
Der riskierte Körper und die Pädagogik. Zur Rolle von Wagnis und Abenteuer bei benachteiligten Jugendlichen 57

Lotte Rose:
Zur Bedeutung der Abenteuerlust im weiblichen und männlichen Individuationsprozeß 70

Werner Nickolai:
Erlebnispädagogik in der Straffälligenhilfe 82

Jörgen Schulze:
Action und Abenteuer – ein Weg zu rechten Jugendlichen? Möglichkeiten und Grenzen einer erlebnisbezogenen Pädagogik 92

Rüdiger Gilsdorf:
Erlebnispädagogik auf dem Weg zurück in die Schule 101

Waldemar Vogelgesang:
Jugendliche Videocliquen – (k)eine Herausforderung für die Erlebnispädagogik 114

Gerd Brenner:
Erlebnispädagogik – ein Rettungsring für die Jugendarbeit? 128

Erziehungswissenschaftliche Facetten 143

Hans G. Bauer:
Erleben als Aktionismus oder Bildungsansatz? 145

Volker Maaß:
Lebendiges Lernen und lebensweltorientiertes Hilfesystem. Neue Gedanken zu einer umfassenderen Erlebnispädagogik in der Erziehungshilfe .. 154

Richard Münchmeier / Christian v. Wolffersdorff:
Lebensweltorientierte Jugendhilfe und Erlebnispädagogik 167

Boje Maaßen:
Naturerleben mit Kindern und Jugendlichen 181

Günther Bittner:
Wie „erlebt" das Kind? 190

Werner Michl:
Anthropologische Grundlagen der Erlebnispädagogik 203

Hans Günther Homfeldt:
„Am Anfang steht die Zumutung" – ein Beitrag zum pädagogischen Können in der Erlebnispädagogik 218

Autor(inn)en 237

Ein Wort vorweg

> „In den Ruinen enttraditionalisierter Lebensformen und Lebenswelten breitet sich die Identitätskrise wie eine Epidemie aus. Diese ... öffnet das Innen der Menschen dem expansiven Zugriff florierender Erlebnisindustrien, Religionsbewegungen und politischer Doktrinen. Spaß und Freude, Schmerz und Tränen, Erinnerung, Phantasie und die Hingabe an den Augenblick, Hören, Sehen und Fühlen, werden aus ihrer noch verbliebenen traditionellen Ich-Zuständigkeit und Spontaneität herausgelöst und unter marktfördernden Moden wechselnden Innenstandardisierungen unterzogen."
>
> (U. Beck 1985, S. 111)

Erlebnisangebote als kommerzialisierte Dienstleistungen in einer postindustriellen Gesellschaft? Vorzugsweise geeignet zur privaten Nutzung und zum Auftanken für den Einsatz im öffentlichen Leben, in dem es zunehmend mehr einzig um den Abruf von Fertigkeiten und den Verkauf von Informationen geht? Ist Erleben ein Rettungsanker zum Überleben in einer sinnlich dürftigen Zeit? Oder aber ein verführender, die Ratio suspendierender modisch werbewirksamer Spot der Warenwelt? Im Spannungsfeld wachsenden Reichtums und steigender Arbeitslosigkeit, automobiler Bewegungsmöglichkeiten und zerstörter Natur hat Abenteuer und Erlebnis in immer neuen Figuren hohe Konjunktur (H.G. Bauer, W. Nickolai 1989). So bietet der Möbelmarkt das Sparerlebnis an; Kaufhof und Horten werden zu Erlebnishäusern, ihre Geschäftsführer zu Empfangsherren (Der Spiegel, H. 26, 1992, S. 83–86) für Kunden, die nichts mehr brauchen. Und schließlich bizarr genug: Nicht wenige Autofahrer brausen genußvoll in den Stau. In ihm stillen sie „ihren Erlebnishunger mit fast masochistischer Lust am Stillstand". Erst erschöpft und zerschlagen fühle man sich wohl; denn der Stau sei einer der letzten Abenteuer unserer Zivilisation (Th. Kleine-Brockhoff u.a.. 1992, S. 16). Es werden Erlebnisspielplätze von den politischen Fraktionen für städtische Regionen gefordert, die über Jahrzehnte fürs Kinderleben unwirtlich geworden sind. Es ist zu lesen, daß Erlebnisschwimmbäder klassischen Schwimmhallen die Besucher wegschnappen (FR, 18. März 1992, S. 11). Sind dies aber passende Angebote und Nischen insbesondere für Jugendliche, durch die und in denen sie zu sich kommen, ihre Erfahrungen sammeln können, ihre Spuren hinterlassen und ihre Kraft spüren können? Wohl kaum. Die durchorganisierte Gesellschaft bietet kaum Freiflächen (vgl. K. Hurrelmann im Stern, 1992, H. 32). Auch die Jugendarbeit erscheint zu gleichförmig und pädagogisiert. So finden Jugendliche ohne Lenkung Erwachsener ihre Erlebnisräume. Auf der Suche nach Nervenkitzel werden die Mittel härter und immer tollkühner. Die Konsumgesellschaft lebt es den Jugendlichen vor und steigert ihren Erlebniszwang: in der Gestalt von Traumwelten zum Abschalten, in Tropenparadiesen in Holland und Belgien. Wesentliche Merkmale in Anspruch genommener Konsumerlebnisse sind der Hunger nach mehr und die Suche nach anderen Superlativen. Auf die so immer sichtbarer werdende Welt des Scheins verweist G. Schulze in seinem Werk zur Erlebnisgesellschaft (1992). In der Ästhetisierung des Alltagslebens werden die Zwecke moderner Rationalität in die Handelnden gelegt, indem Einkauf, Ausgehen, Urlaub, Konzert, Essen, Kleiden, Spazierengehen zu einem erlebnisrationalen Handeln werden. Mit der Ästhetisierung einher geht die Idealisierung. Stets entspannt sein, locker bleiben, anstrengungsfrei agieren sind in. Das Anstrengende, Problembezogene, Verschattete darf nicht sein. In dieser Zeit des Massenkonsums und Naturverbrauchs ist es schwer, aus einem inneren Bedeutungskern zu leben. Naheliegend ist es vielmehr, das Leben in diversen Sinnprovinzen als Subjekt der Augenblicke zu leben, das kaum Zeit findet, die eigene Biographie zu reflektieren. Vergangenheit und Gegenwart rücken durch Massenmedien nebeneinander. Entfernte Zeiten und Räume lassen sich mühelos abbilden. Erlebnispädagogik ist in ihrer Absicht ein Gegenversuch. Er richtet sich auf gewachsene und widerständige Natur. Indem Menschen der Natur möglichst nahekommen, werden sie selbst zu einem Stück begriffener und ergriffener Natur. In dieser Weise treten sie aus der Verengung von Warenwelt und Konsumerleben heraus – so der Anspruch (vgl. W. Fürst 1992, S. 71 ff).

Die Geschichte des Wortes Erlebnis ist erst knapp 200 Jahre alt (K. Sauerland 1972, S. 1, vgl. auch H.-G. Gadamer 1986[5], S. 66). H.-G. Gadamer schreibt, Erlebnis evoziere Kritik am Rationalismus der Aufklärung. „Schleiermachers Berufung auf das lebendige Gefühl gegen den kalten Rationalismus der Aufklärung, Schillers Aufruf zur ästhetischen Freiheit gegen den Mechanismus der Gesellschaft, Hegels Entgegensetzung des Lebens (später: des Geistes) gegen die Positivität waren der Vorklang eines Protestes gegen die moderne Industriegesellschaft, der im Anfang unseres Jahrhunderts die Worte Erlebnis und Erleben zu Losungsworten vom fast religiösen Klang aufsteigen ließ. Der Aufstand der Jugendbewegung gegen die bürgerliche Bildung und ihre Lebensform stand unter diesem Zeichen. Der Einfluß Friedrich Nietzsches und Henri Bergsons wirkte in dieser Richtung" (H.-G. Gadamer 1986[5], S. 69).

W. Dilthey hat Erleben als eine Kategorie von Leben im Zusammenhang mit Verstehen in erkenntnissystematischer Absicht in die Pädagogik aufgenommen (vgl. W. Dilthey 1973[6], S. 229ff). In der Reformpädagogik ist (Er-)Lebensbezug die sinnstiftende Figur für schulische Praxisgestaltung. Auf Ursprünge, Voraussetzungen und Entwicklungen der Erlebnispädagogik wird der Beitrag von J. Oelkers eingehen.

Zu Beginn der 70er Jahre formulierte K. Sauerland (1972, S. 169), daß der Begriff des Erlebnisses nach wie vor, vor allem nach seinem Mißbrauch im Dritten Reich, diskreditiert sei, zumindest in der Literaturwissenschaft.

„Als Schlagwort der deutschen Geisteswissenschaft und des Irrationalismus

Ein Wort vorweg

schlechtester Prägung sowie faschistoider und faschistischer Richtungen hat er Überdruß und Mißbehagen hervorgerufen", schreibt die Autorin. Wie im Dritten Reich Erlebnis zur Führung und Verführung junger Menschen pervertierte, zeigt der Beitrag von H. Dräger. Und wie steht es um die Ausprägung und Aktualität von Erlebnispädagogik heute? Dies erhellt H. Thiersch in seinen Ausführungen.

Daß Bild und Einschätzung höchst uneinheitlich sind, dokumentieren insgesamt die Beiträge des zweiten Teils in diesem Sammelband

- indem sie auf die Bedeutung von Abenteuerlust für benachteiligte Jugendliche (vgl. den Beitrag von Josef Koch) sowie für den weiblichen und männlichen Individuationsprozeß (vgl. den Beitrag von Lotte Rose) und nach der Aufgabenstellung der Pädagogik fragen

- indem sie Möglichkeiten und Grenzen in der Arbeit mit Straffälligen, rechten und rechtsextremen Jugendlichen (vgl. die Beiträge von Werner Nickolai und Jörgen Schulze) erörtern

- indem sie Möglichkeiten in der Schule vorstellen (vgl. den Beitrag von Rüdiger Gilsdorf)

- indem sie sichtbar machen, wie jugendliche Videocliquen ihre Erlebniswelt ohne pädagogische Übergriffe alltagsfunktional gestalten (vgl. W. Vogelgesang) und

- indem sie schließlich kritisch ausgewogen der Frage nachgehen, ob die in der Dauerkrise feststeckende Jugendarbeit durch Erlebnispädagogik erlöst werden kann (vgl. G. Brenner).

So gibt es in Schule und der Jugendarbeit schon lange keine Emanzipationskonzepte mehr. Von der „Last der großen Hoffnungen" (B. Müller 1985) haben sich beide verabschiedet. Ihr umfassender Krisenzustand zwingt, nach Rettungsankern Ausschau zu halten. Erlebnispädagogik könnte der hilflose und ungeeignete Versuch sein, unmotivierte, mißgestimmte, zu Gewalt neigende Menschen in die Gesellschaft zu integrieren, ohne jedoch diese in ihren fehlgesteuerten Strukturen antasten zu müssen. Bereits 1985 fragte G. Brenner (1985, S. 228):

„Bleibt die Erlebnispädagogik vielleicht doch nur eine mehr oder weniger hilflose Kompensation, eine Art erlebnisexotisches Kurzreservat für Jugendliche, deren Persönlichkeit durch ihre Lebensumstände defizient gemacht wurde?"

Während es im zweiten Teil des Sammelbandes vorzugsweise um die Erörterung ausgewählter erlebnispädagogischer Räume, Adressaten und Adressatinnen sowie Einrichtungen geht und dies in einem erziehungswissenschaftlichen Reflexionszusammenhang, so steht dieser in den Beiträgen des dritten Teils explizit im Vordergrund: Hans G. Bauer erarbeitet die Bildungskomponente erlebnispädagogischer Arbeiten und Volker Maaß ein entkolonialisierendes, lebensweltbezogenes Konzept in der Erziehungshilfe. Richard Münchmeier und Christian v. Wolffersdorff zeigen, wie sich lebensweltorientierte und erlebnispädagogische Ansätze in der Jugendhilfe sinnvoll ergänzen können. Während Günther Bittner allgemeinpädagogisch nach Antworten auf die Frage Wie „erlebt" das Kind?, dies auch autobiographisch, sucht, arbeitet Boje Maaßen die Differenz zwischen Naturerleben und Erlebnispädagogik heraus.

Anthropologische Grundlagen der Erlebnispädagogik stellt Werner Michl dar, während abschließend der Herausgeber auf der Basis eines Dialogs mit einem Heimleiter drei Denkfiguren zum (erlebnis-) pädagogischen Können entwickelt.

Der Sammelband ist um eine konstruktiv-kritische Reflexion der Erlebnispädagogik, um ihre Systematisierung in ersten Ansätzen und um die Einordnung als Teilpädagogik in die allgemeine Erziehungswissenschaft bemüht. Sind diese Anliegen in der Sicht unserer Leser und unserer Leserinnen in Ansätzen gelungen, so wird dies den Herausgeber erfreuen.

Literatur:

H. G. Bauer, W. Nickolai: Erlebnispädagogik in der sozialen Arbeit. Lüneburg 1989.

U. Beck: Von der Vergänglichkeit der Industriegesellschaft. In: T. Schmid (Hg.): Das pfeifende Schwein. Über weitergehende Interessen der Linken. Berlin 1985, S. 111.

G. Brenner: Stichwort Erlebnispädagogik: In: deutsche jugend, H. 5, 1985, S. 228-232.

W. Dilthey: Gesammelte Schriften. Bd. VII. Göttingen 1973[6].

H.-G. Gadamer: Wahrheit und Methode. Tübingen 1986[5].

W. Fürst: Die Erlebnisgruppe. Ein heilpädagogisches Konzept für soziales Lernen. Freiburg/B. 1992.

K. Hurrelmann: Die tödlichen Spiele der Großstadtkinder. In: Stern, 1992, Nr. 32.

Th. Kleine-Brockhoff u. a.: Apokalypse Stau. In: Die Zeit. Nr. 27, S. 15ff.

K. Sauerland: Diltheys Erlebnisbegriff. Berlin/New York 1972.

G. Schulze: Erlebnisgesellschaft. Frankfurt/Main 1992.

Trier, im Mai 1993   Hans Günther Homfeldt

ERLEBNISPÄDAGOGIK
– IHRE ZEITEN UND KONJUNKTUREN

JÜRGEN OELKERS

„Erlebnispädagogik": Ursprünge und Entwicklungen

Erlebte Pädagogik (*Scharrelmann* 1912) war ein herausragendes Stichwort für Schulreform vor dem Ersten Weltkrieg. Sein Ort waren großstädtische Volksschulen und pädagogische Milieus, die sich seit Mitte des 19. Jahrhunderts auf neue Lebens- und Lernsituationen einzustellen hatten.[1] Es sollte mehr und mehr um „lebensvollen", kindgemäßen und in diesem Sinne erlebnisreichen Unterricht gehen (Ebd., S. 185), ohne einer ausdrücklichen „Erlebnispädagogik" das Wort zu reden. „Erlebnis" wurde eher beiläufig zu einer zentralen Kategorie der Erziehungsreform, gestützt freilich durch soziale und theoretische Kontexte, die auch in der Pädagogik allmählich Wirkungen zeigten.

Schulpädagogisch beginnt die systematische Diskussion des *Erlebnisses* erst mit *Adolf Jensens* und *Wilhelm Lamszus*' „Unser Schulaufsatz ein verkappter Schundliterat". Scheinbar geht es nur um ein fachdidaktisches Thema, nämlich um eine Kritik des „deutschen Schulaufsatzes für Volksschule und Gymnasium"[2], in Wirklichkeit wird die Grundform der Verschulung angegriffen, nämlich das methodische Prinzip des Unterrichtens[3], das durch eine pädagogische Psychologie ersetzt werden soll. Die Kritik am Aufsatzunterricht ist radikale Schulkritik, denn was für den Aufsatz gilt – „Er schreibt nicht, was er innerlich erlebt hat" (*Jensen / Lamszus* 1910, S. 53; Hervorhebungen J. O.) –, muß für den gesamten Unterricht angenommen werden.

Die methodischen Zugriffe seien von einer „*greisenhaften Objektivität*" (Ebd., S. 69)[4], die ersetzt werden müsse durch subjektive Neuschöpfung. Dabei stehe „Nachahmung" gegen „Entwicklung", das eine repräsentiere die alte, das andere die neue Schule (Ebd., S. 91f.). Grundlage der neuen Schule dürfe allein die „innere Anschauung" sein, „ein *Akt der Intuition, eine Tätigkeit der Phantasie. Er ist ein schöpferischer Akt, begleitet von allen Schauern des Schaffens. Die Phantasie aber ist die Grundform des seelischen Lebens, und Logik und reine Sinnenkunst sind nur zwei Seiten derselben inneren Wesenheit*" (Ebd., S. 115).

Begründet wird diese starke Modernitätsbehauptung nicht nur erlebnispsychologisch, sondern zugleich und damit verkoppelt durch eine ebenso starke Kindorientierung der Pädagogik. Die knappe Formel für diesen Zusammenhang lautet: „Die Logik des Kindes strömt mit zwingender Macht aus dem Erlebnis und kehrt wieder zu ihm zurück, bis sie zum Erlebnis wird" (Ebd., S. 126/127). Diese neue Sicht wird strikt gegen die alte Sicht der objektivistischen Pädagogik abgegrenzt. Das Vehikel ist der Schulaufsatz:

"Die Logik des Schulaufsatzes ... geht von den Erfahrungssätzen der Erwachsenen aus und wendet sie auf die Erfahrungswelt der Kinder an. Der Schulaufsatz geht den Weg des geometrischen Beweises, erst die Behauptung, dann der Beweis... Das Reizvolle (an der Kinderfrage) ist ... die Gestaltung des Erkenntnisaktes, das Schöpferische. Erkennen ist Schaffen, ist Produktion. Beweisen aber ist nichts weiter als Ordnen von Vorhandenem nach einer vorher festgelegten Richtung. Da der Erkenntnisakt in dem allgemeinen Satz, dem Thema vorweg genommen wird, so fehlt dem Beweisen das Schöpferische, das Neue. Beweisen ist nichts weiter als abschätzen, messen und einteilen" (Ebd., S. 127).

Ein Kronzeuge für diesen Paradigmenwechsel der Schule ist die „Mauthnersche Sprachkritik" (Ebd., S. 93)[5], die tatsächlich objektives Wissen als „soziale Illusion" bezeichnet und die Metapher als „Grundquelle aller Sprachentwicklung" ansieht (*Mauthner* 1982, S. 34ff.). Sprache bezeichne nichts Dingliches, sondern beziehe auf sich selbst und habe lediglich als Gewohnheit Macht. Erziehung wäre so wesentlich „Vererbung" von Sprache, in der sich alle individuellen Fähigkeiten erst bilden. Das zentrale Medium dabei sind *Erlebnisse* (Ebd., S. 70f., 312ff.), die sich auch hier einer objektiven Bezeichnung entziehen. Sie sind psychologisch unbeschreibbare Größen, „unendliche verwickelte Komplikationen" (Ebd., S. 315), die sich weder analytisch noch synthetisch erfassen lassen.[6] Wie kann ihnen da aber pädagogische Priorität zukommen?

Mauthners Theorie der Sprache gehört einer philosophischen Avantgarde an, die zur Jahrhundertwende einige Bedeutung erlangte, vor allem wegen ihrer Leugnung jeglicher Abbildungsfunktion.[7] Wenn Sprache nicht objektiviert, dann liegt es nahe, auch die Sprachdidaktik von dieser Vorstellung zu befreien. Dieser Schritt kommt für die Schulpädagogik überraschend, ist aber in der Philosophie seit Mitte des 19. Jahrhunderts wohlvorbereitet. Diese Entwicklung werde ich zunächst rekonstruieren, weil sich damit die theoretischen Ursprünge der Erlebnispädagogik aufzeigen lassen (1). Im Anschluß daran beschreibe ich die sozialen Orte dieser Entwicklung, Großstadtkulturen mit dichter Verschulung, die sich auf einen starken Innovationsdruck einstellen müssen. Nicht zufällig ist Hamburg der erste Ort der Erlebnispädagogik in Deutschland (2). Abschließend skizziere ich die weitere Bewegung des Konzepts. „Erlebnispädagogik" wird in den zwanziger Jahren zu einer dominanten Größe der Erziehungsreflexion, weil die Schulpraxis, insbesondere aber die kulturellen Milieus, das Lernumfeld der Schule, darauf reagieren (3).

1. Erlebnis als prioritäre Kategorie

Im ersten Band von *Wilhelm Reins* „Encyklopädischen Handbuch der Pädagogik", auf das sich *Jensen* und *Lamszus* 1910 abfällig beziehen[8], kommt die Kategorie des Erlebnisses nicht vor. Sie erscheint weder als Stichwort noch als Verweis. Zwischen „Erinnerungstäuschungen" und „Ermahnung" (*Rein* 1895, S. 911ff.) ist dafür kein Platz. Mögliche Äquivalente wie das Stichwort „Empfindung" (*Ziehen* 1895) werden *objektiv* beschrieben mit Hilfe assoziationspsychologischer Theorien, die für die Zwecke des schulischen Unterrichts instrumentiert werden.[9] Entsprechend wird „Sprache" und „Sprachentwicklung" evolutionstheoretisch, also wiederum objektiv verstanden (*Franke* 1899), ohne jeden nominalistischen Anklang.

Reins Enzyklopädie[10] brachte die „wissenschaftliche Pädagogik" des 19. Jahrhunderts zu einem Abschluß. Sie stellte eine großflächige, hochdifferente Beschreibung der objektiven Verhältnisse dar, wie es dem Erkenntnisprogramm der positiven Wissenschaften entsprach. Gerade die Psychologie ist um die Beschreibung von Gesetzmäßigkeiten bemüht, die mehr und mehr mit empirischen Verfahren sanktioniert werden. In sehr auffälliger Weise schließt die Erlebnispädagogik hier nicht an. Daß Jensen und Lamszus der Sprachkritik Mauthners einen so prominenten Status einräumen, ist kein Zufall. Soll die Schulpädagogik tatsächlich vom individuellen Erleben des Kindes ihren Ausgang nehmen, dann sind objektivierende Gesetze Störfaktoren. Sie nehmen die Individualisierung zurück und erzwingen nivellierende Verfahren des Unterrichts. Ebenso ist die Methode der herbartianischen Pädagogik gedacht worden, als Planungs- und Klassifikationsverfahren für den handelnden Lehrer, der vom Erleben der Schüler systematisch Abstand nehmen muß.[11]

Das aber stand im Einklang mit dem Wissenschaftsanspruch der Pädagogik, die nach objektiven Größen suchte (*Oelkers* 1989) und schon terminologisch „Subjektivität" nicht berücksichtigen konnte. Die beiden großen Paradigmen der wissenschaftlichen Psychologie des 19. Jahrhunderts, Herbarts mathematische „Physik des Geistes" und Wundts experimentelle Theorie der „psychischen Kausalität"[12], beschrieben Prinzipien und Gesetze, nicht individuelle Erlebnisse oder diese nur als objektivierbare Größen.[13] Wie konnte es zu einer Priorität der Erlebniskategorie kommen, wenn weder die Psychologie noch die Pädagogik des 19. Jahrhunderts diese Priorität favorisierten?

In historischer Sicht begründeten Herbart wie Wundt riskante Paradigmen, die mit den traditionellen, christlichen Seelenlehren radikal brechen sollten, aber dann auch einen unausgefüllten Reflexionsraum hinterließen. Gesetze des Geistes lassen sich mechanisch beschreiben, können dann aber die Binnenperspektive, die individuelle Erlebniswelt, nicht berücksichtigen. Erlebnisse sind aber subjektiv reale Größen, die mehr darstellen als nur Variationen allgemeiner Gesetze. Erlebnisse sind nicht vorhersagbar, insofern lasse sie sich nicht als allgemeine Gesetzmäßigkeit der Psyche betrachten, zugleich sind sie individuell folgenreich, denn sie wirken auf einen unverwechselbaren biographischen Zusammenhang. Sie sind „real", aber nicht „allgemein", gebunden an individuelle Erfahrungen, darin aber von offenbar starker Intensität, die sich mit einer objektiven Psychologie nicht erfassen läßt.

Die Gegenbewegung hat zwei wesentliche Quellen, die weder die Psychologie *Her-*

barts noch die *Wundts* auflösen konnten. Sie sind im gesamten 19. Jahrhundert wirksam und werden nicht zufällig am Ende des Jahrhunderts gegen die wissenschaftliche Psychologie ausgespielt. Die erste Quelle ist die christliche Tradition der „Seele", die sich als romantische Opposition zur sensualistischen Psychologie der Aufklärung neu etablierte und im 19. Jahrhundert etwa über *C. G. Carus*' „Psyche" (1846)[14] oder *Hermann Lotzes* „Mikrokosmos" (1856–1864)[15] wachgehalten wurde. Beide Konzepte bestritten, daß es für psychische Prozesse eine physikalische Objektivität geben könne. Zugleich behaupteten sie einen besonderen Status *kindlicher* Erfahrungen[16], die sich nicht nach Maßgabe einer Erwachsenenpsychologie würden beschreiben lassen. Das ermöglichte zugleich, Erlebnis an *Entwicklung* zu koppeln und der psychologischen Abstraktion zu entziehen. Nur so kann das kindliche Erleben eine besondere Priorität erlangen, die mehr darstellt als nur eine Abbildung der Erwachsenenpsychologie.

Die zweite Quelle entsteht aus der Philosophie des Idealismus, die sich nach Hegels Tod keineswegs in empirische oder mathematische Psychologie auflöste, sondern nach Anschlußkonzepten suchte. Das Erkenntnisproblem ließ sich als Frage des Erlebens bearbeiten, nicht zufällig von ästhetischen Phänomenen ausgehend, wie etwa *Johannes Volkelt* dargelegt hat.[17] Kant hatte „Erkenntnis" an Personen gebunden, und damit konnte eine Philosophie der *Persönlichkeit* verknüpft werden, wie sie zum Beispiel *Theodor Lipps* entwickelte.[18] Erleben war so eine Grundform der ästhetischen wie der persönlichen Erkenntnis, ohne den empirischen Test der Psychologie bestehen zu müssen. Daher konnte *Mauthner* seine nominalistische Version des Spracherlebens auch mit einer scharfen Kritik der Psychologie verbinden, die die Physik imitierte, ohne über ein vergleichbares Objekt zu verfügen (*Mauthner* 1982, S. 318ff.).

Am Ende des 19. Jahrhunderts schien sich die Möglichkeit abzuzeichnen, daß die physikalische Reduktion der Psychologie überwunden werden könne. Dies war das Thema der wegbestimmenden Diskussion zwischen *Wilhelm Dilthey* und *Hermann Ebbinghaus* über die Frage der erklärenden und der verstehenden Psychologie. *Dilthey* hatte 1894[19] den Vorrang der „seelischen Erlebnisse" für das methodische Verfahren jeder Art von Psychologie begründet. Sie würde nur sachgemäß verfahren können, wenn „sie aus dem Erleben selber herauswächst" (G.S.V. / S. 173). *Ebbinghaus* (1895) hielt diese Erneuerung der ganzheitlichen Seelenlehre für einen grundlegenden Irrtum, der an den Fortschritten der analytischen Psychologie vorbeigehe und aber ein alternatives Verfahren gar nicht begründen könne.[20]

Diltheys Konzept des Verstehens – mit den drei Komponenten „Leben", „Ganzheit" und „Ursprung" – hat tatsächlich die Entwicklung der akademischen Psychologie nicht beeinflussen können.[21] Zugleich begründete er für weite Teile der Geisteswissenschaften, zumal für die Pädagogik, den Vorrang des Erlebens als Methode der Erkenntnis: „In dem Erlebnis wirken die Vorgänge des *ganzen Gemütes* zusammen. In ihm ist Zusammenhang gegeben, während die Sinne nur ein Mannigfaltiges von Einzelheiten darbieten. Der einzelne Vorgang ist von der ganzen Totalität des Seelenlebens im Erlebnis getragen, und der Zusammenhang, in welchem er in sich und mit dem Ganzen des Seelenlebens steht, gehört der unmittelbaren Erfahrung an. Dies bestimmt schon die Natur des *Verstehens* unserer selbst und anderer" (Ebd., S. 172).

Alle Elemente dieser folgenreichen Definition verweisen auf die Erlebnispädagogik, soweit sie einer neuen und alternativen Psychologie folgen wollte. „Erleben" ist wohl auch intellektuell (Ebd.), wesentlich aber eine Frage des *Gemütes*. Das Seelenleben ist unteilbar und total, in diesem Sinne „ganzheitlich" und, fast noch wichtiger, *unmittelbar*. Das läßt sich in theoretische Termini übersetzen, die unmittelbar an die Linie von *Carus* und *Lotze* anschließen[22]: Jede Psychologie muß den „Strukturzusammenhang in ausgebildeten Seelenleben" voraussetzen, damit zugleich das Grundgesetz der „*Entwicklung*"[23] und schließlich die Wechselwirkung zwischen den einzelnen Akten des Bewußtseins und dem erworbenen Zusammenhang des Seelenlebens (Ebd., S. 176/177).

Methodisch läßt sich dieser Befund als Zusammenspiel von *Erlebnis, Ausdruck* und *Verstehen* (Ges. Schr. VII / S. 191 ff.) begreifen, wobei die subjektive Realitätswahrnehmung mit dem „*Erlebnis der Zeit*" deckungsgleich sei.[24] „Das Erleben *ist* ein Ablauf in der Zeit, in welchem jeder Zustand, ehe er deutlicher Gegenstand wird, sich verändert, da ja der nachfolgende Augenblick immer sich auf den früheren aufbaut, und in welchem jeder Moment – noch nicht erfaßt – Vergangenheit wird" (Ebd., S. 194; Hervorhebung J. O.). Diese Analyse geht auf Studien zum Zeitbewußtsein zurück, die *Henri Bergson* 1889 vorgelegt hatte. Sein *Essai sur les donnés immédiates de la conscience* ist die sicherlich einflußreichste Begründung der Priorität des Erlebnisbegriffs, von der alle Folgekonzepte profitiert haben und die eine neue Philosophie des Lebens lancierte.

Ohne diesen Kontext hatte die Erlebnispädagogik kaum avantgardistisch wirken können. Sie verdankt ihren Erfolg einem Theoriewechsel der Philosophie, der sich im nachidealistischen Deutschland ankündigte, aber mehr noch mit der Philosophie der europäischen Metropolen zu tun hatte. Die Philosophie Bergsons reagierte auf die Modernitätserfahrung der Großstadtkultur (*Antliff* 1993), die tatsächlich zu einer Kultur des Erlebens werden sollte. Was sich in der akademischen Psychologie und in der zünftigen Pädagogik bis 1914 nur am Rande bemerkbar machte[25], nämlich die Gegenwartsorientierung des Erlebens bei raschem Zeitverbrauch und immer schnellerem Wechsel der Objekte, war in der künstlerischen Avantgarde, aber auch in der alltäglichen Großstadterfahrung seit Mitte des 19. Jahrhunderts, eine ständig anwachsende Größe der Erfahrung. Die Reflexion markierte diesen Wandel: Das Objektive bricht weg, in dem Sinne, daß kultureller Wandel und gesellschaftliche Veränderung sich nur noch in individuelles Erleben übersetzzen lassen, ohne durch ein philosophisches „Sein" oder eine religiöse „Schöpfung" gesichert zu werden.

„Leben" wird kontingent, mit einer einzigen verläßlichen Realität, nämlich das Erleben in der Zeit. Hieraus schließt etwa *William James* 1890, daß nur noch eine Dimension der Psyche allgemein beschrieben werden könne, nämlich die Bewegung selbst. Denken sei ständiger Wechsel, und kein Zustand im Erleben oder im Bewußtsein, das einmal vorhanden war, könne identisch reproduziert werden. In diesem Sinne gibt es dann keine Mechanik des Geistes mehr, und auch die psychische Kausalität ist keine objektive Größe (*James* 1983, S. 224ff.). Was sich bewegt, ist nur der individuelle Bewußtseinsstrom (Ebd., S. 231ff.), der nicht von fremden und allgemeinen Ursachen (Prinzipien und Gesetzen) bestimmt wird, wie die mechanische Psychologie dies angenommen hatte.

Theoretisch war die Auseinandersetzung um den Erlebnisbegriff in Deutschland bis zum Beginn des Ersten Weltkrieges noch weitgehend unentschieden. Der *ästhetische* Ursprung des Erlebens ließ sich schwer mit der zeittheoretischen Fassung vereinbaren, die Dilthey dem Konzept gegeben hatte, und die Schwierigkeiten nahmen zu, als kulturpädagogische Ansprüche hinzukamen. Irgendwie mußte „Erleben" auch Inhalte haben, zumal gerade *Dilthey* die kulturellen Objektivationen zum Thema des geisteswissenschaftlichen Verstehens machte, aber dann dürfen Erlebnisse entweder nicht flüchtig sein oder aber können nicht als ständig neue Erfüllung der „Gegenwart" betrachtet werden. Im Grunde blieb unklar, was „Erlebnisse" an sich sein sollten, und die theoretische Verlegenheit wäre pädagogisch kaum sehr attraktiv gewesen, wenn nicht Wirklichkeitserfahrungen ganz anderer Art hinzugekommen wären. Die konzeptionelle Vagheit von „Erlebnis" war dann ein Vorteil, denn *Erlebnisse* als Erfahrungsmodus einer flüchtig gewordenen Kultur ließen sich nicht bestreiten, und was lag da näher, als „objektive" Ansprüche der Erziehung preiszugeben, wenn sie ohnehin keine Realität für sich hatten?

2. Neue Realitäten des Erlebens

1905 erschien *Wilhelm Diltheys* einziger Publikumserfolg, eine Aufsatzsammlung[26] mit einem Titel, der zur Sprachregelung werden sollte: „Das Erlebnis und die Dichtung". Im Kern wird hier die Psychologie des Erlebens angewandt auf literaturwissenschaftliches Verstehen. Die Definition des Erlebens macht aber die ganze Ambivalenz des Ansatzes noch einmal deutlich: „Im persönlichen Erlebnis ist ein seelischer Zustand gegeben, aber zugleich in Beziehung auf ihn die Gegenständlichkeiten der umgebenden Welt. Im Verstehen und Nachbilden wird fremdes Seelenleben erfaßt, aber es ist doch nur da durch das hineingetragene eigene" (*Dilthey* 1988, S. 166).

Waltraud Neubert hat 1925 versucht[27], mit diesem Konzept des Verstehens die Erlebnispädagogik zu kritisieren, insoweit nämlich sie das bloß individuelle Erleben des Kindes zu einer letzten Größe erhebt, die sich nicht zugleich auf kulturelle Objektivationen beziehen würde oder müßte. „Wie Erleben und nacherlebendes Verstehen nur dem Leben selbst oder einer Form gegenüber eintreten kann, in der sich menschliches Erleben niedergeschlagen hat, so kann in der Didaktik die Erlebnismethode[28] auch nur für die Erschließung der geisteswissenschaftlichen *Gebiete* in Frage kommen" (*Neubert* 1925, S. 56; Hervorhebungen J. O.). Aber gerade *Erleben* ist für diese lernende Erschließung, die eigene Kontinuitäten in Anspruch nehmen muß (darunter auch solche des *Nicht*-Erlebens), ungeeignet. Die Ambivalenz zeigt sich in *Diltheys* Konzept: „Erleben" ist einerseits ein seelischer Zustand im Modus der unaufhörlichen Verschiebung von Gegenwarten, andererseits repräsentiert sich in diesem Zustand eine objektive Gegenständlichkeit. Der Zeitmodus des Erlebens widerspricht aber den Kontinuitätsanforderungen des Verstehens. Man kann nicht allein durch „Erleben" *verstehen*, aber dann liegt auch dem Verstehensprozeß nicht ein ständiges *Erleben* zugrunde.

Die Folgen sind weitreichend, gerade auch im *Verkennen* der Erlebnispädagogik, die sich mit den Denkmitteln der geisteswissenschaftlichen Pädagogik gar nicht angemessen beurteilen ließ. Erlebnisse sind „unberechenbar" (Ebd., S. 58) und können daher nicht didaktisch diszipliniert werden (Ebd.). Sie lassen sich letztlich auf die historischen Fächer des Lehrplans nicht einstellen[29], während doch die Traditionsorientierung der Geisteswissenschaftlichen Pädagogik genau diesen Lehrplankanon nahelegte.[30] Das verkennt freilich die neue Erfahrung, also die Beschleunigung des kulturellen Wandels, die Flüchtigkeit zeitlicher Dauer und die Steigerung individueller Potentiale, die sich an keine langen Zeithorizonte mehr binden müssen. Großstadtkulturen setzen tatsächlich auf immer neue Gegenwarten, die sich nicht länger an Traditionen, aber auch nicht an pädagogische Utopien binden. Das war Beobachtern längst vor dem Ersten Weltkrieg klar, etwa wenn in kulturphilosophischer Umschrift die Anarchie von Erkenntnis und Gefühl (*Stein* 1899, S. 287 ff.) als notwendige Folge der Erlebnisorientierung konstatiert wird. Das *didaktische* Problem erscheint dann als *künstliches* Manöver einer von der Kultur selbst überholten Institution.

Die Erlebnispädagogik hat daher eine starke Schulkritik zur Voraussetzung, die sie nicht selbst erzeugt, die aber zu ihrem Lernumfeld gehört. Das gilt für alle europäischen Metropolen, in denen die künstlerische und literarische Avantgarde sich vom Programm einer verschulten Gesellschaft in dem Augenblick distanzierte, als es vollzogen war. Neue Schulen, schulpädagogische und didaktische Modernisierungen waren ein Fortschrittsindikator zum Beispiel auf den Weltausstellungen des 19. Jahrhunderts (vgl. *Kroker* 1975), das gilt zumal für die Arbeitsschule, die längst vor *Kerschensteiner*[31] als Reformmodell gehandelt und dargestellt wurde. Von dieser Art Reform wandte sich die ästhetische Avantgarde ab, und zwar wesentlich vermittelt über das Konzept und mehr noch die Realität des Erlebens.

Im 19. Jahrhundert vollzogen sich mindestens fünf Revolutionen des Verhaltens und somit der Kultur, die Verbreitung und zugleich Intimisierung von Hygiene und Gesundheit (*Vigarello* 1988, Teil IV), die Öffnung und Zugänglichkeit der Räume durch Intensivierung und Privatisierung von Verkehr und Reisen (*Bausinger / Beyrer / Korff* 1991), die Aesthetisierung der Sittlichkeit, einschließlich der Etablierung von frei zugänglichen Räumen erotischer Kommunikation (*Schlör* 1991; als Veränderung des bürgerlichen Lebens in der Großstadtkultur auch *Seigel* 1986), die Kommerzialisierung und Technisierung des Alltagslebens (Zwischen Fahrrad und Fließband, 1986) (einschließlich der Veränderung der Wohnverhältnisse: *Petsch* 1989, S. 90ff. für das wilhelminische Deutschland) sowie schließlich das Umstellen der ökonomischen Verhältnisse von Vorrat auf Konsum als Folge der technologischen Revolution (für Amerika: *Hughes* 1991). Eine auf *Verbrauch* angelegte Gesellschaft kann stabile Zeithorizonte nur noch vortäuschen, nämlich Identität erwarten oder versprechen, wo es keine mehr geben kann. Die kulturelle Moderne erzeugt daher spezifische Illusionen (*Le Rider* 1990), ohne damit Realität verknüpfen zu müssen. „Real" ist *Erleben*, nicht Gesellschaft und erst recht nicht deren Zukunft. Eben das haben pädagogische und didaktische Konzepte aber immer angenommen.

Sie geraten in eine Krise des Veraltens angesichts einer dynamischen Kultur, die gerade die Erzeugung von *Wissen* nicht mehr Traditionen überläßt, sondern wissenschaftlicher Spezialisierung anvertraut. Wissenschaftliche Forschung wird auf diesem Wege kompatibel mit Großstadterfahrung (vgl. *Steinfeld / Suhr* 1990; Dokumente für Berlin in: *Buddensieg / Düwell / Sempbach* 1987). Mechanische Konzepte der Physik wurden zurückgenommen, starke Objektivitätsbehauptungen der Psychologie wurden relativiert, abschließende Theorien wurden aufgegeben, übrig blieb eine Temposteigerung und eine Differenzierung, genau entsprechend dem Muster des Lernumfeldes. *Henri Bergson* hatte in seinem *Essai* von 1889[32] nur den naheliegenden Schluß aus dieser Erfahrung gezogen. Es könne angesichts der Instabilität der inneren wie der äußeren Verhältnisse, also des Erlebens wie der Kultur, ein „moi fondamental" nur als scharfe psychologische Abstraktion geben (*Bergson* 1948, S. 96), der eine Lebenswirklichkeit nicht mehr entspreche.[33] Eine mechanische Realität widerspricht der kontingenten Zeiterfahrung, dem Erleben unaufhörlicher Gegenwarten (Ebd., S. 131ff.). Das persönliche „Ich" (moi) und seine Motive können nur als Prozeß, als „un continuel devenir" (Ebd., S. 137), begriffen werden, das keine Steuerung außerhalb des unmittelbaren Erlebens und seiner Symbolisierung durch Sprache mehr hat und haben kann (Ebd., S. 138ff.).

Der Erlebnisstrom oder der *élan vital* ist die einzige Realität der Psychologie. Sie ist reine Bewegung[34], die sich nur auf sich selbst beziehen kann. Alles Äußere ist demgegenüber Abstraktion, zumal die künstlichen Ansprüche von Moral und Erziehung. Nicht zufällig ist *Bergons* Theorie vom politischen Anarchismus aller Schattierungen beliehen worden (*Antliff* 1993). *Erleben* war das Grundkonzept von *Sorels* Apotheose der Gewalt, von *Ernst Jüngers* Theorie der *Mobilmachung*

chung und von syndikalistischen Versionen einer direkten Aktion gegen den Staat.[35] Anders als bei *Dilthey* ist *Bergsons* Priorität des Erlebens nicht auf traditionale Symbolsysteme fixiert, die irgendwie verinnerlicht werden, vielmehr beschreibt der élan vital unaufhörliche innere Schöpfungen, die an die eigenen Formen gebunden sind. Sie sind nicht biomechanisch zu verstehen, sondern stellen die kreative Basis des Lebens dar. Erst auf diesem Wege wird die Kategorie des „Erlebens" wirklich radikal, so daß nicht zufällig die expressionistische Reformpädagogik nach dem Ersten Weltkrieg darauf zurückgreift.[36]

Die Rezeption bleibt jedoch auch hier *pädagogisch*. An keiner Stelle wird „Erleben" von Erziehungszielen abgekoppelt, und nirgendwo entstehen Theorien, die auf Substanzannahmen verzichten. Das persönliche Erleben wird wie ein ultimativer Wert betrachtet, der Ziel und Medium der neuen Erziehung gleichermaßen sein soll, ohne die Quintessenz der radikalen Philosophie auch nur wahrzunehmen, nämlich daß die Dynamisierung des Ichs den Ursprung der Persönlichkeit unerkennbar hat werden lassen (*Tison-Braun* 1981). Ein impressionistisches Selbst (*Mach* 1987) besteht *nur noch* aus Empfindungen, aber dann hätte die Erziehungstheorie keine Adressaten, so daß eine Paradoxie in Kauf genommen werden muß: Erlebnispädagogik muß „erziehen", was alle Erziehung in Frage stellt (vgl. *Oelkers* 1991).

Systematisch ist auf dieses Problem nicht reagiert worden. Das „Erlebnis" sollte erziehen, ohne Konsequenzen für den Objektbegriff in Kauf zu nehmen. Die Kindorientierung blieb theoretisch unscharf, zumeist assoziierte sie das Grundtheorem der *Entwicklungspsychologie*[37], ohne den Zusammenhang von Erlebnis und Entwicklung näher darzulegen. Zwischen *Maria Montessori* und *Jean Piaget* wurden *anthropologische* Beschreibungen in Anspruch genommen, die die Priorität des Erlebens weder nachwiesen noch ernsthaft behaupteten. Eine *freie* „Selbsterziehung des Kindes" (*Montessori* u. a. 1923), also eine Erziehung allein nach dem Erlebnisgehalt der Erfahrung, wurde von der Majorität der Reformpädagogen nicht angestrebt und zugunsten allgemeiner Ordnungsschemata ausdrücklich vermieden. Das „Erleben" sollte didaktisch und methodisch diszipliniert werden, eine *évolution créatrice*, wie *Bergson* sie 1907 beschrieben hatte, war nicht Bestandteil des pädagogischen Wahrnehmungshorizonts.

Dabei vertritt *Bergson* drei Grundannahmen, die auch in den pädagogischen Anthropologien diskutiert wurden, das organische Prinzip der Individuation (Bergson 1921, S. 19), die Kritik finaler Systeme (Ebd., S. 45)[38] und die *relativ offene Natur* des Menschen (Ebd., S. 84ff.).[39] Aber der Schluß, *Leben ist Entwicklung* (Ebd., S. 305), gerät für pädagogische Erwartungen zu radikal. Bergson geht nicht von evolutionären Stufen oder von psycho-biologischen Phasen aus, sondern begreift Leben als ständigen Prozeß der Selbstschöpfung, der nur vom historischen Beobachter aus zu einem Stillstand kommt.[40] Jede einmal gefundene Form, jeder Körper und jede Struktur „verändert sich in Wirklichkeit in jedem Augenblick" (Ebd.). Diese Bewegung ist nicht von außen steuerbar, aber das muß voraussetzen, wer hochgespannte Erziehungsziele erreichen will.

Wenn „Leben" *Schöpfung* ist (Ebd., S. 252 ff.) und „Erleben" kreative Intuition (Ebd., S. 181 ff.)[41], wie kann da von einer Erlebnispädagogik die Rede sein? Sie müßte über das Unverfügbare verfügen können, wenn Erlebnisse erziehen, dann höchstens occasionell, jedoch nicht systematisch, denn das würde eine Methodisierung verlangen, die der Gedanke der kreativen Selbstschöpfung gerade ausschließt. Tatsächlich sind die frühen Konzepte der Erlebnispädagogik paradox, auch und gerade da, wo Annäherungen an Bergsons Theorie zu verzeichnen sind.[42]

3. Historische Erfahrungen der Erlebnispädagogik

Als wesentliche didaktische Quelle für die „Erlebnispädagogik" wird oft die „Kunsterziehungsbewegung" (nach *Neubert* 1925, S. 20 ff.) bezeichnet, vor allem aufgrund des vermuteten Zusammenhangs von „Erlebnis" und „Kunstwerk" (Ebd., S. 20). Aber noch Lichtwarks „Laienerziehung" orientierte sich methodisch am herbartianischen Unterrichtsschema (vgl. *Oelkers* 1992, Kap. 4.2.), und erst die Verknüpfung mit der Psychologie des Kindes schaffte Raum für den Vorrang des Erlebnisses. Die Idee des Schöpferischen (*Hermes* 1936) mußte mit einer Präferenz für das kindliche Erleben verbunden werden, um die Schulmethode zu verändern. Dabei ist allerdings die historische Reform der professionellen Kunstausbildung in Rechnung zu stellen (*Fliedl* 1986, S. 123 ff.). Eine andere Veränderung ist dagegen so gut wie nicht wahrgenommen oder wenigstens nicht ins pädagogische Kalkül gezogen worden.

Karl Scheffler hat 1910 die Großstadtgesellschaft am Beispiel der hastig gewachsenen Metropole Berlin beschrieben (*Scheffler* 1989, S. 171–185). Drei Merkmale radikalen Wandels werden dabei besonders betont, die zufällige Differenzierung und Mischung der sozialen Kreise, die occasionelle und surrogatische Gestaltung von Konsum und Freizeit sowie die Abhängigkeit des Lebensgefühls vom Wechsel der Moden. Grundlegend für öffentliche Kommunikationen sind „Sensationen" (Ebd., S. 145), sie steigern die „Empfindlichkeit" und bestimmen das Erleben (Ebd., S. 147). „Unterhaltungs- und Bildungsmittel" sind ununterscheidbar geworden (Ebd.), der „Marktwert" bestimmt den „Kulturwert" (Ebd., S. 165), grundlegend ist weder Form noch Stil, sondern einfach „Eklektizismus" (Ebd., S. 161).

Gegen diese Erlebnismilieus hat die Reformpädagogik immer Front gemacht, und zwar gerade da, wo sie Erlebnisse pädagogisieren wollte (*Gansberg* 1905; *Scharrelmann* 1921). Die großen Stichworte – „Lebensschule", „Erlebnisunterricht", „Lebensgemeinschaft" (*Neubert* 1925) – sind *pädagogisch* zu verstehen, nämlich mit einem paternalen Anspruch, der auch da ins Spiel kommt, wo autoritäre Stellvertretungen negiert werden. Aber die neuen Formen des pädagogischen Lebens sind immer noch solche der Erziehung, auch und gerade im außerschulischen Erfahrungsbereich.

Nicht zufällig erhält die „Erlebnispädagogik" schon vor 1914 Auftrieb durch Defizitanalysen und Mängelklagen. Die durchschnittliche Schule wurde als *erlebnisarm* wahrgenommen (Graf 1912), während sich zugleich die Erlebnisintensität des Lebens steigerte. Aber es mußte zwischen guten und schlechten Erlebnissen unterschieden werden, solche die pädagogisch wertvoll und solche, die wertlos definiert werden konnten.[43] Nicht jedes Erlebnis würde erziehen können[44], daher beschreibt etwa *Karl Wilker* im „Lindenhof" als „Stunden ... tiefsten Erlebnis" eine Rezitation von Hauptmanns „Weber", also die Präsentation eines Bildungsgutes, das devianten Jugendlichen nahegebracht wurde (*Wilker* 1921, S. 76).[45] Ähnlich kann nicht alles zur „Lebensstätte der Jugend" werden (*Kuckei* 1923), vielmehr muß pädagogischer Enthusiasmus, Lebensgemeinschaft, ein besonderer Ort für das Erleben vorausgesetzt werden,[46] ausdrücklich verwiesen auf den Geist Pestalozzis (Ebd., S. 7–11).[47]

Nach 1918 entstanden in Deutschland[48] zunächst außerschulische oder radikal schulkritische Konzepte der Erlebnispädagogik. Sie waren expressionistisch im Stil und anarchistisch in der theoretischen Tendenz, ohne sich gegen das Establishment (auch das der Reformpädagogik) durchsetzen zu können (vgl. etwa für den Hamburger „Wendekreis": *Rödler* 1987). Vielfach waren die Ansätze eine Reaktion auf die wilhelminische Kriegspädagogik (etwa *Tepp* 1919, S. 17f.), ohne ihre radikalen Konzepte, etwa das des „erziehenden Eros" (*Zeidler* 1919), wirklich zu realisieren. Die Kritik an der mechanischen Schule war weit wirksamer als die erlebnispädagogische Alternative, die sich nur schwer mit den didaktischen Ansprüchen vereinbaren ließ. Insofern traf *Waltraud Neubert* 1925 den Nerv des Problems.

„Fürsorgeerziehung als Lebensschulung" (*Wilker* 1921a) schien dagegen einfacher realisierbar, zumal die Sozialpädagogik eine eigene Form von Systemarbeit herausbildete.[49] Hier schien sich das Programm – „Gemeinsames Leben, gemeinsames Arbeiten" (Ebd., S. 19) – mit neuen Institutionen harmonisieren zu lassen. Das gilt auch für Schulfarmen, Heimschulen und ähnliche experimentelle Organisationsformen (vgl. *Krohn* 1924), die vom staatlichen Lehrplan abrückten und „lebenswahre Arbeit"[50] oder Erlebnisse in den Mittelpunkt stellten. Freilich, die Verknüpfung von Erlebnis und Erziehung hatte viele Schattierungen, nicht nur solche der expressiven Arbeitsschule; *Max Bondy* (1922, S. 36ff.) etwa sah den wesentlichen Vorgang im Erleben der Synthese von Kultur und Ich, während andere Ansätze religiöse oder ästhetische Erlebnisse in den Mittelpunkt stellten, fast immer im Blick auf die Schule (*Fürle* 1921; *Schönbrunn* 1921, *Gürtler* 1924), die sich zunächst als resistent erwies.

Doch diese Optik ist bis 1933 nicht gänzlich zutreffend. Gerade Schulreformen außerhalb der berühmten reformpädagogischen Paradigmen[51] erarbeiteten Neuansätze auf der Grundlage von Projekten oder der Eigentätigkeit von Schülern, die vielfach erlebnispädagogisch gestimmt waren (*Karsen* 1923; 1924; *Hilker* 1924), versteht man darunter ein methodisches und nicht nur ein psychologisches Prinzip. Das *Ende der Schule* (*Kuckei* 1924) war so keineswegs in Sicht, eher erwies sich die Schule als lernfähig, ohne ihre institutionellen Grenzen übermäßig zu strapazieren. Sie trug den theoretischen Konflikt zwischen Erlebnis und Erziehung nicht aus, integrierte aber methodische Formen, die sich mit dem Schulzweck vereinbaren ließen. Sie löste sich nicht in „Erleben" auf (Ebd., S. 28 ff.).

Maßgebend war dabei vor allem *Hugo Gaudigs* Leipziger Reformschule, deren Konzept Arbeitsschule mit Erlebnispädagogik verbinden konnte. *Gaudig* selbst hat beschrieben, wie individuelle Entwicklung und didaktische „Einfühlung" (*Gaudig* 1922, Bd. I / S. 46) vereinbart werden können, sofern das *Schulleben* für eine ständige Verknüpfung „des *Erlebens* und des *Handelns*" Sorge trage (Ebd., S. 193). Auch hier geht es allein um eine Erziehung zu *wertvollem Erleben* (Ebd., S. 187 ff.), wie sich auch in der Ausgestaltung der Arbeitsschule in Richtung einer didaktischen Erlebnispädagogik gezeigt hat, die *Otto Scheibner* (1962, S. 20 ff.) beschrieben hat. Arbeit und Erleben sollen keine „unverträglichen Gegensätze" mehr sein[52], aber genau das war die Frage, denkt man an die Lernumwelten der Schule und die Intensivierung des medialen Erlebens.

Letztlich aber reüssierte die Erlebnispädagogik mit dem *Gegensatz* zur Schule. *Kurt Hahns* „Kurzschulen" (*Hahn* o. J.) haben die drei Erfolgskomponenten deutlich herausgearbeitet, die zeitlich befristete Alternative zur normalen Schulerfahrung, ihre herausgehobene und seltene Intensität und ihren persönlichkeitsbildenden Effekt. Alles das wäre in der langen, routinierten Normalzeit von Verschulung nicht möglich, lebt aber dann vor allem von diesem Kontrast. Das entspricht der Kurzfristigkeit prägender Erlebnisse, die einmalig sein müssen, wenn sie bleibende Wirkungen erzielen sollen. Übersetzt in institutionelle Kontexte sind damit nur begrenzte Möglichkeiten verbunden.

Anmerkungen

[1] Ein wesentlicher Reformkontext entstand in Hamburg, später auch in Bremen, begünstigt durch eine relative pädagogische Autonomie der Lehrerschaft sowie durch sozialdemokratische Bewegungen. In Hamburg wurde 1877 die Lehrerzeitschrift „Pädagogische Reform" gegründet (ab 1881 als Wochenschrift geführt), die die entscheidenden Reformanstöße gab und die zentralen Diskussionen führte. Schon vorher (1850 bis 1874) hatte das „Hamburger Schulblatt" eine ähnliche Funktion innegehabt. In Bremen entstand ein Pendant, die im Frühjahr 1905 begründete „Monatsschrift für freiheitliche Erziehung in Haus und Schule", genannt Roland. Beide Reformkontexte waren antibürokratisch und traten für eine freiheitliche Schulverfassung ein, wobei die methodischen Reformprinzipien immer wieder, jedoch kaum systematisch mit „Erlebnisorientierung" verknüpft worden sind.

[2] Die Kritik richtet sich gegen die herbartianische Methodik des Schulaufsatzes (Jensen / Lamszus

1910, S. 161 f.), der – mit fachdidaktischer Priorität (Lehmann 1895, S. 661) – der formalen Bildung und der Stilübung dienen sollte, ohne dabei an „Erlebnisse" zu denken. Der Vorrang des deutschen Aufsatzes geht auf die Kaiserrede zur Eröffnung der Berliner Schulkonferenz von 1890 zurück: „Der deutsche Aufsatz muß der Mittelpunkt sein, um den sich alles dreht" (Verhandlungen 1891, S. 72). Dabei war freilich der nationale Aspekt zentral, nicht das methodische Problem (Ebd., S. 72/73).

3 „Der zünftigen Pädagogik ist die Aufsatzfrage niemals eine psychologische, sondern eine methodische gewesen, und Stoffe, Stoffe, immer nur wieder Stoffe gab sie zu schlucken in wechselnder Zubereitung. In welcher Zubereitung, das ist einzig die Frage, über die sich die Aufsatzliteraturen unterhalten. Köche sind sie am Tische des Herrn, aber keine Seelenführer" (Jensen / Lamszus 1910, S. 17).

4 Das Feindbild ist markiert durch den „Stuhlmannschen Geist im Aufsatzunterricht" (Jensen / Lamszus 1910, S. 68 ff.). Gemeint ist der Hamburger Lehrplan des Zeichenunterrichts, den der spätere Gewerbeschulrat Stuhlmann 1875 vorlegte (Stuhlmann 1875). Stuhlmann griff auf eine ältere Reformdiskussion zurück (vgl. Hetsch 1855) und betonte vor allem die professionelle Kompetenz, also weder den freien Ausdruck noch das Erleben.

5 Fritz Mauthners „Beiträge zu einer Kritik der Sprache" erschien in drei Bänden 1901/1902. Die nominalistische Position dieser Kritik ermöglicht auch eine radikale Schulkritik: Der Objektivitätsanspruch der Schule werde institutionell „in die Schablone der Geistlosigkeit" übersetzt, die die „Seele des Kindes" „systematisch mordet" (Mauthner 1980, S. 398).

6 Analytisch müßten psychologische Elemente angenommen werden, synthetisch die Ganzheit der Seele (Mauthner 1982, S. 312), aber beides sind zunächst nichts weiter als sprachliche Abstraktionen, die eine Referenz zum psychischen Geschehen immer nur behaupten können. Damit wird jegliche psychologische Terminologie, die sich nicht von der Umgangssprache unterscheidet, fragwürdig (Ebd., S. 318 ff.).

7 „Empfindungen", „Wollungen", selbst „Erlebnisse" sind Verbalabstraktionen, „es gibt aber keine Verbaldinge in Wirklichkeit" (Mauthner 1982, S. 320). Andererseits kann Sprache nicht das bezeichnen, was sich der Wahrnehmung entzieht, nämlich neurophysiologische Prozesse. „Es ist ganz natürlich und gerecht, wenn die Sprache verrückt wird, sobald man sie auf die Vorgänge anwenden will, die im Menschengehirn eben erst zur Sprache oder zum Denken führen. Ein Spiegel soll sich nicht selbst spiegeln wollen" (Ebd., S. 321).

8 Die Polemik richtet sich gegen die akademische Methode des Lehrens, die als Entfremdung zum Leben begriffen wird (Jensen / Lamszus 1910, S. 161/162).

9 „Associative Verknüpfungen sind für das Zustandekommen unserer Begriffe, Urteile und Handlungen, wie die Lehre von der Ideenassociation im einzelnen nachweist, noch viel maßgebender als die einzelnen, isolierten Erinnerungsbilder. Demgemäß wird auch dem Pädagogen die besondere Aufgabe zufallen, die empfindungsauslösenden Reize nicht einfach auszuwählen, sondern vor allem in zweckmäßiger Weise in der Zeiteinheit zusammenzustellen" (Ziehen 1895, S. 831).

10 Die erste Auflage des „Encyklopädischen Handbuchs der Pädagogik" erschien in sieben Bänden zwischen 1895 und 1899.

11 Das Verfahren ist nicht „schematisch", sondern logisch; es stellt die notwendige Abfolge von Handlungen dar, die im lehrerzentrierten Unterricht erfüllt sein müssen.

12 Das experimentelle Verfahren setzt sich seit Mitte des 19. Jahrhunderts, vor allem unter dem Einfluß physiologischer Forschungen, durch. Die Psychologie Herbarts wird danach nur noch der Pädagogik verwendet.

13 Auch in Wundts maßgebendem „Grundriss der Psychologie" (erste Ausgabe 1896) kommt „Erlebnis" als systematische Kategorie nicht vor (Wundt 1918).

14 Carus „Psyche" ist vom romantischen Konzept der „Erfühlung" geprägt (Carus o.J., S. 47). Er-

kennen ist gleichbedeutend mit Empfinden oder Einfühlen; beide Seiten, Subjekt wie Objekt, stehen unter der gleichen Erkenntnisbedingung, so daß letztlich Erfühlung immer auf Erfühlung stößt. Wesentlich ist dabei das Unbewußte des Seelenlebens (Ebd., S. 52 ff.), das sich im Erleben (in der „Gefühlswelt des Geistes") vermittelt (Ebd., S. 67).

[15] Lotzes „Mikrokosmus" beschreibt den Zusammenhang von Leib und Seele in Formen der Wechselwirkung (Lotze 1923, Bd. I / S. 353 ff.). Eine mechanische Gesetzmäßigkeit des Körpers wie der Seele wird zurückgewiesen, zugunsten einer allgemeinen Philosophie des Lebens. Ihr Grundsatz lautet: „Nichts kann sein außer dem Seienden und seinen inneren Zuständen" (Ebd., S. 427). Unabhängig davon existieren keine Gesetze der „Notwendigkeit" (Ebd.).

[16] Der „Verstand des Kindes" ist von dem der Erwachsenen zu unterscheiden, mit der Maßgabe, daß „Verstand" selbst nicht verallgemeinert werden kann. Er ist „keineswegs überall eines und dasselbe, sondern ein höchst Mannigfaltiges und überall Individuelles" (Carus o. J., S. 161/162). Lotze berücksichtigt diese Einsicht insofern, als auch er von der individuellen Entwicklung der Seele ausgeht (Lotze 1923, Bd. II / S. 152 ff.). Nur sie ist folgerichtig (Ebd., S. 154). Zugleich impliziert die Individualisierung von „Seele" und „Entwicklung" deren Intransparenz: „Am Ende (suchen wir) selbst in unserem eigenen Innern ein unsagbares unauflösliches Etwas von Realität" (Ebd., S. 157).

[17] Der Ausgangspunkt sind ästhetische Objektivationen, besonders Symbole und Metaphern (Volkelt 1876), die erlebt oder nacherlebt werden müssen. Sie können nicht objektiv beschrieben werden, sondern setzen immer schon Verstehenszusammenhänge voraus. Verallgemeinern läßt sich diese Erfahrung in einer Psychologie der Einfühlung (Volkelt 1905), die auf jede Analogie zur Physik verzichtet (vgl. Stern 1898).

[18] Die „Grundthatsachen des Seelenlebens" (Lipps 1883) sind auch hier nicht objektivierbar im Sinne einer physikalischen Gesetzmäßigkeit. Es sind „Gefühle" (Lipps 1889), die individuell geformt sind und sich symbolisch vermitteln. Lipps hat eine bemerkenswerte Beschreibung der Symbolik, die durch Kleidung erzeugt oder übertragen wird, vorgelegt (Lipps 1885). Sie verdeutlicht anschaulich die Sonderstellung des Verstehens, soweit es auf ästhetische Konfigurationen verwiesen ist.

[19] Veröffentlicht zuerst in den „Sitzungsberichten der Berliner Akademie der Wissenschaften", Jahrgang 1894 (S. 1309–1407).

[20] Ebbinghaus' Kritik erschien in der von ihm begründeten und herausgegebenen „Zeitschrift für Psychologie"; die Kritik wurde von Dilthey überaus ernst genommen (Ge.Schr. V / S. 423 f.), taucht aber in der Rezeptionsgeschichte kaum auf.

[21] Am ehesten noch ist ein Einfluß auf die Gestaltpsychologie der zwanziger Jahre nachweisbar, aber selbst diese Rezeption war begrenzt, weil das experimentelle Verfahren auf Diltheys Verstehensbegriff nicht anwendbar war.

[22] Lotzes Logik wird kritisiert (Dilthey Ges. Schr. V / S. 82 ff.), aber die Konzeption des Mikrokosmos (Strukturzusammenhang, Entwicklung und Wechselwirkung) wird weitgehend übernommen.

[23] „Entwicklung" wird teleologisch gedacht (Ges. Schr. V / S. 82 ff.), damit weder nominalistisch noch rein individuell. „Seele" ist immer ein struktureller Zusammenhang, der zweckmäßig angelegt ist. Freilich, die Zweckmäßigkeit ist subjektiv und immanent („subjektiv", weil sie erlebt wird, „immanent", weil sie auf keinen Zweckgedanken außerhalb ihrer selbst gegründet ist (Ebd., S. 215)). Wie kann aber etwas subjektiv und immanent sein und zugleich allgemein beschrieben werden?

[24] „Gegenwart ist die Erfüllung eines Zeitmomentes mit Realität, sie ist Realität im Gegensatz zur Erinnerung oder zu den Vorstellungen von Zukünftigem, die im Wünschen, Erwarten, Hoffen, Fürchten, Wollen auftreten. Diese Erfüllung mit Realität oder Gegenwart besteht beständig, während das, was den Inhalt des Erlebens ausmacht, sich immerfort ändert" (Dilthey Ges. Schr., Bd. VII / S. 193).

„Erlebnispädagogik": Ursprünge und Entwicklungen

25 Irgendwie mußte natürlich auch die Schulpädagogik „Erleben" in Rechnung stellen, aber als disziplinierbare Größe der Anschauung oder als psychologisches Instrument der Erziehung. Nicht zufällig setzt die Theorie der Kunsterziehung vor 1914 im wesentlichen nicht auf freie Erlebnisse, sondern auf moralische Effekte (vgl. Volkelt 1911).

26 Der Band enthielt ältere Studien über Lessing (1867), Goethe (1877), Novalis (1865) und Hölderlin (1867, in neuer Fassung für die erste Auflage bearbeitet). Bis 1957 erschienen dreizehn Auflagen.

27 Erschienen als Dissertation in Herman Nohls Reihe „Göttinger Studien zur Pädagogik" (Heft 3).

28 Der Ausdruck bezieht sich auf eine These von Fritz Karsen, der als Berichterstatter auf der Reichsschulkonferenz von 1920 behauptet hatte: „Nirgends wird es so deutlich, wie auf dem Gebiete der Kunst, daß jede Methode, die nicht auf das Erlebnis abzielt, zur Unfruchtbarkeit verdammt sei" Die (Reichsschulkonferenz 1921, S. 104).

29 Erleben ist für die Dilthey-Schule immer historisches Erleben, also nicht eine rein psychische Bewegung. Sie könnte man nicht schulen, während die je individuelle Form (des Kindes) gerade durch das Erleben objektiver Größen erreicht wird (Neubert 1925, S. 58). Lehrpläne wären dann notwendige Repräsentanten des Objektiven; ohne diese Enkulturation könnten sich individuelle Formen gar nicht herausbilden.

30 Geschichte etwa (als Schulfach) formt durch Nacherleben, aber nur, weil Lebensformen und ihre Repräsentanten vorausgesetzt werden können (Nohl 1924).

31 Der Bezug auf Kerschensteiner leitet sich immer noch von seiner Rede zur Pestalozzi-Feier am 12. Januar 1908 her (vgl. zur hauptsächlichen Geschichte des Arbeitsschulkonzepts im 19. Jahrhundert: Gonon 1992).

32 Der Essai stellt einen der großen Publikumserfolge der internationalen Philosophie im 20. Jahrhundert dar (bis 1948 erschienen achtundsechzig Auflagen).

33 „En d'autres termes, nos perceptions, sensations, émotions et idées se présentent sous un double aspect: l'un net, précis, mais impersonnel; l'autre confus, infiniment mobile, et inexprimable, parce que le langage se saurait le saisir sans en fixer la mobilité, ni l'adapter sa forme banale sans le faire tomber dans le domaine commune" (Bergson 1948, S. 96).

34 „Le rapport de causalité interne est purement dynamique" (Bergson 1948, S. 164).

35 Die politische Inanspruchnahme von Bergsons Lebensphilosophie löste vor 1914 in Frankreich eine heftige Kontroverse zwischen Royalisten und linken Gruppen aus (Grogin 1988). Bergson politique (Soulez 1989) steht für ein entschiedenes Engagement im Ersten Weltkrieg, aber ebenso für eine entschiedene Distanzierung vom Nationalsozialismus, nicht zuletzt, was bislang wenig beachtet worden ist, von Heidegger und seinen faschistischen Avancen von 1933 (Ebd., S. 313ff.).

36 Der Zusammenhang ist schlecht erforscht, zumal im internationalen Vergleich. Pädagogisch gesehen ist der Erste Weltkrieg die entscheidende Zäsur, die nicht nur den Vorrang der Schule erschütterte, sondern zugleich neue und radikal andere Konzepte ins Spiel brachte. Das gilt zumindest für die deutsche Reformpädagogik (Hinweise in: Oelkers 1992).

37 „Entwicklung" ist längst vor Darwin ein Theorem der pädagogischen Anthropologie (Nachweise in: Oelkers 1989). Erst die Kombination von Evolutionslehre und Entwicklungspsychologie (am Ende des 19. Jahrhunderts, vor allem beeinflußt durch Spencer) macht daraus eine prioritäre Kategorie. Was „Pädagogik vom Kinde aus" genannt wird, hat diese Kombination zur Grundlage.

38 Das geschieht unter dem Einfluß der Mutationstheorie von Hugo de Vries (Bergson 1921, S. 70 / Anm. 1), die auch Maria Montessori beeinflußt hat. Mutationen sind nicht berechenbar und bringen ständig überraschende Formen hervor.

39 „Erblichkeit" ist weniger Eigenschaft als Abweichung (Bergson 1921, S. 89ff.).

40 „Leben ... ist Entwicklung. Jede Periode dieser Entwicklung fassen wir in eine wandellose Ansicht zusammen, die wir Form nennen; und wenn die Veränderung groß genug geworden ist, diese

wohltätige Erstarrung unserer Wahrnehmung zu überwinden, so sagen wir, der Körper habe seine Form verändert. In Wirklichkeit jedoch ändert der Körper seine Form in jedem Augenblick. Oder besser, es gibt keine Form, da Form ein Unbewegtes ist, Wirklichkeit aber Bewegung. Real ist einzig die kontinuierliche Formveränderung; Form ist nur eine von einem Sich-Wandeln genommene Momentaufnahme" (Bergson 1921, S. 305/306).

[41] Intuition ist Rückwendung ins „Innere des Lebens", nicht vorgestellt nach Maßgabe der ästhetischen Intuition (Bergson 1921, S. 181/182).

[42] Die Theorie ist in vielen Schriften präsent, oft ohne namentlich zitiert zu werden. Der Einfluß Bergsons auf die internationale Reformpädagogik wäre freilich noch detaillierter zu untersuchen. Eine frühe Rezeption hat zum Beispiel Pierre Bouvet (1911) geleistet, mit späteren Klarstellungen (Bouvet 1941), die die besondere pädagogische Bedeutung Bergsons nachweisen. Die Wahrnehmung in der deutschen Reformpädagogik hat Hermes (1936, S. 29ff.) beschrieben. Sie ist in Elisabeth Rottens Beschreibung der schöpferischen Kräfte des Kindes präsent, aber auch an anderen Stellen (Rotten 1926, Kramer 1925).

[43] Das Stichwort für pädagogisch Wertloses ist „Amerikanismus" (Scheffler 1989, S. 141f.), ein Erleben nach Marktgesetz und Außensteuerung.

[44] Das gilt systematisch: Erleben und Erziehen sind nie deckungsgleich. Oder anders: „Erlebnispädagogik" ist nur möglich, weil selektive Erlebnisse erziehen sollen (Oelkers 1992a).

[45] Nicht zufällig wird das wahre Erlebnis mit der „Menschenseele" und der Unschuld des Kindes begründet (Wilker 1921, S. 80)

[46] Kuckeis Sammelband von 1923 faßt Ansätze und Versuche einer außerschulischen „Erlebnispädagogik" zusammen, orientiert durchweg an sozialpädagogischen Heimen und an Gemeinschaftserlebnissen.

[47] Abgedruckt wird ein Auszug aus Pestalozzis „Brief an einen Freund über seinen Aufenthalt in Stans" (1799). Dieser Text ist im Laufe des 19. Jahrhunderts derart kanonisiert worden, daß er ohne jeden Kontext verständlich schien (und für jeden pädagogischen Zweck gebraucht werden konnte).

[48] Ich vernachlässige den internationalen Zusammenhang, aber die Projektmethode in der amerikanischen Reformpädagogik läßt sich ähnlich „erlebnispädagogisch" verstehen, ohne die spezifisch deutsche Schul- und Erziehungsgeschichte voraussetzen zu müssen.

[49] Zusammengefaßt erstmals im fünften Band des „Handbuchs der Pädagogik" von 1929.

[50] Untertitel von August Krohns „Meine Heimschule" von 1924.

[51] Also der Landerziehungsheime oder der sozialpädagogischen Heimstätten, die vor allem als Ort der frühen „Erlebnispädagogik" angesehen werden.

[52] „Vorerst: freies Arbeiten selbst als ausgesprochener Willensvorgang und damit als die Grunderscheinung menschlichen Seelenlebens ist tiefstes Erleben ... Sodann: In die Arbeitsvorgänge mit ihrem eigenartigen Arbeitserlebnis gliedern sich Strecken anderer Erlebnisformen... ein: Schauen, Sichergreifenlassen, Einfühlen, Einsinnen, ruhiges kontemplatives Betrachten, ästhetisches Genießen, das freie Spiel des Einfalls, das bunte Weben freiwaltender Phantasie, das Ahnen und gefühlsmäßige Begreifen. Schließlich: neben ausgesprochenen Arbeitsstunden werden immer reine Erlebnisstunden ... stehen müssen... Im ganzen: Nicht Arbeitsschule, nicht Erlebnisschule, sondern Arbeitsschule und Erlebnisschule in schönem, wohl abgewogenem In-, Mit- und Nebeneinander – das ist die Forderung" (Scheibner 1962, S. 24/25).

Literatur

Antliff, M.: Inventing Bergson. Cultural Politics and the Parisian Avantgarde. Princeton/N.J.: Princeton University Press 1993.

Bausinger, H. / Beyrer, K. / Korff, G. (Hrsg.): Reisekultur. Von der Pilgerfahrt zum modernen Tourismus. München 1991.

Bergson, H.: Essai sur les données immédiates de la conscience. Soixante-huitiÆme édition. Paris: Presses Universitaires de France 1984. (Erste Aufl. 1889)

Bergson, H.: Schöpferische Entwicklung. Uebers. v. G. Kantorowicz. Jena 1921. (frz. Orig. 1907)

Bondy, M.: Das neue Weltbild in der Erziehung. Jena 1922.

Bouvet, P.: La philosophie de M. Bergson, I et II. In: Semaine Littéraire (GenÆve) 19 (1911), S. 469–471, 481–483.

Bovet, P.: Bergson et le problÆme de l'éducation: I. Les deux inspirations de la pédagogique; II. Mécanique et Mystique. In: L'Educateur 77 (1941), pp. 169–171, 185–187.

Buddensieg, T. / Düwell, K. / Sempbach, K.-J. (Hrsg.): Wissenschaften in Berlin. Bd. I-III. Berlin 1987.

Carus, C. G.: Psyche. Zur Entwicklungeschichte der Seele. Hrsg. v. R. Marx. Leipzig o. J. (1938) (Erste Ausgabe 1846)

Die Reichsschulkonferenz 1920. Ihre Vorgeschichte und Vorbereitung und ihre Verhandlungen. Amtlicher Bericht, erstattet vom Reichsministerium des Innern. Leipzig 1921.

Dilthey, W.: Gesammelte Schriften, Bd. V: Einleitung in die Philosophie des Lebens. Erste Hälfte: Abhandlungen zur Grundlegung der Geisteswissenschaften. Hrsg. v. G. Misch. 6. Aufl. Stuttgart / Göttingen 1974.

Dilthey, W.: Gesammelte Schriften, Bd. VII: Der Aufbau der geschichtlichen Welt in den Geisteswissenschaften. Hrsg. v. B. Groethuysen. 6. Aufl. Stuttgart / Göttingen 1973.

Dilthey, W.: Das Erlebnis und die Dichtung. Lessing – Goethe – Novalis – Hölderlin. Hrsg. v. R. Rosenberg. Leipzig 1988. (Erste Ausgabe 1905)

Ebbinghaus, H.: Ueber erklärende und beschreibende Psychologie. In: Zeitschrift für Psychologie IX (1895), S. 161–205.

Fliedl, G.: Kunst und Lehre am Beginn der Moderne. Die Wiener Kunstgewerbeschule 1867–1918. Salzburg / Wien 1986.

Franke, C.: Sprachentwickelung der Kinder und der Menschheit. In: W. Rein (Hrsg.): Encyklopädisches Handbuch der Pädagogik. Sechster Band. Langensalza 1899, S. 751–795.

Fürle, F.: Das Erlebnis in Schule und Unterricht. In: Die Deutsche Schule XXV (1921), S. 1–10, 49–58.

Gansberg, F.: Streifzüge durch die Welt der Großstadtkinder. Lebensbilder und Gedankengänge für den Anschauungsunterricht in Stadtschulen. Leipzig / Berlin 1905.

Gaudig, H.: Die Schule im Dienste der werdenden Persönlichkeit. Bd. I. 2. Aufl. Leipzig 1922.

Gonon, Ph.: Arbeitsschule und Qualifikation. Arbeit und Schule im 19. Jahrhundert. Kerschensteiner und die heutigen Debatten zur beruflichen Qualifikation. Bern u.a. 1992 (= Explorationen. Studien zur Erziehungswissenschaft, hrsg. v. J. Oelkers, Bd. 3)

Graf, A.: Schülerjahre. Erlebnisse und Urteile namhafter Zeitgenossen. Berlin-Schöneberg 1912.

Grogin, R.C.: The Bergsonian Controversy in France, 1900–1914. Calgary 1988.

Gürtler, R.: Triebgemäßer Erlebnisunterricht. Halle a.S. 1924.

Hahn, K.: Erziehung zur Verantwortung. Reden und Aufsätze. Stuttgart o. J.

Hermes, H.: Die Idee des Schöpferischen in der Pädagogik des zwanzigsten Jahrhunderts mit besonderer Anwendung auf die Kunsterziehung. München 1936. (= Beiträge zur Erziehungswissenschaft, hrsg. i. Auftr. d. Deutschen Instituts für wissenschaftliche Pädagogik v. H. Brunnengräber / J. P. Steffes / P. Wust, Heft 3)

Hetsch, G.F.: Einige Worte über Zeichenkunst. Uebers. v. O. Jessen. Altona 1855.

Hilker, F. (Hrsg.): Deutsche Schulversuche. Berlin 1924.

Hughes, Th. P.: Die Erfindung Amerikas. Der technologische Aufstieg der USA seit 1870. Uebers. v. H. J. Baron v. Koskull. München 1991. (amerik. Orig. 1989)

James, W.: The Principles of Psychology. Intr. by G.A. Miller. Cambridge, Mass. / London: Harvard University Press 1983. (Erste Ausgabe 1890)

Jensen, A. / Lamszus, W.: Unser Schulaufsatz ein verkappter Schundliterat. Ein Versuch zur Neugründung des deutschen Schulaufsatzes für Volksschule und Gymnasium. Hamburg 1910.

Karsen, F.: Deutsche Versuchsschulen der Gegenwart und ihre Probleme. Leipzig 1923.

Karsen, F.: Die neuen Schulen in Deutschland. Langensalza 1924.

Kerschensteiner, G.: Die Zukunft der Schule eine Arbeitsschule. Vortrag, gehalten an der Pestalozzifeier, 12. Januar 1908 in Zürich. In: Schweizerische Lehrerzeitung Nr. 3, 4 (1908), S. 25–27, 34–37.

Kramer, F.: Die Bedeutung der Bergsonschen Intuitionsphilosophie für die moderne Schule. In: Pädagogische Rundschau Heft 1 (Oktober 1925).

Krohn, A. E.: Meine Heimschule. Die Schule ohne Schule zur Ertüchtigung Untüchtiger durch lebenswahre Arbeit. Wie ein Schulmeister auszieht, das Leben zu suchen. Leipzig (1924). (= Entschiedene Schulreform, hrsg. v. P. Oestreich, Heft 26)

Kroker, E.: Die Weltausstellungen im 19. Jahrhundert. Industrieller Leistungsnachweis, Konkurrenzverhalten und Kommunikationsfunktion unter Berücksichtigung der Montanindustrie des Ruhrgebietes zwischen 1851 und 1880. Göttingen 1975. (= Studien zur Naturwissenschaft, Technik und Wirtschaft im 19. Jahrhundert, hrsg. v. W. Treue, Bd. 4)

Kuckei, M. (Hrsg.): Lebensstätten der Jugend. Kettwig an der Ruhr 1923.

Kuckei, M.: Das Ende der Schule. Kettwig-Ruhr 1924.

Le Rider, J.: Das Ende der Illusion. Die Wiener Moderne und die Krisen der Identität. Uebers. v. R. Fleck. Wien 1990. (frz. Orig. 1990)

Lehmann, R.: Deutscher Unterricht in höheren Knaben-Schulen. In: W. Rein (Hrsg.): Encyklopädisches Handbuch der Pädagogik. Erster Band. Langensalza 1895, S. 646–667.

Lipps, Th.: Grundtatsachen des Seelenlebens. (Bonn) 1883.

Lipps, Th.: Ueber die Symbolik unserer Kleidung. In: Nord und Süd XXXIII (1885), S. 331–354.

Lipps, Th.: Bemerkungen zur Theorie der Gefühle. In: Vierteljahrsschrift für wissenschaftliche Philosophie XIII (1889), S. 160–194.

Lotze, H.: Mikrokosmos. Ideen zur Naturgeschichte und Geschichte der Menschheit. Versuch einer Anthropologie. Bd. I: 1. Der Leib / 2. Die Seele / 3. Das Leben. Bd. II: 4. der Mensch / 5. Der Geist / 6. Der Welt Lauf. Bd. III: 7. Die Geschichte / 8. Der Fortschritt / 9. Der Zusammenhang der Dinge. Hrsg. v. R. Schmidt. Leipzig 1923. (Erste Ausgabe 1856–1864)

Mach, E.: Die Analyse der Empfindungen und das Verhältnis des Physischen und Psychischen. M. e. Vorw. z. Neudr. v. G. Wolters. Darmstadt 1987. (Erste Auflage 1886)

Mauthner, F.: Schule. In: F. Mauthner. Wörterbuch der Philosophie. Neue Beiträge zu einer Kritik der Sprache. Zweiter Band. Zürich 1980, S. 388–398. (Erste Ausgabe 1911)

Mauthner, F.: Beiträge zu einer Kritik der Sprache. Erster Band: Zur Sprache und zur Psychologie. Frankfurt / Berlin / Wien 1982. (Erste Ausgabe 1901)

Montessori, M. u. a.: Die Selbsterziehung des Kindes. Berlin 1923. (= Die Lebensschule. Schriftenfolge des Bundes entschiedener Schulreformer, hrsg. v. F. Hilker, Heft 12)

Neubert, W.: Das Erlebnis in der Pädagogik. Göttingen 1925. (= Göttinger Studien zur Pädagogik. hrsg. v. H. Nohl, Heft 3)

Nohl, H.: Die Geschichte in der Schule. In: Pädagogisches Zentralblatt 4. Jg., 3. Heft (1924), S. 97–108.

Nohl, H. / Pallat, L. (Hrsg.): Handbuch der Pädagogik. Bd. 5: Sozialpädagogik. Langensalza / Berlin / Leipzig 1929.

Oelkers, J.: Die große Aspiration. Zur Herausbildung der Erziehungswissenschaft im 19. Jahrhundert. Darmstadt 1989.

Oelkers, J.: Erziehung als Paradoxie der Moderne. Aufsätze zur Kulturpädagogik. Weinheim 1991.

Oelkers, J.: Reformpädagogik. Vorlesung an der Universität Bern WS 1991/92. Ms. Bern 1992.

Oelkers, J.: Kann „Erleben" erziehen? In: Zeitschrift für Erlebnispädagogik 12 (1992a), S. 3–13.

Petsch, J.: Eigenheim und gute Stube. Zur Geschichte des bürgerlichen Wohnens. Städtebau – Architektur – Einrichtungsstile. U. Mitarb. v. W. Petsch-Bahr. Köln 1989.

Rein, W. (Hrsg.): Encyklopädisches Handbuch der Pädagogik. Erster Band: Abbitte – Erzählungen für Kinder. Langensalza 1895.

Rödler, K.: Vergessene Alternativschulen. Geschichte und Praxis der Hamburger Gemeinschaftsschulen 1919–1933. Weinheim / München 1987. (= Veröffentlichungen der Max-Traeger-Stiftung, hrsg. v. D. Wunder, Bd. 5)

Rotten, E. (Hrsg.): Die Entfaltung der schöpferischen Kräfte im Kinde. Bericht der dritten internationalen Konferenz des internationalen Arbeitskreises für Erneuerung der Erziehung in Heidelberg. Gotha 1925.

Scharrelmann, H.: Erlebte Pädagogik. Gesammelte Aufsätze und Unterrichtsproben. Hamburg / Berlin 1912.

Scharrelmann, H. (Hrsg.): Die Großstadt. Bd. I: Spaziergänge in die Großstadt. Bd. II: Arbeitsstätten. Bd. III: Aus der Geschichte einer alten deutschen Stadt. Braunschweig / Hamburg 1921. (Erste Ausgabe 1914)

Scheffler, K.: Berlin – ein Stadtschicksal. Nachdruck der Erstausgabe von 1910. Berlin 1989. (= Berliner Texte, hrsg. v. D. Bluhm, Bd. 3)

Scheibner, O.: Arbeitsschule in Idee und Gestaltung. Gesammelte Abhandlungen. 5. Aufl., hrsg. v. W. Flitner. Heidelberg 1962. (Erste Ausgabe 1927)

Schlör, J.: Nachts in der großen Stadt. Paris, Berlin, London 1840–1930. München 1991.

Schönbrunn, W.: Das Erlebnis der Dichtung in der Schule. Berlin 1921. (= Die Lebensschule, hrsg. v. F. Hilker, Heft 2)

Seigel, J.: Bohemian Paris. Culture, Politics, and the Boundaries of Bourgeois Life, 1830–1930. New York: Elisabeth Sifton Books / Viking 1986.

Soulez, Ph.: Bergson politique. Paris Presses Universitaires de France 1989.

Stein, L.: An der Wende des Jahrhunderts. Versuch einer Kulturphilosophie. (Leipzig) 1899.

Steinfeld, Th. / Suhr, H. (Hrsg.): In der großen Stadt. Die Metropole als kulturtheoretische Kategorie. Frankfurt/M. 1990.

Stern, P.: Einfühlung und Association in der neueren Aesthetik. Ein Beitrag zur psychologischen Analyse der ästhetischen Anschauung. Hamburg / Leipzig 1898. (= Beiträge zur Aesthetik, hrsg. v. Th. Lipps / R.M. Werner, H.V)

Stuhlmann, A.: Der Zeichenunterricht in der Volks- und Mittelschule. Ein methodisch geordneter Lehrgang. Teil I-V. Hamburg 1875.

Tepp, M.: Die neue Schule. Hamburg (1919)

Verhandlungen über Fragen des höheren Unterrichts. Berlin, 4. bis 17. Dezember 1890. Im Auftrage des Ministers der geistlichen, Unterrichts- und Medizinal-Angelegenheiten. Berlin 1891.

Vigarello, G.: Wasser und Seife, Puder und Parfüm. Geschichte der Körperhygiene seit dem Mittelalter. Uebers. v. L. Gränz; Nachw. v. W. Kaschuba. Frankfurt / New York, Paris: Campus / Editions de la Maison des Sciences de l'Homme 1988. (frz. Orig. 1985)

Volkelt, J.: Der Symbol-Begriff in der neuesten Aesthetik. Jena 1876.

Volkelt, J.: System der Aesthetik. Bd. 1. München 1905.

Volkelt, J.: Kunst und Volkserziehung. Betrachtungen über Kulturfragen der Gegenwart. München 1911.

Wilker, K.: Der Lindenhof. Werden und Wollen. Heilbronn am Neckar 1921.

Wilker, K.: Fürsorgeerziehung als Lebensschulung. Ein Aufruf zur Tat. Berlin 1921a. (= Die Lebensschule, hrsg. v. F. Hilker, Heft 3)

Wundt, W.: Grundriß der Psychologie. 13. Aufl. Leipzig 1918. (Erste Aufl. 1896)

Zeidler, K.: Vom erziehenden Eros. Hamburg 1919.

Ziehen, Th.: Empfindung. In: W. Rein (Hrsg.): Encyklopädisches Handbuch der Pädagogik. Erster Band. Langensalza 1895, S. 824–832.

Zwischen Fahrrad und Fließband – absolut modern sein. Culture technique in Frankreich 1889–1939. Ausstellung der Staatlichen Kunsthalle Berlin vom 20.3. bis 8.5.1986. Berlin 1986.

HORST DRÄGER

Erlebnis als unmittelbarer Weg der Führung. Perversion des Erlebens in der NS-Zeit

In seinem Aufsatz „Arbeits- und Erlebnispädagogik" aus dem Jahre 1926 hat Aloys Fischer darauf aufmerksam gemacht, daß die Pädagogik stets ein „prägnanter Ausdruck" ihrer Zeit sei, geprägt und geformt durch die Auseinandersetzung mit den herrschenden sozialen Mächten. Seine Ansicht belegend skizzierte er die pädagogische Arbeitsbewegung von den Philanthropinisten und Pestalozzi durch das 19. Jahrhundert hindurch bis hin zu den Arbeitsschulen seiner Tage in dem ersten Drittel des 20. Jahrhunderts. Eine sozial-historische Perspektive vermag auch aufklärende Entwicklungslinien für die Problematik der Erlebnispädagogik freizulegen.

Pädagogische Führung zur Arbeit

Der Aufschwung der Wirtschaft unter dem Einfluß der naturwissenschaftlichen Technik und der kapitalistischen Konzentration der Produktionsmittel führte zu neuen Arbeits- und Lebensformen, die gekennzeichnet waren einerseits durch die Befreiung von überkommenen Ordnungen und andererseits von wachsender Verflechtung der Menschen untereinander. Die mit diesem Wandlungsprozeß einhergehenden sozialen Probleme erforderten einen starken, Spannungen austarierenden Staat, der ordnungspolitisch den Aufschwung der Wirtschaft gegenüber sozialen Unruhen stützte, der aber zugleich sozialpolitisch die Folgen der Industrialisierung der Gesellschaft für die unteren Gesellschaftsschichten abmilderte, der darüberhinaus erziehungspolitisch die Entwicklungsmöglichkeit des Humankapitals für die industriell orientierte Wirtschaft bereitstellte und der schließlich innenpolitisch die Entfaltung einer Gemeinschaftsgesinnung gewährleisten mußte, damit eine von allen akzeptierte und für alle als lebbar empfundene soziale Ordnung sich etablieren konnte.

Staat und Wirtschaft konvergierten in diesem komplexen Ordnungsprozeß in der Wertschätzung der Arbeit und in der alle sozialen Probleme überwölbenden patriotischen Gesinnung. Die wirtschaftspolitische und innenpolitische Programmatik stützten Staat und Wirtschaft materiell durch eine patriarchalische Wohlfahrts- und Sozialpolitik. Das komplexe Zusammenspiel von Wirtschaftspolitik, Sozialpolitik und Staatspolitik sollte die innere Spannung und Widersprüchlichkeit des modernen gesellschaftlichen Entwicklungsprozesses für die unterschiedlich involvierten Menschen aufheben. Widersprüchlich war dieser Entwicklungsprozeß für die Menschen, hatten sie doch einerseits die Emanzipation von den traditionellen Ordnungsmustern, Arbeits- und Lebensformen zu bewältigen und mußten sie sich doch andererseits in neue soziale und mentale Formierungsprozesse einbinden lassen, an deren Gestaltung sie aber nicht aktiv beteiligt waren. Die Emanzipation erforderte die Entfaltung ihrer Individualität, die soziale und mentale Formierung aber verlangte gerade den tendenziellen Abbau dieser entfalteten Individualität.

In diesem sozialen Spannungs- und Widerspruchsverhältnis hatte die Pädagogik ihre Leistung zu erbringen; sie mußte als erstes die Zurüstung für die entwickelten Erfordernisse in der modernen Arbeit und deren betriebliche Ordnungsstruktur gewährleisten. Die Pädagogik des 19. Jahrhunderts war ordnungspolitisch notwendigerweise Arbeitspädagogik. Indem sie von der konkreten, unmittelbaren Realität und den gestaltenden Handlungen ausging, führte sie den Bildungsgang der Schüler und der Zöglinge auf die Arbeit hin. Die Arbeitspädagogik stand in einem affirmativen Verhältnis zur Forderung der industriellen und gewerblichen Wirtschaft. Methodisch aber – und das ist für die Entfaltung und die Problematik der modernen Pädagogik von großer Bedeutung – stellt sie eine Errungenschaft dar: „... der feinste und fruchtbarste Gehalt der Arbeitspädagogik (ist) ein formal methodischer: die Entdeckung der freien geistigen Tätigkeit, die Aktivität des Zöglings und Schülers im Bildungsvorgang" (*Fischer* 1926, S. 257). Mit dieser Qualität stellte sich die Arbeitspädagogik zwar in die Linie der aufklärerischen Erziehungsidee, erschien wie die Erfüllung pädagogischer Versprechungen der Aufklärung, aber in ihrer Nutzung stand sie im Dienste der Interessen einer kapitalistischen Wirtschaft und eines von politischer Ökonomie geleiteten autoritären Staates.

Die Arbeitspädagogik widersprach sowohl von ihrem rationalistischen Kern als auch von ihrer zugrundeliegenden Erkenntnistheorie, die Individualität und geistige Selbständigkeit förderte, ihrem fremdbestimmten Verwendungszweck; aber die implizite Steigerung der Individualität durch die Methodik der Arbeitspädagogik widersprach nun gerade den Absichten einer soziomentalen Formierung der Gesellschaft auf eine die Individualität aufhebende Gemeinschaftsgesinnung der sozialen Mächte, die die Anwendung der Arbeitspädagogik aus ökonomischen und politischen Eigeninteressen förderten.

Die Pädagogik förderte Individualität und geistige Eigenständigkeit, und die Politik und Wirtschaft forderten ordnungspolitische Gemeinschaftsgesinnung der Individualisierten. Dieser radikale und scheinbar unaufhebbare Widerspruch zwischen Pädagogik, Politik und Ökonomie sollte sich aber in der weiteren Entwicklung keineswegs als unaufhebbar erweisen:

Zwar dominierten Rationalismus und Individualismus in der Herausbildung der modernen Gesellschaft bis in das zweite Drittel des 19. Jahrhunderts und ließen keine neue allumfassende Gemeinschaftsordnung entstehen, die eine vergleichbare Ordnungsqualität aufwies wie die ständische Sozialordnung, in der jeder seine sichere und gemäße und stabile Position besaß; und die vielfach unternommenen sozialen Ordnungsbemühungen, die von unterschiedlichen weltanschaulichen Grundsatzpositionen, so des Liberalismus, des Konservatismus, des Sozialismus sowie von den Grundwerten der Konfessionen her unternommen wurden, führten nur – gegen ihre Intention – zur Steigerung der sozialen Antagonismen statt zum sozialen Frieden und zur sozialen Ordnung. Doch die gescheiterten Ordnungsbemühungen der „sozialen Frage", also der Frage nach der die gesamte Gesellschaft umgreifenden sozialen Ordnung, signalisierten insgesamt eine, wenn auch unterschiedlich intendierte und artikulierte Ordnungssehnsucht und ließen zugleich die Frage nach der Ordnungskraft des Individualismus und des Rationalismus aufkommen. Die zeitgenössische Pädagogik vermochte sich nicht als ein sozialer Ordnungsfaktor in die „soziale Frage" einzubringen.

Pädagogische Führung zur Arbeit und zur Gemeinschaft

Die Kulturkritik des ausgehenden 19. und des beginnenden 20. Jahrhunderts wurde dann diejenige geistige Bewegung, die sich aus der entwickelten Ordnungssehnsucht und aus dem Zweifel und der Kritik an dem Individualismus und Rationalismus als Deutungs- und Gestaltungsprinzipien eines umfassenden und geordneten sozialen Lebens speiste. Sie interpretierte den ordnungspolitischen Zustand der Gesellschaft als Folge des Rationalismus und machte darin deutlich, daß jede soziale Anwendung rationalistischer Prinzipien die Ordnung der Gesellschaft und des gesellschaftlichen Lebens unmöglich machen mußte. In dieser radikalen Kritik knüpfte die Kulturkritik an tradierte, aber zurückgedrängte religiöse, mystische und irrationalistische Geistesströmungen an und reaktualisierte das romantische Ideengut in seiner antiaufklärerischen Grundhaltung.

Wie die Romantik sah die Kulturkritik in Leben und Gemeinschaft die Quell- und Zielpunkte ihrer umfassenden, reformerischen Ordnungsarbeit. Sie war davon überzeugt, daß die Ordnungsprinzipien nicht rational zu erkennen seien, sondern nur intuitiv im Mitvollzug des gemeinschaftlichen Lebens erfahren werden können. Die überrationalen Wege der Erkenntnis – Ahnung, Gefühl, Intuition, Wesensschau – boten den unmittelbaren Zugang zu dem eigentlichen Ordnungsgrund, den der Rationalismus verschüttet hatte.

Eine Pädagogik nun, die den Geist der Kulturkritik in sich aufnehmen und die sich als prägender Ausdruck dieser Bewegung gestalten wollte, müßte die vom aufklärerischen Rationalismus geprägte Arbeitspädagogik einer radikalen Kritik unterziehen und durch eine neue, aus dem Leben und der Gemeinschaft selbst hervorgewachsene Pädagogik ersetzen. An die Stelle der Erarbeitung der Einsicht und der Erkenntnis und deren zweckrationaler Anwendung hätte eigentlich das Erleben der zugrundeliegenden Ordnung und Zusammenhänge zu treten, aus dem sich dann ein Leben in Ordnung gestaltete.

Es ist nun überraschend, daß sich die neue, um Ordnung bemühte Pädagogik, die Erlebnispädagogik, gleichsam in der alten Pädagogik, in der Arbeitspädagogik, als angelegt zeigte; um sie aber zu sehen, mußte die Betrachtungsperspektive verschoben werden. Im erkennenden und gestaltenden Arbeitsvorgang erfuhr und erlebte der einzelne seine Individualität, seine Spontaneität und seine Produktivität. Arbeit konnte also auch als subjektiver Schaffensprozeß verstanden und die je besondere Form der Resultate der Arbeit als Ausdruck der eigenen Subjektivität interpretiert werden. Und insofern die Arbeitsmethode sich an das Konkrete und Nahe, an das real Unmittelbare wandte, konnte der Arbeitsbezug zur Umwelt auch als eine Form des Erlebens der entwickelten Lebenswelt und der eigenen, unabdingbaren Einbindung aufgefaßt, „erlebt" werden. Gestaltete man nun die pädagogische Arbeitssituation derart, daß jeder arbeitsteilig einen besonderen Teil zu übernehmen hatte, die Gruppe aber ein Ganzes herstellte, dann erlebte sich der einzelne als bedeutsames Glied einer ihn überwölbenden und das Ganze erst ermöglichenden Arbeitsgemeinschaft. Die pädagogische Arbeitsgemeinschaft wurde zum einen die prägende Form der sozialen Wahrnehmung und zum anderen Vorbild und/ oder Abbild von Lebensgemeinschaften. Familie, Nachbarschaft, Gemeinde, Volk und Arbeitsgemeinschaft spiegelten sich wechselseitig. In der Verschränkung von Arbeitspädagogik und Erlebnispädagogik wurde pädagogisch die Aufhebung des Widerspruches von arbeitsmethodisch bedingtem Rationalismus und Individualismus einerseits und formierender entindividualisierender sozialer Gesinnungsbildung andererseits ermöglicht: Die Bildung und Erziehung durch Arbeit in der gegliederten Arbeitsgemeinschaft sozialisierte den einzelnen durch das Erlebnis der Gemeinschaft für eine gegliederte und umfassende soziale Ordnung.

Die Pädagogik jener Zeit selbst sah sich keinesfalls in ihrer Gestalt politisch geprägt. Sie verstand sich vielmehr als eine progressive und innovative, kulturelle Errungenschaft, die den einzelnen zur Kenntnis und zur Gemeinschaft durch gemeinschaftliches Lernen und Arbeiten führte und die ihn auf diese Weise zu einer Persönlichkeit werden ließ, die gemeinschaftsfähig war im erlebenden und gemeinschaftsstiftenden Sinne. Unter Ausblendung ihrer politisch-funktionalen Einbindung betrachtete die Pädagogik das Erlebnis als eine erzieherische Methode, mit der sie einen unmittelbaren Zugang zum einzelnen besaß, indem sie den einzelnen eine unmittelbar prägende Realitätsbegegnung in wertbestimmter Absicht ermöglichte. Theoretisch gestützt durch die Lebensphilosophie, die in der Romantik sich entfaltete und im modernen Existentialismus ihren Höhepunkt erreichte, entwarf sie eine pädagogische Erkenntnistheorie, die vom Erleben ihren Ausgangspunkt nahm: Das Leben und seine innerliche Verarbeitung führten zum Ausdruck; im Nacherleben des Ausdrucks erwuchs das Verstehen der Menschen untereinander; jedes Nacherleben und Verstehen des Ausdrucks eines anderen führt zu neuerlichem Ausdruck: Leben als Nacherleben des Erlebten. Die Reformpädagogik hat uns die Errungenschaft dieser Methode in dem Bereich der bildenden und der darstellenden Kunst, in den Feldern der musischen und religiösen Erziehung sowie in den kultivierenden Gesellschaftsformen der bündischen Jugend demonstriert.

Die Dialektik dieses Erfolges verweist auf eine pädagogisch bedeutsame Problematik: Durch das Arrangieren von Erlebnissituationen mit didaktisch selektierten Elementen und normativen Gehalten wurde das Erlebnis für Zwecke, Ziele und Gehalte pädagogisiert, die der einzelne im Akt des Erlebens methodisch zwingend zugleich verinnerlichte und dann als Potenz und Gehalt seiner eigenen Ausdrucksfähigkeit und Handlung erfuhr. Durch die intentionale Gestaltung der pädagogischen Erlebnisszenarien wurde die unmittelbare Aneignung des Erlebten gewährleistet, was dem einzelnen selbstkritisch nicht bewußt werden konnte. Statt des erziehenden Unterrichts des 19. Jahrhunderts, der kulturkritisch als rationalistisch und lebensfeindlich verworfen worden war, etablierte sich in der Reformpädagogik das unmittelbar unterrichtende Erlebnis als pädagogische Methode: die Erlebnismethode ist der Nachweis der methodischen Instrumentalisierung der irrationalen Kräfte des Menschen für ihn selbst heteronomer Zwecke.

Die Bonität ihrer ethischen Normen ließ die kulturkritischen, lebensphilosophisch und geisteswissenschaftlich orientierten Pädagogen die Mißbräuchlichkeit ihrer methodischen Errungenschaft in der praktischen Pädagogik nicht erkennen. Die methodische Pädagogisierung des Irrationalen untergrub die Autonomie des Subjekts: im geleiteten Erlebnis wurde es gleichsam selbständig fremdbestimmt. Die Ausrichtung auf ethisch wertvolle Ziele und Ideale kompensiert nicht den in dieser Methode grundgelegten tendenziellen Subjektverlust.

Pädagogische Führung durch das Erlebnis zur politischen Gemeinschaft

Die Pädagogik während des Dritten Reiches stand in der Kontinuität der entfalteten Pädagogik: der Nationalsozialismus hat keine eigene neue Pädagogik entfaltet. Er selektierte vielmehr das pädagogische Feld nach eigenen Interessen, förderte, was ihm nutzte, tolerierte, was ihm nicht schadete, und behinderte und verhinderte, was seinen Intentionen zu widersprechen schien.

In der Historiographie der Erziehung des Dritten Reiches zeigt sich nun die Schwierigkeit, da sie zumeist geisteswissenschaftlich orientiert in ideologiekritischer Absicht vorgeht, daß die Kontinuität der Erziehungsrealität nicht wahrgenommen wird, weil man sich auf die nationalsozialistische Ideologie ausrichtet, die man aber nicht festmachen kann, denn der Nationalsozialismus war keine geschlossene, in sich konsistente Weltanschauung: „Der Reichspressechef Dr. *Dietrich* sprach im Neblung des letzten Jahres in der Kölner Universität über die philosophischen Grundlagen des Nationalsozialismus und kennzeichnete dessen Werk dahin, daß es keine abstrakte weltanschauliche Konstruktion sei, sondern ein Erlebnisgehalt, der unserem eigenen innersten Wesen entspricht" (*Solger* 1935, S. 65). Und ebenso wie der Nationalsozialismus keine abstrakte geschlossene Weltanschauung war, war er auch keine monolithische Diktatur. So finden wir in den unterschiedlichen nationalsozialistischen Gliederungen und sozialen Machtbereichen widersprechende politische Strategien und durchaus kontradiktorische weltanschauliche und ideologische Aussagen. Solange diese der situativen Machtbehauptung dienten, waren sie dem Nationalsozialismus nicht „wesensfremd". Schädigten sie aber in einer anderen Situation, wurden sie durch situationsgemäße Konzepte und Formulierungen autoritär ersetzt. „Eine Grundmaxime, die Hitler der NS-Bewegung aufprägte, bestand darin, politische Prioritätssetzungen zu vermeiden, soweit sie Kontroversen auslösten, und insoweit programmatische Festlegungen zu umgehen" (*Mommsen* 1991, S. 408). *Hitler*s Politikverständnis und das seiner engen Gefolgschaft war „fast völlig auf propagandistische Mobilisierung bei wechselnden Inhalten ausgerichtet. (…) So wurde die Massenmobilisierung zunehmend zum Selbstzweck, hinter dem konkrete Ziele zurücktraten" (*Mommsen* 1991, S. 408). Der politischen Strategie korrespondierte die Strategie im Bildungs- und Erziehungsbereich: Jederzeit konnte verdammt werden, was eben erst gefeiert war, wenn es dem Urteil *Hitler*s oder eines Gefolgsmannes als Führer in einer nationalsozialistischen Gliederung verfiel. Befürchtete man entschiedenen Widerstand, steckte man zurück und konservierte das Gegebene, deutete sich aber Zustimmung an, so versuchte man eine radikale Veränderung (vgl. *Gamm* 1964).

Der pädagogisch-politische Betrieb der nationalsozialistischen Ära war geprägt von einer Selektion der überkommenen, traditionellen, weiterentwickelten reformpädagogischen Erziehungsarbeit unter einer machtpolitisch-pragmatischen Zielsetzung. Im methodischen Bereich war die Pädagogik im Dritten Reich traditionalistisch und reformpädagogisch zugleich. In der Didaktik aber war sie nationalsozialistisch in der Vagheit dieser Weltanschauung. Die strukturelle Passung selektierter Methoden mit den situativ didaktischen Schwerpunktsetzungen aus einer nicht fixierbaren Weltanschauung heraus gaben der nationalsozialistischen Pädagogik ihr unscharfes und unstetes Bild.

Die Erlebnispädagogik mußte für die Nationalsozialisten einen hohen Wert darstellen, da ihnen ihre eigene Weltanschauung eher ein Erlebnisinhalt denn eine Lehre war. Wird der Nationalsozialismus einerseits als „universales geistiges Lebensprinzip" verstanden und erweist er sich andererseits als das „Offenbarwerden der Idee des Lebens" in seiner historischen Situation, so ist die angemessene

Aneignungsform das Miterleben seiner Entfaltung: „Im Sichselbstvollenden, das heißt in der konkreten wirklichen Darstellung der Idee des Lebens, liegt der Sinn und der Wert aller Wirklichkeit. (...) Nicht rationale Organisation der Tatsächlichkeit, sondern geistige Offenbarung der organischen Idee ist der Sinn des Lebens". In der konkreten Offenbarung des „universalen Prinzips des geistigen Lebens ... (ist) die innere Voraussetzung echter Kulturbildung enthalten und erfüllt" (*Beck* 1933, S. 362). Im Erleben des „Lebens" entfaltet sich die „irrational-gemeinschaftsbildende" Kraft (*Kullack* 1933, S. 244). „Verstand und Vernunft erwachsen aus dem organischen Leben im menschlichen Organismus, sind also bestimmt durch die Kraft und Form der Weltwirklichkeit aus der das Leben hervorkommt" (o.V. 1938, S. 145). Bildend konnte das Leben für die Nationalsozialisten nur sein, wenn es „die unorganischen Bindungen" und „falschen Lebensdeutungen", die der Rationalismus und Individualismus hervorgebracht hatten, abstreifte. „Erst (jenes) Leben ist lebensstark und werterfüllt, das solche äußere Form entfaltet, die dem geistigen Wesen dieses Lebens entsprechen und dessen geistiges Wesen selbst in die unmittelbare Realität eingegangen ist" (*Beck* 1933, S. 363).

Die tradierte schulisch verfaßte Bildungs- und Erziehungsarbeit, die für die Reformpädagogik ein wesentlicher Ort ihrer Erlebnispädagogik war, erwies sich für die Nationalsozialisten als eher ungeeignet. Die kenntnisvermittelnde Leistung der Schule, der sie ebenso bedurften wie die von ihnen kritisierte, liberale und sozialistische Gesellschaft, gestattete keine radikale Revolutionierung. Daher finden wir in den schulpädagogischen und didaktischen Zeitschriften der Zeit in großem Umfange Darstellungen reformpädagogischer Methodik. Die Erlebnispädagogik findet hier zumeist als Unterrichtsprinzip in motivationaler Hinsicht Anerkennung und zwar – das war eine Umkehr gegenüber der Weimarer Republik – eher in den sogenannten aufnehmenden Fächern (Sprach-, Geschichts-, Literatur-, Erdkunde- und Heimatkundeunterricht) als in den Ausdrucksfächern (Zeichen-, Musik- und Sportunterricht). In diesem Sachverhalt zeigte sich eine intuitive pädagogische Sensibilität: Das Erleben des Nationalsozialismus als Erlebnisinhalt konnte echt und überzeugend nur in nationalsozialistischen Gliederungen geschehen unter der Führung eines überzeugten Nationalsozialisten.

Die Schule in ihrer überkommenen Gestalt war nicht aus der nationalsozialistischen Bewegung hervorgewachsen, und daher konnte sie nicht primär Träger des nationalsozialistischen Erlebnisinhaltes sein. Das Feld der Erlebnispädagogik im Dritten Reich war dann vornehmlich die außerschulische Erziehung. Hatte die kulturkritische Pädagogik die Verschränkung von Arbeitspädagogik und Erlebnispädagogik zur Grundlage des Unterrichts gemacht, um im Erleben der überrationalen Gehalte die wertbestimmte Kultur allseitiger und tiefgründiger vermitteln zu können und darin zugleich den einzelnen als werdende Persönlichkeit in den Kulturprozeß einzuführen, so lösten die Nationalsozialisten gerade diese Verschränkung auf. Sie interessierte vornehmlich die Möglichkeit des geleiteten sozialen Erlebnisses im intentional gestalteten Erlebnisszenario, weil sie unter Ausnutzung des methodisch-bedingten Subjektverlustes die Individualität des einzelnen in Kollektivität überführen wollten. Die Hochform der nationalsozialistischen Verwendung der Erlebnispädagogik geschah in der Versammlung, im Aufmarsch, in der Kundgebung, im Fackelzug, in der Feier, im Chorspiel und im Lager. Nicht ein kultureller Inhalt wurde hier erlebt, sondern das nationalsozialistisch bestimmte Leben selbst. Und hierbei war es die Absicht, die geisteswissenschaftlich entfaltete Stufenabfolge von Erleben, Ausdruck, Verstehen und eigenem Ausdruck zu reduzieren auf die komplexe Einheit: im Miterleben des Ausdrucks des nationalsozialistischen Geistes sich als Teil dieses Ausdruckes und als Glied der Ausdrucksgemeinschaft zu erleben. Gelang eine solche gleichsam mystische Lebensganzheit, dann konnte erfahren werden, was *Rosenberg* 1936 schrieb: „Der Geist an sich ist nicht Widersacher der Seele, höchstens jener abstrakte, blutleere Geist der letzten Epoche, der sich an dem Leib und der Seele des deutschen Volkes versündigte" (*Rosenberg* 1936, S. 176).

Es sollen hier nun nicht detaillierte Beschreibungen über die Struktur und die Gestalt der praktischen Anwendung der Erlebnispädagogik vorgelegt, sondern vielmehr über die Verwendungsgesinnung berichtet werden. In einem Aufsatz von *Karl Seibolt* von 1937 über die „Feier als völkische Lebens- und Erziehungsform" heißt es: „Der gesetzmäßige Aufbau der Feier entwickelte sich aus der Haltung des ... in der nationalsozialistischen Kampfzeit gehärteten Kämpfers und gründet sich nicht auf intellektuelle Erwägung." In der Feier erlebt der einzelne die Volkwerdung und dieses „Erlebnis der Volkwerdung (die die Feier selbst ist H.D.) schreit nach Ausdruck". Und dieser Ausdruck ist „der Aufruf, die Verkündigung, das Bekenntnis". Die Feier ist der Weg, „aus dem selbstgenügsamen Individualismus einer vergangenen Zeit vor(zu)stoßen zum Gesetz der Fahne, zur Gefolgschaft, zur Verpflichtung." Und somit ist sie „als Lebensform ... immer Symbol für die hohen sittlichen Werte, die eine Gemeinschaft binden. Damit wird sie gleichzeitig Erziehungsform." Formell präzise bestimmte *Seibold* die Funktion der Feier: „Aus Gestaltungen wachsen Gestalten" (*Seibold* 1937, S. 591ff). Das Erlebnis der Formation der nationalsozialistischen Gliederungen wird zur Formierung des einzelnen, in der er seine Individualität aufheben kann (und soll). Vom gleichen Geist und von gleicher Haltung ist auch die Lagererziehung geprägt: Das Lager wird als „Erziehungsmittel in allen neuen Erziehungsformationen anerkannt." So stellt sich daher „der Lagererzieher als neuer Erziehungstyp neben den Lehrer" (*Arp* 1937, S. 29). Wie die Feier formt auch das „Lager ... die Grundkräfte des Menschen, es wendet sich an Körper, Geist und Seele." Herausgehoben in der Theorie der Lagererziehung wird besonders die Notwendigkeit der Permanenz dieser Erziehung: „Diese Formung ist nicht zeitlich erreichbar. Die Forderung nach immerwährender Erziehung im Lager wird so lange bestehen, wie der Wille zum Vorwärtsstoß unserer Bewegung" (*Pudelko* 1935, S. 113). Faßt man den Nationalsozialismus als Erlebnisinhalt auf, der in den nationalsozialistischen Gliederungen sich lebend entwickelt, dann ist eine unausgesetzte erzieherische Einbindung eine lebensnotwendige Folge für die Bewegung selbst wie für jeden einzelnen. Nur in der vollständigen Erfassung aller in den nationalsozialistischen Gliederungen kann jeder einzelne angemessen für den Nationalsozialismus ergriffen werden. Die Teilhabe als Erlebnis an den Veranstaltungen und an den Einsätzen der nationalsozialistischen Gliederungen erscheint – zumal in volkserzieherischer Perspektive – als politisch erzieherischer „Ernstfall". In dieser praktischen Erziehung ist „die Entfremdung von Theorie und Praxis ... aufgehoben, ihre Antinomie (ist) gegenstandslos geworden in der inneren Verklammerung durch den Ernstfall des politischen Lebens, in dem beide nur als zwei Erscheinungsformen einer und derselben Sache stehen". Das Verständnis für Erziehung erwuchs „aus dem Untergrund tatsächlich gemeinschaftlich erfahrener, völkischer Lebenswirklichkeit organisch heraus als natürliche Klärung und Verdichtung gewußter Erlebnisse" (*Freudenthal* 1937, S. 655). Was Erziehung war, erlebte der Erzieher in der Erziehung, die selbst die nationalsozialistische Lebenswirklichkeit war.

Ethik und Erlebnispädagogik: Eine unbeantwortete Frage

Die Einbindung des einzelnen durch das Erlebnis in die nationalsozialistische Bewegung als völkisches Leben machte das Erleben zu einem Selbstzweck. Der einzelne erlebte die Rituale und die dramaturgisierten öffentlichen Lebensformen einer ästhetisierten Bewegungskultur, die beanspruchte und vortäuschte, schon das ganze Leben zu sein.

Die nationalsozialistische Pädagogik im außerschulischen und öffentlichen Raum in Anwendung der Erlebnispädagogik als universeller Methode hat die mit der Kulturkritik beginnende Tendenz des Subjektverlustes durch Erziehung fortgesetzt, und sie war gewiß – transistorisch jedenfalls – erfolgreich: Ob sie aber nachhaltige Wirkung bis in die Tiefenstruktur der Bevölkerung gehabt hat, könnten erst mentalhistorische Forschungen und Studien der historischen Anthropologie zur Ära des Nationalsozialismus ergeben, die in erziehungswissenschaftlicher Hinsicht noch ausstehen.

Die Anwendung der Erlebnispädagogik durch die Nationalsozialisten jedoch klärt uns auf über die Methode als ein Instrument, das dienstbar ist für Bemühungen, die den Menschen autonom heteronom machen wollen. Sollte diese Qualität der Methode ihren methodischen Kern ausmachen, was aber einzig pädagogische Methodenforschung erbringen kann, dann wäre sie ethisch verwerflich für jedwedes Bildungsideal.

Literatur

Adam, Erich: Organisation der Lebensfreude. In: Arbeitertum (1933) H 23, S. 4–7.

Arp, Wilhelm: Erziehung im Lager. In: Nationalsozialistisches Bildungswesen 2 (1937) H. 12, S. 29–43.

Arp, Wilhelm: Zum Begriff der Erziehung. In: Nationalsozialistisches Bildungswesen 4 (1939) H. 2, S. 550–570.

Beck, Friedrich A.: Nationalsozialismus als universales geistiges Lebensprinzip. In: Die Neue Deutsche Schule 7 (1933) H.7, S. 361–363.

Bohlmann, Erna: Die Erziehungsarbeit im BDM. In: Die Neue Deutsche Schule 1 (1934/1935), S. 211–222.

Dibbern, Johannes: Kann Gruppenarbeit der Gestaltung des nationalsozialistischen Menschen dienen? In: Die Neue Deutsche Schule 13 (1939), S. 232–234.

Fischer, Aloys: Arbeits- und Erlebnispädagogik (1926). In: Leben und Werk. Bd.2; München 1950, S. 245–286.

Freudenthal, Herbert: Erziehung am Ernstfall. In: Die Volksschule 32 (1937) H. 19, S. 645–657.

Gamm, Hans-Jochem: Führung und Verführung. München 1964.

Geuß, Richard: Überwindung der „Methode" im Glauben. In: Blätter für Schulpraxis und Erziehungswissenschaft 48 (1939), S. 192–193.

Geuß, Richard: Philosophische Grundlagen der Erziehung. In: Nationalsozialistisches Bildungswesen 4 (1939) H. 9/10, S. 481–483.

Jaensch, Erich: Das Kulturziel im neuen Reich. In: Die Neue Deutsche Schule 8 (1934) H. 4, S. 185–194, S. 250–253.

Kammler, B.: Unterricht als gesellschaftlicher Vorgang. In: Die Neue Deutsche Schule 7 (1933), S. 298–310.

Klar, Werner: Die Gruppenarbeit im Dienste völkischer Erziehung. In: Die Volksschule 16 (1934), S. 531–539.

Kullack, Max: Wirklichkeitspädagogik und volksorganische Erziehung in der Volksschule. In: Die Neue Deutsche Schule 7 (1933), S. 238–246.

Ley, Robert: Ein Volk erobert die Freude. Berlin 1937.

Misch, Georg: Vom Lebens- und Gedankenkreis Wilhelm Diltheys. Frankfurt 1947.

Mommsen, Hans: Der Nationalsozialismus und die deutsche Gesellschaft. Hamburg 1991.

Neubert, Waltraut: Das Erlebnis in der Pädagogik. Göttingen 1932.

Otten, Karl: Geplante Illusionen – Eine Analyse des Faschismus. Frankfurt 1989.

Pudelko, Alfred: Das Lager als Erziehungsform. In: Deutsche Volkserziehung (1935) H. 4, S. 111–113.

Reissig, Rudolf: Kraft durch Freude – durch Freude zum Licht. In: Arbeitertum (1933) 20, S. 16–17.

Reumuth, Karl: Die Eigenart volkstümlicher Erlebnisweise und Bildung. In: Nationalsozialistisches Bildungswesen 2 (1937) H. 11, 7, S. 681–693.

Schmalenbach, Hermann: Das Ethos und die Idee des Erkennens. Tübingen 1933.

Schmidt, Bernhard: Die Grundgesetze des Erziehungsvorganges. In: Nationalsozialistisches Bildungswesen 4 (1939) H. 9/10, S. 483–490.

Schäfer, A.: Gedanken über „Volk" und „völkische Erziehung". In: Die Neue Deutsche Schule 13 (1939) H. 7, S. 532–533.

Schäfer, Hans-Dieter: Das gespaltene Bewußtsein: Deutsche Kultur und Lebenswirklichkeit 1933–1945. Frankfurt 1984.

Seibold, Karl: Die Feier als völkische Lebens- und Erziehungsform. In: Nationalsozialistisches Bildungswesen 2 (1937) H. 4, S.591–622.

Simon, Adam: Erziehender Unterricht. In: Die Neue Deutsche Schule 12 (1938), S. 280–290.

Solger, Friedrich: Propaganda, Schulung und Erziehung. In: Die völkische Schule 13 (1935), S. 385–391.

Solger, Friedrich: Völkische Denkschulung. In: Die völkische Schule 12 (1935), S. 459–464.

Solger, Friedrich: Lebensgesetze. In: Die völkische Schule 13 (1935) H. 3, S. 65–70.

o.V.: Ist Methode überflüssig? In: Der Volksschulwart 26 (1938) H. 10, S. 441–449.

o.V.: Vor- oder Nebenrang der Intellektpflege? In: Der Volksschulwart 26 (1938) H. 7, S. 313–318.

HANS THIERSCH

Abenteuer als Exempel der Erlebnispädagogik

Für meinen Vater

Erlebnis- / Abenteuerpädagogik ist in. Das zeigt die kaum noch überschaubare Fülle von Programmen, Arrangements und Projekten, das zeigen ebenso die vielfältigen Erwartungen und Hoffnungen, die sich mit ihr verbinden. Erlebnis- / Abenteuerpädagogik als vielverwandtes pädagogisches Breitband-Antibiotikum? Aber: Erlebnis- / Abenteuerpädagogik ist nicht unumstritten. – Sie hat nicht zum ersten Mal Konjunktur – und hatte in früheren, auch bedenklichen Zeiten Konjunktur: Sie hängt von der Geschichte her in belasteten Traditionen, in denen der Kulturkritik ebenso wie in denen eines dezidiert männlichen Lebensentwurfs. – Und: Das spezifisch pädagogische Arrangement wird problematisiert: Kann man Erlebnis und Abenteuer pädagogisieren? Und, wo es praktiziert wird, ist es da nicht oft eine black box? Dient Erlebnis- / Abenteuerpädagogik nicht oft nur als Alibi bei anderen pädagogischen Defiziten? Wie passen Anspruch und Realisierung zusammen?

Das Thema Erlebnis- / Abenteuerpädagogik also ist ein weites Gelände. Es lohnt sich, genauer zu sein. – Ich möchte im folgenden zunächst Bemerkungen machen

– zum Verständnis von Abenteuer und zu gesellschaftlichen Hintergründen der heutigen Abenteuerkultur und dann

– zur Abenteuer- / Erlebnispädagogik, wo ihre spezifischen Aufgaben und Grenzen liegen.

Zu den pädagogisch-konkreten Fragen komme ich also erst auf einem weiten Umweg; dieser Umweg in allgemein strukturbezogene und gesellschaftliche Fragen aber scheint mir notwendig, weil eine Pädagogik, die sich mit Erlebnis und Abenteuer, also mit unmittelbaren und aufwendigen Unternehmungen beschäftigt, gleichsam von der Struktur her in Gefahr steht, in ihren praktischen Fragen ganz okkupiert zu sein und so zu vordergründig verhandelt zu werden.

Erlebnispädagogik, erlebnispädagogische Momente werden zur Zeit in sehr vielfältigen pädagogischen Kontexten realisiert: in Projekten der musisch-ästhetischen Erziehung, in Projekten eines praktischen, die Verbindung von Kopf und Hand anzielenden Lernens, in sportlichen Unternehmungen, in Reisen. In all diesen Projekten zielt das erlebnispädagogische Moment auf authentische Erfahrungen, auf ästhetische Erfahrungen, auf praktische, auch körperliche Erfahrungen, auf gemeinsame Erfahrungen. – Im weiten Rahmen dieser erlebnispädagogischen Projekte ist eine spezifische Form die der Abenteuer- / Erlebnispädagogik – so hat sich der Sprachgebrauch eingebürgert: Sie zielt, indem sie auch körperlich praktische Fähigkeiten fordert, auf besondere, herausgehobene, strapaziöse, bisweilen riskante Unternehmungen. Von ihr – nur von ihr – soll im folgenden die Rede sein.

Ihre Struktur wird am deutlichsten in der Struktur des Abenteuers – damit schränke ich mein Thema noch einmal ein. Von Abenteuern wird berichtet, soweit die menschliche Erinnerung zurückreicht. Menschen, im allgemeinen junge Männer, brechen aus dem Frieden ihres Zuhauses auf in die unkalkulierten Wagnisse von Einsamkeit, Überfällen, Begegnungen mit Ungeheuern und wilden Tieren und suchen sich durch Bewährungsproben und Siege hindurch ihren Weg – zur Königstochter, um mit ihr zusammen das ihnen gemeinsam zugedachte Königreich bewohnen zu können: Abenteuer als Weg zur Selbstfindung, zur Selbständigkeit, als Weg, der die Selbstfindung nur in der Preisgabe des Gewohnten, im Risiko, im Mut zur Gefahr möglich macht.

Von solchen Abenteuern wird erzählt – und gerade die erzählten Abenteuer, die alten und neuen Mythen, bilden einen Grundbestand von Literatur überhaupt. Solche Abenteuer werden aber auch erlebt, sie werden in der äußeren Wirklichkeit, in Einsamkeit und Gefährnissen der Natur – erlebt, aber auch im Weg nach innen, im Aufbruch, im Traum und in Seelenwelten (hier führt ein Weg vielleicht von *Hesses* Steppenwolf zu heutigen Selbsterfahrungsgruppen). – Abenteuer- / Erlebnispädagogik bezieht sich im Feld der vielen Formen von Abenteuer auf Abenteuer in der äußeren Wirklichkeit, auf abenteuerliche Unternehmung in der Natur. Gewiß kann man darüber streiten, ob diese Einschränkung sinnvoll ist: Solcher Streit aber scheint mir müßig. Definitionen aber helfen zur Klärung, und das tut auch diese.

Die Struktur von Abenteuer will ich verdeutlichen in Bemerkungen zu drei Positionen, in Bemerkungen zu Berichten von zwei Bergsteigern – *Eugen Lammer* und *Reinhold Messner* – und zum Konzept des Philosophen *Georg Simmel*.

Eugen Lammer (1863–1945) war ein um die Jahrhundertwende bekannter, durch zahlreiche Erstbesteigungen ausgewiesener Bergsteiger, der, was ihm Bergsteigen als Abenteuer bedeutete, eindrucksvoll zu beschreiben wußte (*Jungborn*, Bergfahrten und Höhen – Gedanken eines einsamen Pfadsuchers, 1929). Im Überdruß an der Zeit, in der keine Ideale mehr gelten, in der „alles vom salpetersauren Grübeln zerfressen ist", treibt es ihn hinaus in eine Welt, in der die nützlichen Kalkulationen, wie sie den Alltag bestimmen, nicht mehr gelten in einer Welt, in der vom Alltag her gesehen Nutzlosigkeit herrscht, eine Nutzlosigkeit aber, in der sich das Leben erst als Leben erweist. Ihn treibt die Herausforderung des Bergs und darin auch „die Freude an der Gefahr, die Sehnsucht, auf des Messers Schneide dahinzuwandeln". „Aber sobald ich in Gefahren stürzte, da verspür' ich drängend heiß, was Leben bedeutet, und wenn ich dann wieder heil daraus hervortauche, dann bleibt mir das Leben noch lange ein funkelneues, sehr fühlbares Gut". In dieser neuen, authentischen, intensiven Erfahrung brechen „alle verschütteten Quellen des Inneren auf", „so erlaubt uns der Bergsport, den ganzen Menschen einzusetzen, er hebt uns empört aus der barbarischen Einseitigkeit zur Harmonie". „Ich fand die unendliche Einsamkeit und Harmonie aller Kräfte und Elemente der Natur wie auch die Harmonie aller Kräfte und Triebe und Gefühle meines eigenen Inneren ... Während unsere kulturlose Zivilisation heute noch alles auseinanderreißt und vereinzelt, verschmilzt es in der großen, gottatmenden Alpennatur alles Einzelne in den Kosmos". – Bergsteigen als Abenteuer: Das heißt hier also Ausbruch in eine Wirklichkeit, in der der Einzelne gefordert ist, in der er durch Herausforderungen und Gefahren hindurch sich in einer Weise erfahren kann, in der er sich eins weiß mit seinen Kräften und Möglichkeiten und zugleich mit der Natur.

Abenteuer als Bergsteigen, – das ist auch das Thema von Leben und Schreiben *Reinhold Messners* (1989), den man ja wohl als Idol und Symbol heutiger Abenteuerkultur verstehen kann. – Auch er bricht aus einer Welt der Zivilisation aus; für ihn ist sie vor allem deshalb bedrohlich, weil hier alles verstellt, zugebaut, verregelt ist, weil es hier keine Freiräume mehr gibt. Abenteuer also als Ausbruch aus einer Welt des Nützlichen, des Kalküls in eine Welt „frei von Gesetzen, frei von der Sorge des Alltags, frei von Haß, frei von Ehrgeiz", „Schon das Unterwegssein an sich, ohne Botschaft, ohne Erfolgszwang, ohne Hintergedanken, war nicht nur das nützlichste, sondern es war auch das befreiendste Erlebnis für mich". Der Weg in die Freiheit des Abenteuers nun ist – wie auch schon bei *Lammer* – der Weg in die Gefahr: „Und die Höhe ... und der Abgrund! Hier konnte uns niemand helfen, weder von oben noch von unten. Nur zu zweit kletterten wir da wie auf einem anderen Stern ... wir hatten uns ausgeliefert". Er spürt seinen Willen, seine Kräfte, er spürt gleichsam „einen archaischen Urzustand, indem wir uns an der Natur messen können, die Chance haben, uns mit ihr auseinanderzusetzen und uns dabei selbst zu entdecken". Darin aber kann er eine Harmonie „zwischen Handeln und Denken erfahren, die zu einem „Einklang mit der Natur führt, und wenn alle Brücken abgebrochen waren, fanden wir den Weg zu uns selbst ...". – Bergsteigen als Abenteuer also bedeutet für *Messmer*, „daß ich dort hingehe, wo die anderen nicht sind, daß ich mich von der Neugierde leiten lasse, daß ich bis zur Grenze gehe, daß ich riskiere, verändert oder nicht zurückzukommen, daß ich dem Weg meines Herzens folge". „Wer sein Leben als Nichts erfahren hat, kann seine Sinnfrage lösen. Bin ich einmal im Grenzbereich Todeszone, so löst sich die Sinnfrage auf ... Das Risiko, nicht zurückzukehren, flickt die letzten Teilungen in unserem Bewußtsein".

Nach diesen Selbstdarstellungen, in denen ein modernes, gleichsam existentielles Pathos des Abenteuers sich artikuliert, nun die – daran gemessen – nüchternere, strukturmusterbezogene Skizze des Philosophen *Georg Simmel* (1923). Das Abenteuer ist ein Ereignis, das „aus dem Zusammenhang des Lebens herausfällt". Es ist wie eine „Insel im Leben", strukturiert durch Anfang und Ende: Es wird als Ganzes, als geschlossene Einheit erfahren; in dieser Ganzheit erinnert es an ein Kunstwerk oder an ein Traumerlebnis, also an prägnante Bilder, wie sie vor allem auch in der Phantasie gestaltet werden. – Dieses besondere herausgehobene Ereignis Abenteuer ist charakterisiert durch seinen inneren Widerspruch. „Die Geste des Eroberers, das rasche Ergreifen der Chance" geht einher mit der Erfahrung „schutzlos, reservelos preisgegeben zu sein". "Die Verflechtung von Handeln und Leiden spannt hier ihre Elemente zu einer Gleichzeitigkeit von Eroberertum, das alles nur der eigenen Kraft und Geistesgegenwart verdankt, und dem Sich-Überlassen an die Gewalten und Chancen der Welt, die uns beglücken, aber im selben Atem auch zerstören können". Im Abenteuer setzt der Mensch auf die „schwebende Chance, auf das Schicksal und auf das Ungefähre, bricht die Brücken hinter sich ab, tritt in den Nebel, als müßte der Weg unter allen Umständen tragen". In dieser Erfahrung aber – im Zusammenspiel von Anstrengung und Widerfahrnis, von zupackendem Handeln und Überwältigtwerden – ist „unser Dasein auf Erden Abenteuer", erschließt sich – anders formuliert – im Abenteuer der Gehalt des Lebens. – In den strukturellen Bestimmungen ist diese Darstellung den vorangegangenen Zeugnissen nicht unverwandt; auch hier wird das Abenteuer als herausgehoben, als Zusammenspiel von Können und Gefahr, als Sich-Ausliefern ins Ungewisse und als Grunderfahrung des Lebens beschrieben. Diese Strukturen aber sind hier – und das scheint mir wohltuend – entkleidet ebenso vom anti-zivilisatorisch / kulturkritischen Klang wie von der mystischen Überhöhung eines Allerlebens. Ernüchternd ist vor allem auch *Simmels* weitere Feststellung, daß Abenteuer nicht durch die Struktur von Ereignissen einfach gleichsam objektiv gegeben, sondern eine Form des Erlebens ist. Abenteuer ist bestimmt durch die Art, wie Ereignisse erfahren werden, Abenteuer entsteht „durch eine gewisse Gespanntheit des Lebensgefühls, mit dem solche Inhalte sich verwirklichen". – Abenteuer als Erlebnisform: Also nicht jeder erlebt das Gleiche gleich, manche erfahren etwas als Abenteuer, was andere nicht weiter erregt, andere wiederum erfahren Abenteuer schon da, wo wieder andere noch gar nichts erleben. *Goethe*, so wird berichtet, fand, daß er im Stadtpark von Weimar mehr sähe als andere Leute auf ihrer Romreise. – Abenteuer als Struktur- und Erlebnisform: Man wird – scheint mir – dies nicht einfach als harten Gegensatz sehen müssen; Strukturen legen Erlebnisse nahe, Strukturen aber bleiben ohne Erlebnisfähigkeit taub. Daß dies Konsequenzen für eine Abenteuerpädagogik hat, ist evident.

Abenteuer in der modernen Gesellschaft

So wie ich es bisher getan habe, über das Abenteuer nur phänomenologisch-strukturell zu reden, ist unzulänglich; Abenteuer wird immer im konkreten historischen

Kontext gelebt; nur in ihm ist seine Bedeutung zu erkennen. – Die heutige Abenteuerkultur kann also nur verstanden werden im Kontext heutiger gesellschaftlicher Strukturen und Entwicklung. Ich beschränke mich im folgenden auf ganz knappe Bemerkungen.

Zunächst: Daß Abenteuer als eine eigene, in sich abgegrenzte Wirklichkeit kulturkritisch ausgelegt wird, ist deutlich geworden. Solche Kulturkritik kann – und dies ist im Kontext einer Frage nach Gesellschaftsstrukturen wichtig – verstanden werden als (gleichsam pathetisch-geladenes, ressentiment-geladenes) Indiz einer widersprüchlichen Gesellschaftsstruktur. Unser derzeitiges Leben ist im Zeichen von Vergesellschaftung zunehmend bestimmt durch Strukturen technischer Rationalität und technologischer Effektivität, durch Strukturen der Großorganisation und Arbeitsteilung. Diese generellen Strukturen bestimmen die Formen der Produktion ebenso wie die des Konsums, des sozialen Lebens und der Politik. – Diese Gesellschaftsform hat zwei Konsequenzen. Die moderne Gesellschaft verlangt – zum einen – Disziplinierung als Fähigkeit, funktional und effektiv in den vorgegebenen Strukturen sich zu bewähren. Leben und Verhalten müssen sich jeweils auf unterschiedliche Aufgaben in unterschiedlichen Funktionen konzentrieren; Leben und Verhalten organisieren sich so arbeitsteilig, verlangen arbeitsteilig beherrschte Kompetenzen. Die Anstrengung zu einer solchen arbeitsteiligen Beherrschung erzeugt nun – protestativ, also im Gegenschlag – den Drang zum Ausbruch in ein unmittelbares, ganzheitlich-authentisches Leben. – Die Strukturen der modernen Gesellschaft sind – zum zweiten – in ihrer Organisation und Rationalität mächtig und unüberschaubar. Dies provoziert den Drang nach einem Raum, in den der Mensch sich als zuständig für die Gestaltung seines Lebens erfährt; dem entspricht auch die Lebensform Abenteuer. – Und: Diese vorgegebenen und überschaubaren Strukturen verlangen zunehmend kognitive Leistungen, also Fähigkeiten zur Informationsverarbeitung und Informationsgestaltung; Körper und körperliche Fähigkeiten werden protestativ dagegen neu gewichtet.

Einhergehend mit der Vergesellschaftung ist unsere Gesellschaft auch charakterisiert durch Prinzipien der Pluralisierung und Individualisierung unseres Lebens. Überkommene Zusammenhänge z. B. zwischen Arbeiten und Wohnen, zwischen der Einbettung des Privaten in gegebene soziale Strukturen von Nachbarschaft und Verwandtschaft, überkommene Deutungen in bezug auf Geschlechtsrollen und das Arrangement des privaten Lebens werden brüchig. Die Erosion der Lebensmuster bedeutet, daß die einzelnen ihre Verhältnisse selbst bestimmen, wählen, vor sich und anderen ausweisen müssen. – Diese neue Offenheit bedeutet, daß Menschen sich zunehmend in Verhältnissen finden, in denen sie sich in Frage gestellt sehen und auf Verhandlungen angewiesen sind in bezug auf das, was für sie und andere gelten soll. Die Unsicherheiten verlangen eine aufwendige Anstrengung um Konsens. Das Abenteuer, in dem ich mich direkt und unter existentiellem Druck spüre und erfahre, verheißt eine Alternative, in der ich in allen Offenheiten wieder Eindeutigkeiten erfahre. Das Abenteuer, das im Regelfall gemeinschaftlich unternommen wird, ist auch darin eine attraktive Gegenerfahrung: eine selbstverständliche, aufgabenbezogene, verläßliche und anspruchsvolle Gemeinschaftlichkeit. – Die Offenheiten der modernen Gesellschaft aber werden mißverstanden, wenn sie nur als Erosion, Anstrengung, Zumutung um besondere Anstrengung verstanden würden. Sie sind in sich attraktiv; der Mensch erfährt sich zunehmend als Regisseur seines eigenen Lebens, als Regisseur in bezug auf individuelle Chancen und Optionen. Dies bedeutet Probleme für eine Pädagogik, die sich nicht mehr darauf verlassen kann, daß Vorgaben akzeptiert werden; dies bedeutet auch, daß Abenteuer als bewußte Wahl eines eigenverantworteten, riskanten Lebens attraktiv wird. – Und: Wenn nicht die Erfüllung vorgegebener Lebensmuster Lebenssinn bedeutet, gewinnen je eigene, individuelle und besondere Erfahrungen besonderes Gewicht. Die Intensität des Erlebnisses wird Chance und Voraussetzung dafür, daß Erlebnis lohnend ist; ich vergewissere mich meiner selbst im besonderen Erlebnis, in der Intensität des Erlebens. Die Gesellschaft wird – so eindrucksvoll *Gerhard Schulze* – zur Erlebnisgesellschaft (1992). Die besondere Form Abenteuer (die erstaunlicherweise bei *Schulze* keine Rolle spielt) wird zu einem zentralen Moment der charakteristischen Lebensgestaltung in der Moderne.

Neben Vergesellschaftung und Pluralisierung / Individualisierung ist unsere Gesellschaft schließlich auch dadurch bestimmt, daß sie Konsumgesellschaft ist. Abenteuer – als Ausdruck, Kompensation und Erfüllung von Strukturen der Moderne – realisiert sich für viele (denn unsere Wohlstandsgesellschaft ist ja geteilt in eine Zweidrittel-Eindrittel-Gesellschaft) auf der Basis hohen Wohlstands, in teuren, exklusiven, ja extravaganten Formen; Abenteuer wird aufwendig, wird im Aparten und Entlegenen gesucht. Dies entspricht auch dem Strukturgesetz der Konsumgesellschaft, nach dem sich Reize zunehmend steigern müssen, wenn sie noch Befriedigung verheißen sollen.

Schließlich: Abenteuer nur so innerhalb der Strukturen der heutigen Gesellschaft – als Kompensation und Erfüllung – zu sehen, wäre einlinig und fahrlässig; schon einleitend habe ich darauf hingewiesen, daß Abenteuer- / Erlebnispädagogik in sich durchaus prekäre Lebensformen sind. – Zunächst noch einmal zur kulturkritischen Attitude. In ihr wird deutlich, daß Abenteuer dazu dient, Widersprüche unserer Gesellschaft nicht als Widersprüche zu sehen, um sie im Spiel kompensatorischer Erfahrungen auszuhalten, sondern ihnen auszuweichen: Abenteuer als Flucht. – Dies geht dann damit einher, daß die Suche nach dem direkten und authentischen Erleben ideologisch verhärtete Aversionen gegen die Stadt, gegen Organisationen, gegen Rationalität erzeugt, – kurz: gegen alles nur Vermittelte. – Und: Abenteuer als Refugium auch von Verbindlichkeit und Direktheit führt dazu, daß Aushandeln, Reden und Diskutieren als umwegig, überflüssig, ja verächtlich erscheinen; von hier zu einer antidemokratischen Attitude ist es nicht weit.

Das kulturkritische Moment kann einhergehen damit, daß Abenteuer weit zurückreichende Verwandtschaft hat zu altverwurzelten und traditionellen Konzepten von Männlichkeit. – Ich hole noch einmal aus: In Sagen, Mythen und Märchen sind bis in heutige Formen der Fernsehmythen hinein Männer die Helden: Sie ziehen ins Unbekannte hinaus, sie scheuen keine Gefahren, sie suchen Herausforderungen, sie erfahren sich in ihrem Können und in ihrem Wert, in ihrem Selbstwert; sie messen sich in Kämpfen, in Konkurrenz mit anderen. Frauen haben im allgemeinen nur komplementäre Rollen: Sie werden befreit und erobert und sind höchstens als Begleiterinnen aktiv, wenn Geschicklichkeit, Klugheit, List oder Geduld verlangt werden. – Diese Männlichkeit ist im Faschismus aufgegriffen worden und hat sich mit der Propagierung von Härte, Durchsetzungsfähigkeit und Rücksichtslosigkeit in schrecklicher Weise amalgamiert. – Männlich aber, jedenfalls dem traditionellen Männerbild entsprechend, sind durchaus auch Erfahrungen, wie sie heute im Abenteuer gesucht werden: Abenteuer in der ausgesetzten Umgebung, in gefährlich-gefährdender Natur, in der Härte und Anforderung an die eigene Leistungsfähigkeit, in der Rücksichtslosigkeit sich selbst gegenüber, in der Lust, sich bis zum äußersten herausfordern zu lassen. Und schließlich: in jenen wilden Abenteuern von Cliquen, Gangs und in den Ausbrüchen öffentlicher Aggressivität, die immer auch Momente von Abenteuerlichkeit beinhalten, sind Heranwachsende und Männer deutlich überrepräsentiert. – Nun: Zu dieser Geschichte des Zusammenhangs von Männlichkeit aus Abenteuer kann man sich fragen, ob sie nicht auch nur historisch bedingt ist, also nicht in der Struktur des Abenteuers angelegt ist. Man könnte nämlich erörtern, ob das Bild von Männlichkeit im Abenteuer deshalb nur dominiert, weil die den Frauen eher naheliegenden Formen eines sich riskierenden und die eigenen Grenzen erfahrenden Erlebens weniger berichtet werden – so wie ja generell weibliche Erlebnisformen und Erfahrungen seltener berichtet werden. Vom Abenteuer z. B., das in der Erfahrung der typischen Weiblichkeit des Körpers (Menstruation), das vor allem im Austragen und in der Geburt eines Kindes angelegt ist, ist in Sagen und Märchen nie die Rede. Ebenso wenig ist die Rede von dem Mut, den es braucht, sich auf das „Abenteuer" einzulassen, sich unsicher und versagend zu erkennen, Schuld eingestehen zu müssen, Beziehungen auszuhandeln, im Hinhören gemeinsame Möglichkeiten gemeinsam auszuhandeln. – Die angeschnittenen Fragen sind weitläufig und können hier unmöglich verhandelt werden (s. dazu *Böhnisch* u. *Winter*, 1993). Angesichts der Tatsache, daß traditionelle Rollenmuster in unserer Gesellschaft – im Zeichen der Pluralisierung und Individualisierung der Lebensverhältnisse – sich beginnen aufzulösen (mehr wird man z. Zt. nicht konstatieren dürfen), angesichts auch der Tatsache, daß sich zunehmend Frauen auf Abenteuer einlassen (angesichts auch der Tatsache, daß sie gerade in Projekten der Abenteuer- / Erlebnispädagogik zunehmend und paritätisch beteiligt sind), wird man das Problem wohl auch pragmatisch angehen dürfen: Im Abenteuer muß man sich der Affinität zu männlichen Lebensmustern bewußt sein und versuchen, kritisch die Struktur des Abenteuerlichen von der besonderen Struktur männlicher Lebensmuster zu unterscheiden; es wäre fatal, wenn Abenteuer in der Verbindung zum Männlichen eine Rückzugsposition böte, in der sich traditionelle Männlichkeit gegenüber dem Zeittrend, sich ihm sperrend und aus ihm zurückziehend, behaupten könnte. Die Erlebnisform Abenteuer muß also offen für alle sein, und vor allem dürfen Mädchen und Frauen sich nicht männlich dominierenden Lebensformen anpassen, um sich so (ihre eigene, als unterlegen verstandene Lebensform überwindend) in ihrem Wert zu beweisen. – Und schließlich: Vor dem Hintergrund eines Wissens von der allgemeinen Struktur Abenteuer und der historischen Belastung dieser Lebensform mag es im einzelnen sehr sinnvoll sein, männliche Männer eher vor dem Abenteuer zu warnen und – entsprechend – frauliche Frauen zum Abenteuer zu ermuntern. –

Abenteuer- / Erlebnispädagogik: Notwendigkeit, Ansätze, Schwierigkeiten

Vor diesem Hintergrund von Struktur und heutiger Funktion des Abenteuers sollen nun Fragen von Abenteuer- und Erlebnispädagogik skizziert werden.

1. Ehe ich mich aber auf pädagogisch-praktische Details einlassen darf, stellt sich zunächst – gleichsam als prinzipielle Barriere – die radikale Frage, ob Abenteuer eigentlich Thema von Pädagogik sein kann, – bzw., da es abenteuer- und erlebnispädagogische Projekte ja gibt, ob sie nicht eine gefährliche Anmaßung oder zumindest ein grobes Mißverständnis sind. In diese Richtung zielen Überlegungen von *Jürgen Oelkers* (1992), wenn er darauf insistiert, daß „eine lineare Verbindung von Erziehung und Erlebnis weder möglich noch wünschenswert ist. Von Erlebnispädagogik kann daher in einem strengen Sinn keine Rede sein, es sei denn als Schlagwort in der Selbstverständigung rastloser Pädagogen." „... Erlebnisse ereignen sich jenseits einer pädagogischen Verfügbarkeit". Wäre es anders, wäre es fatal: „Wenn sich Erzieher als Demiurgen definieren, dann ist das nicht nur eine Anmaßung, sondern ein historischer Irrtum". – Die von *Oelkers* vor allem von Subjekthaftigkeit im Erlebnis entfalteten Argumente haben Gewicht in bezug auf allgemeine Diskussionen zur Abenteuerpädagogik und in bezug auf Praxisprobleme in ihr. – Viele abenteuererfahrene Menschen verbitten sich Pädagogik: Pädagogik nämlich als verantwortliches Arrangement, als wohlmeinende Vorgabe ruiniere das, was Abenteuer charakteristisch macht; Abenteuerpädagogik müsse man – heißt es dann weiter – wohl eher als Versuch verstehen, Heranwachsenden noch in ihren Ausbrüchen nachzustellen und sie gerade da, wo sie sich der Pädagogik entziehen wollen, zu domestizieren versucht; Abenteuerpädagogik sei so – in der sich zunehmenden verdichtenden Pädagogisierung unserer Gesellschaft – ein letzter Schritt, Jugendliche zu kolonialisieren, Jugendliche um den Eigensinn ihres Jugendlebens zu betrügen. – Und: Solche prinzipiellen Zweifel treffen auf Zustim-

mung auch bei Pädagogen. Sie insistieren auf dem spezifischen Auftrag, Anregung zum Lernen zu vermitteln und der damit verbundenen Verantwortlichkeit; offene und riskante Erfahrungen gehören aus dieser Sicht nicht zu ihrer Kompetenz. – So plausibel aber und auch durch vielfältige Problematik in Abenteuerprojekten gegebene Erfahrungen gestützt solche Einwände sind, so scheinen sie mir doch kein prinzipieller Einwand gegen Notwendigkeit und spezifische Chancen in der Abenteuer- / Erlebnispädagogik. Pädagogik – wenn ich dies zunächst so allgemein formulieren darf – meint ja nicht Verfügung über Erfahrungen und Lernprozesse bei anderen, sondern Unterstützung, Anregung und Provokation, die aufgenommen, verarbeitet, angeeignet werden müssen. Und: Indirekte Pädagogik als Gestaltung von Räumen, von Gelegenheiten und Chancen zu sinnvollen Erfahrungen war schon immer eines der zentralen Momente einer die Freiheit und Eigensinnigkeit von Heranwachsenden respektierenden Pädagogik (wie es *Michael Winkler* ja sehr eindringlich aus der klassischen Tradition heraus deutlich gemacht hat). – Ein solches pädagogisches Selbstverständnis wird durch die neuere gesellschaftliche Entwicklung nur gestützt: Im Zeichen von Pluralisierung und Individualisierung der Lebensführung und der darin liegenden Selbständigkeit und Eigenwilligkeit von Heranwachsenden wird Pädagogik zunehmend auch indirekt: Sie vermittelt Situationen und Gelegenheiten, sie arrangiert Projekte mit offenem Ausgang, sie organisiert Ressourcen und stützt durch Beratung (stellvertretende Deutung). – Darauf aber zielen ja gerade pädagogische Arrangements in der Abenteuer- / Erlebnispädagogik; sie entspricht – so könnte man keck formulieren, spezifischen Möglichkeiten einer modernen Pädagogik in besonderer Weise.

Abenteuer- und Erlebnisinszenierungen sind verbindlich und darin unmittelbar; sie bestimmen auch die Rolle des Pädagogen. Auch er ist in die Aufgabe, in die Situation eingebunden, muß sich als Mensch kenntlich machen und beweisen. Er ist Teilnehmer an einer Unternehmung, auf die er sich mit anderen zusammen eingelassen hat. So kann er zugunsten der Situation auf traditionelle pädagogische Handlungsweisen verzichten: auf die nicht unmittelbar einsichtige Ermahnung, auf die Nötigung, die Gängelung. Gerade diese Verbindung von Indirektheit und Verbindlichkeit, von Nötigung durch die Situation und Zurückhaltung im unmittelbar steuernden, vorgegebenen Handeln bestimmt die spezifische Form des „pädagogischen Umgangs" und die Kompetenz des Pädagogen. Daß sie vor allem auch durch handwerkliche Verläßlichkeit bestimmt sein muß, ist evident. – Nur: Dies zu sehen und einzufordern aber hebt nicht auf, daß Abenteuer- / Erlebnispädagogik immer eine sehr heikle Balance zwischen Arrangement und Offenheit des Risikos, zwischen Planung und Wagnis bleibt; daß diese Balance in vielen Projekten nicht gelingt, scheint mir ein eindringlicher Grund für die Notwendigkeit der Abenteuer- / Erlebnispädagogik zu sein. Indem ihre Aufgabe heikel ist, bleiben die vorgebrachten Gegenargumente notwendige kritische Fragen zur Selbstprüfung.

2. Zunächst: Abenteuer- / Erlebnispädagogik ist für Heranwachsende in besonderer Weise attraktiv. Jugend ist die Zeit, in der Heranwachsende sich erproben, mit sich experimentieren müssen, sich vor sich und anderen beweisen müssen, um zu erfahren, wer sie unter den anderen und in der Welt sind. Abenteuer als Ineinander von Stärke und Risiko, als Aufbruch in eine Ungewißheit, in dem man sich vor sich selbst beweisen muß, drängt sich als Lebensmuster förmlich auf. Abenteuer, so gesehen, ist eine der Jugend besonders adäquate Lebensform. (Hinzu kommt – worauf auch *Simmel* schon verwiesen hat – daß die Erlebniskraft zum Abenteuer sich besonders aus der noch unbewußten, nicht abgeschliffenen, gleichsam überschießenden Vitalität der Heranwachsenden speist). – Und: Ins Abenteuer drängen auch die spezifischen, modernen Erfahrungen, wie sie für Jugend prägend sind. Veränderungen in der Wohn- und Wohnumgebungswelt, Verlängerung und Intensivierung der Schulzeit (und damit der Zeit eines vornehmlich abstrakten und kognitiven Lernens), also der Zeit eines nicht verantwortlichen, für sich selbst zuständigen Arbeitens im Ineinanderspiel von Kopf, Herz und Hand, Entstrukturierung der vorgegebenen Erwartungen an Jugend und der damit gegebenen vielfältigen Offenheiten zu Optionen auch im sozialen und privaten Raum bestimmen die Lebensmöglichkeiten der Heranwachsenden; sie machen Abenteuer als Kompensation für erfahrene Mängel und als Realisierung neuer, individueller Freiheiten in einem authentischen, erlebnisintensiven Leben attraktiv.

Abenteuer- / Erlebnispädagogik aber als Angebot für Heranwachsende konkretisiert sich für unterschiedliche Gruppen von Heranwachsenden in spezifischen Lebenssituationen unterschiedlich.

Viele Heranwachsende – dies ist die erste Gruppe – suchen von sich aus Abenteuer in kommerziellen Angeboten, aber auch in programmorientierten Vereinen oder in freien Assoziationen, die sich auf abenteuerliche Unternehmungen einlassen (sie engagieren sich also z. B. in aktivitätsbestimmten Gruppen zum Bergsteigen, zum Tauchen, zum Drachenfliegen oder auch bei der „bündischen" Jugend, in der sich Traditionen eines freien, nicht pädagogisch betreuten Abenteuers erhalten haben). Solche Heranwachsenden brauchen bisweilen zusätzliche Ressourcen zur Durchführung ihrer Unternehmungen. Ob Jugendpflege sich hier stärker engagieren könnte, könnte man von der Sache her sicher diskutieren, – so müßig eine Diskussion wohl in der derzeit gegebenen Sparsituation ist.

Viele Heranwachsende – dies ist die zweite Gruppe – sehen die Möglichkeit nicht, sich neben dem, was sie im Alltag leisten müssen, sich auch in herausgehobenen Unternehmungen zu erproben und zu erfahren. Sie sind befangen in den Aufgaben des Lernens, des Arbeitens, in den üblichen Angeboten der Freizeit. Auch wenn ihnen nicht notwendigerweise etwas fehlt – dies zu unterstellen wäre pädagogische Anmaßung – so wäre es doch für viele von ihnen attraktiv, über das hinaus, was sich ihnen nahelegt, auch andere Erfahrungen zu machen, z. B. in abenteuerlichen Unternehmungen. Mit aller Zurückhaltung angesichts der uns Pädagogen eingeborenen Arroganz: Wenn viele nicht wissen, daß ihnen etwas fehlt, könnte man es ihnen anbieten. – Hier öffnen sich weite Felder für Unternehmungen im Kontext von Schule, von Jugendarbeit, von Sportangeboten und von Arbeit im Stadtteil, für Institutionen also, die häufig daran leiden, daß sie mit diesem eingespielten Programm ganz offensichtlich Heranwachsenden zu wenig bieten, daß sie mit ihrem eingespielten Programm in sich selbst gleichsam nur routiniert und langweilig bleiben. Sie könnten sich in einer neuen Weise attraktiv machen.

Eine dritte Gruppe Heranwachsender lebt von sich aus abenteuerlich, lebt diese Abenteuerlichkeit aber in Formen, die für sich und andere schwierig, problematisch, ja riskant sind. Wenn Jugendliche zu den Verlierern in der modernen Gesellschaft gehören, also frustriert sind durch belastende familiale Erfahrungen und Leistungsanforderungen, wie sie für Selbstbehauptung und Selbstbestätigung in der Moderne unverzichtbar sind, geraten sie in Unsicherheit, Neid und Ressentiments. Abenteuer bietet sich ihnen an als Alternative und Ausbruch aus vorgegebenen Verhältnissen und Anforderungen, als Versuch in Körperkraft und Körperleistungen, im riskanten Spiel von Können und Risiko, sich zu erfahren, als Chance, sich in Alternativen und Unternehmungen, als Herr ihrer selbst und der Situation zu erfahren. Abenteuer also als Suche nach dem, wo „was los ist" (*Goffman*), so in der Form z. B. von gefährdendem Verkehrsverhalten (auf Motorrädern und in Motorrad-Gangs, in der Form des Kitzels des S-Bahn-Springens, des Herumrasens mit weggenommenen Autos), in den Formen jenes aggressiven Verhaltens, das in Gangs, Cliquen, Fanclubs sich immer wieder Anlässe und Situationen zu action schafft: Abenteuer als Indiz eines Ausbruchs aus Lebenszwängen, der in der praktizierten Form für die Akteure ebenso wie für die Umwelt riskant und schädlich ist. – Angesichts solcher Konstellationen liegt das Verdienst und die Chance einer Abenteuer- / und Erlebnispädagogik darin, daß sie hier die abenteuerlichen Lebensformen akzeptiert als Ausdruck schwieriger Lebensverhältnisse, die aber als das verstanden werden, was sie sind; als gefährdend, ja unglücklich. Die Pädagogik sucht deshalb nach Alternativen. Sie folgt darin aber dem Prinzip funktionaler Äquivalente; sie sucht abenteuerliches Erleben in Formen anzubieten, die für die Akteure und ihre Umwelt weniger bedrohlich und weniger schädlich sind. Es ist besser, mit wilden Pferden zu reiten als sie in den Stall zu stellen. – In diesem Kontext bietet Abenteuer- / Erlebnispädagogik Abenteuerressourcen z. B. für Straßengruppen ebenso wie für Gruppen von Drogenabhängigen. – Solche Angebote erweisen sich zunehmend als attraktiv in der Arbeit mit der derzeitigen schwierigen, aufsässigen und extremen Jugendszene: Sie sucht – so ja ebenso deutlich in den Analysen von *Heitmeyer* (1992) wie von *Böhnisch*s Sächsischer Jugendring (Hrsg.), 1992) – in ihren extremen (ideologisch überhöhten) und gewalttätigen Unternehmungen auch jene Erfahrungen von Stärke, Selbstsicherheit und jenen Kitzel des Risikos, der für Abenteuerunternehmungen charakteristisch ist. (Daß damit das Problem der Gewalt bei Jugendlichen nicht „gelöst" ist, ist evident; ich komme darauf noch zurück).

3. Die in der Abenteuer- / Erlebnispädagogik angelegten Möglichkeiten müssen gegen Mißverständnis und Mißbrauch, wie sie in ihrer Struktur angelegt sind, realisiert werden.

3.1 Abenteuer- / Erlebnispädagogik setzt auf Ereignis und Handeln. Das verführt dazu, den Akt selbst, die Unmittelbarkeit des Geschehens schon als Erfolg zu buchen; das Ereignis Abenteuer, so könnte man zugespitzt formulieren, gilt schon als pädagogisch gelungene Veranstaltung. Aber: *Peter Sommerfeld* hat gerade in einer sehr detaillierten Untersuchung zu einer Schiffsunternehmung zeigen müssen, wie sich hier im Rahmen eines Abenteuerarrangements nur wiederholt, was Erzieher und Heranwachsende miteinander immer schon belastet hat: die mangelnde Motivation, die bedrückende und ineffektive pädagogische Hierarchie, die harschen Mittel, zu denen pädagogisches Versagen schon seit je gegriffen hat.

Gewiß war das im untersuchten Projekt sicher auch Ausdruck schlechter Pädagogik; die Ergebnisse aber verweisen doch auch darauf, wie wichtig die kritische Selbstprüfung von Abenteuerunternehmungen ist, wie wichtig die Rahmenbedingungen sind, wie wichtig es auch ist, im Geschehen über den Verlauf des Geschehens und den Zusammenhang von Ziel und Realisierung zu reflektieren.

Zwei Probleme in diesem Zusammenhang scheinen mir besonders gravierend. – Zunächst: Elementare Voraussetzung für das Gelingen eines abenteuerpädagogischen Unternehmens ist die Freiwilligkeit aller Beteiligten. Zu meinen, die Tatsache, daß ein attraktives Angebot möglich wird, erledige die Frage nach Freiwilligkeit und Motivation, ist ein zwar naheliegender, aber fahrlässiger Irrtum. – Nun ist es mit der Freiwilligkeit sicher wie überall in der Pädagogik: Sie muß hergestellt werden, – und das ist oft der schwierigere Teil der Arbeit: Freiwilligkeit als aktive, kräftige, willige Beteiligung ist ja nicht nur Sache des Willens, sie ist Sache des Zusammenspiels von Willen, Kompetenz und Absprachen, – sie ist Sache der Entwicklung eines Projekts, der Entwicklung im Prozeß. Freiwilligkeit herzustellen ist gewiß nicht leicht, – in der Auseinandersetzung mit einer Konsumhaltung, die sich natürlich auch in Erwartungen an Abenteuerangebote zeigt, und besonders gegenüber Jugendlichen, die ja dazu neigen, das, was von Pädagogen stammt, zunächst mit Mißtrauen und Unwillen zu beäugen und zu unterstellen, daß es sich hier um einen neuen Trick handelt. – Dieses Mißtrauen kann besonders gerechtfertigt sein in Projekten mit schwierigen Heranwachsenden (z.B. Schiffsunternehmungen); hier finden sich in Projekten und Berichten bisweilen Formulierungen, die es nahelegen, daß Abenteuerunternehmungen nur veränderte Formen geschlossener Unterbringung sind. Die Tatsache der Nötigung in der Situation wird – im bösen Muster der totalen Institution – so ausgelegt, daß sich hier Fragen nach Freiwilligkeit, Motivation und pädagogischer Verständigung erübrigen: Man hat die Heranwachsenden beisammen, sie können nicht entkommen, sie werden sich arrangieren.

3.2 Abenteuer- / Erlebnispädagogik setzt auf Ereignis und Handeln. Handeln wird bisweilen gegen das Reden ausgespielt, Nichtreden zur Tugend hochstilisiert. – Daß dies, einhergehend auch mit der Betonung karger Männlichkeit, im kulturkritischen Kontext als antidemokratischer und antimoderner Vorbehalt gegen die Aufgaben einer Verständigungsgesellschaft ausgelegt werden kann, habe ich oben dargestellt und will es hier nicht noch einmal verfolgen; hier geht es um pragmatische Probleme in der Gestaltung von Projekten. – Zunächst wird man pragmatisch konstatieren und respektieren müssen, daß es Reder und Schweiger gibt und daß abenteuerliche Unternehmungen mit ihrer Konzentration auch auf körperliche Leistungsfähigkeit und Wachsamkeit in der Unmittelbarkeit der Situation sicher nicht primär für Reder attraktiv sind. Die damit gegebenen sehr unterschiedlichen Möglichkeiten und Bedürfnisse des Redens vorausgesetzt, bleibt aber das Problem einer Vermittlung von Handeln, Erleben und Verstehen. Wenn Abenteuer nämlich – wie ich oben vor allem in der Analyse *Simmels* zeigte – nicht einfach objektiv gegeben ist, sondern als Abenteuer bewußt wahrgenommen und erfahren werden muß, dann braucht es die Wachheit zum Abenteuer; ein Weg dazu ist die bewußte Anstrengung um zu Verstehen, also auch das Bereden und Interpretieren. Die hier gestellte Aufgabe ist schwierig – (Untersuchungen und Entwicklungen zu spezifischen Formen von bewußter Beobachtung und vergewissernder Rede, z. B. auch in Erzählungen, wären hier hilfreich) – sie ist schwierig vor allem auch angesichts der Tatsache, daß in Projekten ja häufig Heranwachsende beteiligt sind, die aus ihren bisherigen Erfahrungen heraus über keine elaborierten Formen des Verstehens und Redens verfügen; die Aufgabe ist heikel, weil sich gerade hier auch leicht unangemessene Formen der Pädagogisierung anbieten; ob ein Höhlenerlebnis mit Novalis-Rezitationen aus dem Dunkeln heraus eine glückliche Lösung des hier gestellten Problems ist, scheint mir doch sehr zweifelhaft.

3.3 Abenteuerliche Erlebnisse sind dem Alltag gegenüber etwas Besonderes; Abenteuer – so hieß es bei *Simmel* (1923) – ist gleichsam eine herausgehobene Form des Erlebens. Diese Distanz zum Alltag ist Chance und Grenze. Die Chance, daß hier im besonderen Feld Erfahrungen möglich werden, die in den Verstrickungen des Alltags nicht möglich sind, geht einher mit der Gefahr, daß diese Erfahrungen nicht mehr zurückgebunden werden in den Alltag; Abenteuer wird – *Richard Münchmeier* hat darauf insistierend verwiesen – eine Eigenwelt, deren Erfahrungen für die Bewältigung gegebener Alltagsaufgaben (und auch z. B. gegebener politischer Aufgaben im Alltag) irrelevant bleiben, ja ihn durch das entlastete Gegenbild sogar entwerten. Die Aufgabe also stellt sich, wie Abenteuererfahrungen und im Abenteuer erworbene und bewährte Kompetenzen in den Alltag übertragen werden, wie Abenteuererfahrungen eingebettet sein können in andere Erfahrungssettings, die zwischen Abenteuer und Alltag vermitteln. – So evident die hier sich stellenden Aufgaben aber sind, so dürfen sie doch nicht überbewertet werden. Die Vermittlung nämlich zwischen Alltag und Abenteuer darf nicht das entscheidende Kriterium für die Legitimation von Angeboten der Abenteuer- und Erlebnispädagogik sein. Abenteuer haben ihren Wert zunächst in sich als Abenteuer, – so wie auch Kunst ihren Wert in sich selbst hat; *Simmel* – so habe ich oben zitiert – hat ja die Analogie zwischen Abenteuer, Kunst und Traum erinnert. – Böse und gleichsam zur Seite geredet: Es ist nicht einzusehen, warum der Abenteuer- / Erlebnispädagogik gegenüber Ansprüche in bezug auf Übertragbarkeit und Nützlichkeit im Alltag geltend gemacht werden, die z. B. in bezug auf schulischen Umgang mit Kunst oder Religion nicht gemacht werden. Von der Frage der Alltagsbrauchbarkeit her ist sicher der Religionsunterricht nur kontraproduktiv zu verstehen und müßte sicher für die Schule neu diskutiert werden. Ich gestehe, daß ich bisweilen denke, daß sich in den Erwartungen auf Brauchbarkeit, Nützlichkeit und Übertragbarkeit dem Abenteuer gegenüber nur jene Angst des professionellen Pädagogen verrät, die sich so oft vor dem Riskanten, Besonderen und Ausgesetzten zeigt.

3.4 Schließlich: Abenteuer- / Erlebnispädagogik steht in Gefahr, sich selbst zu überfordern und von außen überfordert zu werden.

Von den kulturkritisch geprägten Mißverständnissen des Abenteuers war oben die Rede; diese Mißverständnisse prägen auch die Geschichte der Abenteuer- / Erlebnispädagogik. Sie gewinnen – so scheint mir – ihr besonderes Profil, indem sie sich verbinden mit dem Glauben, in der Abenteuer-/Erlebnispädagogik eine moralisch besonders ausgewiesene Lebensform vermitteln zu können. Aus der Tatsache nämlich, daß im Abenteuer unmittelbare, authentische Erfahrungen gegeben sein können, wird auf die Echtheit von Leben rückgeschlossen. Aus der Tatsache, daß hier einzelne und in Gruppen auf sich verwiesen sind und sich so spezifische Anforderungen und Erfahrungen ergeben, wird auf ein allgemeines, höheres Sozialleben geschlossen. Prospekte und Berichte zur Abenteuer- / Erlebnispädagogik lesen sich bisweilen wie Nachrichten aus einer neuen Abteilung der Erziehung als moralischer Anstalt, wie Berichte von einem Königsweg moralischer Erziehung. – Abgesehen davon aber, daß Aufgaben und Kompetenzen innerhalb des Abenteuers zunächst auf das Abenteuer beschränkt sind – von den großen Schwierigkeiten der Vermittlung zwischen Abenteuer und Alltag war ja gerade die Rede – wirkt diese moralische Intensität leicht, als sollten mit ihr Schwächen in der Realisierung der Projekte überdeckt, gleichsam mundtot gemacht werden. Und: Abenteuer wird in ihnen als Mittel zum Zweck detailliert, die Eigentümlichkeit des abenteuerlichen Erlebens geht gleichsam unter in höheren, moralischen Projektionen. Die Geschichte dieses pädagogisch-moralischen Selbstmißverständnisses geht bis in die Anfänge der Abenteuer-/Erlebnispädagogik zurück; bei *Kurt Hahn* (o. J.) wird es besonders deutlich, wenn hier das Konzept einer Abenteuer- / Erlebnispädagogik ausgespielt wird gegen die Unfähigkeit einer Familienerziehung (in der die Mütter die Heranwachsenden nur verweichlichen), und die Unzulänglichkeit einer staatlich verbürokratisierten Schule und einer allzu laxen Jugendarbeit; in einer pädagogisch unzulänglichen und verrotteten Kultur bleibt – wenn Menschen zu dem, was ihnen moralisch möglich ist, kommen sollen, nur Abenteuer- / Erlebnispädagogik. (Diese Argumentation bei *Hahn* ist sicher auch Ausdruck einer weitverbreiteten – offenbar strukturgegebenen pädagogischen Arroganz, die sich als bewußte, veranstaltete und zielorientierte Unternehmung über alles andere gesellschaftlich gegebene pädagogische Geschehen erhebt.) – Diese moralische Selbstüberforderung wird bis heute deutlich, z. B. wenn Abenteuer- / Erlebnispädagogik sich von anderen pädagogischen Unternehmungen unterscheidet und absetzt. So ist es üblich, Abenteuererfahrungen in der Natur auszuspielen gegen bloße Erzählungen und Berichte von Abenteuern, – vor allem wenn sie durch heutige Medien vermittelt werden; die Unterschiedlichkeit der Formen, in denen Abenteuer dargestellt wird – davon war ja oben die Rede – wird zum bewerteten Unterschied, zur Differenz von gelungenem und nichtgelungenem Leben. Bilder – so heißt es dann – werden zum Surrogat, dessen Massivität die eigenen Lebenserfahrungen erdrückt. – Diese Selbstinterpretation aber ist gerade in der Gegenwart fatal. *Rainer Treptow* hat in einer groß angelegten Studie über den Wandel von Bewegungsformen in der Jugendkultur von der Jugendbewegung zur heutigen Jugendkulturarbeit deutlich machen können, daß es charakteristisch für unsere Gegenwart ist, Bewegungen im Bild zu erfahren, sich an Bewegungen im Bild, an Geschichten, in Filmen, in Musikszenen und vor allem auch in Videospielen hinzugeben, daß also die direkte körperliche, unmittelbare Bewegungserfahrung sich verschiebt hin zur mittelbaren, indirekt wahrgenommenen Bewegung; gerade hier zeigen sich neue Muster der Erfahrung von Risiko, Spannung und Aktivität, neue Formen also eines abenteuerlichen Erlebens. Und, vulgär geredet, ist es ja so deutlich nicht, was höhere Kompetenzen vermittelt: Das Trekking in entlegenere Wildnis oder die hohe Konzentration in raffinierten Videospielen, – abgesehen davon, daß sich die Frage unter dem Problem einer Vermittlung von Abenteuererfahrungen und Alltagskompetenzen noch einmal sehr zuspitzen ließe.

Abenteuer- / Erlebnispädagogik also sollte sich bescheiden. Sie bietet spezifische Möglichkeiten neben anderen.

3.5 Diese Bescheidung ist vor allem auch nötig gegenüber Anforderungen, die an die Abenteuer- / Erlebnispädagogik von außen gestellt werden. Zur Zeit erwartet die Öffentlichkeit, daß mit Abenteuerangeboten Probleme gelöst werden können, die weit über ihre Möglichkeiten hinausreichen. Abenteuerangebote sind aufwendig und kostspielig; indem man sie möglich macht, glaubt man, auch einen Anspruch darauf zu haben, daß die Probleme, die man ihr aufgibt, gelöst werden. – Also: Abenteuer- / Erlebnispädagogik soll Probleme der gewalttätigen Eruptionen lösen, wie sie sich zur Zeit so vielfältig zeigen; so evident aber Überlappungen zwischen wildem Abenteuer und Abenteuerinszenierungen sind, so evident auch Möglichkeiten der funktionellen Äquivalente in wilden Abenteuern sind – davon war ja oben die Rede –, so evident ist doch auch, daß es sich hier um Probleme handelt, die im allgemeinen politische und sozialpolitische Dimensionen umgreifen und vorrangig in ihnen geklärt werden müssen; Abenteuer- / Erlebnispädagogik kann Entlastungen, vielleicht partielle Entdramatisierungen geben, die zum Ausbruch von Gewalt führenden strukturellen Probleme bleiben daneben bestehen. – Die Situation der Heranwachsenden z. B. in der Ex-DDR ist nicht primär eine Frage der Pädagogik und ganz sicher nicht eine der Abenteuerpädagogik, sondern eine sozialpolitische. – Die gleiche Argumentation gilt natürlich ebenso in bezug auf Probleme der Langeweile, der körperlich/sinnlichen Unterforderung, der Schwierigkeiten, sich in Zumutungen einer Verständigungskultur zurechtzufinden.

Ausblick

Ausgegangen bin ich von der Annahme, daß Abenteuer- / Erlebnispädagogik eine spezifische Form der allgemeinen Erlebnispädagogik ist, eine Form, in der spezifische Möglichkeiten der allgemeinen Erlebnispädagogik gleichsam konzentriert realisiert und erkennbar sind. Im Bild aus der Schulsprache formuliert: Was in der Abenteuer- / Erlebnispädagogik gleichsam im Einzelfachunterricht praktiziert wird, ist zugleich auch Unterrichtsprinzip, das für viele andere Fächer bestimmend ist. –

Also: Oben war schon die Rede davon, daß die traditionellen direkten pädagogischen Umgangsformen unwichtiger werden; der Umgang zwischen Heranwachsenden und Pädagogen verlagert sich in die Erfahrung der Verbindlichkeit gemeinsamer Aufgaben; Modelle der Erwachsenenpädagogik – in der zwischen Lehrenden und Lernenden die Gemeinsamkeit der Aufgabe bestimmt – werden generell wichtig. Und: Ganzheitliche Erfahrung – Erfahrung des Erlebnisses und Handelns von Kopf, Herz und Hand, von Planung und Phantasie – werden verhandelt im Kontext der Lebensweltorientierung pädagogischer Felder, also im Kontext der lebensweltorientierten Sozialpädagogik ebenso wie des praktischen Lernens in der Schulpädagogik; ganzheitliche Erfahrungen sind aber auch bestimmt für körper- und erfahrungsbezogene Momente, wie sie Vorhaben außerschulischer Jugendarbeit bestimmen. Sie prägen die Projektorientierung in der Schule ebenso wie in der außerschulischen Jugendarbeit.

Schließlich: An der Abenteuerpädagogik wird – in konzentrierter und intensiver Form – etwas deutlich, was für das Selbstverständnis von Pädagogik überhaupt konstitutiv ist, aber immer wieder verdrängt wird. Abenteuer – so hat *Simmel* prägnant formuliert – ist das Zusammenspiel von verantwortlicher Planung und Risiko,

„die Verflechtung von Handeln und Leiden", "von Kraft, Geistesgegenwart und Sich-Überlassen an die Gewalten und Chancen der Welt"; im Abenteuer – so hieß es – setzt der Mensch „auf die schwebende Chance, auf das Schicksal und auf das Ungefähr, bricht die Brücken hinter sich ab, tritt in den Nebel, als müßte der Weg unter allen Umständen tragen." Dieser Zusammenhang von Begreiflichem und Unbegreiflichem, von Anstrengung, von verzweifelt insistierender Anstrengung und Wissen um das Unverfügbare allen Erfolgs aber charakterisiert als allgemeine Struktur die Pädagogik überhaupt. „Knaben müssen gewagt werden" – so *Herbart*, – für uns also formuliert: „Menschen müssen gewagt werden". Unter unseren Anstrengungen zu Planung und Konstruktion – wie sie das neuzeitliche Denken und die neuzeitliche Pädagogik des Denkens in besonderem Ausmaß prägen – vergessen wir immer wieder dies, und es ist doch Reiz, Schwierigkeit, Beängstigung und Schönheit im pädagogischen Handeln, daß es in aller Anstrengung um Verantwortlichkeit beteiligt ist an der Abenteuerlichkeit eines Lebens, das sich immer wieder in unvorhersehbaren, riskanten Figurationen erfüllt.

Literatur

Böhnisch, L.; Winter, R.: Männliche Sozialisation. Bewältigungsprobleme männlicher Geschlechtsidentität im Lebenslauf. Weinheim, München 1993.

Hahn, K.: Erziehung zur Verantwortung. Reden und Aufsätze. Stuttgart o. J.

Heitmeyer, W.: Die Bielefelder Rechtsextremismus-Studie. Erste Langzeituntersuchung zur politischen Sozialisation männlicher Jugendlicher. Weinheim, München 1992.

Lammer, E. G.: Jungborn. Bergfahrten und Höhen-Gedanken eines einsamen Pfadesuchers. München 1929.

Messmer, R.: Die Freiheit, aufzubrechen, wohin ich will (ein Bergsteigerleben). München 1989.

Münchmeier, R.: Statement zur Podiumsdiskussion: „Erlebnispädagogik – Mode, Methode oder mehr?". In: Erlebnispädagogik. Mode, Methode oder mehr? Tagungsdokumentation des Forums Erlebnispädagogik. Bedacht, A. u. a. (Hrsg.). München 1992.

Oelkers, J.: Unmittelbarkeit als Programm: Zur Aktualität der Reformpädagogik. In: Erlebnispädagogik: Mode, Methode oder mehr? Tagungsdokumentation des Forums Erlebnispädagogik. Bedacht, A. u. a. (Hrsg.). München 1992.

Sächsischer Jugendring e. V. (Hrsg.): Gesellungsstudie. Gesellungsformen Jugendlicher und Gewalt. Kooperationsprojekt zwischen dem Sächsischen Jugendring und dem Lehrstuhl für Sozialpädagogik der Technischen Universität Dresden. Ms. der Zwischenauswertung. Böhnisch, L.; Bretschneider, R.; Schmidt, B. Wolf (Hrsg.). TU Dresden 1992.

Simmel: Das Abenteuer. In: Philosophische Kultur. Potsdam 1923.

Sommerfeld, P.: Macht und Kooperation im Erziehungsprozeß. Eine Systemanalyse erzieherischer Beziehungsstrukturen am Beispiel zweier erlebnispädagogischer Segelprojekte. Diss. Tübingen 1991.

Specht, W.: Jugendkriminalität und mobile Jugendarbeit. Darmstadt, Neuwied 1979.

Treptow, R.: Pädagogische Thematisierung der Bewegungsweisen und jugendliche Bewegungssouveränität. Habilitation Tübingen 1993 (im Druck).

Winkler, M.: Eine Theorie der Sozialpädagogik. Stuttgart 1988.

ERLEBNISPÄDAGOGIK
– IHRE RÄUME UND ADRESSAT(INNEN), REFLEXIONEN UND KRITISCHES

JOSEF KOCH

Der riskierte Körper und die Pädagogik

Zur Rolle von Wagnis und Abenteuer bei benachteiligten Jugendlichen

„Ich möchte wissen, was schlimmer ist, hundertmal von Negerpiraten genotzüchtigt zu werden, eine abgeschnittene Hinterbacke zu haben, bei den Bulgaren (Preußen) Spießruten zu laufen, bei einem Autodafé (Ketzerhinrichtung) ausgepeitscht und gehängt und dann seziert zu werden, Galeerensklave zu sein, kurz, all das Elend zu erdulden, das wir durchgemacht haben, oder hier herumzusitzen und nichts zu tun?" (Voltaire zit. nach *Doehlemann 1991, 63).*

Der Schriftsteller, der auf diese Weise schon im 18. Jahrhundert seine Protagonisten ihre körperliche Unversehrtheit riskieren läßt, heißt nicht De Sade, sondern Voltaire. Einer der größten Vertreter der Aufklärung und der Vernunft scheint schon vor über zweihundert Jahren den Stellenwert der unplanbaren Unrast und des Wagnisses im menschlichen (Er)Leben zu kennen. Im 20. Jahrhundert möchte zwar niemand mehr die Hälfte des Gesäßes verlieren, die animalische Symbolik und die Angst-Lustgefühle sind aber in den Akten der riskierten Körperlichkeit geblieben. Die Straßenabenteurer von heute sitzen nicht wie in Voltaires „Candide" in Konstantinopel, sondern in schwarzer Ledermontur in der Berliner Autonomenszene:

„Unsere Power kann man spüren, wenn es Putz gibt auf der Straße: bis in die Zehenspitzen in den schnellen Turnschuhen, als Zittern aus Lust und Angst in der Magengrube, beim Klirren der Scheiben nach dem befreienden Wurf, beim Lachen im Rennen. Und dabei bist du total cool. Halb ein stolzer Krieger, halb ein geschmeidiges Tier. Sie kriegen dich nicht, solange du keine Angst hast. Und wenn schon. Unsere Power ist auch, daß wir wenig zu verlieren haben (...) Ein Kribbeln durchdringt uns. Das Gefühl von Sicherheit in einer völlig unsicheren Situation (Kursbuch 65 zit. nach Wirth 1984,193f.)[1].

Pädagogik zwischen Zähmung und Entgrenzung des Körpers

Zwischen den Erlebnisweisen der jugendlichen Helden des 18. und des 20. Jahrhunderts liegen nicht nur fundamentale gesellschaftliche und soziale Umwälzungen, sondern auch ein grundsätzlicher Prozeß der Körperdisziplinierung. Daran wesentlich beteiligt waren und sind Pädagogen und die Institutionen der öffentlichen Erziehung. Die Arbeit an der inneren Natur des heranwachsenden Menschen, also die Disziplinierung der Affekte, der körperlichen Lust; kurz die „Bezähmung des wilden Körpers" (*Bourdieu* 1979, 199) war von Anfang an die Aufgabe der gesellschaftlichen Erziehung[2]. Speziell die Geschichte der Sozialarbeit ist mit der Entstehung und Entwicklung der körperlichen Bewahr- und Disziplinierungsanstalten, in denen durch die „pädagogische Arbeit" Zeitstrukturen im Körper eingerichtet werden sollen, eng verbunden.

An diese gesellschaftliche Funktion ist die Pädagogik jedoch nicht unwiderruflich gebunden. Nicht erst das Schlagwort von den „Erfahrungen aus zweiter Hand" machte deutlich, daß isoliert stehende kognitiv-geistige Potentiale nicht gegen die motorisch-sinnlichen Anteile im Prozeß des Aufwachsens gestellt werden können. Die Rousseaus und Pestalozzis und in diesem Jahrhundert die verschiedenen Spielarten der Reformpädagogik wiesen auf die ganzheitliche Umweltverwicklung des Menschen hin, stellten den Umfang und die Differenziertheit der sinnlichen und körperlichen Wahrnehmungsfähigkeit mit den Bewußtseinsvorgängen in einen Zusammenhang, betonten die Wichtigkeit von entdeckender Eigentätigkeit mit Kopf und Hand, um tätige Bürger zu erziehen[3].

Auch die Begriffe „Abenteuer" und „Wagnis" wurden in Verbindung mit Körperlichkeit zum Modell einer selbstgesteuerten und gesellschaftsreformerischen Erziehung. Die Expression des Körpers, die Thematisierung von Sinnlichkeit, Emotion sollte zum Ansatzpunkt von Erziehung werden, um Lernprozesse und Bildungsbemühungen nicht gegen den Körper zu stellen.

Eigentlich die Persönlichkeitsentwicklung und die ganzheitliche Erziehung aller Menschen im Blick habend, wurden die pädagogischen Zuschreibungen allerdings schnell am männlichen Modell proklamiert und durchgespielt (vgl. auch *Rose* in diesem Band). *Herbart* meinte, daß „Jünglinge gewagt werden" müssen (*Herbart* 1913, 250), *Hahn* möchte Gelegenheiten schaffen zur „Betätigung der Überwinderkraft", die Mut beinhaltet, den er als „Fähigkeit, die Furcht zu überwinden" definierte (*Hahn* 1958, 60). Aber schon *Fröbel* und *Arndt* ging es auch um die experimentierende, spielerisch-sinnliche Anregungsfunktion des Abenteuers, um Bewährung im Sinne von Selbstgewißheit. Auch bei *Hahn* ist in diesem Sinne zu lesen:

„*Es ist eine Vergewaltigung, Kinder in Meinungen hineinzuzwingen, aber es ist eine Verwahrlosung, ihnen nicht zu Erlebnissen zu verhelfen, durch die sie ihrer verborgenen Kräfte gewahr werden können*" (*Hahn* 1958, 83).

Die Fähigkeit, die ganze Person im Wagnis zur Disposition zu stellen, ist für die philosophische Anthropologie[4] und für Schulen der Entwicklungspsychologie[5] ein wesentlicher Faktor beim Heranreifen des jungen Menschen. Auch das vor allem in der offenen Jugendarbeit diskutierte Konzept der sozialräumlichen Jugendarbeit kann als ein Modell des Hineinwagens in neue (Er)lebensräume (vgl. z.B. das Zonenmodell von *Bronfenbrenner* 1981) und als Beschreibung der tätigen Selbstentwicklung in der Eroberung von Räumen gedeutet werden[6].

Das Wagnis und das Abenteuer haben abseits der heute unter dem Begriff „Erlebnispädagogik" diskutierten vorwiegend natursportlich akzentuierten Angebote immer ihren Platz in der Pädagogik gehabt. *Von Hentig* warnt in einer Zeit, als niemand mehr von Erziehung und alle von Sozialisation sprechen und die Bildungseuphorie sich auf dem Höhepunkt befindet:

„*Wenn wir den Kindern und Jugendlichen keine Umwelt schaffen, die ihnen nicht schon äußerlich Umstellung und Wagnis, das Aushalten wie die Überwindung von Unterschieden, die Anstrengung der Sinne, die Wahrnehmung und Durchbrechung von Grenzen zumutet, werden die wichtigsten physischen und psychischen Erfahrungsmotivationen ausfallen*" (Von Hentig 1973, 53).

In der Therapie betonen schließlich Verhaltenstherapeuten wie *H. Schulze*, daß die Selbstwert-Einschätzung des Menschen zu einem großen Teil von Erfolgen abhängt, die im Überwinden von Hindernissen errungen werden. Zwischen Spiel-, Arbeits- und Übungstherapie siedelt er seine Grenzsituationstherapie an und fliegt mit seinen Adressaten per Segelflugzeug durch die Lüfte oder wandert auf Bergrücken. Der Mensch wird nach H. Schulze „*auf der Ebene des selbstverantwortlichen* **Handelns**, *also dem* **aktiven** *Sektor seines Verhaltens, angesprochen. Es ist eine „pragmatische" Therapie im eigentlichen, ursprünglichen Wortsinn (Pragma=Tat), eine Therapie des Tuns innerhalb des* **Grenz***bereichs der subjektiven Leistungsfähigkeit ... Deshalb wurde ihr der Name* **„Grenzsituationstherapie"** *gegeben. Sie ist weniger eine Technik, die im Einzelfall von der hier beschriebenen abweichen mag. Sie ist vielmehr eine therapeutische Grundhaltung, die ein wesentlich aktiveres Verhalten auch des Therapeuten zur Voraussetzung hat. Zweck und Ziel ist die Aktivierung...*" (Schulze 1975, XIII).

Abenteuer, Wagnis, Risiko waren somit lange vor dem neuerlichen Boom der Spielarten der sogenannten Erlebnispädagogik und abseits aller Richtungsstreitigkeiten Bestandteil von pädagogischen und therapeutischen Bemühungen um die Heranwachsenden[7]. Für eine Jugendarbeit, die lebensweltbezogen[8] arbeiten will, reicht es allerdings nicht aus, anthropologische Aussagen zum körperlich-tätigen Agieren zu machen oder therapeutisch Beziehungsabläufe und Selbstbezüge zu inszenieren bzw. zu rekonstruieren. Vielmehr muß vorher nach dem Stellenwert von Abenteuer, Risiko, Wagnis, Grenzerfahrung und Körperlichkeit im Alltagszusammenhang von Jugendgruppen gefragt werden. Nur auf diese Weise können lebenslogische Anknüpfungspunkte für eine Pädagogik des Körpers und des Erlebens gefunden werden.

Gesellschaftliche Bedingungen des Aufwachsens und jugendliche Verarbeitungsstrategien

Zu diesem Zweck gilt es, sich einige gesellschaftliche Rahmenbedingungen des Aufwachsens stichpunktartig ins Gedächtnis zu rufen. Sie tangieren allesamt körperliche Alltags- und Erlebnisstrategien von Jugendlichen:

1. Die Stichworte „Individualisierung", „Flexibilisierung", „Pluralisierung der Lebenslagen", „frühe Biographieplanung" (*Beck* 1986; *Heitmeyer / Olk* 1990) zeigen nicht nur in der soziologischen Debatte an, daß zunehmend von Heranwachsenden die Fähigkeit gefordert wird, sich enttäuschungsfest zu verhalten, selbstzentriert zu handeln, das Leben abstrakt auf zukünftige Belohnungen zu bilanzieren. Schon früh verbietet es sich bei diesen geforderten Persönlichkeitseigenschaften, den Affekten und spontanen Bedürfnissen zu folgen. Es gilt, den Körper und die Sinne zu bezähmen, um die lebensbedeutsamen Zertifikate im Bildungsbereich zu erlangen.

2. Es ist nicht mehr möglich, von „der Jugend" zu sprechen, sondern es gibt vielfältige Jugendentwürfe (vom Rocker über den Popper zum Grufti) (vgl. z.B. *Ferchhoff* 1991). Vor allem wird die Jugendphase nicht mehr als bloßer Übergangsstatus zum Erwachsenendasein wahrgenommen, sondern als eigenständige, in Szenen differenzierte Lebensphase, in der die Identität als Untergruppe oder als Szene im Verband der Gleichaltrigen immer neu erstritten werden muß. Mit dem schwindenden Einfluß der Sozialisationsinstanz 'Familie' einhergehend bietet ein früh zugänglicher kommerzieller Jugendmarkt Elemente für eine solche „Identitätsmontage" an, mit der man sich nach außen und innen als Untergruppe ausweisen kann. Der Markt ermöglicht dies über Elemente der Körperinszenierung und des Körperbezugs, also über Musik, Mode und Stilelemente sowie Sport- und Bewegungsarten[9]. In der Freizeit kompensieren auf vorgefertigtem Weg finanziell liquide Jugendliche die Kosten der körperverdrängenden Individualisierung und der Lernkultur der Schule. Auch die verlängerte Schulphase hat natürlich mit Körper, besser gesagt mit Körperverdrängungsprozessen zu tun. *Rumpf* sprach einmal vom „Nadelöhr der sprachlich-verbalen oder zahlen-symbolisch niederzulegenden Fertigkeiten" (*Rumpf* 1983, 92)[10].

3. Die Städte- und Verkehrsplanung hat jugendliche Lebenswelten immer mehr zerteilt oder „verinselt". Monofunktionale Innen- und Außenräume, triste Spielplätze oder die Ausgliederung der Bewegung in das Ghetto der Sporthalle oder ihr Zurechtstutzen auf das Chrom von Bodybuilding-Studios haben Auswirkungen für Jugendliche. Einige haben bessere Möglichkeiten, diese Reduktion zu kompensieren oder verändernd einzugreifen, z.B. indem sie im Lehrer dominierten Stadtteil wohnen, wo die Bürgerinitiative den Verkehr lahmlegt

und Umgestaltung erzwingt, während andere Jugendliche im Heim oder im trostlosen Randstadtteil leben, wo keine Lobby entsteht und keine Bewegungs- und „Sinnesinfrastruktur" vorhanden ist.

4. Jugendliche besetzen aber trotz aller Verstelltheit Räume, indem diesen durch die Gruppe eine soziale Gestalt gegeben wird. Dies passiert schon bei der zeitweiligen Umfunktionierung eines Eingangsportals zum Gruppentreff. Körperbetonte Raumeroberung nennen folgerichtig Autoren vom DJI das Verlangen von Heranwachsenden, mit körperlichen Inszenierungen sich Räume zu erstreiten (*Böhnisch / Münchmeier* 1990). Wiederum bietet die Freizeitindustrie Muster von solchen „Eroberungsstrategien" an. Dies sieht dann so aus, daß die Clique sich nach außen ausweist, indem sie mit kunstvollen Ted-Tollen auf den Vesparollern die „Music-Hall" für 15 DM Eintritt besetzt. Die Mofagruppe fährt am Wochenende ins Grüne, der Freundeskreis trifft sich jeden Mittwoch und Samstag im Stammlokal. Hausfeten im großzügigen Heim der Eltern während deren Urlaubsaufenthalts, eine freie Gestaltung des eigenen Zimmers kennzeichnen Aspekte dieser Raumaneignungsprozesse. Das Erlebnis der Gegenwart wird tendenziell am Freitag- und Samstagabend eingefordert.

Die Formen der Raumeroberung und Möglichkeiten des sozialräumlichen Agierens sind allerdings deutlich geschlechtsspezifisch akzentuiert (vgl. z.B. *Nissen* 1990; *Nissen* 1992)[11].

5. In der Zweidrittel Gesellschaft wendet sich schließlich auch der Blick von der „Außenorientierung", vom materiellen Überfluß auf die „Innenorientierung", auf das „Schöne und Erlebnisreiche" wie *G. Schulze* jüngst in seiner Studie zur „Erlebnisgesellschaft" umfangreich gezeigt hat: „Erlebnisansprüche wandern von der Peripherie ins Zentrum der persönlichen Werte; sie werden zum Maßstab über Wert und Unwert des Lebens schlechthin und definieren den Sinn des Lebens" (*G. Schulze* 1992, 59). Die Erlebnisgesellschaft schafft eine Erweiterung von Möglichkeiten, aber auch eine „Unhaltbarkeit von Ursprungserlebnissen". Für Jugendliche wächst der Zwang zur Teilnahme am „Erlebnismarkt" und die Unsicherheit wirklich etwas Eigenes, Brauchbares erstritten zu haben (*G. Schulze* 1992, 66ff.).

Nicht alle gesellschaftlichen Gruppen in der Jugendphase sind gleichermaßen gewappnet für diese Folgewirkungen der Modernisierung und können entsprechende Verhaltensstandards entwickeln. Was passiert, wenn diese allesamt mit Körperverdrängungs- oder Körperinszenierungsmöglichkeiten zusammenhängenden Wandlungen in der Jugendphase auf Heranwachsende treffen,

a) die nicht die Forderungen nach frühzeitiger Selbstgestaltung des eigenen Lebenslaufs (Individualisierung) erfüllen können, da sie weder die Techniken noch das Zukunftsbewußtsein besitzen, diese Zähmung des „wilden Körpers" zu bewirken (vgl. dazu näher *Becker* 1989)?

b) die nicht die finanziellen Ressourcen haben, sich in der Freizeit über kommerzielle Angebote körperbetont und erlebnisintensiv als Untergruppe darzustellen (Identitätsmontage)?

c) die speziell mit der körperdistanzierten und affektreduzierenden Lernkultur der Schule schlecht zurechtkommen, da ihr Aneignungsstil in der Freizeit nach völlig anderen Logiken verläuft (vgl. *Koch* 1992)?

d) denen es besonders durch monotone Zeilenbauten, triste ausgelagerte Spiel- und Bewegungsarreale und monofunktionale Räume an Gelegenheiten fehlt, sich direkt sinnlich mit der Nahumwelt durch Eigengestaltung auseinanderzusetzen?

e) die gerade in der körperlichen direkten Präsenz in Räumen und deren unmittelbarer Umgestaltung die einzige Möglichkeit sehen, noch überhaupt wahrgenommen zu werden?

Die Antwort könnte auf eine Formel gebracht lauten: Die körperliche Selbstvergewisserung und das unmittelbare Erleben werden lebenswichtig für die Kompetenz- und Selbstwirksamkeitserfahrungen dieser Jugendlichen und zwar abseits der Frage nach Legalität und Illegalität:

Vor allem männliches Risiko- und Abenteuerverhalten jenseits der kommerziellen körperlich-sinnlichen Gewißheits- und Näheangebote fällt als Suchbewegung der gesellschaftlich ausgegrenzten Jugendlichen in das Blickfeld der Öffentlichkeit, um es sofort ordnungspolitisch zu bewerten. In meist geschlechtsspezifisch ausgeprägten offensiven (Vandalismus, Gewalt etc.) und defensiven Formen (Ernährungsverhalten, Videokonsum etc.) wird die Suche nach Körperintensität angetreten. Risikoverhalten nach außen und innen sowie Grenzüberwindung erfahren bei diesen Jugendgruppen einen größeren unmittelbaren Stellenwert als bei anderen Heranwachsenden (vgl. zur geschlechtsspezifischen Ausprägung *Becker / Rose* 1993). Im folgenden seien die Formen der lebenslogischen männlichen Abenteuersuche von sozial benachteiligten Jugendlichen etwas näher beleuchtet:

Unmittelbarkeit und Risikoverhalten bei männlichen Jugendlichen

Für die Verlierer der Modernisierungsschübe wird die Risikogesellschaft handgreiflich erfahrbar. Mit geringen Zukunftsaussichten einhergehend spielen Distanzierungs- und Planungstechniken eine untergeordnete Rolle. Eine Nähekultur bildet sich aus, die nicht Bedürfnisaufschiebung und die Enttäuschungsfestigkeit in den Warteschleifen der Bildungskanäle akzeptiert (vgl. *Becker* 1992). Gegenwartserlebnisse, Erlebnisse des „Jetzt" durch den Gebrauch des eigenen Körpers werden in der Jugendgruppe dann immer wichtiger. Muskelshirts, Tätowierungen, hautenge Jeans zeigen die Rolle von Körperpräsentation an. Raumeroberung passiert bei diesen Gruppen von männlichen Heranwachsenden durch die Feier und Feten im Wald, durch die Nutzung der Parkplätze als Jugendtreffpunkte, bei denen

Autos als Sitz- und Liegefläche dienen. Vollgekritzelte Telephonzellen und Treppenhäuser, aber auch die zerlegten Möbel im Jugendhaus kann man lebenslogisch als allerdings kriminalisierend wirkender Umbau von fremd und fertig gegenübertretenden Räumen und ihren Grenzen bzw. Möglichkeiten deuten.

Diese männlichen Jugendlichen, die keine andere verläßliche Ressource außer ihrem eigenen Körper besitzen, benutzen ihn als letztes Mittel, um zu zeigen, daß auch sie selbst etwas bewirken können. Die Gegenwart ist über die körperliche Aktion greifbar, die körperdistanzierte Planung in die Zukunft nicht. Das „walking on the wild side" wird zum Zentrum einer Gruppenpraxis, die ihre Kontur aus der Bewältigung riskanter und erlebnisintensiver Situationen erhält. Die „thrills", das direkte körperliche Agieren vermittelt das Gefühl der Macht und Autonomie. Direkte Rückkopplungserlebnisse jenseits aller abstrakter Zukunftsplanung scheinen punktuell möglich:

„Wer als Jugendlicher, gehetzt von zwei Hunden mit einem Arm voll Schrott, vom Schrottplatz nachts entwischt, der hat was zu erzählen. Obgleich diese Handlung zwar selbstzerstörerisch ist, materialisiert sich in ihr Klugheit doch direkt in den fünf Sinnen; man hört auf Schritte, tastet Material ab, schätzt immer wieder die Entfernung zum rettenden Zaun. Mit aneinander gebundenen Scateboards fahren die Jugendlichen durch ihren Stadtteil, macht hier einer einen falschen Schritt, kann es zu bösen Verletzungsstürzen kommen. Über die Bewältigungslogik der Situation freiwillig aneinandergekettet, kann sich niemand der Schlüssigkeit der Risikosituation entziehen, Unkorrektheiten im Fahrstil müssen sofort ausgeglichen werden" (Schirp / Koch 1988,11f.).

Hier wird nicht das Risiko und die Entgrenzung in klar definierten Zeiteckpunkten gesucht (Pointiertes Motto: Heute abend gehe ich zum Bungee-Springen, Samstag zum Cross-Rennen, im August breche ich zur Erlebnisreise nach Korsika auf), sondern ständig steht mit dem ganzen Körper die ganze Person auf dem Spiel. Spätestens durch die Untersuchungen von *Miller* (1968) und *Goffman* (1975) ist bekannt, daß die Suche nach „Erregung", Grenzüberschreitung und „action" in bestimmten Jugend- und Sozialkulturen nicht mit bildungsbürgerlichem Blick einfach als irrationales Zeit-Totschlagen abgetan werden kann, sondern auch als Suche nach Kompetenzgefühlen, Sinnlichkeit und Aufmerksamkeitsschulung in einer Welt, in der alles egal erscheint, zu deuten ist. Gesucht wird ein klares Situationsarrangement für eine handelnde Auseinandersetzung, in deren Verlauf eigene Stärken und Schwächen eindeutig körperlich zurückgemeldet werden[12].

Nun mögen diese Erlebnistechniken lebenslogisch sein, aber es wäre zynisch, nicht die hohen Selbstgefährdungsbezüge und den häufig kriminalisierend wirkenden Effekt dieser körperlichen Gegenwartskultur zu sehen (vgl. zum Zusammenhang mit der Gewaltproblematik *Koch* 1993). Zum anderen zerstören diese Techniken des „Powerns-Los", die subjektiv dazu dienen, eine Selbstbestimmung punktuell zu beweisen, genau die Möglichkeiten zur Selbstbestimmung: Weiche Drogen beherrschen häufig am Ende den, der sie beherrschen wollte; die bewußtlose Hast von einer „action" zur nächsten verliert sich leicht in (Gewalt)Phantasien oder in schnell flimmernden Videowelten. Bald steht jede bedürfnisaufschiebende Planung und fast jede Art von Lernen gegen die Soforterfüllung der körperlichen Gegenwartsbedürfnisse. Eigene legale und illegale Handlungsergebnisse und andererseits Außeneinflüsse auf die Handlung sind dann nicht mehr unterscheidbar. Psychologen nennen diesen Zustand „Erlernte Hilflosigkeit" (*Seligmann* 1986)[13]. Dies gilt auch für die skizzierten nach innen gerichteten Intensivierungsversuche z.B. durch Medikamentengebrauch (vgl. *Mansell / Hurrelmann* 1991).

Hinweise zum „Risikoarrangement": Ist das Abenteuer zu pädagogisieren?

Aus den Ausführungen zur Körper- und Risikosuche speziell bei Heranwachsenden aus gesellschaftlichen „Risikogruppen" ergibt sich die Frage, ob es nicht Möglichkeiten gibt, Ansätze von Pädagogik zu entwickeln, die eine solche Erlebnislogik des Körpers akzeptieren können und nicht-deviante Angebote in dieser Logik machen. Aber eine solche Pädagogik sollte auch Möglichkeiten bereitstellen, in Verbindung mit der körperlichen Aktion (Lebenslogik), eine gesellschaftliche Qualifizierung (Lern- und Bildungskompetenz im herrschenden gesellschaftlichen Sinne) zu erwerben. Es müssen Angebote sein, die die Rolle von jugendlicher geschlechtsspezifischer Raumeroberung ernstnehmen und den Identitätserwerb in der Gleichaltrigengruppe zum Ansatzpunkt der Programme erklären. Die Suche nach Risikoerlebnissen gilt es, im Zusammenhang mit inkorporierten Lebensstilen zu sehen[14].

Gleichzeitig erscheint es notwendig – und dies entspricht der in der (Sozial)Pädagogik nicht unüblichen paradoxen Intervention – Erfahrungsmöglichkeiten bereitzustellen, die nicht über eine schicht- und geschlechtsspezifische Abenteuersuche die Entwicklungsmöglichkeiten vor allem der weiblichen Jugendlichen beeinträchtigen. Eine solche Sozialpädagogik hätte die Aufgabe, Bildungskonzepte bereitzustellen, in denen affektive und psychomotorische Komponenten nicht als weniger komplexe Verarbeitungsweisen angesehen werden. Sie muß Möglichkeiten schaffen, subjektive Bedeutsamkeitserlebnisse über den Körper besonders für die angesprochenen Jugendlichen zu eröffnen. Es können Situationen in Naturräumen, aber auch in Stadträumen, vielleicht in Sporträumen zur Auseinandersetzung angeboten werden.

Gegen eine besonders in der Erziehungshilfe anzutreffende Tendenz sich allein auf den Beziehungsaspekt zu kaprizieren, d.h. das erlebnispädagogische Projekt zu einem „Vehikel, um dem Jugendlichen zu zeigen, daß der Erzieher es ernst meint"

(*Bohry / Liegel* 1992, 254)[15] werden zu lassen, müssen Kriterien für die innere Anlage der Wagnis- und Abenteuerarrangements benannt werden. Eine Aufstellung solcher Kategorien ist sicher nicht vollständig, aber sie rationalisiert ein wenig den schillernden Begriff der „Pädagogik des Abenteuers"[16].

1. Die angebotenen Situationen z.b. in Naturräumen und deren Bewältigung über die eigene Bewegung haben den Reiz des Fremden und des Andersartigen. Dies ist eine Ausgangsbedingung für das Infragestellen von Vertrautem und Eingeschliffenem. Andererseits können körperlich-sinnliche Fremdheitserfahrungen sensibel machen für die eigenen Stärken und Schwächen sowie Körperwahrnehmungen intensivieren.
2. Die Abenteuersituationen sind Handlungssituationen mit einer eigenen, in sich schlüssigen Logik. Sie haben eine zwingende, geschlossene Anforderungsstruktur, auf die mit dem Bewegungsgerät und dem eigenen Körper unmittelbar geantwortet werden muß. Ständiges Vermeidungs- und Ausweichverhalten scheint bei diesem schlüssigen Problemlernen weniger möglich. Die angebotenen „Räume" sind relativ „unverstellt" und müssen über den eigenen Körper noch erstritten werden. Eine übergeordnete Sinnstiftung im Tun könnte in diesen Situationen erfahrbar werden.
3. Die zwingende Anforderungsstruktur in den erlebnispädagogischen Situationen und deren Bewältigung über den eigenen Körper bedingt ein direktes, geistiges Lernen über die Sinne und die Motorik. Mit dem Verstand, allen Sinnen und dem ganzen Körper wird die neue Situation angeeignet. Erfahrungen der Entsinnlichung kann momenthaft entgegengesteuert werden.
4. Abenteuerbezogene Situationen besitzen immer das Moment des nicht ganz Einschätzbaren, des Überraschenden und des Plötzlichen. Dies macht das Zusammenwirken der Sinne in einem Moment nötig. Gegenwartserlebnisse bestimmen diese Angebote.
5. Abenteuerpädagogische Angebote ermöglichen Lernprozesse für die ganze Gruppe. Sozialverhalten ist keine Worthülse, sondern unabdingbare Voraussetzung in sicherheitsrelevanten Situationen. Neue, von Mut, aber auch Angst geleitete Erfahrungen ermöglichen die Neubestimmung von Rollen innerhalb der Gruppe. Die Grenzen des eigenen Körpers zu erfahren und zu erweitern im Rahmen des Sozialverbandes bedeutet auch eine tätige Aufarbeitung der körperlichen Sozialisationsgeschichte.

6. Die Auseinandersetzung in erlebnisintensiven Situationen über Bewegungsgeräte und/oder Bewegung schwankt immer zwischen einem Kontrollgefühl und der Erwartung des Nicht-Kontrollierbaren. Dies provoziert einen subjektiv unterschiedlichen Übergang von Angst-Lustgefühlen zu möglichen Kompetenzerlebnissen[17].

Plädoyer für das Eingreifen abenteuerbezogener Pädagogik

Natürlich obliegt die Behandlung der pädagogischen Maßnahmen in dieser verkürzten Thesenform der Gefahr der Schematisierung, denn nicht alle Strukturmerkmale werden von allen Jugendlichen zugleich so erlebt. Dies zu erwarten, wäre die Leugnung von subjektiven körperlichen Verhaltenspotentialen, um deren Stärkung es hier gerade geht. Wichtig ist jedoch, will man die vorher postulierte Einbettung in körperliche Alltagsstrategien nicht wieder verdrängen, die Einlagerung in bestehende Hilfesysteme der Sozialinitiative (im Stadtteil) oder in die Institution der öffentlichen Erziehung, d. h. auch als „geplante Leerstelle" in die Erziehungspläne von Heimen. Einbindung heißt weiterhin für die Pädagogen und Pädagoginnen die kleinen unspektakulären Erlebnisvarianten anzubieten: Die Radtour an der Weser, die Strickleiter am Baum, die Hangelbrücke etc.; Elemente der oft geschmähten 'alten' Zeltlagerpädagogik können wertvolle Hinweise geben.

Eine weitere wichtige Aufgabe liegt darin, „Erlebnis- und Risikoarrangements" mit Ausbildungs- und Qualifizierungsmöglichkeiten, mit der handwerklichen Projektform zusammenzubringen, z. B. indem der zu erobernde Erlebnisraum oder das Erlebnisgerät vorher in der Ausbildung durchdacht, geplant, gebaut wird (Beispiel: Kletterwände, Flösse, Kajaks, Skateboardbahnen, aber auch kleinere Projekte)[18]. Von der Pädagogik als Instanz zur Schaffung von Infrastruktur für das Erleben und des Wagens zu sprechen, macht jedoch nur Sinn, wenn Jugendpädagogik sich einmischt; einmischt in die Stadtplanung, Bewegungsraumplanung und die Wohnungsbaupolitik sowie die Qualitäten in den Arbeits- und Schulzusammenhängen in Frage stellt.

Durch solche Versuche könnte die Pädagogik „in ihrer Arbeit mit jenen gesellschaftlichen Randgruppen, deren auffällige Körperlichkeit immer schon als Ausdruck sozialer Abweichung gilt, einen Beitrag zur Stärkung jener körperlichen Verhaltenspotentiale leisten, die die Menschen trotz aller Versuche systematischer Zerstörung immer noch haben" (*Keil / Maier* 1988, 293).

Anmerkungen

Die in diesem Beitrag skizzierten Gedankengänge gehen zurück auf die seit 1986 in Marburg entwickelten Programme zur körper- und bewegungsbezogenen Sozialarbeit des bsj e.V. und des Instituts für Sportwissenschaften und Motologie der Universität Marburg.

[1] Heute müßte man wohl eher die gewalttätige rechtsradikale Szene zitieren, die allerdings auch „Gewalt als Nähekonzept" (*Koch* 1993) begreift.

[2] Vgl. Zur *Lippe* 1974; *Foucault* 1976.

[3] Vgl. zu den reformpädagogischen Paten der Erlebnispädagogik z. B. *Bauer* 1989. Die Verbindung von Projekten und herausfordernden Situationen schlug vor allem auch *John Dewey* vor; vgl. *Dewey / Kilpatrick* 1935.

[4] Vgl. z. B. *Bollnow*, 1965; *Bollnow* 1971.

[5] Vgl. z. B. *Balint* 1959.

6 Ausgehend vom Aneignungsmodell der Kritischen Psychologie, die Lernen als „dynamische Selbstbehinderung" (*Holzkamp*), also als Prozeß des Selbstsetzens von immer neuen Anforderungen bei der Auseinandersetzung mit Umwelt faßt, geht es beim Konzept der Raumaneignung um die Bildung von inneren und äußeren Seiten der sozialen Persönlichkeit in der Auseinandersetzung mit Raumgrenzen. (Vgl. *Muchow* 1978; *Bronfenbrenner* 1981; *Baacke* 1980 und im Überblick *Deinet* 1990.) Auch die in den 70er Jahren in der BRD aufgenommene Abenteuerspielplatzbewegung geht davon aus, daß Kinder und Jugendliche im abenteuerlichen Experimentieren und in der Auseinandersetzung mit Materialien und Raumteilen realistische Einschätzung von eigenen Grenzen und Möglichkeiten erhalten, vgl. z. B. *Habbich et al.* 1973.

7 Vgl. zum quellenreichen Überblick bezüglich der Ansätze einer „Pädagogik des Abenteuers und des Erlebens" *Schleske* 1977.

8 Mit dem etwas inflationierten Begriff „Lebensweltbezug" ist in Anlehnung an *Schütz* zunächst ein gemeinsamer Deutungshorizont und eine symbolische Sinnwelt gemeint. Diese Sinnwelt bringt Ordnung in die subjektive Einstellung zur persönlichen Erfahrung. „Erfahrungen, die unterschiedlichen Wirklichkeitssphären angehören, werden durch Einbeziehung in ein und dieselbe überwölbende Sinnwelt integriert" (*Berger / Luckmann* 1969, 164).

9 Gesucht wird eine geplante Entgrenzung und Entregelung, die ebenso wie die geforderte bilanzierende Bildungsausrichtung kurzzeitig zusammengestellt wird. Im Bungee-Jumping und Disco-Thrilling, vielleicht sogar im besinnungslosen Kaufrausch im „Erlebnishaus Kaufhof" (Eigenwerbung der Kaufhof AG) suchen Heranwachsende mit dem entsprechenden kulturellen und ökonomischen Kapital in vorausgeplanten Zeitkontingenten ein konsumtiv aufbereitetes Erlebnis, das meist körperzentriert und indviduell abgerufen werden kann.

10 Vgl. zu den Auswirkungen der körperdistanzierten Lernkultur der Schule auf die Erfahrungsbildung besonders bei benachteiligten Jugendlichen *Koch* (1992).

11 *Ursula Nissen* weist schon im Jahresbericht 1989 des Deutschen Jugendinstitutes darauf hin, daß „die Aneignung des eigenen Körpers auch davon bestimmt" wird, „in welchen Spiel- und Sportarten das Mädchen" ihn bewegen lernt (*Nissen* 1989). Folgt man *Hagemann-White*, so wird innerhalb der Geschlechter in der Gesellschaft ein „kulturelles System der Zweigeschlechtlichkeit" angeeignet, das für eindeutig und unveränderlich gehalten wird. Die Individuen haben danach ein Interesse eindeutig geschlechtlich identifiziert zu werden. Die Aneignung dieses Systems bedingt die Verinnerlichung von Geschlechtsunterschieden und deren soziale Reproduktion. Wesentlich in diesem Prozeß ist die Aneignung des eigenen Körpers, die auch das Raumverhalten steuert (*Hagemann-White* 1984).

12 Ähnliche Strukturmerkmale stellt *Goffman* unter anderem bei der Beschreibung von action-Tätigkeiten heraus; vgl. *Goffman* 1975, 103f.

13 Menschen ohne Kontrollüberzeugungen von eigenen Handlungen schreiben Mißerfolge schnell ihrem persönlichen Geschick zu und begründen Erfolge eher mit Glück, Zufall oder äußeren Bedingungen.

14 Vgl. zur Inkorporierung von Sozialstrukturen in Wahrnehmungs- und Wertungsschemata die Arbeiten von *Bourdieu* (1988; 1987).

15 Bei diesen Konzepten entsteht bisweilen der Eindruck, daß Lebensweltorientierung mit intimer Beziehungsarbeit verwechselt wird. Ohne die Wichtigkeit der Beziehungsarbeit in der erzieherischen Arbeit gerade im Feld der sogenannten „Erlebnispädagogik" leugnen zu wollen, muß darauf hingewiesen werden, daß das Stützen auf die individuelle, nicht an Kriterien gebundene „Erziehungsarbeit" z. B. im Heim ein Hauptkritikpunkt der Heimkampagne war. *Winkler* hat in seiner Kritik der Familienorientierung von Heimen das alleinige Setzen auf den Beziehungsaspekt folgendermaßen problematisiert: „Vielmehr wird – soweit Unmittelbarkeits- und Spontaneitätsideologie dies überhaupt noch zulassen – allein die Beziehung selbst als Struktur und In-

halt des pädagogischen Tuns favorisiert, daß ein Nachdenken über die durch sie produzierten Lern- und Sozialisationseffekte unmöglich wird. Daß die pädagogische Situation über die bloße Beziehung von Menschen hinausgeht, komplexer strukturiert ist, steht ebensowenig zur Debatte wie die Notwendigkeit, die Beziehung selbst zu objektivieren, sie sichtbar und thematisch werden zu lassen..." (*Winkler* 1988, 4); vgl. zum Themenfeld Erlebnispädagogik und Heim auch *Koch / Vieth* 1993.

[16] Leider steht die begriffliche und konzeptionelle Klärung der Begriffe „Erlebnis" und „Abenteuer" noch weitgehend aus. Ich glaube jedoch, daß Abenteuer als eine Form des Erlebens betrachtet werden sollte. Abenteuer bedeutet in diesem Zusammenhang nicht nur das Setzen auf das Spektakuläre, das Große, sondern stellt eine zwingende, unmittelbare Erlebnisart dar.

[17] Der optimale Zustand zwischen Kontrollgefühl und neuen Herausforderungen (also begrenzter Unsicherheit) wird vom Psychologen *Csikzentmihaly* als „Flow-Gefühl" bezeichnet. Es ist ein Zustand in klar strukturierten Aktivitäten, bei denen das Niveau der Anforderungen und Fähigkeiten variiert und gesteuert werden kann. *Csikzentmihaly* nennt bei den Dimensionen des flow-Erlebnisses Merkmale wie eindeutige Rückmeldungen, Aufmerksamkeit auf einen begrenzten Bereich, Offenheit der Aktivität, überschaubare Anforderungen; vgl. *Csikszentmihaly* 1991, 47f.

[18] In dem Modellprojekt des bsj „Sport und Bewegung als Förderungshilfen für die schulische und berufliche Integration sozial benachteiligter Jugendlicher" wurden von 1990–1993 sehr gute Erfahrungen mit der Verkopplung von Abenteuerpädagogik und beruflicher Hilfe gewonnen; vgl. dazu *Becker* et al. 1991.

Literatur

Baacke, D.: Der sozialökologische Ansatz zur Beschreibung und Erklärung des Verhaltens Jugendlicher. In: deutsche jugend 6 (1980), 493ff.

Balint, M.: Angstlust und Regression. Stuttgart 1959.

Bauer, H. G.: Erlebnispädagogik im Atomzeitalter. In: Bauer, H. G. / Nickolai, W. (Hg.): Erlebnispädagogik in der sozialen Arbeit, 7–37. Lüneburg 1989.

Beck, U.: Risikogesellschaft. Frankfurt 1986.

Becker, P.: Jugendsozialarbeit und Sport. In: M. Klein (Hg.): Sport und soziale Probleme, 172–193. Reinbek 1989.

Becker, P.: Sozialarbeit mit Körper und Bewegung. Frankfurt 1992.

Becker, P./Rose, L.: Bewegungsräume, Körperkontakte, Frauenbilder. Erscheint im Sommer 1993 im AFRA-Verlag/Frankfurt.

Becker, P. et al.: Jugendhilfe in Bewegung, Frankfurt 1991.

Berger, P. L. / Luckmann, Th.: Die gesellschaftliche Konstruktion der Wirklichkeit. Frankfurt 1969.

Böhnisch, L. / Münchmeier, R.: Pädagogik des Jugendraums. Weinheim 1990.

Bohry, J. / Liegel, W.: Chancen und Grenzen der Erlebnispädagogik in Jugendhilfemaßnahmen. In:NDV Heft 8 (1992), 250–258.

Bollnow, O. F.: Wagnis und Scheitern in der Erziehung. Stuttgart 1965.

Bollnow, O. F.: Pädagogik in anthropologischer Sicht. Stuttgart 1971.

Bourdieu, P.: Entwurf einer Theorie der Praxis. Frankfurt 1979.

Bourdieu, P.: Sozialer Sinn. Frankfurt 1987.

Bourdieu, P.: Die feinen Unterschiede. Frankfurt 1988.

Bronfenbrenner, U.: Die Ökologie der menschlichen Entwicklung. Stuttgart 1981.

Csikszentmihaly, M.: Die außergewöhnliche Erfahrung im Alltag. Die Psychologie des flow-Erlebnisses. Stuttgart 1991.

Deinet, U.: Raumaneingnung in der sozialwissenschaftlichen Theorie. In: Böhnisch, L. / Münchmeier, R. (Hg.): Pädagogik des Jugendraums, 57–66. Weinheim 1990.

Dewey, J. / Kilpatrick, W. H.: Der Projektplan. Weimar 1935.

Doehlemann, M.: Langeweile? Deutung eines verbreiteten Phänomens. Frankfurt 1991.

Ferchhoff, W.: Jugend und Jugendforschung – Jugendkulturen unter der Lupe der Wissenschaft. deutsche Jugend 3 (1991), 102–112.

Foucault, M.: Überwachen und Strafen. Frankfurt 1976.

Goffmann, E.: Wo was los ist – wo es action gibt. In: ders.: Interaktionsrituale. Über Verhalten in direkter Kommunikation, 164–292. Frankfurt 1975.

Habbich, C. et. al.: Abenteuerspielplätze – Wo verbieten verboten ist. Hamburg 1973.

Hagemann-White, C.: Sozialisation: Weiblich – männlich. Opladen 1984.

Hahn, K.: Erziehung zur Verantwortung. Aufsätze und Reden. Stuttgart 1958.

Heitmeyer, W. / Olk, Th. (Hg.): Individualisierung von Jugend. Weinheim 1990.

v. Hentig, H.: Schule als Erfahrungsraum? Stuttgart 1973.

Herbart, J. F.: Pädagogische Schriften, hrsg. von O. Willmann und Th. Fritzsch, Bd. I. Leipzig 1913.

Keil, H. / Maier, H.: Körper. In: Wörterbuch Soziale Arbeit, hrsg. von D. Kreft und I. Mielenz, 359–362. Weinheim 1988.

Koch, J.: Flüsse, Flösse, Floßgesellen. Projekte als Lernmethode zur Versöhnung von Kopf und Hand. Frankfurt 1992.

Koch, J.: Gewalt als Nähekonzept. In: Sportjugend Hessen (Hg.): Jugend und Gewalt, Anstöße IV, 35–43. Frankfurt 1993.

Koch, J. / Vieth, J.: „Erlebnispädagogik" und Heimerziehung. Aspekte der Geschichte von Körperunterdrückung und Körperthematisierung. In: Sozial extra 3 (1993), 7–10.

z. Lippe, R.: Naturbeherrschung am Menschen. Frankfurt 1974.

Mansel, J. / Hurrelmann, K.: Alltagsstreß bei Jugendlichen. München 1991.

Miller, W. B.: Die Kultur der Unterschicht als Entstehungsmilieu für Bandendelinquenz. In: Sack, F., König, R. (Hg.): Kriminalsoziologie, 339–359. Frankfurt 1968.

Muchow, M. / Muchow, H. H.: Der Lebensraum des Großstadtkindes (1935) Reprint. Bensheim 1978.

Nissen, U.: Geschlechtsspezifische Sozialisation in öffentlichen Räumen. In: DJI Jahresbericht 1989, 200–207. München 1990.

Nissen, U.: Raum und Zeit in der Nachmittagsgestaltung von Kindern. In.: Deutsches Jugendinstitut (Hg.): Was tun Kinder am Nachmittag?, 127–171. Weinheim 1992.

Rumpf, H.: Lernen mit Kopf und Hand – Skizze eines Körper-Curriculums. In: Fauser, P. et. al. (Hg.): Lernen mit Kopf und Hand, 91 ff. Weinheim 1983.

Schirp. J. / Koch, J.: Risikosportarten in der Sozialarbeit (I). Frankfurt 1988.

Schleske, W.: Abenteuer – Wagnis – Risiko im Sport. Schorndorf 1977.

Schulze, G.: Die Erlebnisgesellschaft. Frankfurt 1992.

Schulze, H.: Das Prinzip Handeln in der Psychotherapie. Stuttgart 1975.

Seligmann, M. E. P.: Erlernte Hilflosigkeit. München 1986.

Winkler, M.: Alternativen sind nötig und möglich! In: neue Praxis 1 (1988), 1–13.

Wirth, H.-J.: Die Schärfung der Sinne. Frankfurt 1984.

LOTTE ROSE

Zur Bedeutung der Abenteuerlust im weiblichen und männlichen Individuationsprozeß

„Wollen wir auf den Boden raufgehen und die Gespenster besuchen?" fragte Pippi. Annika erschrak. (...) Thomas wollte nicht zeigen, daß er Angst hatte, und eigentlich wollte er ganz gern ein Gespenst sehen. Dann hätte er den Jungen in der Schule was zu erzählen! Außerdem tröstete er sich damit, daß die Gespenster sich wohl nicht an Pippi heranwagen würden. Er entschloß sich mitzugehen. Die arme Annika wollte unter keinen Umständen, aber dann fiel ihr ein, daß vielleicht ein ganz kleines Gespenst sich zu ihr herunterschleichen könnte, während sie allein in der Küche war. Und das entschied die Sache. Lieber zusammen mit Pippi und Thomas zwischen tausend Gespenstern als allein mit dem allerkleinsten Gespensterkind in der Küche."

Astrid Lindgren: Pippi Langstrumpf

Abenteuer, Wagnis und Risiko gehören seit den Anfängen der Erlebnispädagogik zu ihren essentiellen Begriffen. *Kurt Hahn* sah in diesen Elementen ein bedeutsames erzieherisches Mittel, über das der Heranwachsende auf die Verantwortung des erwachsenen Lebens vorbereitet werden kann (vgl. *K. Schwarz* 1967). Der Jugendliche erlebt „eine Neugeburt aus der Gleichgültigkeit und Stumpfheit, die Erleuchtung des Herausgehobenseins aus der Masse. Er spürt die Mobilisierung nie geahnter Kräfte der Härte, des Mutes und der Verantwortung im Anblick der konkreten Herausforderung und Gefahr" (435). So überzeugend sich diese Prämissen bis heute darstellen, so intensiv sie angesichts der derzeitigen erlebnispädagogischen Renaissance wieder belebt werden, so dringend sollten sie doch neu überdacht werden.

Frauenbewegung und Frauenforschung haben zahlreiche gesellschaftliche Praxisfelder feministischer Kritik unterzogen (vgl. *S. Metz-Göckel u. a. 1990). Erlebnispädagogik blieb davon jedoch unberührt (vgl. L. Rose* 1993, 19). Suchen wir nach der Rolle des Abenteuers in den typischen Sozialisationsverläufen von Mädchen und Jungen, so drängt sich jedoch die These auf, daß das erlebnispädagogische Erziehungskonzept letztlich eine „versteckte" Jungenpädagogik darstellt, ohne daß sie dies reflektiert. Was *Hans Thiersch* (1992, 6) für die erlebnispädagogische Debatte gefordert hat, wartet noch auf eine Umsetzung: „Abenteuer (...) muß sich der Affinität zu männlichen Lebenserfahrungen bewußt sein und versuchen, kritisch die Struktur des Abenteuerlichen von der Struktur des besonders Männlichen zu unterscheiden".

Welche Rolle spielt also das Abenteuer bei der Differenzierung der Geschlechter?

Welche geschlechtsspezifischen Persönlichkeitsmuster werden hierüber angesprochen und hergestellt?

Männliche Abenteuerwelten

Hans-Heinrich Muchow schreibt in den 50er Jahren zum Stichwort „Abenteuerlust":

„Unter Abenteuerlust verstehen wir eine seelische Strebung, die auf das Erleben des Abenteuers abzielt: die Lust, die eigene Kraft am Unbekannten, Unheimlichen, Gefahrvollen wagend zu erproben oder Krafterprobungen anderer mit- bzw. nachzuerleben. (...) Da in der Kindheit die Angst vor dem Unbekannten noch überwiegt, tritt die Abenteuerlust im Flegelalter zuerst auf (...)" (1960, 6f).

Abenteuerlust als eine Erscheinung des Flegelalters – eine Bezeichnung für die männliche Adoleszenz – zu identifizieren, deutet bereits an, daß sie offensichtlich in einem engen Zusammenhang zur Jungensozialisation steht. Vielfach lassen sich dafür weitere Belege anführen.

Auf den Abenteuerspielplätzen überwiegen Jungen (vgl. *Aba* 1984, 203), an den „riskanten" Spielplatzgeräten wie den Klettergerüsten und Balanciergeräten finden sich mehr Jungen als Mädchen (vgl. *R. Nötzel* 1987). Dagegen sind es die „gefahrloseren" Breitrutschen und Schaukeln, die mehr Mädchen als Jungen anziehen (vgl. 253ff; 374ff). Mädchen nutzen ihr Fahrrad zur Überwindung einer Entfernung, Jungen dagegen als Sportgerät zum riskanten Geschicklichkeitstest. So sind die BMX-Räder wie auch die Skateboards fest in Jungenhand (vgl. *U. Nissen* 1990).[1] Beobachtungen aus Jugendhäusern bestätigen dieses Bild: „Aktiv sind die Jungen; Situationen, die Wagnis und Risiko beinhalten, werden von ihnen gesucht und inszeniert. Die Mädchen begnügen sich dagegen mit der Zuschauerrolle" (*C. Gilles u. a.* 1993, 31).

In den Risikosportarten sind weniger Frauen als Männer zu finden, und selbst jene Frauen, die daran teilnehmen, erleben dieses Handlungsfeld anders als Männer. Bei ihrer Untersuchung zu SportkletterInnen stellt *Susanne Winkler* (1989, 103) fest: Der Wunsch, „Abenteuer und Nervenkitzel" zu erleben, ist für 19% der Frauen und für 44% der Männer „wichtig". Den Reiz, eine „schlecht abgesicherte Route" zu klettern, verspüren 61% der Frauen „überhaupt nicht" gegenüber 19% der Männer (1989, 104). 58% der Männer und nur 17% der Frauen klettern im Vorstieg bis zur Sturzgrenze. 81% der Frauen, aber nur 34% der Männer klettern nie solo, d. h. ohne Absicherung durch ein Seil (1989, 98). Die Auseinandersetzung mit der Gefahr übt offensichtlich auf beide Geschlechter eine unterschiedliche Faszination aus. So halten auch 61% der Kletterinnen gegenüber 44% der Kletterer diesen Sport für „ungefährlich" (1989, 104) – und dies wohl nicht, weil sie die leistungsfähigeren und damit ungefährdeteren Kletterinnen sind, sondern weil sie diesen Sport für sich ungefährlicher gestalten. Dagegen sind das „Naturerlebnis" und die „sozialen Bedürfnisse" für die Kletterinnen weitaus bedeutendere Handlungsmotive als für ihre männlichen Kollegen (1989, 145).

Dies alles darf nicht verwundern. Zahlreich sind in den klassischen Sagen und Märchen die Vorbilder männlicher Helden. Die Geschichte der Kolonisation ist eine männlichen Abenteurertums, dessen Mythen bis heute männliche Sehnsüchte auffangen (vgl. *H.-H. Groppe* 1987). Eine Historie weiblichen Abenteurerinnentums gibt es nicht, was auch Effekt systematischer Verdrängungsprozesse in der Geschichtsschreibung ist (vgl. *A. Kopecny* 1987). Was damit fehlt, ist ein Identifikationsmodell, das Weiblichkeit und Abenteuer integriert.[2]

Vertraut sind uns die Mutproben der Jungenbanden, denen ein Pendant für Mädchen fehlt. In der ethnographischen Studie einer jugendsubkulturellen Clique haben *Jürgen Lutz u. a.* (1983) die identitätsstiftende Funktion von Action, Spannung, Risiko und Gesetzesübertretung detailliert nachgezeichnet. Sichtbar wird dabei, daß beide Geschlechter höchst unterschiedlich an jenen abenteuerlichen Gruppenpraxen und -mythen teilhaben. Es sind die Jungen, die hierüber als homogene Gruppe zusammengeschmiedet werden, die hierüber kollektiv ihre Männlichkeit beweisen. Die – wenigen – Mädchen der Clique sind von diesen Riten ausgeschlossen. Sie versuchen zwar, eigene kulturelle Praxen zu entwickeln. Diesen fehlt jedoch nicht nur die Abenteuerzentrierung, sondern auch die gruppeninterne Bindungs- wie auch spektakuläre Außenwirkungskraft, wie sie die Jungenpraxen aufweisen. Das Abenteuermotiv hat also einen deutlich geschlechtertrennenden Effekt. Während es für die Jungen der Clique zu einer zentralen Quelle der Selbstidentifikation wird, die reichhaltig ausgeschöpft wird, hat es in der Mädchenkultur und -identität keine tragende Bedeutung.

Auch der Ethnologe *P. Hugger* (1991) weist auf die unterschiedliche Qualität der selbstinszenierten Rituale in Mädchen- und Jungengruppen hin. Während Mädchencliquen sich von den Jungen eher auf spielerische Weise abgrenzen – er führt hier als Beispiel die Anwendung einer Mädchengeheimsprache an – tun dies die Jungen „vorwiegend aggressiv-kraftbetont" in Mutproben und Schmerzerlebnissen (30f). Auf vielfältigste Weise wird dieses Thema von Jungen und Männern subkulturell variiert, doch immer kreist es um die Meisterung von Angst und Gefahr. Am Beispiel einer Rocker-Clique hebt Paul Willis (1981) hervor, daß das Motorrad als ihr zentrales Stilelement nicht als „Zeichen einer morbiden Todesfaszination" verstanden werden darf, sondern als Objekt dient, an dem der Einzelne sein Geschick, seine Kontrollfähigkeiten, seine Macht beweisen kann (vgl. 35). Ähnliches gilt für die derzeit Aufsehen erregenden Aktionen der jugendlichen S-Bahn- und Auto-Surfer.

Einordnen läßt sich hier ebenso die männliche Faszination der Horrorvideos. Auch hier setzen sich Jugendliche – diesmal medial – Schrecksituationen aus, um sich zu

beweisen. Empirische Studien belegen, daß der Medienkonsum deutliche Geschlechterdifferenzen aufweist: „Jungen interessieren sich besonders für harte, aktionsreiche Programme. Mädchen eher für Musik-, Phantasy- und Problemfilme" (*R. Luca* 1992, 6).[3]
Diese vorgeführten Geschlechterdifferenzen im Abenteuer spiegeln sich auch in der erlebnispädagogischen Praxis wider: Mädchen sind hier zahlenmäßig unterrepräsentiert, die Anziehungskraft solcher Projekte ist für sie offensichtlich schwächer. So überwiegen in den koedukativen Outward-Bound-Schulen die männlichen Teilnehmer (vgl. *U. Petring* 1989, 23). Für Heimjugendliche stellt Andrea Haferburg-Jacobs fest, „daß die meisten weiblichen Heimjugendlichen kein übermäßiges Risikobedürfnis aufweisen" (1992, 63) und sich von daher nur schwer für den Abenteuer- und Erlebnissport begeistern können. Bei den Kletterkursen, die die Autorin mit Jungen und Mädchen durchführte, zeigte sich: „Im Gegensatz zu den männlichen Jugendlichen hatte der größte Teil der Mädchen erhebliche Schwierigkeiten im Umgang mit Risiko. Das geringe Selbstvertrauen hinderte sie oft daran, ihre realen, weitaus höheren Fähigkeiten auszutesten" (129).
Symptomatisch sind auch die Ergebnisse einer Untersuchung gemischtgeschlechtlicher Outward-Bound-Kurse von *Uta Petring* (1989). Bei der Frage, in welcher Weise die Kursinhalte verändert werden sollten, offenbarten sich folgende Geschlechterunterschiede (vgl. 64 f): Die Mädchen wünschen mehr gemeinsame Spiele, Gruppengespräche, gemütliches Beisammensein – also sozial und kommunikativ orientierte Angebote. Die Ausweitung natursportlicher Aktivitäten befürworten dagegen mehr Jungen. Ebenso sind sie es, die eine Erhöhung der Leistungsanforderungen bei den natursportlichen Projekten begrüßen würden.
Was produziert nun die hier vorgeführte Affinität zwischen Abenteuer und Männlichkeit? Dazu soll im folgenden ein Blick in die sozialisationstheoretische Geschlechterforschung geworfen werden.

Symbiose und Individuation

Nancy Chodorow hat in ihrem wegweisenden Werk „Das Erbe der Mütter" (1985), das in der Folge von zahlreichen AutorInnen der Mädchen- und Jungenforschung aufgegriffen wurde, detailliert die unterschiedlichen Individuationsprozesse von Mädchen und Jungen nachgezeichnet. Kristallisationspunkt ist für sie die tradierte weibliche Dominanz in der Kinderaufzucht, die Töchter und Söhne vor grundsätzlich verschiedene Anforderungen bei der Konturierung des eigenen Ichs, bei der Herauslösung aus der primären mütterlichen Symbiose stellt. Die geschlechtliche Gleichheit zwischen Mutter und Tochter, die sich mit anderen Betreuungspersonen der frühen Kindheit wie Tagesmüttern, Babysitterinnen, Kindergärtnerinnen und Grundschullehrerinnen fortsetzt, läßt die weiblichen Individuations- und Differenzierungsprozesse anders verlaufen als jene der Jungen. „Weil sie dasselbe Geschlecht wie ihre Töchter haben (...), neigen Mütter von Töchtern dazu, diese nicht in gleicher Weise als verschieden von sich selbst zu betrachten wie Mütter von Söhnen" (143). Die Tochter wird von der Mutter als eigene Verdopplung erlebt, während der Sohn „per se" das andere, von ihr verschiedene Wesen ist, auch wenn er symbiotisch vereinnahmt wird.

Dies hat für das Mädchen zur Folge, daß seine Separation erschwert wird, daß es tendenziell eher Teil der frühen Mutter-Kind-Dyade bleibt und daß Fragen der Verschmolzenheit und Loslösung „lebenslänglich" erhalten bleiben. „Weil sie von Frauen bemuttert werden, empfinden sich Mädchen im Vergleich zu den Knaben weniger als separates Wesen und entwickeln durchlässigere Ich-Grenzen. Mädchen lernen, sich selbst mehr in Beziehung zu anderen zu definieren" (123). Dies macht sie schließlich auch zum beziehungsfähigeren, empathischeren Geschlecht.

Der Junge dagegen, der von der Mutter wegen seines anderen Geschlechts als nicht-identisch mit ihr erlebt wird, wird verstärkt aus der bergenden mütterlichen Symbiose hinausgedrängt. Seine Individuation wird durch diese frühzeitige Trennungserfahrung zwar erleichtert, doch was ihm jetzt fehlt, sind „Spiegel" seiner anderen männlichen Identität. Die räumliche und emotionale Abwesenheit der Väter, die in dieses Vakuum treten könnten, entzieht dem Jungen entscheidende identifikatorische Stützen. Der Junge, der von der Mutter wegstrebt, fällt „bildlich gesprochen, ins Nichts" (*L. Böhnisch u. a.* 1993, 54). Er ist gezwungen, sich von der Mutter zu unterscheiden, ohne über neue Bilder und gleichgeschlechtliche Objekte verfügen zu können, an die er sich anschmiegen könnte. Was bleibt, sind die phantastisch übersteigerten und verzerrten männlichen Medien-Idole, weit entfernt von jeglicher Realität und damit als Orientierungsmuster untauglich. „Männlichkeit entsteht also in der negativen Abgrenzung von Weiblichkeit und nicht in positiver Identifikation mit männlichen Vorbildern" (*W. Hollstein* 1991, 138).

Seine Geschlechtsidentität basiert letztlich auf einer doppelten Negation (vgl. *C. Hagemann-White* 1994, 92): Der Junge weiß, daß Frauen Nicht-Männer sind, und er weiß, daß er nicht eine Frau sein darf, sein Geschlecht bestimmt sich also als Nicht-Nicht-Mann. Dieser Identitätsmangel bringt es mit sich, daß der Junge unentwegt sein nicht-weiblich-sein deutlich sichtbar unter Beweis stellen muß: Er muß jeden regressiven Rückfall in jene erste undifferenzierte Abhängigkeit verhindern, Verschmelzungssehnsüchte abwehren, alle weiblichen Phantasien in sich verdrängen, obwohl sie über seine erste Beziehungserfahrung mit einem weiblichen Liebesobjekt auch ein Teil seines Selbst geworden sind (vgl. *L. Böhnisch u. a.* 1993, 66). Er muß demonstrativ sich-abgrenzende Tugenden der Härte, Unverletzlichkeit, Selbständigkeit und Leistungsfähigkeit entwickeln und sie in Mutproben unter Beweis stellen. Für Jungen herrscht ein „Zwang zur aktiven „Herstellung von Männlichkeit" (*L. Böhnisch* 1993, 59). Erfolgreiche Männlichkeit ist „im Kern Abwehrstruktur" (*C. Hagemann-White* 1984, 94).

Die geschlechtlichen Identifikationsprozesse kreisen also für Mädchen und Jungen um grundlegend andere Themen. Das Mädchen wächst zwar in einer „geschlechtlichen Selbstgewißheit" auf, seine Individuation bleibt jedoch unvollständig. Auf ihm lastet nicht der Druck der Abgrenzung und Differenzierung aus der frühkindlichen symbiotischen Seinsweise heraus. Die Errichtung von Ich-konturierenden Grenzen, von Ich-Kompetenzen bleibt von daher ein vernachlässigtes Thema. Für den Jungen stellt sich dies anders dar: Seine männliche Identifikation ist daran geknüpft, sich zu unterscheiden, sich gegenüber seinem „ersten" weiblichen Geschlecht aktiv abzugrenzen. Er muß der Symbiose entgegenarbeiten, muß scharfe Ich-Grenzen als Differenzierungsakt aufrichten.

Genau diese unterschiedliche Bedeutung der Ich-Grenzen in der weiblichen und männlichen Biographie ist es, was dem Abenteuer die geschlechtsspezifisch so verschieden ausgeprägte Anziehungskraft verleiht. Begreifen wir das Abenteuer als eine kulturelle Praxis der Grenzerfahrung, -erprobung und -überschreitung, so erklärt sich nun, warum das Mädchen sich hierzu relativ distanziert verhält, während der Junge magisch angezogen wird. Für das Mädchen bietet das Abenteuer keinen Stoff zur Auseinandersetzung mit seinen lebensgeschichtlich bedeutsamen Fragen.[4] Für den Jungen stellt das Abenteuer jedoch eine Situation her, in der er seine drängenden Individuationsthemen aufgreifen kann.

Die Sicherheit der vertrauten Welt zu verlassen und sich in Fremde, Gefahr und Abenteuer zu begeben, sind Anforderungen, die um die Herstellung von Unabhängigkeit, Abgrenzung und Omnipotenz kreisen – um Themen also, die im männlichen Individuationsprozeß in besonderer Weise virulent sind, wie oben aufgezeigt wurde. Die permante Suche nach Situationen voller Angstlust verweist auf das Bedürfnis, symbiotische Abhängigkeiten und regressive Wünsche abzuwehren. Diesen psychodynamischen Zusammenhang hat auch Michael Balint in seinem Werk „Angstlust und Regression" (1959) entwickelt.

Angstlust contra Verschmelzungssehnsucht

Ausgangspunkt von Balints Überlegungen ist das Phänomen der lustvollen Nervenkitzel, wie sie auf den Achterbahnen der Jahrmärkte oder bei Reiseabenteuern, beim Tauchen, Klettern oder Fliegen gesucht werden. Immer geht es dabei um das lustvolle Aufgeben und Wiedererlangen von Sicherheiten. Gemeinsam ist all jenen Praxen: „a) ein gewisser Betrag an bewußter Angst (...), Bewußtsein einer wirklichen äußeren Gefahr; b) der Umstand, daß man sich willentlich (...) dieser äußeren Gefahr und der dadurch ausgelösten Furcht aussetzt; c) Hoffnung, die Furcht werde durchgestanden und beherrscht" (20).

Balint bezeichnet diese Angstlust als „Philobatie". Der Philobat sucht – oftmals wie ein Süchtiger – immer wieder Wagnisse, in denen er fern jeder Unterstützung auf sich selbst gestellt ist und sich beweisen muß. Im Gegensatz dazu steht die „Oknophilie". Der Oknophile meidet Verunsicherungen; er ist bemüht, die erworbenen Sicherheiten festzuhalten. Zur Veranschaulichung dieser beiden idealtypisch entworfen Persönlichkeitsmuster entwirft Balint das Bild der Welt als eines großen Raumes mit Objekten. Während der Oknophile von „Objekt zu Objekt" lebt und „seine Aufenthalte in den leeren Räumen so kurz als möglich" bemißt (28), besteht für den Philobaten die Welt „aus *freundlichen* Weiten (...), die mehr oder weniger dicht mit gefährlichen und unvorhersehbaren Objekten durchsetzt sind" (30). Für den Oknophilen bieten die Objekte die ersehnte Sicherheit, jede Trennung löst Panik aus, die nur in der Wiedervereinigung mit einem Objekt besänftigt werden kann. Für den Philobaten sind es dagegen genau diese Objekte, die in ihm Angst auslösen. Sicherheit gewinnt der Oknophile durch Nähe, der Philobat durch Distanz zu den Objekten – zwei grundverschiedene Typen der Objektbeziehung.

Es ist das Trauma der Individuation, der Enttäuschung des primären Narzißmus, als Ich und Welt noch nicht getrennt waren, das der Philobat und der Oknophile auf unterschiedliche Weise zu bewältigen versuchen. Das oknophile Kind nimmt zwar die Tatsache hin, „daß lebenswichtige (...) Objekte wirklich außerhalb seiner selbst bestehen; es behauptet aber in seiner ohnmächtigen Allmacht, daß sie es nie verlassen werden, wenn es sich nur untrennbar an sie heften kann" (65). In Verschmelzungen, über Projektionen und Introjektionen sucht es, die Angst vor der eigenen Abgetrenntheit zu beschwichtigen. Der Philobat dagegen versucht, „etwas von jener Harmonie wiederzuschaffen, die vor der Entdeckung getrennt existierender Objekte bestand, jener Harmonie der freundlichen Weiten, die einen sicher hält und umschließt" (69). Um jene Illusion überzeugend zu produzieren, muß er anders als der Oknophile ein besonders hohes Maß an Ich-Kompetenzen entwickeln. Er muß über jene kognitiven, motorischen und selbstdisziplinierenden Fertigkeiten verfügen, um die Welt und ihre Gefahren tatsächlich zu „beherrschen".[5]

„Die Progression, der Erwerb der Geschicklichkeit durch die nie erlahmende Anstrengung und Selbstkritik, soll das Individuum befähigen, zu dem Zustand zu regredieren, den man als Vergessen der Welt rundherum und als Genuß der Harmonie zwischen dem Individuum und seiner Umwelt beschreiben kann" (27).[6]

So gesehen verfügt der Philobat über ein größeres Maß an Ich-Stärke und Handlungsfähigkeit als der Oknophile. Doch er steht dabei unter dem „Zwang zu einer nie endenden Wiederholung des ursprünglichen Traumas" (73). Er muß sich immer wieder riskanten Selbstprüfungen aussetzen, „um seine Zweifel an der Verläßlichkeit seiner Fertigkeiten zu kontrollieren" (98).

Balint selbst läßt die Frage offen, inwieweit sich in diesen beiden Angsttypen auch Geschlechterpolaritäten widerspiegeln. Doch manches spricht für die These, die Philobatie dem Männlichkeitsmuster und die Oknophilie dem Weiblichkeitsmuster zuzuordnen. Wenn der weibliche Individuationsprozeß – wie oben aufgezeigt – moderater und ambivalenter verläuft, wenn hier einerseits symbiotische Objekt-Verbundenheiten nicht zwanghaft abgewehrt werden müssen, andererseits jedoch so auch eine narzißtische Abhängigkeit von Objektverschmelzungen erhalten bleibt, dann liegt eine Neigung zur Oknophilie nahe. Die unvollständig gebliebene weibliche Individuation bringt es mit sich, daß Schutz in Beziehungen gesucht wird, die das schwache Ich umfassen und ihm so – als Teil eines anderen – Stärke verleihen. Dieses Muster liegt auch im Falle der Oknophilie vor.

Wenn dagegen die Abgrenzung das zentrale Thema männlicher Biographien ist, wenn die männliche Abwehr auf symbiotische Verschmelzungen gerichtet ist, wenn Objekt-Unabhängigkeit das Ich-Ideal ist, dann weist dies eine strukturelle Nähe zur Philobatie auf. Denn auch der Philobat ringt um die Illusion der Unabhängigkeit. Er sucht sich seine Allmacht zu sichern, indem er die Welt und ihre Objekte unter seine Kontrolle bringt, so daß sie ihm nicht mehr gefährlich werden können.

Selbst dort, wo Mädchen und Frauen dem weiblich-oknophilen Modell widersprechend sich riskanten Mutproben aussetzen, zeigen sich doch weiterhin deutlich oknophile Elemente. So ließ sich in einer Fallstudie junger Kunstturnerinnen nachweisen, daß diese zwar einerseits eine für Mädchen ungewöhnliche, hohe Risikobereitschaft beim Turnen der akrobatischen Elemente zeigen, daß andererseits jedoch diese Risikobereitschaft aufs engste an die emotionale Unterstützung durch den Trainer gekoppelt ist (vgl. *L. Rose* 1991).[7] Seine Hilfestellungen, seine Einweisungen, seine Ermutigungen, aber auch seine autoritären Befehle entlassen die Turnerin wieder ein Stück aus der Verantwortung für sich selbst.

„Obwohl die Turnerin ein hohes Maß an Ich-Kompetenzen und damit Autonomie entwickelt, um in der Gefahr narzißtische Befriedigung zu finden, bleibt sie doch ebenso abhängig von äußeren Instanzen. Hinter ihrer Grandiosität muß immer die Unterwerfung unter die „Vaterfiguren" gesehen werden" (100).

Die Angstlust des Mädchens konstituiert hier also nicht die uneingeschränkte Allmacht des Selbst wie im Idealfall der Philobatie, sondern sie reproduziert gleichzeitig symbiotische Abhängigkeiten. Daß dabei ein Mann zur entscheidenden Stütze wird, macht darüber hinaus die philobatische Situation für das Mädchen auch zu einem „Initiationsakt" in das herrschende heterosexuelle Beziehungsmuster und die darin transportierte Geschlechterhierarchie.[8] So werden ins Sportklettern symptomatischerweise 31% der Frauen durch ihren Partner, aber nur 2% der Männer durch ihre Partnerin eingeführt (vgl. *S. Winkler* 1989, 141). Der Zugang zu Risikopraxen verläuft also für Frauen oftmals in enger Verbindung mit – männlichen - Liebesobjekten.

Die weiblichkeitsspezifischen oknophilen Tendenzen werden jedoch auch an anderen Stellen indirekt sichtbar. In einem Bericht zu einem Mädchen-Abenteuerprojekt in der Turnhalle (vgl. *C. Gilles u. a.* 1993) findet sich beispielsweise der Hinweis, daß die Teilnehmerinnen weitaus mehr als die Teilnehmer zu einem „passiven" Risiko bereit waren:

„Eine (...) Aufgabe war es, sich an Schaukelringen festzuhalten und sich dann von der Gruppe hochziehen zu lassen. Die Frauen waren in dieser Übung bereit, ein sehr hohes, im Schnitt wesentlich höheres Risiko einzugehen als die Männer. D. h., sie ließen sich mit verbundenen Augen bis unter die Decke ziehen, um von da aus abzuspringen" (35).

Was sich hier zeigt, ist die größere Vertrauensfähigkeit der Frauen in der Risikosituation. Ihnen fällt es offensichtlich leichter, ihr Schicksal anderen anzuvertrauen als den Männern. Auch *Andrea Haferburg-Jacobs* (1992) machte bei ihren Kletterkursen mit Heimjugendlichen die Erfahrung, daß die Jungen zwar relativ angstfrei an diese Sportart herangingen, schwierig gestalteteten sich dagegen „all jene Aspekte, die die soziale Komponente des Klettersports beinhalteten" (124). Die notwendige Verantwortung beim Sichern mit dem Seil zu übernehmen, sich anderen anzuvertrauen, fiel den Jungen schwer. Die Mädchen hatten dagegen hierbei keine Probleme (vgl. 129).

In all diesen Beispielen wird eines offensichtlich: in der philobatischen Situation ist für Mädchen die oknophile Strebung, jenes aus der weiblichen Sozialisation mitgebrachte „Mitbringsel", weiter wirksam. Das Eingehen der Risikosituation ist für sie eng verknüpft mit dem Beziehungsthema. Geliebte und umschwärmte Menschen sind es, die dazu motivieren, die als Stützen gebraucht werden. Die eigene Unversehrtheit im Vertrauen auf die Sicherung durch andere aufs Spiel zu setzen, fällt Mädchen leichter als Jungen. Daß die Jungen nur schwer in der Lage sind, sich in der Gefahr anderen anzuvertrauen, deutet widerum auf das idealtypische Muster der Philobatie und auf die „Mitbringsel" der männlichen Individuationszwänge hin, die nicht mit der Abhängigkeit von Objekten vereinbar sind.

Mädchen und Jungen, Frauen und Männer haben andere Entwicklungsgeschichten, andere Konflikte und andere biographische Leitfiguren. Dies läßt sie auch das Abenteuer grundsätzlich anders erleben. Für die Erlebnispädagogik heißt das, daß sie diese Fakten weit mehr als bisher reflektieren muß, daß sie nicht mehr ein männlich-zentriertes Erziehungsmodell für beide Geschlechter verallgemeinern darf. Wenn sie sich auch der Mädchen in einem mädchenparteilichen Sinne annehmen will, dann muß sie die inneren Gesetzmäßigkeiten weiblicher Identitätskonzepte bedenken und ihnen gerecht werden.[9] Wenn sie, was nach der Problematisierung der „Kleinen Helden in Not" (*D. Schnack u. a.* 1990) sicherlich auch ansteht, Jungen bei ihrer Suche nach einer zeitgemäßen Männlichkeit unterstützend zur Seite stehen will, dann muß sie sich den unheilvollen männlichen Selbstbeweiszwänge im Abenteuer stellen.

Anmerkungen

1 Eine ähnliche Tendenz läßt sich für die Sportpraxen feststellen. Mädchen und Frauen sind vorwiegend in jenen Sportarten zu finden, in denen die ästhetische Präsentation und Modellierung des Körpers im Mittelpunkt steht, in denen es um Gesundheit und sich-Wohlfühlen geht. Sie meiden dagegen die Sportarten, in denen der Körper zur Auseinandersetzung mit anderen und der Umwelt eingesetzt wird, in denen risikoreiche und raumerweiternde Anforderungen Thema sind (vgl. Kröner 1976, Opaschowski 1987).

2 Für eine erlebnispädagogische Mädchenarbeit heißt das, daß sie sich der Rollenwidersprüche bewußt sein muß, in die Mädchen bei Abenteuer-Projekten geraten können (dies wird ausführlicher ausgeführt in: L. Rose 1993)

3 Eine Zusammenfassung empirischer Daten zum Video-Konsum männlicher und weiblicher Jugendlicher findet sich bei Luise Wagner-Winterhager (1989). Luise Winterhager-Schmid (1992) versucht, auf der Folie psychoanalytischer Begriffe die männlichen Motive des Horror-Video-Konsums zu deuten. Für die treibenden Momente hält sie die im Filmmaterial aktualisierte Angstlust und Grandiositätsentwürfe, die den Verlust kindlicher Geborgenheit phantastisch bearbeiten.

4 Diese hier entworfene kontrastive Geschlechterpolarität hat den Charakter eines idealtypischen und damit eindimensional vereindeutigenden Modells, das immer auch seine Schwächen hat. Noch unthematisert bleibt hierbei, daß die Individualisierung der Frauenrolle (vgl. E. Beck-Gernsheim 1983) Mädchen heutzutage vermehrt auch mit männlichen Individuationszwängen konfrontiert und daß sich von daher neue Affinitäten zwischen Weiblichkeit und Abenteuer entwickeln könnten.

5 Ein Bild davon, auf welche Weise diese philobatischen Tendenzen gelebt werden, welche Ich-Leistungen entwickelt werden, vermittelt Hermann Argelander in seiner psychoanalytischen Fallstudie eines Segelfliegers (1971).

6 Diesen Gefühlszustand hat M. Csikszentmihalyi (1985) als Flow-Erlebnis bezeichnet.

7 Dieses Phänomen bestätigte mir Waltraud Frei für den Bereich des Kanuleistungssports (Gespräch am 29. 10. 1992 in Hamburg). Beim Durchqueren gefährlicher Flußstellen sind auch Kanutinnen auf die „unterstützenden" Befehle eines Trainers angewiesen.

8 Aus diesem Grund ist auch zu problematisieren, wenn erlebnispädagogische Abenteuersportprojekte für Mädchen von männlichen Mitarbeitern geleitet werden.

9 Wie dies praktisch aussehen kann, wird derzeit a. a. im Modellprojekt „Mädchen in Bewegung" des BSJ e. V. Marburg erprobt. Erste Praxis-Reflexionen finden sich in: L. Rose 1993; Dithmar 1993; J. Wollbold a. a. 1993

Literatur

ABA-Landesarbeitsgemeinschaft Abenteuer-, Bau und Aktivspielplätze NRW e. V.: Aktivspielplätze im Selbstverständnis der Mitarbeiter. Bielefeld, Wuppertal 1984

Argelander, Hermann: Der Flieger. Eine charakteranalytische Fallstudie. Frankfurt/M. 1971

Balint, Michael: Angstlust und Regression. Beitrag zur psychoanalytischen Typenlehre. Stuttgart 1959

Beck-Gernsheim, Elisabeth: Vom „Dasein für andere" zum Anspruch auf ein Stück „eigenes Leben". Individualisierungsprozesse im weiblichen Lebenszusammenhang. In: Soziale Welt 34/1993, 307–340

Böhnisch, Lothar; Winter, Reinhard: Männliche Sozialisation. Bewältigungsprobleme männlicher Geschlechtsidentität im Lebenslauf. Weinheim, München 1993

Csikszentmihalyi, Mihaly: Das Flow-Erlebnis. Jenseits von Angst und Langeweile: im Tun aufgehen. Stuttgart 1985

Dithmar, Ute: Mädchen klettern an die Spitze. Unveröffentlichtes Manuskript, Marburg 1993

Fischer, Dieter; Klawe, Willy (Hg.): (Er-)Leben statt Reden. Erlebnispädagogik in der offenen Jugendarbeit. Weinheim, München 1985

Gilles, Christoph; Krücken-Pasch, Gisela: Abenteuersport mit Mädchen in der Offenen Kinder- und Jugendarbeit. (Hrsg. von der Katholischen Landesarbeitsgemeinschaft Heime der Offenen Tür NW). Köln 1991

Gilles, Christoph; Krücken-Pasch, Gisela: Das Schönste ist das Kribbeln im Bauch. Abenteuersport mit Mädchen in der Offenen Jugendarbeit. In: Sozialmagazin 1/1993, 30–36

Groppe, Hans-Hermann: Abenteuer und Eroberung. Was treibt Männer in die Welt? In: MPD (Hg.): Männersache. Bilder, Welten, Objekte. Reinbek bei Hamburg 1987

Haferburg-Jacobs, Andrea: Der Erlebnissport Klettern als Medium in der Heimerziehung unter besonderer Berücksichtigung einer sozialpädagogischen Mädchenarbeit. Unveröffentlichte Diplomarbeit, Kassel 1992

Hahn, Kurt: Erziehung durch und für die See. In: Kurt Hahn: Erziehung zur Verantwortung. Stuttgart 1958

Hagemann-White, Carol: Sozialisation: Weiblich – männlich? Opladen 1984

Hollstein, Walter: Nicht Herrscher, aber kräftig. Die Zukunft der Männer. Reinbek 1991

Hugger, P.: Pubertätsriten – einst und jetzt – aus der Sicht des Volkskundlers. In: Gunter Klosinski (Hg.) 1991, 25–39

Janssen, Annette; Schulze, Birgit: Mit Mädchen auf Tour - Abenteuerfreizeiten mit Mädchen als Medium feministischer Mädchenarbeit. In: Dieter Fischer u. a. (Hg.) 1985, 151–161

Klawe, Willy, Fischer, Dieter; Thiesen, Hans-Jürgen: Erlebnispädagogik als Erfahrungsfeld für Jugendliche und Pädagogen. In: Fischer, D. u. a. (Hg.) 1985, 37–41

Klosinski, Gunter (Hg.): Pubertätsriten. Äquivalente und Defizite in unserer Gesellschaft. Bern 1991

Kopecny, Angelika: Frauen und Abenteuer. In: Neumann, H.-J.; Seeßlen, G. (Hg.): Abenteuer. Frankfurt/M. 1987, 75–92

Kröner, Sabine: Sport und Geschlecht. Eine soziologische Analyse sportlichen Verhaltens in der Freizeit. Ahrensburg 1976

Luca, Renate: Das ist nun mal so. Mädchen erleben Horror- und Gewaltvideos anders als Jungen. In: Pädagogik 11/1992, 6–9

Lutz, Jürgen; Rose, Lotte; Schneider, Gerhard; Walper, Gerhard: Jugendsubkulturen: Produktionsstätten von Identität – Orte der sozialen Reproduktion. Unveröffentlichte Diplomarbeit, Marburg 1983

Metz-Göckel, Sigrid; Nyssen, Elke: Einleitung: Unsere Zwischenbilanz der Frauenforschung. In: Metz-Göckel, S.; Nyssen, E.: Frauen leben Widersprüche. Zwischenbilanz der Frauenforschung. Weinheim, Basel 1990, 9–23

Muchow, Hans-Heinrich: Abenteuerlust. In: Lexikon der Pädagogik, Bd. 1. Freiburg, Basel, Wien 1960, 6–7

Nissen, Ursula: Geschlechtsspezifische Sozialisation in öffentlichen Räumen. In: DJI (Hg.): Jahresbericht 1989. München 1990, 200–208

Nötzel, Renate: Spiel und geschlechtsspezifische Arbeitsteilung. Pfaffenweiler 1987

Opaschowski, H. W.: Sport in der Freizeit. Mehr Lust als Leistung. Hamburg 1987

Opitz, Ulrike: „Mädchen-Marlboro". Alternative Ansätze in der Mädchenbildungsarbeit. In: deutsche jugend 6/1990, 261–266

Petring, Uta: Anspruch und Wirklichkeit der Erlebnispädagogik in deutschen *Outward Bound* Schulen – unter besonderer Berücksichtigung der geschlechtsspezifischen Wirkungsweise. Unveröffentlichte Diplomarbeit. Bielefeld 1989

Remagen, Ralf: Abenteuersport mit Mädchen in der Offenen Jugendarbeit. Unveröffentlichte Diplomarbeit. Sporthochschule Köln 1991

Rose, Lotte: Kunstturnen – eine Risikosportart. In: dies.: Das Drama des begabten Mädchens. Lebensgeschichten junger Kunstturnerinnen. Weinheim, München 1991, 85–121

Rose, Lotte: Suchen Mädchen Abenteuer? In: Sozialmagazin 1/1993, 18 - 29

Schwarz, Karl: Wagnis und Abenteuer als erzieherische Mittel in den Kurzschulen. In: Zeitschrift für Pädagogik 13/1967, 421–435

Thiersch, Hans: Abenteuer – ein Weg zur Jugend. Einführungsreferat auf der erlebnispädagogischen Fachtagung „Abenteuer – ein Weg zur Jugend", 9. – 11. 9. 1992 in Marburg. Veröffentlichung in der Tagungsdokumentation, zu beziehen über: BSJ e. V., Biegenstr. 40, 3550 Marburg

Wagner-Winterhager, Luise: Heroische Mythen – Repressive Entsublimierung durch Gewalt-Videos? In: Trescher, H.-G.; Büttner, C. (Hg.): Jahrbuch für Psychoanalytische Pädagogik 1. Mainz 1989, 31–55

Willis, Paul: „Profane Culture". Rocker, Hippies: Subversive Stile der Jugendkultur. Frankfurt/M. 1981

Winkler, Susanne: Motivation – Risiko. Geschlechtsspezifische Unterschiede am Beispiel des Sportkletterns. Unveröffentlichte Diplomarbeit. Deutsche Sporthochschule Köln 1989

Winterhager-Schmid, Luise: Gewaltphantasien. Bewältigungs- und Verarbeitungsprozesse bei männlichen Jugendlichen. In: Pädagogik 11/1992, 10–11

Wollbold, Judith; Rose, Lotte: Schlitten-Abenteuer. Mädchen bauen sich Wintersportgeräte. In: Motorik 3/1993 (im Druck)

WERNER NICKOLAI

Erlebnispädagogik in der Straffälligenhilfe

1. Historische Hintergründe der Erlebnispädagogik in der Straffälligenhilfe

Bekanntermaßen liegen die Quellen der Erlebnispädagogik in der Reformpädagogik des 19. Jahrhunderts. Als Vater der Erlebnispädagogik gilt *Kurt Hahn* (1886-1974), der sie Anfang des 20. Jahrhunderts als Erlebnistherapie entwickelt hat, um den Defiziten wie Mangel an menschlicher Anteilnahme, an Sorgfalt, an Initiative und körperlicher Tauglichkeit entgegenzuwirken.

Die Reformpädagogik hatte ihren Ausgangspunkt in der Kritik des Schul- und Bildungswesens. Sie suchte ihre Vorstellung einer *ganzheitlichen* Lebensschulung, die vom Kinde ausging und das Kind (nicht das Wissen) in den Mittelpunkt erzieherischen Handelns stellt, zuerst im pädagogischen Feld der Schule zu verwirklichen (vgl. *Bauer* 1987).

Als Wegbereiter der Erlebnispädagogik, die insbesondere mit dissozialen und delinquenten Jugendlichen gearbeitet haben, sind u. a. *August Aichhorn, Don Bosco, Father Flanagan* wie auch *A. S. Makarenko* zu nennen. Für sie alle war kennzeichnend die Hinwendung zum Kind, das im Mittelpunkt erzieherischen Denkens und Handelns stehen sollte. Grundüberzeugung war, daß vom Kind her alle Erziehung ihren Ausgang zu nehmen habe. Die hier vorfindbaren (erlebnis-)pädagogischen Elemente waren die reale, produktive (handwerkliche) Arbeit, Selbstverwaltung und Selbstorganisation als Erziehungsmedien, die zu Freiheit und Selbsterziehung führen sollten, sowie die Gemeinschaft, Sport, Spiel und auch Musik und Theater.

Bedeutsam für die Arbeit mit jugendlichen Straffälligen wurde die Reformpädagogik der Landerziehungsheime. Der Versuch, reformpädagogische Prinzipien umzusetzen, machte nicht halt vor den „Fürsorgeerziehungsanstalten" und dem gerade erst eingeführten Jugendstrafvollzug. (1912 wurde in Wittlich die erste Anstalt für Jugendliche eröffnet, d. h. noch vor dem Inkrafttreten des Jugendgerichtsgesetzes 1923). *Walter Hermann* und *Kurt Bondy* versuchten, von November 1921 bis Juli 1922, reformpädagogische Grundsätze im Jugendgefängnis Hamburg Hahnöfersand umzusetzen. Als Erziehungsmittel dienten *Hermann* und *Bondy* die Gemeinschaftserziehung, die Selbstverwaltung, der ganzheitliche Unterricht, die sinnstiftende Arbeit und Disziplin (*Hermann* 1923; *Bondy* 1925). Der Versuch wurde sehr bekannt, wurde viel diskutiert und gilt bis heute als bahnbrechend für ein Konzept zur Erziehung junger Gefangener, das nicht von den Schwierigkeiten ausgeht, die der junge Gefangene macht, sondern von denen, die er hat. *Bondy* und *Hermann* gingen davon aus, daß die Unzulänglichkeit der Jugendlichen nicht nur als persönliche Defizite zu verstehen seien, sondern der Lebenssituation von Unterschichtjugendlichen entsprach. Der Versuch in Hahnöfersand scheiterte, weil er in scharfem Kontrast zu der damals noch vorherrschenden Meinung stand, Anstaltserziehung müsse vor allem streng sein, d.h. junge Gefangene müßten den Sühnezweck des Freiheitsentzugs ständig durch eine straffe Zucht- und Ordnungspädagogik zu spüren bekommen. Ein Ausbruchsversuch verstärkte die Kluft zum Leiter der Hamburger Strafanstalten, der die Bemühungen von *Hermann* und *Bondy* ebenfalls nicht mittrug. Beide traten daraufhin von ihrer Tätigkeit zurück (*Dörner* 1991, S. 100).

2. Die neueren Entwicklungen

Die Erlebnispädagogik ist heute wieder populär. Insbesondere in den letzten ca. zehn Jahren hat sie auch merklich Einfluß auf die Theorie und Praxis der sozialen Arbeit genommen. In kaum einem Praxisfeld der Sozialarbeit / Sozialpädagogik und Heilpädagogik ist die Erlebnispädagogik nicht Bestandteil (vgl. *Bauer / Nikkolai* 1991; *Theunissen* 1992). So verwundert es nicht, daß die Erlebnispädagogik auch im Strafvollzug, insbesondere im Jugendstrafvollzug, Einzug gehalten hat. Nach meinem Informationsstand wurden die ersten erlebnispädagogischen Projekte 1978 in der Jugendvollzugsanstalt Adelsheim (Baden-Württemberg) durchgeführt (regelmäßig mehrtägige Kajakwanderungen, Skikurse, Hochgebirgs- und Klettertouren) (*Nickolai / Quensel / Rieder* 1991). Einen besonderen Stellenwert besaß dort die Übernahme einer 10tägigen Rettungswacht an der Ostsee durch jugendliche Strafgefangene, die an das Hahn'sche Prinzip des „Rettungsdienstes" anknüpfte (*Hucht / Nickolai* 1991).

Erlebnispädagogik finden wir heute aber auch im Jugendarrest (*Möller* 1986) und ansatzweise im Erwachsenenvollzug. Zunehmend wird die Erlebnispädagogik auch von der Jugendgerichtshilfe und von freien Trägern entdeckt, die mit delinquenten Jugendlichen arbeiten. Zwischenzeitlich stellen sich auch Richter und Staatsanwälte die Frage, welche Rolle die Erlebnispädagogik im Zusammenhang mit delinquenten Jugendlichen, die so straffällig wurden, daß sie in einer Strafanstalt einsitzen müssen, einnehmen kann. Wird sie von den Justizministerien der Länder einerseits weitgehend anerkannt, so gibt es auf seiten des Strafvollzugs durchaus auch massive Ablehnung; unverhohlen wird etwa erklärt, daß man z.B. Bergtouren als nicht statthafte Belohnung für begangene Straftaten ansieht (*Nikkolai* 1992, S. 231). Obwohl dringend nötig und gefordert (vgl. *Kofler, Wulf* 1992,

Rössner 1992) fehlen bis heute eindeutige rechtliche Regelungen sowohl im Jugendgerichtsgesetz wie auch im Entwurf zum Jugendstrafvollzugsgesetz.

Dies ist umso weniger verständlich, als sich vor allem auf dem Hintergrund von Dunkelfeldforschungen in den letzten Jahren der Blickwinkel, mit dem kriminelle Handlungen von Jugendlichen betrachtet werden, doch erheblich geändert hat. Heute wird das Auftreten von Kriminalität im Jugendalter als normal, ubiquitär und episodenhaft beschrieben. Ubiquitär will besagen, daß nahezu alle (männlichen) Jugendliche, durch alle soziale Schichten, irgendwann einmal straffällig werden. Wenn von Episodenhaftigkeit gesprochen wird, soll damit zum Ausdruck kommen, daß das Auftreten von kriminellen Handlungen bei Jugendlichen in dieser Lebensphase gleichsam eine Normalität darstellt, die große Chance für einen Übergang in eine normale Entwicklung gerade aber darin besteht, daß strafjustizielle Eingriffe unterbleiben (vgl. *Kerner* 1991, S. 149 ff). Nach meiner Einschätzung gibt es eine ganze Reihe von Gründen dafür, in der Erlebnispädagogik ein sinnvolles Angebot gerade für gefährdete und delinquente Jugendliche zu sehen. *Einen Aspekt* möchte ich hier besonders herausstellen. Ein hohes Maß an Übereinstimmung zwischen Wissenschaftlern und Praktikern besteht in der Auffassung, daß strafbare Handlungen u.a. Ausdruck eines Bedürfnisses nach *Befriedigung von Abenteuerlust* darstellen. Der achte Jugendbericht der Bundesregierung (1990, S. 148) stellt fest, „... daß manche Straftaten von Jugendlichen und Heranwachsenden nur begründet sind aus der Anregungs-, Erlebnis- und Erfahrungsarmut unserer durchreglementierten Lebensräume. Räume, in denen man gefahrlos Abenteuer bestehen und Risiken ausreizen könnte, gibt es für junge Menschen kaum noch". Tatsächlich lassen sich häufig bei kriminellen Handlungen Jugendlicher spielhafte und lustbetonte Seiten nachweisen, die z. B. als „Erlebniskriminalität" oder „Wohlstands- und Zivilisationskriminalität" bezeichnet werden. Es geht bei diesen Handlungen nämlich nicht um materielle Vorteile, sondern um action, Nervenkitzel, Spannung, Anregung, um Mutproben und die Suche nach Situationen der Bewährung in einem monotonen und spannungslosen Alltagsleben (vgl. *Schleske* 1977, S. 61). Hätten diese Jugendlichen andere finanzielle Ressourcen, so könnten sie ihre – entwicklungspsychologisch erklärbaren – Bedürfnisse anders befriedigen. Jugendliche aus der unteren sozialen Schicht können sich keine Abenteuerreise leisten, es sei denn, sie bekämen sie vom Jugendamt nach § 35 KJHG als Jugendhilfeleistung angeboten. Um eine solche Hilfeleistung in Anspruch nehmen zu können, bedürfte es dann aber absurderweise einer Auffälligkeit. Zudem müßte (muß) diese Hilfeleistung im Grund diejenigen Bedürfnisse befriedigen können, die sich, wie oben kurz dargestellt, als eigentlich entwicklungspsychologische hinter der Jugendkriminalität verbergen. Erlebnispädagogik hat hierzu etwas anzubieten. Ihr geht es darum, Situationen zu schaffen, in denen Jugendliche Erlebnisse mit sich, mit anderen Menschen und mit der Natur machen können, die in der Alltagssituation nicht möglich sind. Erlebnispädagogik soll und will Jugendlichen Abenteuer und Erfahrungen ermöglichen, die nicht vor den Richter führen.

3. Chancen und Grenzen erlebnispädagogischer Arbeit

Für den Jugendstrafvollzug, der durch die Paradoxie „der Erziehung zur Freiheit in der Unfreiheit" gekennzeichnet ist, sind erlebnispädagogische Unternehmungen unverzichtbar. Der Jugendstrafvollzug hat den gesetzlichen Auftrag und nimmt für sich in Anspruch, erzieherisch zu arbeiten. Das Leben im Knast soll für ein Leben außerhalb des Knastes vorbereiten; dort sollen also soziale Handlungsqualifikationen erworben werden, die dem Jugendlichen bislang nicht oder nur zum Teil verfügbar waren. Dies kann der Vollzug aber kaum leisten. Zwar kann er schulische und berufliche Ausbildung in qualifizierter Form anbieten, die Vollzugsanstalt als totale Institution ist aber kaum in der Lage, Erlebnisfelder anzubieten, in denen z. B. Beziehungsprobleme oder z. B. die Unfähigkeit, mit der Freizeit umzugehen, zum Thema werden können. Darüber hinaus erschwert das totale Versorgungssystem einer Strafanstalt die Vermittlung menschlicher Werte wie Selbständigkeit, Verantwortungsgefühl, Eigeninitiative. Eigene Aktivitäten jeglicher Art stoßen im Vollzug zumindest auf Skepsis; für die Anstalt sind Ordnung und Sicherheit die dominierenden Prinzipien. Aus der für den Vollzug übergeordneten Wichtigkeit heraus, möglichst immer und alles kontrollieren zu können, erlebt der Gefangene, daß man ihm grundsätzlich mißtrauisch begegnet. Für Vertrauensbildung ist hier kein Raum, die Inidividualität der Insassen stellt immer eine nachgeordnete Größe dar. Stattdessen entstehen und stabilisieren sich auf seiten der Insassen ebenso wie seitens des Vollzugspersonals Feindbilder. Geeignete Lern- und Erlebnisfelder bieten sich unter solchen Umständen kaum innerhalb der Mauern. Vielmehr gilt es daher, sie außerhalb der Mauern zu suchen.

Auf dem Hintergrund der geringen Lernmöglichkeiten innerhalb des Strafvollzugs möchte ich – plakativ – folgende fünf Ziele formulieren:
– Herstellen einer Gruppensituation, die das Erleben sozialer Integration ermöglicht.
– Einüben praktischen Zusammenlebens.
– Anbieten von neuen Erlebnis- und Erfahrungsmöglichkeiten.
– Aktivieren von künftigem Freizeitverhalten, um vom reinen Konsumverhalten abzuwenden.
– Befriedigung jugendlicher Abenteuerlust.

Es mag nicht überraschen, daß Träger, die Erlebnispädagogik im Rahmen von sozialen Trainingskursen (nach § 10 Abs. 1 Satz 3 Nr. 6 JGG bzw. § 29 KJHG) anbieten, ähnliche Ziele formulieren.

Stellvertretend zitiere ich aus einem Konzept „Sozialer Trainingskurs", Stand März

1991, wie es die Katholische Jugendfürsorge der Erzdiözese München und Freising e. V. bei einer erlebnispädagogischen Tagung in der Kurzschule Baad vorgestellt hat: „Die Erlebnispädagogik als zweites Standbein des Sozialen Trainingskurses steht im Wechselspiel mit dem inhaltlich methodischen Teil. Bergtouren, Übernachtungen in der Natur, Schlauchbootfahren, Hüttenaufenthalte, Radtouren usw. sind für Jugendliche neue und andere Erfahrungen im Freizeitbereich. Die Natur bietet einen interessanten, wenn auch für die Jugendlichen zunächst reizarmen Rahmen, in dem sie sich selbst erleben und Zugang zu ihren Gefühlen bekommen. Dieser Zugang bleibt ihnen sonst durch ihr Konsumverhalten (Videos und Drogen / Alkohol) verschlossen. Das gemeinsame Überwinden von Durststrecken, das Aufeinanderangewiesensein in der Gruppe, das Erleben eigener körperlicher Grenzen schafft einen intensiven und engeren Kontakt, in dem alte Handlungsmuster nur schwer oder gar nicht mehr funktionieren.

Das schafft die Notwendigkeit und Möglichkeit von veränderten Handlungsabläufen, die in den Alltag übersetzt werden können. Da die Situation selbst Grenzen setzt, an denen sich alle Beteiligten orientieren müssen, um z. B. Gefahren zu vermeiden, ist der unmittelbare selbstverantwortliche Handlungszwang offensichtlich. Körperliche Anstrengung als motorischer Gegenpol zum Entzug der gewohnten Reize und Fluchtmöglichkeiten bietet dem Jugendlichen eine neue Erfahrung mit sich und seinem Körper, ohne die verbale Ebene einschalten zu müssen. Hier zeigen sich die ursprünglichen Verhaltensmuster der Jugendlichen. Sie können in die Gruppenstunden übernommen werden. Durch die unmittelbare Erfahrung wird es möglich, seine aktuellen Themen zielgerichteter und verständlicher anzugehen. Die Stärkung der Eigenverantwortung bei erlebnispädagogischen Unternehmungen steht im Vordergrund: Selbst Holz und Feuer machen, die Mahlzeiten selbst zubereiten, für Proviant und Ausrüstung sorgen" (*Bürger u. a. 1991*).

Einen für mich sehr wesentlichen Gesichtspunkt der Erlebnispädagogik möchte ich noch herausstellen. In der Erlebnispädagogik geht es bekanntermaßen um die Ganzheitlichkeit des Menschen, d. h. um den Bezug sowohl zu seiner Körperlichkeit, wie zu „Kopf und Herz". Weder innerhalb einer totalen Institution noch in teilstationären oder ambulanten Maßnahmen nehmen die Jugendlichen die Betreuer noch die Betreuer die Jugendlichen ganzheitlich wahr. Die mehrtägigen erlebnispädagogischen Projekte bieten die Chance, sich in dieser ganzheitlichen Weise kennenzulernen, sich anders wahrzunehmen und zu erleben. Meine Erfahrungen haben mir gezeigt, daß sich nach einer gemeinsamen Woche die Beziehungen erheblich verändert haben. Andere Beziehungen als die im Vollzugsalltag entwickeln sich: Rollen werden neu definiert, die Jugendlichen (wie auch die Erwachsenen) können die Maske, die das Überleben im Strafvollzug und auch außerhalb erleichtert, fallen lassen.

Wie immer man die Ziele auch formuliert, im wesentlichen geht es darum, Jugendlichen die Möglichkeit zu geben, die Grunderfahrung einer menschlichen Beziehung machen bzw. nachholen zu können. Hier spielt die Beziehung zum Betreuer / zur Betreuerin die zentrale Rolle. Dieser pädagogische Bezug, wie ihn insbesondere die anfänglich genannten Wegbereiter der Erlebnispädagogik vehement gefordert haben, ist zwar in den erlebnispädagogischen Projekten meist herstellbar, innerhalb des Strafvollzugs jedoch kaum zu realisieren. Dies macht die grundlegende Problemkonstellation deutlich, die durch die erlebnispädagogische „Herausnahme" der Jugendlichen aus den Mauern des Vollzugs im konkreten wie im übertragenen Sinne zweifellos gegeben ist. Beispiel hierfür ist etwa die Rückkehrsituation nach erlebnispädagogischen Aktivitäten in die Anstalt, die sich zumeist äußerst problematisch, manchmal sogar kontraproduktiv gestaltet. Konnten die erlebnispädagogischen Aktivitäten nur gelingen, weil eben zwischen den Jugendlichen und Betreuern ein Vertrauensverhältnis entstehen konnte, das Kontrolle überflüssig machte und zumindest in Ansätzen auch zu neuen Perspektiventwicklungen führte, so kehrt man nun übergangslos in eine „alte Welt" zurück. Die Durchführung des Aufnahmerituals (fast genau wie am ersten Tag der Inhaftierung!) verunsichert Jugendliche und Betreuer in einem solchen Maße, daß die Wirkungskraft der gemeinsam erlebten Tage wieder in Frage gestellt wird. So werden beispielsweise die Jugendlichen selbst, ihre Kleider und ihr Gepäck auf verbotene Gegenstände untersucht. Der gleiche Vollzug, der es dem Jugendlichen ermöglicht, einen Skikurs zu erleben, holt ihn jetzt wieder in seine Häftlingsidentität zurück.

Ein weiteres Problem stellt sich in der künftigen Arbeit mit dem Jugendlichen. Standen die Jugendlichen, die an einer solchen Maßnahme teilgenommen hatten, dort im Mittelpunkt, bzw. in einem intensiven Gruppenprozeß, so sind sie nun nach der Rückkehr in die Anstalt wieder nur einige von vielen, von ca. 300 Jugendlichen. Eine vielleicht gerade erst begonnene Hilfe kann im schlechtesten Fall, alleine schon der quantitativ bedingten Probleme wegen, ihr Ende finden. Aller Erfahrung nach aber bleibt ein positives Erlebnis, von dem viele Jugendliche noch lange zehren, und erhalten bleibt meist auch die positive Beziehung zwischen den Beteiligten (*Nickolai* 1992, S. 231).

4. Abschließende Würdigung

Die Erlebnispädagogik hat aber – wie die Pädagogik überhaupt – das Problem, solche Wirkungen zu erfassen. Es gibt keine handfesten Belege im Sinne eines wissenschaftlichen Nachweises. Vorliegende Wirkungsanalysen, wie etwa die über die deutschen Kurzschulen von *Jagenlauf* und *Bress* (1990), sind in Fachkreisen hinsichtlich ihrer wissenschaftlichen Aussagekraft äußerst umstritten. Über die Eignung der Erlebnispädagogik zum „Abbau oder zu Vermeidung strafbarer Handlungen" gibt es keinerlei wissenschaftlich ernstzunehmende Erkenntnisse. Der Kriminologe *Detlev Frehsee* (1990, S. 41) meldet Skepsis an gegenüber dem Ansatz, Kriminalität zum Anlaß für erlebnispädagogische Projekte zu nehmen und sich davon eine Vermeidung künftiger Kriminalität zu erhoffen. Er verweist auf amerikanische Untersuchungen, die keine signifikanten Unterschiede der Rückfallraten zwischen Jugendlichen, die an einer pädagogisch / therapeutischen Behandlung teilgenommen haben, und solchen, die den Vollzug normal durchliefen, gebracht haben.

Die Erlebnispädagogik mit delinquenten Jugendlichen lebt im Spannungsfeld, von den einen als ungerechtfertigte Belohnung angesehen, und von den anderen mit zuviel Erwartungen überfrachtet zu werden.

Erlebnispädagogik im Rahmen des sozialen Trainings nach § 10 JGG, als Alternative für den Jugendarrest oder Erlebnispädagogik als Alternative für den Strafvollzug – anstelle einer Jugendstrafe 6 Monate auf einem Segelschiff –, setzt sich zudem der Gefahr aus, daß auch sie einen repressiven Stempel bekommt. Exemplarisch sei hier der § 11 Abs. 3 JGG genannt: Verweigert ein junger Delinquenter beharrlich die Teilnahme an einem sozialpädagogisch attraktiv gestalteten „sozialen Trainingskurs", droht ihm ein sogenannter Ungehorsamarrest. Von diesem Ungehorsamarrest wird durchaus Gebrauch gemacht. *Dünkel* (1991, S. 20) schätzt den Anteil des Ungehorsamarrestes auf über 30 % gegenüber dem Urteilsarrest.

Erlebnispädagogische Angebote dürfen auch nicht zu einem Rechenexempel für die Staatsanwaltschaft werden. Es darf sich nicht die Frage stellen, ob ein Wochenende auf einer Skihütte eine Alternative zu vier Wochen Dauerarrest sein kann (*Vogt-Binne* 1991).

Erlebnispädagogik ist ein Hilfsangebot und deshalb besser im Kinder- und Jugendhilfegesetz beheimatet. Nach § 45 Abs. 2 wie auch nach § 47 Abs. 1 Nr. 2 kann von Strafverfahren abgesehen werden, wenn schon eine erzieherische Maßnahme nach dem KJHG durchgeführt oder eingeleitet worden ist. So macht beispielsweise die soziale Gruppenarbeit nach § 29 KJHG die Weisung nach § 10 JGG überflüssig. Das KJHG bietet die Möglichkeit, daß jugendstrafrechtliche Sanktionen durch originäre Jugendhilfeleistungen ersetzbar werden. Dies setzt natürlich voraus, so *Kiehl*, daß die Jugendhilfe solche Leistungen in ausreichendem Maße bereithält und anbietet, und zwar über die Jugendgerichtshilfe und die hinter ihr stehenden Jugendämter und freien Träger.

Jugendhilfeleistungen beruhen auf Freiwilligkeit, d. h. dem Wunsch und Wahlrecht der Betroffenen (KJHG § 5). Sie haben damit keinen Sanktionscharakter. Die Maxime „Jugendhilfe statt Jugendstrafe" hat mit der Einführung des KJHG eine normative Grundlage gefunden (*Kiehl* 1991).

Es ist in der Praxis sicher noch ein weiter Weg, bis sich Vorstellungen, wie sie *J. Münder* im Journal der DVJJ 4/91 gemacht hat, durchsetzen. Vor dem o.a. entwicklungspsychologischen Hintergrund jugendlicher Delinquenz fordert er bei jugendlichen *Bagatelldelikten* die folgenlose Einstellung des Strafverfahrens durch die Staatsanwaltschaft nach § 45 Abs. 1 Nr. 2 JGG. In den Fällen *leichter Kriminalität* soll die Jugendgerichtshilfe die Vorrausetzungen dafür schaffen, daß die Staatsanwaltschaft nach § 45 Abs. 2 JGG von der Verfolgung absieht, oder das Verfahren durch den Richter nach § 47 Abs. 1 Nr. 2 JGG eingestellt wird bzw. ein formloses richterliches Erziehungsverfahren möglich ist (§ 45 Abs. 2 bzw. § 47 Abs. 1 Nr. 3 JGG).

Erst bei *schwerer Kriminalität* sieht *Münder* als Reaktionsweise die ambulanten Alternativen vor, die die Voraussetzung schaffen, auf freiheitsentziehende Maßnahmen zu verzichten. Solche ambulanten Alternativen sind u. a. intensive sozialpädagogische Einzelbetreuung nach KJHG § 35, Erziehungskurse, sog. soziale Trainingskurse, pädagogisch betreute Arbeitsleistungen, Wiedergutmachungsregelungen und – ich füge hinzu – erlebnispädagogische Projekte, die im sozialen Trainingskurs beheimatet sein können. Es kann aber auch eine sozialpädagogische Einzelbetreuung sein, wie sie im Bereich der stationären Jugendhilfe durchaus schon eingesetzt wird.

Selbst wenn die Erlebnispädagogik als Reaktion auf eine schwere Kriminalität zum Zuge käme, so bedeutete dies dennoch, daß die Erwartungen an die Erlebnispädagogik so kritisch wie möglich und eher niedriger anzusetzen sind. So fordert *Wolfgang Gottschalk*, Anstaltsleiter einer Justizvollzugsanstalt in Neumünster, im einzelnen:

„1. Erlebnispädagogik (wie jede andere Pädagogik auch) soll nur als freibleibendes Angebot an das einzelne Individuum vermittelt werden. Es sollten mit der Teilnahme weder Vorteile noch Nachteile explizit oder indirekt verknüpft werden. Ebenso sollte Erlebnispädagogik als Angebot nicht am Gruppenmerkmal „Straftäter" oder „Gefangener" orientiert werden.
2. Erlebnispädagogik sollte nie mit dem Anspruch angeboten werden, um die Rückfälligkeit in strafbare Handlungen stoppen zu können oder zu wollen.
3. Erlebnispädagogik kann sich unter diesen Voraussetzungen eignen als Mittel, für die weitere Zusammenarbeit voneinander einiges zu erfahren, was das Zugangsgespräch oder das Probanden- / Betreuerverhalten im Alltag nicht offenbaren. Hinsichtlich dieser Offenbarung sollte ehrlich miteinander umgegangen werden.
4. Erlebnispädagogik als natursportliche Bewegung hat den Wert jeder körperlichen Ertüchtigung an frischer Luft und ist damit unter Einhaltung der genannten Bedingungen ein Wert an sich.
5. Erlebnispädagogik könnte ein Vehikel sein für eine befreite, gemeinwesenorientierte Gefangenenarbeit, gerade um Knast zu öffnen und die Absurdität des „Lernens für die Freiheit in Unfreiheit" zumindest zu mildern. Dazu könnte sie

ein Mittel sein, dem Gemeinwesen zu verdeutlichen, daß das „Wegsperren" derer, die im Gemeinwesen dazu wurden, was sie jetzt sind, nicht ausreicht, sondern daß die Allgemeinheit nach wie vor in der Verantwortung steht.

6. Erlebnispädagogik im Vollzug wie in den ambulanten Maßnahmen könnte, wie andere pädagogische Angebote, durch ihre Öffnung auch für andere, die daran Interesse haben, dafür sorgen, daß das Merkmal „Straffälligkeit" als Anknüpfungspunkt aus dem Bewußtsein sowohl der Justiz wie der Pädagogik verschwindet. Die Maßnahmeträger sollten sich als Jugendhilfeträger und weniger als Vollstreckungsinstanz der Justiz begreifen" (*Gottschalk* 1992, S.99f.).

Literatur:

Bauer, H. G.: Erlebnis- und Abenteuerpädagogik – eine Literaturstudie. München 1987, 3. Auflage.

Bauer, H. G. / Nickolai, W.(Hrsg.): Erlebnispädagogik in der sozialen Arbeit. Lüneburg 1991, 2. Auflage.

Bondy, C.: Pädagogische Probleme im Jugendstrafvollzug. Mannheim 1925.

Bürger u. a.: Sozialer Trainingskurs – Konzept Stand 1991. Katholische Jugendfürsorge der Erzdiözese München-Freising e. V. (unveröffentlicht)

Bundesminister für Jugend, Familie, Frauen und Gesundheit: Achter Jugendbericht. Bonn 1990.

Dörner, C.: Erziehung durch Strafe – die Geschichte des Jugendstrafvollzugs 1871–1945.

Dünkel, F.: Zur Zukunft des Jugendarrest und ovn (kurzfristiger) Freiheitsentziehung in Deutschland. In: Info 91 der Landesgruppe Baden-Württemberg in der DVJJ, S.7–41.

Frehsee, D.: Segeln als kriminaltherapeutisches Patentrezept? In: Zeitschrift für Erlebnispädagogik 4/1990, S. 41–58.

Gottschalk, W.: Erlebnispädagogik im Strafvollzug. In: Nickolai, W. / Rieder, H. / Walter, J.: Sport im Strafvollzug: pädagogische und therapeutische Modelle. Freiburg 1992, S. 92–102.

Hermann, W.: Das Hamburgische Jugendgefängnis Hahnöversand. Ein Bericht über Erziehungsarbeit im Strafvollzug.

Hucht, M. / Nickolai, W.: DLRG-Rettungswacht mit jugendlichen Strafgefangenen an der Ostsee. In: Bauer, H. G. / Nickolai, W.(Hrsg.) a. a. O., S. 73–92.

Jagenlauf, M. / Bress, H.: Wirkungsanalyse Outward-Bound Kurzbericht. München 1990.

Kerner, H.-J. (Hrsg.): Kriminologie Lexikon, Heidelberg 1991. 4. Auflage.

Kiehl, W. H.: Die neue JGH: Jugendhilfebetonte Jugendgerichtshilfe. In: Soziale Arbeit, 5/1991, S. 146–147.

Kofler, G. / Wulf, R.: Im Falle eine Falles ... Erlebnispädagogik, Sport und Haftpflicht. In: Zeitschrift für Strafvollzug und Straffälligenhilfe 6/1992, S.358–361.

Möller, R.: Fünf Jahre Radsportpädagogik in der Jugendarrestanstalt Kaufungen. In: Zeitschrift für Strafvollzug und Straffälligenhilfe 4/1986, S. 243–237.

Münder, J.: Jugendgerichtshilfe als sozialpädagogische Tätigkeit. In: DVJJ-Journal 4/1992, S. 329–334.

Nickolai, W.: Soziale Aspekte des Sports im Strafvollzug. In: Zeitschrift für Strafvollzug und Straffälligenhilfe. 4/1992, S. 228–232.

Nickolai, W. / Quensel, S. / Rieder, H.: Erlebnispädagogik mit Randgruppen. Freiburg 1991, 2. Auflage.

Rössner, D.: Die gesetzliche Regelung des Sports im Strafvollzug – Bilanz und Perspektive. In: Nikkolai/Rieder/Walter (Hrsg.): Sport im Strafvollzug. Pädagogische und therapeutische Modelle, S. 77–91. Freiburg 1992.

Schleske, W.: Abenteuer-Wagnis-Risiko im Sport. Schorndorf 1977.

Theunissen, G.: Heilpädagogik und Soziale Arbeit mit verhaltensauffälligen Kindern und Jugendlichen. Freiburg 1992.

Vogt-Binne, H.: Jugendarrest und Ungehorsamarrest unverzichtbare Maßnahme? In: Info 91 der Landesgruppe Baden-Württemberg in der DVJJ, S. 64–72.

JÖRGEN SCHULZE

Action und Abenteuer – ein Weg zu rechten Jugendlichen? Möglichkeiten und Grenzen einer erlebnisbezogenen Pädagogik

In der Bundesrepublik bewegen wir uns weg von den Anforderungen einer Risikogesellschaft hin zu den Anforderungen einer Erlebnisgesellschaft, in der das Leben ungeachtet der sozialen Unterschiede für viele Bevölkerungsgruppen schlechthin zum Erlebnisprojekt geworden ist. Charakteristisch für diese Wendung von der vieldiskutierten gesellschaftsbestimmten Individualisierung der Lebensformen zur neuartigen subjektbestimmten Erlebnisorientierung der Menschen ist, daß Erlebnisse nicht vom Subjekt empfangen, sondern von ihm gemacht werden. Alles, was von außen kommt, wird erst durch Verarbeitung zum eigenen Erlebnismaterial (vgl. *G. Schulze* 1992, S. 44). Ein Indikator für die Aktualität der Erlebnisorientierung ist, daß jedes Wochenende jugendliche Hooligans und rechte Skinheads zu Tausenden in die Fußballstadien strömen, um dort unmittelbar Action, Abenteuer und Risiko zu erleben oder sich in der „dritten Halbzeit" im Umfeld des Stadions bei Schlägereien oder Randale selbst Action und Spannungserlebnisse zu verschaffen. Die Suche Jugendlicher nach Abenteuer oder die Lust am Risiko „im Kampf gegen Frust und Langeweile" artikuliert sich zum Teil auch in wachsender körperlicher Alltagsgewalt rechter Jugendcliquen und deren Umfeld in unseren erlebnisarmen Städten und Schulen.

Wird heute durch die massenmediale Inszenierung ein alltäglicher Bürgerkrieg rechter Jugendcliquen vermittelt, darf nicht vergessen werden, daß der Rechtsextremismus lange Zeit nur in seiner organisierten Form und bei spektakulärem Auftreten rechter Gruppen Aufmerksamkeit erregt hat. Erst seit Hoyerswerda als Inbegriff der neuen Fremdenfeindlichkeit und Rostock als Symbol des geduldeten Fremdenhasses hat die Diskussion um Rechtsextremismus an Intensität gewonnen. Dabei werden Themen wie 'rechte Jugendliche', 'Jugend und Gewalt' zu zentralen gesellschaftlichen Problemen im vereinigten Deutschland hochstilisiert und von der Tatsache abgelenkt, daß der Rechtsextremismus als Verbindung von Fremdenfeindlichkeit und Gewaltbereitschaft nicht nur ein aktuelles Jugendproblem ist, sondern trotz Lichterketten eine Normalisierung des Rechtsextremismus in unserer Gesellschaft zu konstatieren ist. Die Wahlerfolge rechter Parteien sind keineswegs zufällig: Sie signalisieren die Ethnisierung sozialer Konflikte und längerfristige Verschiebung des politisch-publizistischen Diskurses nach rechts, die seit Anfang der 80er Jahre wiederholt von der sozialwissenschaftlichen Forschung registriert wird. In der breiten öffentlichen und wissenschaftlichen Diskussion um Jugend, Rechtsextremismus und Gewalt geht es nicht mehr nur um Ausmaß, Ursachen und Prognosen der weiteren Entwicklung, sondern auch um angemessene Gegenstrategien. Vielfach werden in der Öffentlichkeit die fremdenfeindlichen, gewaltbereiten Jugendlichen als eine Problemgruppe definiert, die mit der Ausreizung polizeilicher und strafrechtlicher Mittel sowie Veränderungen in der Rechtspolitik zu bekämpfen ist. Aber auch die Pädagogik erhält vor diesem Hintergrund den Auftrag, einen gewichtigen Beitrag zur Auseinandersetzung mit dem Rechtsextremismus zu leisten. Wer sich mit der Frage nach möglichen pädagogischen Programmen, Konzepten und Ansätzen zur Auseinandersetzung mit der rechten Jugendszene befaßt, weiß, wie schwer es ist, auf diese männlichen und auch weiblichen Jugendlichen zu reagieren. Die vorherrschenden Strategien wie aufklärungspädagogische Ansätze, lokalhistorische Projekte, politische Bildung oder die 'appelative Fremdenfreundlichkeit' haben sich im pädagogischen Alltag viel zu oft als verfehlt, wirkungslos oder sogar kontraproduktiv erwiesen. Aber eines ist ebenfalls unbestritten: Allheilmittel gegen den jugendlichen Rechtsextremismus gibt es nicht, denn zu verschiedenartig sind die Gründe zur Entstehung von rechten Orientierungen und zu mannigfaltig ihre Erscheinungs- und Ausdrucksformen. Dies macht es notwendig, flexibel und mit einer breiten Palette von pädagogischen Ansätzen zu reagieren und gleichzeitig vorbeugend aktiv zu werden. Hierbei kommt es vor allem darauf an, die Jugendlichen in ihrer Lebensbewältigung zu unterstützen und an den realen Interessen und Bedürfnissen der Jugendlichen anzusetzen, denn die Bedürfnisse nach Selbstverwirklichung, Selbstbestätigung, Orientierung, sozialer Anerkennung bzw. Akzeptanz, körperlichen Präsentationsmöglichkeiten und vor allem nach Abenteuererfahrungen drängen nach Befriedigung und wollen entweder sozial gewinnbringend, „kosten-neutral" oder – wie bei dem elementaren Bedürfnis nach Action, Abenteuer, Erlebnis – auf Kosten anderer befriedigt werden (vgl. *Damm / Schröder* 1988, S. 28). Nach wie vor wird aber häufig in der pädagogischen Praxis die Chance vertan, dieses Bedürfnis nach Erlebnis überhaupt zu erkennen, geschweige denn zu bearbeiten. Dabei kennzeichnet doch gerade die Erlebnisorientierung die moderne Art zu leben.

Der florierende Erlebnismarkt und damit einhergehend die zunehmende Reduktion auf Erlebnisse aus zweiter Hand wie die ständige Reizüberflutung durch die vielfältigen Medien (die nur passive Erlebnisse vermitteln), die erlebnisarmen und zubetonierten Wohngebiete, der einseitig intellektuell ausgerichtete Schulunterricht, die unattraktiven oder auch fehlenden „Freizeitangebote (ver-)führen zum Herumhängen oder Zeittotschlagen und potenzieren das Bedürfnis nach Action,

Spannung und Abenteuer, produzieren einen immer stärker werdenden, unersättlichen Erlebnishunger" (*Pilz* 1991, S. 334). Der Achte Jugendbericht (1990, S. 148) macht deutlich, daß durch die Erlebnis-, Anregungs- und Erfahrungsarmut unserer durchreglementierten Lebensräume ein verstärktes elementares Bedürfnis nach affektiven Erlebnissen entsteht, sich seine „unkontrollierten Ventile" (*Ziegenspeck*) sucht und so zu vermehrten undemokratischen Konfliktlösungen bzw. Verhaltensweisen führen kann. Demnach sind die Ursachen von rechten Orientierungen und gewalttätigen Handlungsweisen von Jugendlichen auch als Antwort gegen die zunehmende Verregelung, Bürokratisierung und Verrechtlichung ihres erlebnis- und abenteuerarmen Alltags zu deuten.

Oder anders formuliert: Der jugendliche Rechtsextremismus ist als *eine* mögliche Reaktion Jugendlicher auf die umfassenden gesellschaftlichen Veränderungsprozesse und auf den Mangel an Action und Abenteuer des langweiligen, erlebnisarmen Alltags zu verstehen. Rechte Ausdrucksformen sind darüber hinaus als (Hilfe-) Ruf und Forderung zu interpretieren, mehr Möglichkeiten des Erlebens von Abenteuer und Action in unserer spannungsarmen Gesellschaft zu ermöglichen. Diese Forderung steht im Einklang mit dem Gutachten der Regierungskommission zur „Verhinderung und Bekämpfung der Gewalt", dort heißt es:

„Besonders wichtig erscheint es, Erlebnisräume für kindliches und jugendliches Gruppenverhalten zu schaffen. Gefordert sind Räume, in denen sich Bewegungsdrang, Abenteuerlust und anderes, was für „Jugendlichkeit" kennzeichnend ist, ausagieren können, ohne sofort auf den Zorn der Erwachsenen oder die totale Reglementierung zu stoßen" (*Schwind u. a.* 1989, S. 380).

Als Schlüssel, um dieses elementare Bedürfnis nach Action und Abenteuer ausagieren zu können, wird vielerorts für die Renaissance der Erziehung durch das Erlebnis plädiert und die Erlebnispädagogik als ein Königsweg im bislang hilflosen Umgang mit gewaltbereiten Jugendlichen betrachtet. Aber die Frage, die sich nun notgedrungen stellt, ist die, ob pädagogisierte Abenteuerangebote einen Zugang zu rechten Jugendlichen überhaupt ermöglichen. Und worin unterscheidet sich die erlebnisbezogene Pädagogik von der ideologisch mißbrauchten Action- und Abenteuerbefriedigung, wie sie von den rechten Jugendgruppen und deren Umfeld angeboten wird?

Der ideologische Mißbrauch von Action und Abenteuer

Abenteuer, Zelt- und Lagerfeuerromantik, Wanderungen, Natur- und Gemeinschaftserlebnisse, paramilitärische Sozialisation und die damit eng verbundene spezifische Thematisierung von Männlichkeit waren schon in der Vergangenheit und sind auch heute von herausragender Bedeutung in der 'Jugendarbeit und Pädagogik' rechter Jugendorganisationen.

Die zahlenmäßig relativ kleinen Gruppen wie die Wiking-Jugend geben den Jugendlichen vor, eine Heimat (oder ein Zuhause) gedanklich und auch gefühlsmäßig bieten zu können und verknüpfen dies mit Angeboten, die auf Action, Abenteuer, Grenz- und Körpererfahrungen zielen. Diese 'Erziehung durch das Erlebnis' knüpft hierbei an die Tradition der bündischen Jugendbewegung mit seiner nationalistischen Ausrichtung an und ist ein grundlegendes pädagogisches Prinzip rechter Jugendarbeit (vgl. *Dudek / Jaschke* 1984, S. 463). Die erlebnispädagogischen Angebote innerhalb rechter Jugendarbeit, die die Jugendlichen entsprechend der autoritär-nationalistischen Ideologie formen, fordern und fördern, sind allerdings nicht Selbstzweck, sondern werden bewußt in die politische Agitation zur Mitgliederrekrutierung und Indoktrination eingebunden. Die Abenteuerangebote, die Gemeinschaft, Kameradschaft, Action, Sicherheit durch Gruppenzugehörigkeit etc. verheißen, werden allein als Vehikel zum Transport rechter Ideologien benutzt oder, um es anders zu formulieren, als pädagogisches Mittel zur ideologischen Indoktrination instrumentalisiert. Den Jugendlichen gegenüber wird das Abenteuer aber als Antwort auf eine gesellschaftlich bedingte, abenteuer- und erlebnisarme Alltags- und Lebenswelt verkauft.

Die Attraktivität rechter Sozialisationsangebote beruht demzufolge auch auf dem politischen Mißbrauch erlebnisorientierter Angebote, wobei das Abenteuer als Strategie einer ideologisch geprägten Verarbeitungs- und Aneignungsform gesellschaftlicher und sozialer Realität (oder genauer Mißstände) zu verstehen ist. Die rechten Gruppen geben dabei vor, mit ihren abenteuerbezogenen Angeboten den Jugendlichen einerseits bei der Suche (und dem elementaren Bedürfnis) nach Abenteuer bzw. Action in unserer modernen, aber spannungsarmen Gesellschaft zu unterstützen. Andererseits wollen sie den Jugendlichen das Gefühl vermitteln, daß sie sich mit ihrer ganzen Person in ihrer Gruppe einbringen können, sie akzeptiert und gebraucht werden. So schreibt auch eine junge Rechtsextremistin zur Wirkung der Erlebnisangebote bei den AdressatInnen:

„Bei Sport und Spiel, bei Volkstanz, Wanderungen und Fahrten tritt jene Zerrissenheit, die mit dem Gekreisch der Disko-Schuppen, im Takt der Lichtorgel, bei Tabakqualm und Alkoholdunst gezüchtet wird, gar nicht erst auf. Eine solche innere Leere, die mit dem nie zu löschenden Durst nach einer tollen Masche endet, kennen wir nicht. Gemeinsame Unternehmungen, verbunden mit Arbeit und Verantwortung, geben ein sogenanntes „WIR-Gefühl", keinen Zwang. ...(Das Gemeinschaftserleben gibt, d. Verf.) bei uns, unter geringstem Geldeinsatz, ein Mehrfaches an Erlebnisfülle. Während die Freizeitindustrie letztlich das Bedürfnis nach immer extremer Abwechslung erzeugt, freuen wir uns immer wieder auf die Zeltlager, Gesprächsrunden, Radtouren und Großfahrten..." (vgl. *Dudek / Jaschke* 1984, S. 460f.).

Bei der in der Öffentlichkeit vielfach gestellten Frage nach der Attraktivität rechter Gruppen und deren Umfeld wird die Bedeutung und das Wirken der erlebnispädagogischen Angebote auf Jugendliche nur unzureichend berücksichtigt. Für Jugendliche, die keine anderen Möglichkeiten für erlebnisintensive Freizeitangebote haben, sind derartige Angebote rechter Jugendgruppen sicherlich reizvoll. Dies erklärt auch, daß nicht alle Mitglieder rechter Gruppen auch überzeugte, ideologisch gefestigte Rechtsextremisten sind. Viele Jugendliche fühlen sich oft weniger von der Volksgemeinschaftsideologie und Propaganda als vielmehr von der Lagerfeuerromantik, dem Kameradschaftsgeist, der Naturverbundenheit und der Abenteuerlust angezogen (vgl. *BMI* 1991, S. 117).

Erlebnisbezogene Pädagogik – Königsweg oder Holzweg?

Der Trend Jugendlicher zu rechten Gruppen und Cliquen, der seine Ursache *auch* in der Attraktivität von Abenteuer, Action und Gruppenerlebnis hat, zeigt, daß es in der pädagogischen Arbeit bisher nicht ausreichend gelungen ist, dieses elementare Bedürfnis Jugendlicher nach Action und Abenteuer aufzunehmen. Nicht zuletzt aus diesem Grund ist die erlebnisbezogene Pädagogik als ein adäquates Instrumentarium für die Auseinandersetzung mit rechten, primär erlebnishungrigen Jugendlichen in den Mittelpunkt der fachlichen Diskussion gerückt. Oft wird sie mit dem Argument angepriesen, daß die häufig spektakulär und exotisch wirkenden Angebote gerade zu solchen Jugendlichen einen Zugang ermöglichen, die auf andere Weise nicht mehr erreichbar oder ansprechbar erscheinen.

Der Ansatz der Erlebnispädagogik mit explizitem Zielgruppenbezug auf rechte Jugendliche geht davon aus, daß der Grund für die Attraktivität rechter Gruppen sowie deren Umfeld ganz wesentlich dem offenkundigen Bedürfnis nach Action und Abenteuer folgt. Die Folgerung heißt, Erlebnisse anzubieten, die gleichermaßen Abenteuer, Action und Risiko beinhalten, aber durch die pädagogische Inszenierung produktiv bewältigt werden können. Erlebnispädagogik will dabei „durch die 'Willenskraft des einzelnen' ... die 'Heilung' der Gesellschaft vom Individuum her" erreichen (*Breß* 1985, S. 223). Durch naturnahe, körperlich stark belastende und abwechslungsreiche Abenteuerangebote, in denen fremdenfeindliche, gewaltbereite Jugendliche als „ganze Personen" gefordert werden, will Erlebnispädagogik demokratische Fähigkeiten und Bereitschaften fördern:

„– zur Zusammenarbeit und Einordnung in eine Gemeinschaft,
– zu verantwortungsbewußtem und selbständigem Denken und Urteilen,
– zu Toleranz gegenüber anderen Menschen, unabhängig von sozialer Herkunft, Rasse, Religion und Nationalität,
– zu sozialem Engagement und zur Hilfsbereitschaft,
– zu Verantwortungsbewußtsein gegenüber Familie, Gesellschaft und Staat" (a. a. O., S. 226).

Aber hier stellt sich sofort die kritische Nachfrage nach der Wirksamkeit des im Rahmen erlebnispädagogischer Maßnahmen Erlebten und Erlernten: Lassen sich die umfassenden Erlebnisdefizite von Jugendlichen durch alltagsferne, pädagogisch arrangierte Wagnissituationen beheben und bleibt Erlebnispädagogik nicht doch eine Art erlebnisexotisches Kurzzeitreservat (vgl. *Brenner* 1985, S. 228). Und führt nicht die Renaissance der Erziehung durch das Erlebnis, wie die einen befürchten, zur Wiederbelebung konservativ-reaktionärer Denk- und Verhaltensmuster mit überholten erzieherischen Werten wie „Kämpfernatur" (Gelobt sei, was hart macht), Durchhaltevermögen, Zielgerichtetheit, Härte (die als spezifische männliche Verhaltensweisen gelten und u. a. die Attraktivität rechter Jugendgruppen begründen). Oder stellen nicht vielmehr, wie die anderen hoffen, erlebnispädagogische Angebote eine Antwort auf den Verlust an unmittelbarem Erleben dar und eröffnen Möglichkeiten der Lebensbewältigung?

Vor diesem Hintergrund grenzt sich die Erlebnispädagogik von rechtextremen Formen von Action und Abenteuer ab und verpflichtet sich explizit anderen Zielen:

„– kein Befehl-Gehorsam-Prinzip, sondern Mitwirkung durch Jugendgruppenleiterprinzip;
– keine Entlassung aus der Verantwortung durch Hierarchie, sondern Lernen an den Konsequenzen eigenen Handelns;
– keine einfachen Weltbilder, sondern in kleinen Schritten die Komplexität gesellschaftlichen Miteinanders vermitteln;
– keine Mutproben und Wettkämpfe, sondern gemeinsame Bewältigung anstehender Aufgaben" (*Klawe u. a.* 1985,S. 216).

Auch wenn sich die Erlebnispädagogik von dem rigiden Befehls- und Hierarchieprinzip rechter Abenteuerformen abgrenzt, bergen doch auch erlebnisaktivierende Maßnahmen Gefahren in sich: Erlebnispädagogik kann Außenseiter produzieren und Verantwortungsdelegation an die informellen GruppenführerInnen über die Wagnissituation hinaus übergeben (vgl. *Michl* 1989, S. 485). Nicht vergessen werden darf ebenfalls, daß gemeinsame Leistung statt Solidarität auch Konkurrenz oder Einzelkämpfertum bedeuten kann.

Es ist unumstritten, daß außerhalb des normalen Alltags von Jugendlichen liegende erlebnispädagogische Aktivitäten kurzzeitig unmittelbare Erfahrungsräume anbieten, Entscheidungshandeln fördern, Naturerleben ermöglichen, Ausdauerfähigkeit erhöhen, Gruppenprozesse in Gang setzen und notwendige Grenzerfahrungen ermöglichen. Aber die nicht unberechtigten Vorbehalte an der Erlebnispädagogik setzen bei der Frage der Übertragbarkeit der dort erworbenen Kompetenzen auf die realen Alltagsprobleme von Jugendlichen an. Es wird bezweifelt, daß die Vermittlung kurzzeitiger Höhepunktserlebnisse einen dauerhaften und auf andere Lebensbereiche übertragbaren wirksamen Effekt haben und somit eine Hilfe zur Lebensbewältigung darstellen können. Und, so wird weiter argumentiert, besteht nicht auch die Gefahr, daß dort, wo die Erlebnis- und Erfahrungsarmut des Alltags durch pädagogisch arrangierte Action- und Abenteuerangebote durchbrochen wird, eine Art Wiederholungszwang zwecks Alltagsflucht und Erfolgsbestätigung entsteht und erlebnisorientierte Aktivitäten lediglich noch als Erlebnistourismus konsumiert werden (der wiederum in die Spirale der Langeweile führt)?

Trotz aller berechtigter Skepsis kann die erfolgreiche (pädagogisch vorbereitete) Bewältigung steiler Felsen oder gefährlicher Stromschnellen intensive Gruppenerfahrungen ermöglichen, ein über körperliche Leistungsfähigkeit vermitteltes Selbstbewußtsein produzieren und das „ungesättigte dramatische Bedürfnis" (*Mit-*

scherlich) nach Action und Abenteuer befriedigen. Kommen wir auf die Erlebnisarmut als einer Ursache der Attraktivität rechter Gruppen und ihres Umfeldes zurück, so ist festzustellen, daß in den erlebnispädagogischen Aktivitäten die Sehnsüchte nach unmittelbaren Action- und Abenteuerwünschen rechter Jugendlicher wie Körpereinsatz, Bewegung, Ausagieren, Unmittelbarkeit etc. ernstgenommen werden und dementsprechend erlebnisaktivierende Maßnahmen auch (stärker) in die pädagogische Arbeit mit solchen Jugendlichen einzubeziehen sind.

Aber bei diesem Plädoyer für den Ausbau der Erlebnispädagogik stellt sich die grundsätzliche Frage, ob „verpädagogisierte" Abenteuererfahrungen den Zugang zu rechten Jugendlichen ermöglichen, die sonst für die Jugendarbeit kaum ansprechbar sind. Denn in vielen Erfahrungsberichten zur Jugendarbeit mit rechten Jugendlichen wird immer wieder beschrieben, wie immens schwierig es ist, überhaupt Zugang zu solchen Jugendlichen zu finden (vgl. *Baensch* 1992). Diese Schwierigkeiten sind erwachsen aus der Veränderung der jugendlichen Lebensgewohnheiten, dem Selbstverständnis (z. B. pädagogischer Antifaschismus) und den Selbstblockierungen (z. B. Angst vor aggressiv-körperbetontem Handeln) der PädagogInnen und den Strukturen der sozialen Arbeit für den Umgang mit fremdenfeindlichen, gewaltbereiten Jugendlichen (vgl. *J. Schulze* 1992). Es ist somit dringend geboten, einerseits Ansätze zu entwickeln, die die Fähigkeit und Bereitschaft von PädagogInnen zur Arbeit mit rechten Jugendlichen fördern und einen wirklichen Zugang zu ihrer konkreten Alltags- und Lebenswelt ermöglichen. Eine entsprechende Konzeption liegt mit der „akzeptierenden Jugendarbeit mit rechten Jugendcliquen" vor (vgl. *Heim / Krafeld u. a.* 1992). Andererseits müssen sich verstärkt Projekte der aufsuchenden Jugendarbeit, Stadtteilarbeit, Jugendsozialarbeit oder auch Fußballfanarbeit etablieren, die durch abenteuerpädagogische Angebote ihre Anziehungskraft und Qualität entfalten. Bei der Konzeption solcher Projekte sind neben den Erfahrungen aus positiv wirkender 'Abenteuerarbeit' mit rechten Jugendlichen (z. B. Fan-Projekt Berlin, *Engel* 1993) aber auch solche miteinzubeziehen, die vom Scheitern erlebnisorientierter Freizeitgestaltung berichten:

„Wir glauben, daß Mißtrauen nicht die Ursache ist. Das ist weitgehend abgebaut. In einigen Fällen würde sich die Ursache für das 'nicht Mitmachen' beim Einzelnen finden. Bei allem aber glauben wir, spielt die Gesamtgruppe eine große Rolle. Und zwar: 'Wie sehen die anderen das, wenn ich mit den Sozialarbeitern was unternehme? – Wer macht außer mir noch mit?' ... Dazu kommt die Angst, sich vor der Gruppe zu blamieren. So wie die Jugendlichen zur Zeit und bisher in ihrer Gruppe gelebt haben, war es jedem immer möglich, die Gruppe zu jeder Zeit zu verlassen (Treff, Straße, Kneipe, ...). Sollte also beim Einzelnen eine Schwäche erkennbar werden, bestand die Möglichkeit sich von der Gruppe oder von der Aktion zu entfernen. Das heißt auch, daß jeder Nähe und Distanz immer selbst bestimmen kann. Bei den von uns geplanten Aktionen war nach unserer Einschätzung diese Sicherheit nicht da" (Projekt „Straßensozialarbeit Neunkirchen – Hilfe für ausgegrenzte Jugendliche).

Diese Äußerung weist darauf hin, daß Erlebnis- und Abenteuerpädagogik nicht per se das Instrumentarium ist, daß sofort und 'flächendeckend' greift. Oftmals müssen erst in einem mühsamen, langen Prozeß die (manchmal nicht unberechtigten) Vorbehalte Jugendlicher gegenüber den pädagogischen AkteurInnen und ihren begrenzten Möglichkeiten („Sie können keine soziale Lebenschancen – Beruf, Arbeit, Wohnung, Zukunft – verteilen") abgebaut werden. Es stellt sich also nicht nur die Frage, ob und wie Jugendarbeit mit rechten Jugendlichen arbeiten soll, sondern auch, ob dies von diesen Jugendlichen zugelassen wird. Abenteuerpädagogik mit noch so spektakulären Aktionsformen, waghalsigen Abenteuern und großen Risiko-thrills können nur bei denen wirken, die sie erreichen und die sich erreichen lassen.

Im meinem Verständnis können pädagogisch arrangierte Erlebnisaktivitäten, auch wenn sie sich in „pädagogische Grauzonen" begeben, verfestigte pädagogische Grenzen überschreiten und manchmal sogar versuchen, „Unmögliches machbar zu machen" (vgl. Projekthandbuch Rechtsextremismus 1989, S. 230), den ideologisch gefestigten und organisierten rechten Jugendlichen *nicht* erreichen: denn das Original ist wesentlich attraktiver als die pädagogisch aufbereitete und somit entschärfte Kopie. *Hafemann* (1989, S. 17) beschreibt das Gemeinte so:

„Eine rechtsextremistisch auf alle Lebensbereiche bezogene politische Inszenierung von ständig erlaubtem Kampf und großer nationaler Gemeinschaft mit Machtdemonstration und Zwangsorganisierung bezieht den einzelnen emotional stärker mit ein, fordert ihn und verspricht ihm Entschädigungen für sein ganzes Leben nach dem großen Kampf. Trotz des damit verbundenen höheren Risikos an körperlicher und sozialer Selbstgefährdung ist diese stark mit dem Schrecken operierende Ansprache für manche mit Gewalterfahrungen sozialisierte Jugendliche ehrlicher und glaubwürdiger, mithin akzeptierbarer als bloße Wettbewerbsspiele und ein wenig pädagogisch betreute Gruppenwärme in einer Umwelt der als Lüge erfahrenen 'Chancengleichheit' und 'friedlichen Konfliktaustragung'".

Dem kann ich ganz ohne Einschränkung so zustimmen. Vor allem aber erreichen pädagogische Angebote, die Bedürfnisse nach Action und Abenteuer in einer sozial gebilligten Form auszuleben, „überzeugte" rechte Jugendliche nicht, weil für sie eigene Abenteuer (mit ihren diversen, nicht von vornherein kalkulierten Regelverletzungen) im pädagogisch unaufbereiteten und unkontrollierten Terrain stets attraktiver sind.

Attraktivität hingegen vermag der erlebnispädagogische Ansatz bei den Jugendlichen zu verbuchen, die allenfalls Anteile rechter Orientierungen aufweisen, oder mit rechtem Protestverhalten auf sich aufmerksam machen. Erlebnispädagogik ermöglicht hier den Zugang zu diesen primär erlebnishungrigen Jugendlichen, die mit den gängigen Angebotsformen in der Jugendarbeit nicht ansprechbar sind. Insofern ist sie ein Zugangsweg, um rechten Jugendlichen demokratische Erfahrungen wie Toleranz, Verantwortungsbewußtsein gegenüber Anderen etc. zu ermöglichen. Aber bei aller (möglicherweise aufkommenden) Euphorie bezüglich der Chancen und Möglichkeiten erlebnispädagogischer Aktivitäten bei rechten Jugendlichen darf nicht vergessen werden: rechte Orientierungen sind kein abweichendes, sondern undemokratisches Verhalten. Denn Gewalt, Diskriminierung, Ausgegrenztsein und Ausgegrenztwerden sind ganz alltägliche Erfahrungen der Jugendlichen in allen Lebensbereichen.

Solange die politischen und strukturellen Bedingungen von Rechtsextremismus und Gewalt(-bereitschaft) aber nicht beseitigt sind, kann pädagogische Arbeit auch nur bedingt greifen. Um so nachdenklicher macht es, daß sich die Diskussion fast vollständig aus dem politischen in den (sozial-)pädagogischen Bereich verlagert. Die Pädagogisierung des gesellschaftlichen Problems Rechtsextremismus oder umgekehrt, die Politisierung der Pädagogik, kann nicht die Lösung sein: Gefordert ist konsequentes politisches Handeln.

Literatur

Achter Jugendbericht: Bericht über Bestrebungen und Leistungen der Jugendhilfe. Hg. BMJFFG. Bonn 1990.

Baensch, T.: Jugendlichen Raum lassen? Maßnahmen und Projekte gegen national-autoritäre Orientierungen und rechtsextremistische Tendenzen. Schriftenreihe der Landeszentrale für politische Bildung Hamburg. Hamburg 1992.

Brenner, G.: Stichwort Erlebnispädagogik. Deutsche Jugend 5/1985, S. 227–231.

Breß, H.: Outward Bound – Persönlichkeitsbildung durch Erlebnispädagogik. Die deutschen Kurzschulen als Alternativen zu Passivität und Resignation. Deutsche Jugend 5/1985, S. 222–226.

(BMI) Der Bundesminister des Innern: Verfassungsschutzbericht 1991. Bonn 1992.

Damm, D.; Schröder, A.: Projekte und Aktionen in der Jugendarbeit. Ein Gruppenhandbuch. München 1988.

Dudek, P.; Jaschke, H.-G.: Entstehung und Entwicklung des Rechtsextremismus in der Bundesrepublik. Zur Tradition einer besonderen politischen Kultur Bd. 1. Opladen 1984.

Engel, G: Gegen den Drang, Gewalt auszuüben. Sozial extra 3/1993, S. 11.

Fan – Projekt Berlin: Aufsuchende Jugendarbeit mit Fußballfans. o. J.

Hafemann, H.: Ansätze und Probleme einer Jugendarbeit mit rechtsextrem orientierten Jugendlichen. Jugendschutz 6/1989, S. 12–21.

Heim, G.; Krafeld, F. J.: Akzeptierende Jugendarbeit mit rechten Jugendlichen. Bd. 4 der Schriftenreihe der landeszentrale für politische Bildung Bremen. Bremen 1992.

Klawe, W. u. a.: Wieder mal was losmachen! Erlebnispädagogik in der offenen Jugendarbeit. Deutsche Jugend 5/1985, S. 212–216.

Michl, W.: Höhlentour. Zur Integration von Körpererfahrung, Erlebnispädagogik und kultureller Praxis. Deutsche Jugend 11/1989, S. 485–489.

Pilz, G. A.: Plädoyer für eine sportbezogene Jugendsozialarbeit. Deutsche Jugend 7–8/1991, S. 334–343.

Projekt „Straßensozialarbeit Neunkirchen": Jahresbericht 1991.

Projekthandbuch Rechtsextremismus. Handlungsorientierte Gegenstrategien und offensive, ausländerfreundliche Auseinandersetzungformen mit rechtsextremistischen und rassistischen Tendenzen in der Jugendszene. Hg. Amt für Jugendarbeit der Ev. Kirche von Westfalen. 2. Aufl. 1989.

Schulze, G.: Die Erlebnisgesellschaft. Kultursoziologie der Gegenwart. Frankfurt/Main; New York 1992.

Schulze, J.: Rechte Jugendliche auf der Suche nach Action und Abenteuer – Herausforderungen für die Pädagogik. Pädagogisches Forum 4/1992, S. 180–186.

Schwind, H.-D. u. a.: Gewalt in der Bundesrepublik Deutschland. Endgutachten der Unabhängigen Regierungskommission zur Verhinderung und Bekämpfung der Gewalt (Gewaltkommission). Bochum 1989.

RÜDIGER GILSDORF

Erlebnispädagogik auf dem Weg zurück in die Schule

1. Schulischer Bedarf nach Erlebnispädagogik

Erlebnispädagogik in der Schule? Ein Blick auf die gegenwärtige Praxis sowohl der Erlebnispädagogik als auch der Schule läßt diese Assoziation schon als ziemlich ungewöhnlich erscheinen. Geht man andererseits von den zentralen Lernanliegen der Erlebnispädagogik aus, ergibt sich ein anderes Bild. Persönlichkeitsförderung und soziales Lernen sind unbestritten auch Aufgaben der Schule, und sie werden heute wieder zunehmend von ihr gefordert. Dies sei anhand einiger Stichpunkte verdeutlicht.

Verhaltensprobleme und -auffälligkeiten

Ausgehend davon, was Lehrer aus dem Unterrichtsalltag berichten, führen Unlust, Aggressivität und auch Unsicherheit einzelner Schüler in vielen Fällen zu individuellen Schulproblemen bis hin zum Schulversagen. Auch in Klassen gibt es häufig erhebliche soziale Probleme: obwohl sie zum Teil viele Jahre miteinander verbringen, können sich Schüler untereinander nicht leiden, streiten sich ständig, grenzen Außenseiter aus und lösen Konflikte mit körperlicher Gewalt.

Diese Probleme werden häufig auf familiale Ursachen zurückgeführt. Dabei darf jedoch nicht übersehen werden, daß die Familie heute durch Phänomene wie kleine und z. T. weit voneinander entfernte Familieneinheiten, Berufstätigkeit beider Eltern, Trennung und Scheidung häufig sehr stark belastet ist und viele Erziehungsaufgaben ganz einfach nicht mehr alleine leisten kann. In gewisser Hinsicht hat die Schule sogar ideale Voraussetzungen, als Übungsfeld des sozialen Lernens die Familie zu ergänzen: durch das langfristig angelegte Zusammenleben der Kinder und Jugendlichen in größeren und doch überschaubaren Gruppen (Klassen) besteht die Gelegenheit zu vielen Lernerfahrungen und -prozessen, die aufgrund ihrer Größe auch in einer „intakten" Kleinfamilie gar nicht möglich sind.

Sucht- und Gewaltprävention

In diesen beiden z. T. leider aktuellen Problembereichen wird immer wieder auf die Notwendigkeit präventiven Handelns auch in der Schule hingewiesen.
Aspekte der Suchtproblematik sind u. a.: das Bedürfnis von Jugendlichen nach Al-

ternativen zur oft grau und langweilig empfundenen Alltagswirklichkeit, ihre Sehnsucht nach bedeutungsvollen emotionalen Erlebnissen, ihre Suche nach sich selbst und ihr Wunsch, mit Grenzen zu experimentieren.

Im Zusammenhang mit der zunehmenden Gewaltbereitschaft von Jugendlichen und der Erstarkung rechtsradikaler Tendenzen wird häufig das Bedürfnis nach „action" genannt. Dahinter steckt auch der berechtigte Wunsch nach spannenden und abenteuerlichen Erlebnissen und nach Erfahrungsbereichen, in denen Jugendliche sowohl eine gewisse Autonomie von den Erwachsenen, als auch ein Gefühl von Zusammenhalt und Gemeinschaft erleben können.

So unterschiedlich die Erscheinungsformen dieser beiden Zeitprobleme sein mögen, lassen sich dahinter doch eine Reihe gemeinsamer Bedürfnisse von Jugendlichen erkennen, denen die Schule in ihrer derzeitigen Form kaum gerecht wird.

Erwerb von Schlüsselqualifikationen

Von ganz anderer Seite, aus Industrie und Berufswelt kommt der stärker werdende Ruf nach den sogenannten Schlüsselqualifikationen: Kooperations- und Teamfähigkeit, Initiative, Selbständigkeit u. a. Auch hier wird deutlich, daß der traditionelle lehrerzentrierte, auf reine Wissensvermittlung angelegte Unterricht den Ansprüchen, die heute an Schule gestellt werden, alleine nicht gerecht werden kann. Gesucht werden Lernformen, die die Schüler stärker involvieren, das heißt, sowohl fordern als auch fördern.

2. Aktuelle Bestandsaufnahme

Hervorgegangen ist die Erlebnispädagogik aus der reformpädagogischen Bewegung am Anfang dieses Jahrhunderts. Obwohl ihr Begründer *Kurt Hahn* von der Erlebnistherapie sprach (*Röhrs* 1966), stand im Zentrum der Aufmerksamkeit doch die Entwicklung von Schule im Sinne eines ganzheitlichen Lernens. Mit der Gründung der Kurzschulen (*Schwarz* 1968) verlagerte sich dann der Schwerpunkt in Richtung außerschulische Jugendarbeit. Während die Erlebnispädagogik heute im außerschulischen Bereich, z. B. in der Heimerziehung, der Straffälligenhilfe und der Suchtberatung, einen Boom erlebt, spielt sie in der Schule in Deutschland so gut wie keine Rolle mehr. Angebote einzelner Lehrer oder Schulen, wie z. B. Kanutouren im Rahmen von Projektwochen oder Segeltörns als Wahlmöglichkeit bei Oberstufenfahrten, haben eher isolierten Charakter und werden auch nicht unbedingt auf einem erlebnispädagogischen Hintergrund angeboten. Einige neuere Entwicklungen weisen jedoch mögliche Wege zurück in die Schule.

Stadtabenteuer

Aktivitäten wie Segeln, Klettern, Expeditionen usw. – die sogenannten outdoor activities – haben das Bild von der Erlebnispädagogik so stark geprägt, daß mit ihr automatisch das Vorhandensein extremer Naturlandschaften assoziiert wird. Mit der Gründung von City Bound (*Heckmair, Holtrop, von der Voort* 1992) kam von *Outward Bound*, dem größten und bekanntesten Vertreter der Erlebnispädagogik, ein interessanter Impuls, das methodische Repertoire zu erweitern, und unmittelbar im natürlichen Lebensraum vieler Menschen, der Stadt, erlebnispädagogisch zu arbeiten. Unter dem Stichwort Stadtabenteuer wurden Aufgaben entwickelt, bei denen Herausforderungen im Umgang mit Menschen – Behörden, Betrieben, Geschäften, Fremden – sowie mit Zeit und Geld im Vordergrund stehen. Von ihrer Struktur her erlauben diese Aufgaben vergleichbare Gruppenprozesse und -erfahrungen wie die oft weniger zugänglichen Outdoor-Aktivitäten.

Abenteuersport

In der Veröffentlichung Sportabenteuer – Abenteuersport (*von Hagen* 1991) beleuchtet die Sportjugend Nordrhein-Westfalen einen weiteren interessanten erlebnispädagogischen Handlungs- und Erfahrungsraum: die Turnhalle. Mit dem Sportunterricht und der Benutzung der Turnhalle wird normalerweise die Ausübung einer Reihe von Sportarten oder klar definierter Übungen und Trainingsformen assoziiert. Die Veröffentlichung der Sportjugend macht deutlich, daß das eine unnötige pädagogische Selbstbeschränkung ist. Sportliche Übungen können durchaus auch die Form erlebnispädagogischer Herausforderungen annehmen – und umgekehrt. Den konkurrenzorientierten Sportarten wird eine große Zahl von kooperativen und vertrauensbildenden Spielen und Übungen entgegengesetzt, und es werden Möglichkeiten aufgezeigt, wie diese in einen kreativen und abenteuerlichen Kontext gestellt werden können.

Project Adventure

Der wahrscheinlich bedeutsamste Ansatz, die Erlebnispädagogik wieder in einen schulischen Zusammenhang zu setzen, wurde 1970 als Modellversuch unter dem Namen Project Adventure an einer Schule im US-Staat Massachusetts gegründet. Project Adventure hat das erlebnispädagogische Konzept inhaltlich weiterentwickelt (*Schoel, Prouty, Radcliffe* 1988), zahlreiche methodische Möglichkeiten erarbeitet, mit relativ geringem Aufwand vor Ort erlebnispädagogisch zu arbeiten (*Rohnke* 1984 und 1989) und unterrichtsbezogene erlebnispädagogische Projekte dokumentiert (z.B. *Lentz* et al. 1976). Inzwischen ist Project Adventure zu einer größeren Organisation geworden, die landesweit Schulen beim Aufbau erlebnispädagogischer Programme berät und in mehreren Ausbildungszentren ein breites Spektrum von Kursen für Multiplikatoren anbietet.

Erfahrungen der Bad Kreuznacher Arbeitsgruppe

1988 bildete sich in Bad Kreuznach eine Arbeitsgruppe aus Mitarbeitern verschiedener Organisationen der schulischen und außerschulischen Jugendarbeit: Kreisjugendpflege, Jugendgerichtshilfe, freie Träger der außerschulischen Jugendarbeit und Schulpsychologischer Dienst. Ziel war es, ein Konzept und konkrete erlebnispädagogische Angebote für Jugendliche im Kreis Bad Kreuznach zu entwickeln. Mit verschiedenen Schulen wurden in den letzten Jahren eine Reihe von erlebnispädagoigischen Arbeitsformen erprobt: Klassenfahrten, Projektwochen, eine Schülerarbeitsgemeinschaft und Unterrichtseinheiten im Sport. In Zusammenarbeit mit der Landeszentrale für Gesundheitsförderung wird eine Fortbildungsreihe für Lehrer angeboten, und eine regionale Arbeitsgemeinschaft für Multiplikatoren trifft sich einmal im Monat.

Aus den Erfahrungen der bisherigen Arbeit heraus sollen im folgenden einige Leitgedanken zur inhaltlichen und organisatorischen Gestaltung erlebnispädagogischer Arbeit in der Schule und zu möglichen Perspektiven formuliert werden. Diese Gedanken sind weniger als die Darstellung eines in sich geschlossenen Konzepts zu verstehen, sondern vielmehr als Überlegungen auf dem Weg zu einem erlebnispädagogischen Arbeiten in der Schule und als Anregung, eigene Konzepte auf diesem Weg kritisch zu überprüfen.

3. Inhaltliche Leitgedanken

Lernansatz statt spektakulärer Aktion

Spektakuläre Outdoor-Aktivitäten wie Klettern, Kanufahren, Floßbau u.a. sind Erscheinungsformen erlebnispädagogischen Arbeitens – nicht jedoch deren Bestimmungsmerkmale. Erlebnispädagogisches Arbeiten läßt sich eher durch das „Wie" – die zugrunde liegende Struktur – als durch das „Was" – die äußere Erscheinungsform – definieren. Drei zentrale Strukturelemente eignen sich wahrscheinlich am besten zur Eingrenzung:

Problemlösung

Erlebnispädagogische Aktivitäten sind keine unverbindlichen Konsumangebote. Sie stellen Anforderungen an die Teilnehmer. Aktionen müssen geplant, Entscheidungen getroffen und umgesetzt, Konflikte ausgetragen werden. Problemlösung hat einen zentralen Stellenwert. Probleme werden hier nicht als Ausdruck besonderer Krisensituationen verstanden, sondern als natürliche Folge der Verantwortung, die die Schüler für den Gruppenprozeß haben, und somit vor allem als Lernchancen.

Herausforderung

Ein selbständiger und dynamischer Gruppenprozeß muß von innen heraus in Gang kommen und in Fluß bleiben. Aus dem Problem an sich muß das Problem der Gruppe werden. Sowohl die Sache selbst als auch das Ziel, um das es geht, müssen Aufforderungscharakter haben, zum Anpacken einladen. Dann wird die Problemstellung zur Herausforderung. Herausforderungen zeichnen sich dadurch aus, daß sie keiner sekundären Verstärkung mehr bedürfen. Sie erlauben das Erproben, Entdecken und Entwickeln eigener Fähigkeiten und ermöglichen befriedigende Erfolgserlebnisse.

Grenzerfahrung

Jede Herausforderung hat einen potentiell offenen Ausgang. Aus der Frage „werden wir es schaffen?" bezieht das Geschehen einen wesentlichen Teil seiner Spannung. Wenn die Fähigkeiten, die gefordert werden, nahe oder dicht jenseits dessen liegen, was man sich zutraut, kommt es zur Grenzerfahrung. Um weiterzukommen, muß Neuland betreten werden, und der Blick wird frei für Dinge, die man bisher nicht für möglich gehalten hätte. Grenzerfahrungen sind Höhepunkte des Erlebens. Sie können das Selbstbild eines Menschen verändern und sein Selbstwertgefühl steigern. Um ihr Potential zu entfalten, bedürfen sie zuverlässiger und unterstützender Begleitung.

Stimmigkeit von Weg und Zielen

Dieser Leitgedanke soll anhand zweier zentraler erlebnispädagogischer Lernziele erläutert werden:

Selbstverantwortung

Als Lernziele sind Selbständigkeit und Selbstverantwortung Bestandteil vieler pädagogischer Konzepte. Selbstverantwortung kann verstanden werden als Fähigkeit, sich persönlich sinnvolle Ziele zu setzen, eigenverantwortlich am Erreichen dieser Ziele zu arbeiten und schließlich das Ergebnis dieser Bemühungen selbständig und realistisch zu beurteilen.

Die Erlebnispädagogik geht davon aus, daß sich die Fähigkeit zur Selbstverantwortung in einem langen Lernprozeß entwickelt, in dessen Verlauf Jugendliche Spielräume brauchen, in denen sie reale und zugleich begrenzte Verantwortung erleben und mit dieser Verantwortung experimentieren können. Das erlebnispädagogische Setting zeichnet sich also dadurch aus, daß die Schüler angeregt werden, sich selbst Ziele zu setzen, daß die Aktion und der Gruppenprozeß wirklich in den Händen der Schüler liegen, und daß eine abschließende Beurteilung stattfindet – wiederum durch die Schüler. Ein solches Vorgehen gibt dem Lernprozeß den Vorrang vor standardisierten und vorzeigbaren Ergebnissen.

Kooperations- und Teamfähigkeit

Auch dies sind Ziele, die die Zustimmung fast aller Lehrer finden dürften. Im einzelnen fallen darunter Fähigkeiten wie eine eigene Meinung zu vertreten, anderen zuzuhören, gemeinsam einen Plan zu machen und Entscheidungen zu treffen, anderen zu helfen und sich helfen zu lassen, eigene Positionen zugunsten des Allgemeininteresses aufgeben zu können.

So hoch diese Fähigkeiten offiziell im Kurs stehen, so wenig werden sie jedoch Schülern erstrebenswert erscheinen, wenn, wie das in der Schule meistens der Fall ist, das Lernklima ausschließlich von den Prinzipien Konkurrenz und Wettbewerb bestimmt ist.

In der Erlebnispädagogik manifestiert sich die Betonung der Kooperation gegenüber der Konkurrenz daher bereits in der Struktur der Aufgabenstellungen: die Gruppe muß zusammenarbeiten, um Erfolg zu haben. Das traditionelle Szenario von Siegern und Verlierern entfällt, und es gibt auch keine Rangplätze. Alle sind tatsächlich gemeinsam gefordert. Angesichts dieser Situation erweist sich kooperatives Verhalten nicht nur moralisch, sondern ganz praktisch als überlegen.

Ernsthaftigkeit des spielerischen Lernens

Spielerisches Lernen ist ein wesentlicher Aspekt des erlebnispädagogischen Konzepts. Einerseits wird in der Arbeit auf Methoden aus der Interaktions- und Spielpädagogik zurückgegriffen, z.B. auf kooperative und vertrauensbildende Spiele. Zum andern werden solche Methoden auch weiterentwickelt und dabei mit dem Initiativ- und Problemlösespiel (*Simpson* 1978; *Rohnke* 1984 und 1989; *Reiners* 1992; *Kistner* 1992) ein eigener Aufgaben- und Spieltypus entwickelt. Spielerisches Lernen und das ursprünglich im Hahnschen Konzept im Vordergrund stehende Lernen an Situationen mit Ernstcharakter können sich ergänzen, z.B. wenn Outdoor-Aktivitäten als Höhepunkt eine Sequenz von Übungen und Spielen abschließen. Sie können auch mehr oder weniger stark miteinander verschmelzen, wie z.B. beim Stadtabenteuer (*Heckmair, Holtrop, van der Voort* 1992).

Erlebnispädagogik bietet den Schülern einen Lern- und Erfahrungsraum an, der zwischen den klassischen Schemata von Spielen und Lernen angesiedelt ist. Spielerische Elemente sind die besondere Wertschätzung von Humor, Spaß und Kreativität. Der Lerncharakter wird deutlich bei der Erarbeitung von Zielen, im Wechselspiel von Aktion und Reflexion und beim Bemühen um den Transfer der gemachten Erfahrungen.

Ganzheitlichkeit der Erlebnispädagogik

Erlebnispädagogik firmiert unter dem Anspruch des ganzheitlichen Lernens in der Schule. Wenngleich dies aufgrund der Kopflastigkeit der Schule berechtigt ist, muß andererseits auch die Erlebnispädagogik selbst sich um Ganzheitlichkeit bemühen. Dies soll an zwei Punkten verdeutlicht werden:

Wechselspiel von Aktion und Reflexion

Die Bedeutung der praktischen, handelnden Erfahrung und des emotionalen Erlebens für den Lernprozeß werden im erlebnispädagogischen Konzept immer wieder betont. Von der kognitven Aufarbeitung dieser Erlebnisse und Erfahrungen ist insgesamt weniger die Rede. Bei einer kritischen Analyse erlebnispädagogischer Projekte entsteht häufig der Eindruck, daß die action – das Äußerliche und Spektakuläre – allzusehr im Vordergrund stehen (*Münchmeier* 1992). Nach dem Motto „Erleben statt Reden" (*Fischer* et al. 1985) ist das zum Teil auch bewußtes Konzept.

Im Sinne von Ganzheitlichkeit sollte Erlebtes jedoch auch ausgetauscht und kognitiv verarbeitet werden. Aktion und Reaktion stehen idealerweise in einem beständigen Wechselspiel. Das heißt nicht, daß immer genausoviel geredet wie gehandelt werden muß. Es bedeutet aber, daß dann, wenn wichtige individuelle Prozesse oder Gruppenprozesse stattgefunden haben, ein Angebot zur gedanklichen Verarbeitung oder zum gemeinsamen Austausch gemacht werden sollte. Reflexion beschränkt sich durchaus nicht auf Reden. Der Einsatz kreativer Methoden (Symbole, Farben, Ton, Naturmaterialien) kann oft mehr zum Ausdruck bringen, als allein mit Worten möglich ist.

Lernen in Projekten

Bei der Arbeit in der Schule engt sich die Erlebnispädagogik selbst ein und läßt eine Entwicklungschance aus, wenn sie ihre Anstrengungen einzig auf die Ziele des emotionalen und sozialen Lernens beschränkt. Die Forderung nach Ganzheitlichkeit läßt sich hier auch übersetzen in eine Integration emotionaler, sozialer und kognitiver Lernziele. Ein Forum, in dem erlebnispädagogische Arbeitsweisen sich manifestieren können, ist insbesondere der fachbezogene oder fächerübergreifende Projektunterricht. In diesem Zusammenhang fällt auf, daß das Projekt, welches einen der vier Grundpfeiler der Hahnschen Erlebnistherapie darstellte, in der heutigen erlebnispädagogischen Praxis nur noch eine untergeordnete Rolle spielt. Vorliegende Erfahrungen (*Lentz* et al. 1976) zeigen, daß die Arbeit mit Projekten ein kreatives und innovatives Verständnis des erlebnispädagogischen Konzepts erfordert, da hier nicht einfach auf ein Paket bewährter Methoden und Settings zurückgegriffen werden kann. Andererseits kann der erlebnispädagogische Ansatz eine wertvolle Hilfe sein, das Lernen in Projekten im Hinblick auf spannende Herausforderungen, entdeckendes Lernen sowie auf Kooperation und Selbstverantwortung der Schüler zu bereichern.

4. Organisatorische Leitgedanken

Vernetzung und Fortbildung

Für den Einstieg in erlebnispädagogische Arbeitsweisen an der Schule ist die Zusammenarbeit mit Fachkräften und Institutionen aus der außerschulischen Jugendarbeit hilfreich. Eine solche Zusammenarbeit hat verschiedene für die Schule positive Aspekte:

- Da die Erlebnispädagogik in der außerschulischen Jugendarbeit schon seit geraumer Zeit einige Verbreitung gefunden hat, ist die Chance relativ groß, daß sich hier kompetente Kooperationspartner finden, die die Schule bei der Konzeptionierung eigener Programme beraten können.
- Außerschulische Berater können die Schule gelegentlich auch bei der praktischen Durchführung von Projekten unterstützen, dadurch wird eine für die Leitung erlebnispädagogischer Projekte wünschenswerte Teamarbeit erleichtert. Ausbildungs- und arbeitsbedingt unterschiedliche Leitungsstile werden so miteinander konfrontiert und können sich gegenseitig bereichern.
- Diverse Materialien, die für die Erlebnispädagogik benötigt werden, sind evtl. im außerschulischen Bereich bereits vorhanden oder können dort leichter als von der Schule angeschafft werden.

Erlebnispädagogische Arbeit muß aufgrund der unterschiedlichen Rahmenbedingungen an der Schule zum Teil auch andere Formen annehmen als in der außerschulischen Jugendarbeit. Neue und eigene Wege müssen eingeschlagen werden. Dies erfordert ein Fort- und Weiterbildungsangebot, das über die technischen Aspekte klassischer erlebnispädagogischer Methoden hinausgeht, und auf die Besonderheiten und Möglichkeiten von Schule zugeschnitten ist. Mögliche Elemente eines solchen Fortbildungsangebots sind: (erlebnispädagogische) Selbsterfahrung, Abenteuerspiele und -aufgaben, Erlebnisräume: Wasser, Fels, Wald, Stadt ..., Abenteuer im (Projekt-) Unterricht.

Arbeit mit den lokalen Möglichkeiten und Ressourcen

Ein breit angelegter präventiver Ansatz kann sich nicht auf spektakuläre Maßnahmen und Projekte stützen, die in weit entfernten Ländern oder Gegenden stattfinden. Der finanzielle oder organisatorische Aufwand muß so gering wie möglich gehalten werden. Das heißt, daß einerseits Arbeitsformen der Vorrang gegeben werden sollte, die in der Schule selbst stattfinden können. Zum anderen muß man sich das nähere Umfeld der Schule und des Schulorts auf seine Erfahrungs- und Erlebnismöglichkeiten hin ansehen. Auf der Suche nach möglichen Abenteuern kommt es auf die Fähigkeit an, auch alltägliche Dinge mit anderen Augen sehen zu können. Ein kleiner Bach, ein Park mit alten Bäumen, ein Teich, ein verlassener Eisenbahntunnel und eine alte Schloßruine sind Beispiele für interessante Orte, an denen Abenteur erlebt werden können, die äußerlich unscheinbar sind, aber von ihrer Erlebnistiefe her spektakuläreren Formen nicht unbedingt nachstehen müssen. Für kompakte Veranstaltungen von mehreren Tagen ist – falls man sich nicht fürs Zelten entscheidet – das Selbstversorgerhaus der ideale Ort. Es erlaubt ein maximales Maß an Selbständigkeit und Selbstverantwortung der Gruppe bezüglich der organisatorischen Gestaltung des Zusammenlebens. Ebenso wichtig ist der Aspekt, daß die Gruppe unter sich ist und die interne Dynamik nicht durch beständige Einflüsse von außen – wie etwa in der Jugendherberge – gestört wird. Selbstversorgerhäuser in einem interessanten landschaftlichen Umfeld dürften sich für die meisten Schulen in einer einigermaßen akzeptablen Entfernung befinden.

Einstieg in Nischen

Die organisatorischen Rahmenbedingungen von Schule – 45-Minuten Takt, Fachunterricht, Klassenfrequenzen, Größe und Gestaltung der Klassenräume, beständige Verpflichtung zu Leistungsfeststellung und Leistungsbeurteilung u. a. – kommen der erlebnispädagogischen Arbeit nicht gerade entgegen. Spannende Herausforderungen und selbstverantwortliche Lernprozesse brauchen im allgemeinen mehr Zeit und Raum, als in der normalen Unterrichtsstunde gegeben sind. Um in die erlebnispädagogische Arbeit einzusteigen, bieten sich daher vor allem die „Nischen" des schulischen Systems, die etwas mehr pädagogischen Freiraum gewähren: Klassenfahrt, Wandertag, Exkursion, Projekttage- und -wochen, Arbeitsgemeinschaften und auch, angesichts des zumindest teilweise physischen Charakters der meisten erlebnispädagogischen Herausforderungen, der Sportunterricht. Kompakte Veranstaltungen wie Klassenfahrten, Exkursionen und Projektwochen haben den Vorteil der zeitlichen wie räumlichen Intensität. Allerdings bergen sie auch die Gefahr der Einmaligkeit und des baldigen Vergessens im Schulalltag. Langfristig angelegte Veranstaltungen wie Sportunterricht und Arbeitsgemeinschaft nutzen die besondere Chance der Schule, die ja gegenüber der außerschulischen Jugendarbeit darin liegt, daß Jugendliche hier über einen langen Zeitraum hinweg Tag für Tag miteinander leben und lernen. Anderseits darf nicht übersehen werden, daß bei der Zerlegung des erlebnispädagogischen Angebots in viele kleine Brocken auch ein gutes Stück Intensität verlorengeht.

Langfristige Konzepte

Der Einstieg in „Nischen" sollte möglichst von einer ungefähren Vorstellung der Möglichkeiten langfristig angelegten erlebnispädagogischen Arbeitens an der jeweiligen Schule begleitet werden.
Die bisherigen Erfahrungen deuten darauf hin, daß Erlebnispädagogik da ihr Po-

tential am stärksten entfalten kann, wo langfristig im Klassenverband mit ihr gearbeitet wird. Der große Vorteil der Arbeit im Klassenverband liegt darin, daß der Transfer erlebnispädagogischer Erfahrungen auf andere Situationen automatisch zum Thema wird. Alle Erfahrungen sind organisch in ein Vorher und ein Nachher eingebettet, Erfolgserlebnisse und Lerngewinne können unmittelbare Auswirkungen im natürlichen Umfeld zeigen und dazu beitragen, dieses aktiv zu gestalten und zu verändern. Eine langfristig angelegte erlebnispädagogische Arbeit mit Klassen kann sich die meisten der bereits genannten Lernzusammenhänge zunutze machen: Beispielsweise können Klassenfahrten als Einstieg oder auch als Höhepunkt und Abschluß einer Lernphase dienen, der Sportunterricht kann Forum für eine Arbeit mit kooperativen Spielen, Vertrauensübungen und Initiativ- und Problemlösespielen sein, im Deutschunterricht können Erfahrungen reflektiert und ausgewertet werden, Wandertage bieten die Gelegenheit für zeitintensivere Herausforderungen außerhalb der Schule. Ein ideales und daher erstrebenswertes Forum ist natürlich der Projektunterricht: er ermöglicht ein fächerübergreifendes Arbeiten, ein Lernen an außerschulischen Lernorten und eine ganzheitliche Arbeit mit kognitiven, sozialen und emotionalen Herausforderungen.

5. Perspektiven

Erlebnispädagogik und schulische Strukturen

Erlebnispädagogische Arbeitsformen lassen sich nicht so ganz nebenbei in den Schulalltag integrieren. Zu sehr stehen sie im Kontrast, ja liegen geradezu quer zu vielen klassischen schulischen Strukturen:

- Der Pflichtcharakter der schulischen Veranstaltungen hat entscheidende Auswirkungen auf die Motivation und Erwartungshaltung der Schüler. Schulische Anforderungen werden von ihnen zunächst einmal grundsätzlich als fremdbestimmt erlebt. Spannende Herausforderungen sind aber nur möglich auf der Basis eines von den Schülern als real erlebten Entscheidungsspielraums.
- Die Möglichkeit der Schüler zu selbständigem und eigenverantwortlichem Handeln ist nur innerhalb enger inhaltlicher und organisatorischer Vorgaben – umfassende Curricula, 45-Minuten-Takt, enge Klassenzimmer u. a. – gegeben. Autonomes Handeln braucht mehr inhaltliche Freiheit, eine größere zeitliche Flexibilität und die Möglichkeit zum Lernen auch an außerschulischen Lernorten.
- Kooperatives Handeln wird von der Schule nicht nur nicht ermutigt sondern in entscheidenden Zusammenhängen sogar sanktioniert. Die vorhandenen Konzepte der Leistungsprüfung und Leistungsbeurteilung bedürfen daher einer Revision.
- Das schulische Bild vom Lernen ist geprägt durch die Konzepte Pflicht und Kon-

trolle. Spielerisches Lernen paßt nicht in dieses Bild und kann nur dann mehr als eine randständige Rolle in der Schule spielen, wenn sich deren Vorstellungen vom Lernen insgesamt verändern und erweitern.

Wenngleich einzelne Lehrer ermutigt und unterstützt werden sollten, unter den gegebenen schulischen Bedingungen vorhandene Freiräume zu nutzen und zu erweitern, um erlebnispädagogisch zu arbeiten, so müssen gleichzeitig doch auch diese Bedingungen selbst in Frage gestellt und Veränderungen in Angriff genommen werden, damit für Arbeitsweisen, die wie die Erlebnispädagogik Persönlichkeitsförderung und soziales Lernen als zentrale Aufgaben der Schule sehen, eine tragfähige Basis geschaffen wird.

Erlebnispädagogik und die Rolle des Lehrers

Die Rolle des Erlebnispädagogen unterscheidet sich in mancher Hinsicht von der klassischen Rolle des Lehrers. Drei Kompetenzen, die in der Lehrerausbildung oft nur unzureichend berücksichtigt werden, sind für die erlebnispädagogische Arbeit besonders wichtig:

– Die Fähigkeit, offene Prozesse auszuhalten und zu begleiten. Bei der Bearbeitung von Aufgaben und Problemen müssen die Schüler einen wirklichen Freiraum haben. Zuviel Instruktion oder Intervention von seiten des Lehrers können sich auf einen selbstverantwortlichen Gruppenprozeß schnell störend auswirken. Der Lehrer muß sich daher zurückhalten, Fehler zulassen und Unperfektes aushalten können. Er muß andererseits den Prozeß aufmerksam verfolgen, um Auswertungen und Reflexionen anhand seiner Beobachtungen gewinnbringend zu strukturieren.
– Die Fähigkeit, Gespräche zu moderieren. Unterrichtsgespräche sind häufig ein Wechselspiel von Fragen des Lehrers, Äußerung eines Schülers, Kommentar des Lehrers, neuer Fragen usw. Angestrebt werden sollen aber Gespräche, in die möglichst viele Schüler involviert sind und in denen der Lehrer mehr die Rolle eines gelegentlichen Impulsgebers hat. Ein guter Moderator hat eher geringe Gesprächsanteile, er sieht seine Aufgabe vielmehr darin, ein Klima gegenseitiger Akzeptanz aber auch Konfliktbereitschaft zu schaffen, das die Schüler ermutigt, eigene Standpunkte zu äußern und untereinander zu diskutieren.
– Die Fähigkeit, im Team zu arbeiten. Die traditionelle Rolle des Einzelkämpfers ist der erlebnispädagogischen Arbeit wenig angemessen. Die Tatsache, daß sowohl fächerübergreifendes Lernen als auch Lernen an außerschulischen Lernorten angestrebt wird, macht deutlich, daß die Arbeit im Team bei der Planung und z. T. auch bei der Durchführung von Unterrichtseinheiten sinnvoll oder gar notwendig ist. Kooperation läßt sich im übrigen auch bei den Schülern eher fördern, wenn sie unter den Lehrern beispielhaft praktiziert wird.

Eine kritische Auseinandersetzung mit der Lehrerrolle und eine Vermittlung solcher interaktioneller Kompetenzen sollte integrierter Teil eines erlebnispädagogischen Fortbildungsangebots sein.

Erlebnispädagogik als reformpädagogischer Baustein

Auf dem Weg der Erlebnispädagogik zurück in die Schule stellen sich kritische Fragen nicht nur an schulische Strukturen und an die Rolle des Lehrers, sondern auch an die Erlebnispädagogik selbst. Stellt sie sich dar als ein mehr oder weniger abgeschlossenes methodisches Repertoire, quasi als Sammlung von Outdoor-Aktivitäten, oder ist sie vielmehr immer wieder auf der Suche nach neuen kooperativen und kreativen Arbeitsformen und Herausforderungen?

Strebt sie eine beständige Abfolge von sich immer wieder übertreffenden Erlebnissen an, oder sieht sie ihre Aufgabe vielmehr in einer Bereicherung und Vertiefung der Erfahrungsebene schulischen Lernens?

Begnügt sie sich schließlich mit der Rolle eines psychologischen, sozialpädagogischen oder freizeitorientierten Zusatzangebots zum grauen Schulalltag, oder ist die um weitergehende schulische Innovation und Entwicklung bemüht?

So sehr diese Fragen auch eher rhetorischen Charakter haben, so schwierig dürfte es jedoch für die Erlebnispädagogik sein, sich selbst wieder in die Richtung weiterzuentwickeln, in der sie ursprünglich als reformpädagogischer Baustein intendiert war.

Literatur

Fischer, Dieter; Klawe, Willy; Thiesen, Hans-Jürgen: (Er-) Leben statt Reden – Erlebnispädagogik in der offenen Jugendarbeit. Weinheim 1991[2].

Hagen, Udo v.: Sportabenteuer – Abenteuersport. Hrsg.: Sportjugend Nordrhein-Westfalen. Duisburg 1991[2].

Heckmair, Bernd; Holtrop, Jan; Van der Voort, Chris: City Bound – Sich bewähren im Dickicht der Großstadt. In: Erlebnispädagogik – Mode, Methode oder mehr? Bedacht, A. u. a. (Hrsg.). Tagungsdokumentation des Forums Erlebnispädagogik. München 1992.

Kistner, Günter: Kooperative Abenteuerspiele – eine Arbeitshilfe für Spiel- und Erlebnispädagogen. Abschlußarbeit an der Akademie Remscheid für musische Bildung und Medienerziehung. Remscheid 1992.

Lentz, Bob u. a.: Teaching through adventure. Hamilton, Massachusetts 1976.

Münchmeier, Richard: Statement zur Podiumsdiskussion „Erlebnispädagogik – Mode, Methode oder mehr? In: Erlebnispädagogik – Mode, Methode oder mehr? Bedacht, A. u. a. (Hrsg.). Tagungsdokumentation des Forums Erlebnispädagogik. München 1992.

Reiners, Annette: Praktische Erlebnispädagogik. München 1992[2].

Röhrs, Hermann: Bildung als Wagnis und Bewährung. Eine Darstellung des Lebenswerkes von Kurt Hahn. Heidelberg 1966.

Rohnke, Karl: Silver Bullets. A guide to initiative problems, adventure games and trust activities. Hamilton, Massachusetts 1984.

Rohnke, Karl: Cowstails and Cobras II. A guide to games, initiatives, ropes courses and adventure curriculum. Hamilton, Massachusetts 1989.

Schoel, Jim; Prouty, Dick; Radcliffe, Paul: Islands of healing. A guide to adventure based counseling. Hamilton, Massachusetts 1988.

Schwarz, K.: Die Kurzschulen Kurt Hahns. Ihre pädagogische Theorie und Praxis. Ratingen 1968.

Simpson, Benjy: Initiative Games. o. Ort. 1978.

WALDEMAR VOGELGESANG

Jugendliche Videocliquen – (k)eine Herausforderung für die Erlebnispädagogik

Szenenethnographie: Ein-Blick aus erster Hand

„'Erschreckend', 'beunruhigend', 'beängstigend', 'schockierend', 'befremdend': das sind (...) die gängigen Prädikate professioneller wie nicht-professioneller Erzieher für Qualität und Quantität jugendlichen Videokonsums. Weniger ironisch betrachtet herrscht bei der Ansicht jugendlichen Videoverhaltens im pädagogischen Lager Hilflosigkeit und emotionale Berührtheit vor, fast durchgängig gepaart mit Un- oder höchstens Halbwissen über die Konsumrealität von Kindern und Jugendlichen. Und es liegen auch tatsächlich nur wenige, singulär erhobene Daten über das Video-Nutzungsverhalten Jugendlicher vor" (*F. Herrath* 1987, S. 201).

Spiegelt sich in dieser Feststellung auch das gegenwärtige Meinungs- und Forschungsbild wider? Bezüglich der Einstellung und Einschätzung vieler Eltern und Pädagogen, so fürchte ich, muß die Frage wohl bejaht werden. Bezüglich des Forschungsstandes hat sich die Situation jedoch deutlich verbessert. Es liegen recht verläßliche Daten über das tatsächliche Nutzungsverhalten, also Konsumumfang und -intensität sowie Filmpräferenzen und Rezeptionssettings vor. Versucht man aber über diese quantitativen Dimensionen hinausgehend in Erfahrung zu bringen, warum sich Jugendliche für Gewalt- und Horrorvideos interessieren, was die Faszination dieser filmischen Machwerke ausmacht und welche Bedürfnisse durch sie befriedigt werden, dann werden die – empirisch gesicherten – Befunde sehr viel spärlicher. Wo aber verläßliche Informationen fehlen, da sprießen die Spekulationen. Ein aktuelles (und beängstigendes) Beispiel: „Der Prozeß der Zerstörung der sozial-ethischen, moralischen Grundlagen unserer Gesellschaft ist schon längst dadurch in Gang gesetzt, daß die Gewaltdarstellungen in den Medien gegen die in den Verfassungen festgelegten Grundlagen und die entsprechenden Ziele für Bildung und Erziehung in den Lehrplänen der Schulen in massiver Weise wirken. Der überwiegende Teil der Gewaltdarstellungen in den Medien ist dazu fiktionaler Art, er entspricht vielfach nicht den realen Begebenheiten, bzw. er vermittelt den Heranwachsenden ein falsches Weltbild, das sie wegen unzureichender Erfahrungen von sich aus nicht korrigieren können" (*W. Glogauer* 1991, S. 7). Angesichts solcher zivilisationskritischer Kassandrarufe schlägt *K. Bartels* (1984, S. 195) vor, die

Videoproblematik sozusagen seitenverkehrt zu thematisieren, also die Frage zu diskutieren, welche Funktionen die teilweise „krypto-medizinische Ächtung des Video als Volksseuche" für Politik und Publizistik erfüllt.

Aber hier steht nicht die Analyse von Angstmache, Übervereinfachung und Vorurteilskommunikation im analytischen Brennpunkt, sondern die Art und Weise, wie Jugendliche mit harten Videos umgehen, d. h. es gilt – möglichst anschaulich und authentisch – ihre Gebrauchsstile und Aneignungsweisen offenzulegen. Das entsprechende empirische Datenmaterial wurde im Rahmen einer umfangreichen qualitativen Befragung von jugendlichen Videokonsumenten gewonnen (vgl. W. Vogelgesang 1991). Die im folgenden zitierten Originalpassagen aus den Interviews verfolgen dabei in der Tradition der ethnographisch ausgerichteten Sozialforschung die Intention, „die erforschte soziale Welt so lebensnah zu beschreiben, daß der Leser ihre Bewohner buchstäblich sehen und hören kann" (*B. G. Glaser/A. L. Strauss 1979, S. 103*). *An diese Erkundung vor Ort schließt sich dann die Frage an, ob pädagogische Interventionsstrategien nötig (oder überhaupt wünschenswert) sind, und welche Form sie ggf. unter der Prämisse einer cliquenorientierten und erlebnisbezogenen Jugendarbeit annehmen könnten.*

Videocliquen als Erlebnisgemeinschaften

Im Unterschied zu den Erwachsenen (vgl. R. Eckert et al. 1990), die sich meist allein oder mit dem Partner Videos anschauen, findet der Videokonsum von Jugendlichen überwiegend in Gruppen von Gleichaltrigen statt. Man setzt sich – abseits des Zugriffs der Eltern – zu Hause, bei Freunden, seltener in Jugendzentren oder Kneipen zusammen und macht sich ein paar schaurig-schöne Videostunden. Dagegen scheint der Video-Single eher ein marginaler Rezeptionstyp zu sein. Das gemeinschaftliche Video-Sehen befriedigt dabei sowohl Unterhaltungs- als auch Kontakt- und Zugehörigkeitsbedürfnisse der Jugendlichen. Dies wird besonders deutlich, wenn man sich die Sozialstruktur und Atmosphäre der Video-Treffen etwas genauer vergegenwärtigt.

Auszug aus dem Interview mit Fabian (16 Jahre):

F. (= Frage):   Mit wem schaust du dir die Filme an, allein oder mit Freunden?
A. (= Antwort):   Mit Freunden. Wir kennen uns schon 'ne ganze Weile. So allein würd' ich nicht auf die Idee kommen, sowas zu gucken.
F.:   Und wie sind die Reaktionen auf so 'nen Action- oder Horrorfilm?
A.:   Was soll ich sagen, von tierisch angespannt bis ausflippend.
F.:   Beschreib' doch mal ein bißchen!

A.: Also bei manchen Szenen in Horrorfilmen, da sind alle ganz ruhig, da ist alles gespannt. Da guckt man hin, und jeder denkt: Was passiert jetzt? Und wenn's passiert ist, dann kommen so Kommentare, 'lahmes Gemetzel' 'affengeil' oder so. Und manchmal, da springen se' sich gegenseitig an, flippen se' regelrecht aus.

F.: Bei euch geht's also recht turbulent zu; wie auf einer Art Film-Party?

A.: Ja, kann man sagen. Wir machen 'ne Menge Fez, wenn wir so zusammen gucken. Macht irgendwie Spaß, die Gruppe und so, ist lustig.

F.: Und wie lange geht das, ich meine, wenn ihr euch trefft und so Filmsessions macht?

A.: Das ist verschieden, je nachdem, wieviel gute Filme wir haben. (...) Aber manchmal auch die Nacht durch, bis morgens früh halt.

F.: Ich nehm' an, ihr sitzt da nicht nur trocken.

A.: Du meinst, ob was getrunken wird? (...) Nur so viel, daß man gut drauf ist.

Auszug aus dem Interview mit Andy (17 Jahre):

F.: Hast du dir die Filme allein angesehen?

A.: Seltener allein, eigentlich nur, wenn keiner meiner Freunde Zeit hatte. Ansonsten haben wir uns dann mit so fünf, sechs Leuten getroffen, haben mal bei dem, mal bei dem geguckt. Das ging immer ganz gut, denn bei irgendeinem waren immer die Eltern weg, auf der Arbeit oder so. Da hat dann einer 'nen Film mitgebracht und los ging's. (...) Das waren dann auch meine Freunde, mit denen ich sonst so rumgezogen bin, so ein paar Späßchen machen und so. (...) Das ging so ein paar Jahre lang. (...)

F.: Und wie ist das so gelaufen, wenn ihr euch die Filme angesehen habt?

A.: War 'ne richtig lockere Runde, nicht mit Stillsitzen und ruhig sein. Das war immer 'ne Gaudi, so richtig locker, manchmal hat man vom Film garnichts mitgekriegt. Da wird rumgelacht und geredet mitten im Film, halt 'ne richtig gute Stimmung.

F.: Das hört sich ja mehr nach Party als nach Kino an?

A.: Wir machten zwar oft die Vorhänge zu, was ja dem Kino gleicht, aber sonst ist es von der Stimmung und der Lautstärke her doch mehr Party. (...) Da ist mehr los, mehr Action halt. Da kannste alles andere auch mal für 'ne Weile vergessen.

Natürlich spielen bei den Vorzügen des Gruppenkonsums auch pragmatische Gründe für die Jugendlichen eine Rolle, insbesondere die Geldersparnis, der abgeschottete Rezeptionsort und die relativ unproblematische Filmbeschaffung. Aber im Vordergrund steht die Geselligkeit und das Gruppenerlebnis, die Ausgelassenheit und Ungezwungenheit. Man ist nicht nur unter Alters-, sondern in erster Linie unter Seines-Gleichen, erlebt in und mit der Gruppe den Angstkitzel, den die Videos auszulösen vermögen – und das alles in einer den Routinecharakter des Alltags auflösenden Fêtenatmosphäre. Es ist also nicht zutreffend, jedenfalls nicht für die Videogruppen, daß bei den „Horror-Fans (...) an die Stelle der personalen Kommunikation die massenmediale Kommunikation getreten (...) ist" (*K. Neumann / M. Charlton* 1988, S. 51). Im Gegenteil, der Videokonsum ist eingebunden in expressive Verhaltensmuster, gekoppelt an Witz, Spaßmachen und Albernheiten; er ist letztlich Ausdruck medium- und szenegenerierter Flip-Praxen. Die Jugendlichen können in der selbstgestalteten Umgebung der Clique ihren Emotionen und ihrer Spontaneität freien Lauf lassen, ohne den energischen Einspruch der Erwachsenen befürchten zu müssen. Die vielzitierten Videonächte sind demnach – ähnlich wie die Aktivitäten vieler anderer Fangruppen, so z. B. der Fußball- und Motorradfans oder der Computerfreaks – ein Stück weit wohl auch ein Befreiungsversuch von den Rationalitätsanforderungen und der Problembeladenheit der modernen Alltagsrealität.

Der Horrortrip als Grenz- und Selbsterfahrung

Es ist angesichts der Tötungsdramaturgie in zeitgenössischen Action- und Horrorfilmen durchaus verständlich, wenn verunsicherte Eltern die Frage stellen, wieso Jugendliche der quantitativ und qualitativ perfektionierten Video-Illustration des Quälens, Leidens und Sterbens soviel Unterhaltungswert abgewinnen können. Auch erstaunt es nicht, wenn Medienexperten aus allen sozialwissenschaftlichen Disziplinen der Anziehungskraft, den die malträtierten Zelluloidkörper gerade auf das junge Publikum auszuüben vermögen, erhöhte Aufmerksamkeit schenken. Allerdings scheint in der ganzen Auseinandersetzung oft vergessen zu werden, daß Kunst – triviale mehr noch als anspruchsvolle – auf ein Ausdrucksbedürfnis reagiert, mithin sind auch Action- und Horrorfilme Produkte ihrer Zeit, spekulieren auf ihr Publikum, dessen Dispositionen und Neigungen sie weniger bilden, als vielmehr abbilden. Natürlich sind die Bilder gerade des Splatterfilms nicht schön, und stets bleibt die Kamera länger als unbedingt nötig auf die Gewalt- und Zerstörungsdarstellungen gerichtet. Bezieht man jedoch nur die Schock-Bilder in die Diskussion mit ein, setzt man gleichsam Signifikat und Signifikant in eins, dann kann nicht in den Blick geraten, wie die Jugendlichen mit den Schock- und Schreckensszenarios der Filme umgehen und was diese für sie bedeuten.

Auf der Suche nach Erklärungen ist folgendes festzuhalten: Die Videosessions haben für die Jugendlichen Entlastungscharakter, bedeuten Spaß, Unterhaltung und Ablenkung, aber sie erschöpfen sich nicht darin. Vielmehr sind sie auch Ort und Anlaß, wo man sich als Person einbringen kann, ein Experimentierfeld der Selbstdarstellung und des – in der Terminologie *E. Goffman*'s (1973) – 'impression management'. Für die Videofreaks eröffnet sich hier ein für informelle Peer-Beziehungen bezeichnender Aktions- und Selbstpräsentationszusammenhang, in dem sich die In-Sider nicht nur frei vom Routinecharakter ihrer sonstigen Rollenverpflichtungen fühlen, sondern auch Inszenierungs- und Stilisierungsstrategien erproben und einüben, sich gleichsam im Gruppen-Spiel und Gruppen-Spiegel ihrer personalen wie sozialen Identität vergewissern können.

Dabei scheint insbesondere für Jungen eine bestimmte Form adoleszenter Selbstvergewisserung im Aushalten von Schreckensbildern zu liegen; es reizt sie, ihnen Paroli zu bieten. Denn das wettkampfmäßige Sich-Erproben-Wollen in der Videoclique gipfelt nicht selten in einer Art Mutprobensituation, in der man unter Beweis stellen kann, wer die spektakulären Folter- und Mordszenen am besten 'wegsteckt'. Die folgenden Äußerungen machen dies deutlich.

Auszug aus dem Interview mit Harald (14 Jahre):

F.: *Macht dir das was aus, vor allem die harten Szenen in den Horrorfilmen?*
A.: *Kommt drauf an. So einer von den letzten, den ich gesehen hab', 'Parasitenmörder' oder so ähnlich hieß der, der war abscheulich. Da mußt'e allen Mumm zusammennehmen, sonst gibt's weiche Knie.*
F.: *Und das Gefühl, also jetzt Angst zu haben, daß einem der Film eben was ausmacht, das zeigt man nicht so vor den anderen, oder?*
A.: *Ja vielleicht, aber ich will auch sehen, was ich aushalten kann; (...) irgendwie bis zur Schmerzgrenze.*

Auszug aus dem Interview mit Heribert (14 Jahre):

F.: *Gruselst du dich auch, wenn ihr euch so Videos anguckt?*
A.: *Ja ich mein', was heißt gruseln? Ich sitz' da nicht und schrei', wenn irgendwas passiert, tob' da nicht wie aufgedreht 'rum.*
F.: *Kein Kribbeln im Bauch?*
A.: *Ne.*
F.: *Gar nicht?*
A.: *Es gibt ja manch' Leut, die können nix essen und so, wenn man sieht, daß da einem die Eingeweide rauskommen oder so, die können dann nix essen; oder wenn da literweise Blut rinnt.*
F.: *Und dir macht das nichts aus?*
A.: *Ne, ich bin immer ruhig, wenn ich Filme guck'. Und ich kann auch was essen, macht mir nichts aus. Aber in der Gruppe, da haben wir mal 'Tanz der Teufel' geguckt, und da hat einer Hamburger besorgt, mit jeder Menge Ketchup drauf und so. Und auf einmal, da hat so 'n Mädchen fast gekotzt, also die ist rausgerannt und hat geschrien, wir sollen den Film direkt ausmachen.*

Der erfolgreiche Widerstand gegen die exzessiven Gewalt- und Tötungsdarstellungen ist, so hat es den Eindruck, eine Art Grenzerfahrung – und zwar ebenso der eigenen Stärke und Abgebrühtheit wie der Grenzen darstellbarer Coolness. Nach R. J. Havighurst (1972) ist das Ausloten und die Erfahrung von Grenzen eine wesentliche Entwicklungsaufgabe des Jugendalters, um Sicherheit in der Einschätzung dessen zu gewinnen, was der Heranwachsende in der ihm vielfach noch fremden und unerkundeten Welt auszuhalten vermag; mithin ist jede Grenzüberschreitung auch eine Form der Selbstvergewisserung. Im gemeinschaftlichen Anschauen von Videos mit tabuverletzenden Inhalten suchen (und finden) Jugendliche also offenbar auch eine risikolose Variante, ihre Schmerztoleranz und Angstfreiheit zu beweisen.

„Man geht auf Distanz (...), um so die eigenen unbehaglichen Gefühle in den Griff zu bekommen" (*U. Carus / W. Steinmetz* 1986, S. 70). Aber dies ist nur ein Teil des Bedeutungshorizonts der Videosessions. Denn die unterschiedlichen Reaktionsbildungen können durchaus auch als Ausdruck einer jugendspezifischen Identitätsbildung 'gelesen' werden, bei der die Eigengestaltung der Persönlichkeit und die individuelle Standortbestimmung nachhaltig in den Zusammenhängen der Videoclique erfolgen. Die allseits beobachtbare Mediatisierung unterstützt damit die aus der Sozialisationsforschung hinlänglich bekannte Tendenz einer verstärkten Hinwendung von Jugendlichen zu informellen Peer-Beziehungen. Es verdichtet sich dadurch die Vermutung, daß auch Videogruppen als 'Identitätsmärkte' fungieren, wo Gleichinteressierte und -gesinnte ihre sozialen und medialen Bedürfnisse kommunikativ ausleben können. In Analogie zu anderen Medienspezialkulturen scheint auch das Medium Video ein jugendeigenes Milieu zu konstituieren, kommt also dem Bedürfnis entgegen, andere Jugendliche kennenzulernen, sich ihnen gegenüber als Person- und nicht als Rollenspieler darzustellen, sich mit ihnen zu messen, von ihnen anerkannt zu werden und an ihrer Reaktion zu erfahren, wo man selbst steht.

Videoliteralität und alltagsästhetisches Spannungsschema

In der bisherigen Beschreibung der jugendlichen Videoszene ist deutlich geworden, daß es sich um eine völlig verkürzte Wiedergabe der Konsumrealität handelt, wenn den jugendlichen Betrachtern von Horror- und Actionfilmen ein rein oberflächliches oder gar ohnmächtiges Rezeptionsverhalten zugeschrieben wird. Zwar mag es für einzelne Fälle oder bestimmte Situationen durchaus zutreffend sein, daß „Videogewaltseher (...) eher als andere Jugendliche dazu neigen, ihre Freizeit mit dem bequemen Medium Video totzuschlagen" (*C. Fasel* 1985, S. 5), aber im allgemeinen ist in der Videoclique etwas anderes angesagt. Neben einer 'Mords-Gaudi', wie es ein Interviewteilnehmer ausdrückte, finden die Jugendlichen hier eine ideale Plattform zur stilvollen Selbstpräsentation – und dies heißt immer auch zur Demonstration ihrer videobezogenen Kenntnisse und filmanalytischen Kompetenzen.

Das Wissensspektrum reicht dabei von der Genese spezieller Filmgenres über die allgemeine Marktsituation bis hin zu dramaturgischen Gestaltungsmitteln. Vor allem die Grusel-Veteranen sind regelrechte Experten. Sie kennen nicht nur die Regisseure und Schauspieler, die literarischen Vorlagen und historischen Vorläufer der einschlägigen Filme, sondern sie besitzen (aus eigener Anschauung und ergänzt durch spezielle Literatur und Fanzines wie 'Fangoria' oder 'Cinefantastique') vielfach auch ein detailliertes Wissen über die Herstellung von Spezialeffekten oder die intertextuellen Bezüge in den Filmen. In einigen Fällen reicht das Interesse an phantastischen oder gewalthaltigen Stoffen weit über den filmischen Kontext hinaus; das 'Théatre du Grand Guignol' oder die 'gothic novels' sind hier etwa als Beispiele zu nennen.

Eng verknüpft mit der Kenntnis der unterschiedlichen Dramatisierungsformen des Schreckens und Horrors ist auch eine ästhetische Komponente. Diese erschöpft sich aber nicht im Wissen und Genießen der Filme. Vielmehr stimuliert die 'Reizware' Video auch eine Art Überhöhung des Alltags, die insbesondere an der kreativen Gestaltung der Video-Enklave ablesbar ist:

Auszug aus dem Interview mit Pascal (17 Jahre):

F.: *Habt ihr einen festen Treffpunkt?*
A.: *Ja, bei mir zu Hause.*
F.: *Und das stört deine Eltern nicht, wenn die ganze Clique da anrauscht und das Wohnzimmer blockiert?*
A.: *So läuft das nicht. Meine Eltern haben mir erlaubt, unseren Partyraum im Keller umzubauen. Den haben die sowieso nie benutzt, und da treffen wir uns dann. Ich hab' da auch meine ganze Video- und Musikausrüstung, ist praktisch so mein zweites Zimmer.*
F.: *Du hast gerade gesagt, ihr habt den Partyraum umgebaut. Habt ihr euch da so eine Art privates Kellerkino eingerichtet?*
A.: *Kino, ne, das ist vielleicht zu viel gesagt. (...) Das ist so gelaufen. Als das 'Römertor' (ehemaliges Kino in Trier; W.V.) dicht gemacht hat, kam uns die Idee, ob wir da nicht was abstauben könnten. So'n paar Sessel, darauf waren wir heiß. Nach der Devise: 'Fragen kostet nichts' sind wir hinmarschiert. Ich glaub', die haben uns am Anfang für bescheuert gehalten. Zehn ausrangierte Kinosessel, das hat die überfordert. Nach einigem Hickhack haben wir die Dinger aber tatsächlich gekriegt.*

F.: Und die zieren jetzt euer Heimkino. Habt ihr den Raum noch irgendwie anders verändert?
A.: Ja, so an den Wänden mit Filmpostern und Plattenhüllen.
F.: Was sind das für Poster, ich meine, von welchen Filmen?
A.: Meistens von Horrorfilmen: 'Man Eater', 'Die Wiege des Bösen', 'Tanz der Teufel' und noch 'n paar andere.
F.: Und wo habt ihr die Poster her?
A.: Gekauft, in Videotheken.
F.: Habt ihr zusätzlich zu den Filmpostern den Raum noch mit anderen Materialien verschönert, um's mal so zu sagen?
A.: Wie schon gesagt, auch mit Plattenhüllen, so aus der 'Heavy Metal'-Ecke oder von Punkrockgruppen wie den 'Sex Pistols' oder 'Piranhas'. Aber der Clou ist der Kopf von 'ner Mumie, sieht echt stark aus. Das ist die Originalmaske aus dem Film 'Die Mumie', wo der Boris Karloff den Imhotep spielt, so 'n Priester im alten Ägypten, der am Schluß zerfällt.
F.: Wenn ich mir das so vorstelle, wie ihr den Raum gestylt habt, und dann dazu noch so ein Zombie-Schocker von Romero oder Fulci, da entsteht bestimmt 'ne richtig unheimliche Atmosphäre und Gruselstimmung?
A.: Ja, bei manchen Szenen hast du wirklich das Gefühl, du wärst in einem Psycho-Raum. Du erlebst alles intensiver, ist echt groovy. (...) Wir hocken da nicht wie ein Kaninchen vor der Schlange und starren auf die Mattscheibe. Da wird rumgemacht, rumgealbert, dazwischengerufen, 'ne Menge cooler Sprüche und so. Da wird auch schon mal 'n Faß aufgemacht, wie man so sagt; 'ne Fete kommt halt mit Alk erst so richtig in Schwung.
F.: Ich habe so den Eindruck, euer Videokeller scheint irgendwie auch sowas wie 'ne Fluchtburg für euch zu sein, eine kleine, abgeschottete Insel, wo ihr unter euch seid und die Erwachsenen nichts verloren haben, ja?
A.: Ich bin unheimlich gerne hier. Wir sind da unter uns, können tun und lassen, was wir wollen, und keiner meckert irgendwie dumm rum. (...) In der Gruppe sehen dich die anderen als Person, auch wenn du 'ne Macke hast, und nicht wie in der Schule als Leistungs-Bonsai. Die Bezeichnung hat unser Mathepauker mal gebraucht, macht jetzt die Runde. Wahrscheinlich weiß er gar nicht, wie recht er hat.

Das Video-Szenario, das hier beschrieben wird, ist Ausdruck eines fantypischen jugendkulturellen Milieus. An cliqueneigenen Rezeptionsorten werden in lockerer und ausgelassener Atmosphäre Filmkompetenzen und Erlebnisstile erlernt, erprobt und kanonisiert. Entgegen dem Stereotyp vom 'tumben Videoten' sind die echten Videofreaks eine höchst aktive Gruppe der filmästhetischen Spezialisierung und des alltagskulturellen Szenen-Arrangements. Sie sind prototypische Repräsentanten des von G. Schulze (1992, S. 153f) beschriebenen alltagsästhetischen

Spannungsschemas, die mittels einer actionbetonten Symbolwelt ihren Alltag expressiv aufladen. Ihre Filme und ihr Habitus signalisieren exklusive Identitätszeichen und Raumautonomie, letztlich besetztes Terrain, in dessen szenischem Rahmen eine Überwindung der Alltagsordnung möglich wird. *R. Eckert* und *R. Winter* (1986, S. 28) sprechen in diesem Zusammenhang deshalb auch davon, „daß der Videofilm zur Konstitution privater Außeralltäglichkeit verwandt wird." Wie sehr gerade der Horrorfilm – das passende Setting vorausgesetzt – in der Lage ist, den Alltag zu transzendieren und gleichsam karnevaleske Zustände herbeizuführen, belegt auch folgende Beobachtung:

„Die aggressive und rhythmusbetonte Musik, die wir seit Betreten des 'Palais de la Mutualité' (Festival des phantastischen Films in Paris 1989; W. V.) hören, ist noch lauter geworden. Der Zuschauersaal, den wir von der Pressebühne beobachten können, füllt sich allmählich und verwandelt sich in eine Art Arena. Viele der anwesenden Fans 'spielen' miteinander. Sie verfolgen und balgen sich, brüllen sich gegenseitig an und lachen. Außerdem bewirft man sich mit Mehltüten, benutzt Wasserpistolen, und ab und zu explodiert ein Knallkörper. Wir sind froh, uns diesem karnevalesken Treiben nicht anschließen zu müssen. Auf der Pressebühne verhalten sich die Zuschauer glücklicherweise so, wie man sich normalerweise in diesem altehrwürdigen Pariser Theater verhält. Als dann zwei Männer, der eine um die sechzig mit weißen Haaren und der andere etwa zwanzig Jahre jünger, vor uns Platz nehmen, wird dies im Zuschauersaal mit großer Begeisterung aufgenommen. Ein lautes Gebrüll beginnt, Hüte fliegen durch die Luft und ein Teil der Zuschauer macht Drohgebärden. *Tony Curtis* (...) und *Dario Argento*, ein Starregisseur und der Gewinner des Festivals, lassen sich aber nicht beeindrucken und grüßen das Publikum nur kurz. Dann beginnt der Film von Argento, eine erneute Verfilmung des 'Phantoms der Oper'. Das Gebrüll im Zuschauersaal ist jetzt so laut geworden, daß wir den Ton des Filmes nur bruchstückhaft verstehen können. Als der Phantom zum ersten Mal auftritt, ertönen laute Rufe: 'Tuez, Tuez'. Die Darstellung des Mordes, untermalt durch Verdi-Musik, macht deutlich, daß der Film nicht geschnitten ist. Eine Bekannte, die zum ersten Mal einen neueren Horrorfilm sieht, hat längst die Augen geschlossen. (...) Als wir das Theater verlassen, gesteht sie, erschöpft nach mehreren 'Tuez Verdi'-Einlagen, daß ihr diese beiden Stunden unvergessen bleiben werden" (*R. Winter / W. Vogelgesang* 1990, S. 42).

Videogrusicals als Provokation und Distinktionssymbolik

Im Vergleich zu den gestandenen Videofans ist die Videoliteralität ihrer Eltern in vielen Fällen nur sehr rudimentär ausgebildet – ein Umstand, den die Jugendlichen gleichermaßen als Konfrontations-, Abgrenzungs- und Entlarvungsstrategie einsetzen. In jugendtypischem Jargon und aufreizend-spielerischer Lässigkeit wird versucht, die zwischen fürsorglicher Sprachlosigkeit und offener Empörung oszillierenden Haltungen der Eltern zu demaskieren, wohlwissend, daß ihnen eher Verbotsprivilegien denn Filmkompetenzen zugrunde liegen. Gerade die erfahrenen Horrorfreaks wissen sehr wohl zwischen billiger Effekthascherei und anspruchsvollen filmischen Erzählformen zu unterscheiden. Sie erkennen die Differenz zwischen einem 'cinema pur', das Emotionen allein über extreme optische und akustische Sensationen zu erzeugen versucht, und einer handlungs- und kontextgebundenen Darstellung der Gewalt, wie bspw. in dem Film 'Freitag der 13.', wo das Spannungspotential aus dem Kontrast zwischen der erwarteten Idylle und dem plötzlich und unvermittelt auftretenden Grauen entsteht.

Vielen (auch wohlmeinenden) Erwachsenen fehlen dagegen entsprechende Erfahrungswerte im Umgang mit Action- und Horrorfilmen. Sie können die Bilderspektakel nicht bändigen, sondern sehen (und erleben) die Filme als eine sinnlose Aneinanderreihung von Blut- und Metzelszenen. Ihnen fehlt der passende Entschlüsselungscode, um hinter die dramaturgischen Kulissen zu schauen und die Spannungsinszenierung zu genießen. Falsche Dechiffrierschlüssel aber führen – und dies ist mittlerweile ein Gemeinplatz in der soziologischen Theorie der Kunstwahrnehmung (vgl. *P. Bourdieu* 1974) – zu Rezeptionsbarrieren, letztlich zu einer Haltung, die den eigenen Geschmack und das eigene Werturteil als sakrosankt erklärt.

Die jugendlichen Videofans allerdings werten die Entrüstungsausbrüche und Diffamierungsstrategien der Erwachsenen als eine Form der Pseudo-Videoaneignung und ein Beispiel für machtgestützte Elternautorität. Sie negieren die Kompetenz der Eltern und Pädagogen auf eine adäquate Beurteilung der Action- und Horrorgenres und demonstrieren, unter bewußter Mißachtung der vorherrschenden Konventionen und ästhetischen Maßstäbe, ihre produktive Inbesitznahme. Sie fühlen sich nicht zuletzt durch die herrschende Praxis des Jugendschutzes in eine Abwehrhaltung gedrängt und reagieren mit Kritik, Abschottung und prononcierten Ausweichmanövern.

Auszug aus dem Interview mit Hubertus (17 Jahre):

F.: *Kommen wir mal auf den Jugendschutz zu sprechen, ich meine die Frage, ob man bestimmte Videos verbieten sollte oder nicht. Wie stehst du dazu?*
A.: *Ich halte das für total übertrieben, was da gemacht wird. Ich weiß nicht genau die Zahl, aber über tausend Filme stehen auf der schwarzen Liste.*
F.: *Was meinst du mit 'schwarzer Liste'?*
A.: *Die Filme halt, die man nicht mehr ausleihen kann, als Jugendlicher mein' ich. Die stehen jetzt in so eigenen Räumen und an der Tür steht ganz groß: 'Zutritt unter 18 Jahren verboten'.*
F.: *Und was hälst du von dieser Regelung?*

A.: Ich lehne sie rundweg ab, ist alles Quatsch. An die Filme kommt man doch ganz locker ran. An der Tür steht ja keiner, du kannst also reingehen und dich in aller Ruhe umschauen. Meist ist es noch so, da sind gerad' die neuen Filme ganz vorn am Eingang aufgestellt, da hat man sofort einen Überblick. Und wenn du wirklich 'nen Film ausleihen willst, da gibt's Wege genug.

F.: Warum lehnst du eigentlich den Jugendschutz so ab?

A.: Schau mal, ich werd' bald 18. Durchbrech' ich da 'ne Schallmauer oder was? Ich ändere mich doch nicht von einem Tag auf den anderen. Heute darf ich noch nichts, aber morgen alles, ist doch lächerlich. Ich werd' doch über Nacht kein anderer Mensch.

F.: Ich glaube, ich verstehe, was du sagen willst. Aber ist damit jede Alterseinstufung von Filmen Nonsens?

A.: Nicht jede, das hab' ich nicht gesagt, aber für ältere Jugendliche werden da doch künstliche Grenzen aufgebaut. Was wird da für ein Geschrei um die Horrorvideos gemacht und zwar meist von Typen, von so Saubermännern mein' ich, die für dich entscheiden, was richtig und was falsch ist. Wollen am liebsten alle Filme aus dem Verkehr ziehen, am besten sollte man das aber mit ihnen tun. Manchmal denk' ich, gut, daß es die Altersgrenzen gibt, da weißt du wenigstens, auf welcher Seite du stehst.

Es ist unverkennbar: Die novellierten Jugendschutzbestimmungen führen keineswegs dazu, die ungleichen Videoerfahrungen und -vorstellungen der Jugendlichen und Erwachsenen einander näherzubringen. Im Gegenteil, es existieren zwei unterschiedliche Wahrnehmungskulturen, deren Dechiffriercodes und Erlebnisstile so verschieden sind, daß *J. S. Coleman*'s (1986) These von der 'asymmetrischen Gesellschaft' und dem unaufhaltsamen Auseinanderdriften der Generationen auch auf der Ebene der Videoliteralität Bestätigung zu finden scheint. Damit ist die jugendtypische Aneignung von bestimmten inkriminierten Videogenres nicht „nur ein kleines anarchistisches Spiel, in dem sich der jugendliche Konsument zu seinen pädagogischen Betreuern so verhält, wie der Igel zum Hasen" (*G. Seesslen* 1987, S. 12), sondern die Vorliebe für und Dekodierung von Video-Nasties lassen auf einen medialen Sozialisationsvorsprung schließen, der auf eine besondere 'Virtuosität in der visuellen Wahrnehmung' (*T. Ziehe* 1991, S. 64f) verweist. Denn neben einer ausgeprägten Videokompetenz verfügen die meisten Jugendlichen auch über spezielle Spielfähigkeiten beim Flippern und beim Videospielen und eine erhöhte Auffassungsgeschwindigkeit bei schnell geschnittenen Videoclips. . *Müller* (1993) konnte in diesem Zusammenhang sehr überzeugend nachweisen, daß mit der Lust am raschen Bildwechsel, wie er für beinah alle Musikclips aber auch für immer mehr Werbespots bezeichnend ist, sich bei den jugendlichen Betrachtern auch ein verfeinertes Sensorium für ästhetische Prozesse ausbildet. Hier handelt es sich möglicherweise um eine Verschiebung im gesellschaftlich vorherrschenden Wahrnehmungsmodus von der erwachsenentypischen 'Dominanz des Diskursiv-Begrifflichen' zu einer jugendtypischen 'Dominanz des Visuell-Bildhaften'.

Videocliquen: Die Eigengestaltung einer kleinen Lebenswelt jenseits pädagogischer Intervention

Fassen wir zusammen: Videocliquen können als zeittypische medial-expressive Enklaven und als Gegenbewegung gegen die disziplinierten Handlungsroutinen des Schul- und Berufsalltags angesehen werden. In abgeschlossenen Raumzonen agieren die jugendlichen Fans als Architekten ihrer eigenen Subwelt. Hier finden sie eine ideale Bühne zur virtuosen Körper- und Gefühlsdarstellung, hier werden Kontakte und Beziehungen gestiftet, letztlich konstituiert sich hier eine Spezialkultur mit einem eigenen Bedeutungs- und Relevanzspektrum. Mithin können die Aneignungs- und Verarbeitungsstile, die sich in den Videogruppen ausdifferenzieren, einerseits als Ausdruck einer spielerisch-experimentellen Ich-Inszenierung angesehen werden, andererseits forcieren sie eine Reintegration von Körper- und Gefühlsäußerungen in den unmittelbaren Handlungszusammenhang. Durch Videos findet also keineswegs ein Verlust von sinnlicher Erfahrung oder eine Entfremdung von der Realität statt, wie Kritiker immer wieder behaupten, vielmehr sind sie in vielen Fällen Anlaß und Anstoß zur Bildung kleiner sozial-räumlicher Formationen mit ausgeprägten kommunikativen und emphatischen Ressourcen. Man könnte auch – in bewußtem Kontrast zur immer abstrakter, intransparenter und anonymer werdenden Gesellschaft – von einer Art herrschaftsfreien Zone sprechen, in der alternative Handlungs- und Sinn(lichkeits)angebote Realisierungschancen finden.

Besteht für eine Pädagogik des Erlebens in diesem Zusammenhang ein Handlungsbedarf? Die Beantwortung dieser Frage setzt voraus, ihre Ziele und ihren Zweck näher zu bestimmen. Orientierungsleitend können hier die Richtlinien sein, die die 'Story Dealer A.G./e.V.', ein Zusammenschluß von Psychologen, Künstlern, Sozialpädagogen und Soziologen in Berlin, für die Konzeption von 'Phantastischen Reisen' formuliert hat (vgl. H. Geißlinger 1992, S. 46f). Ihre charakteristischen Merkmale sind

– das Ungewöhnliche, Außeralltägliche, die Phantasie anzuregen; Phantasie als Motor für Kreativität, spontanes Handeln, Antizipation, Wünsche und Hoffnungen;

– die Sehnsucht nach Abenteuer zu stillen; Abenteuer als alternative Wirklichkeit auf Zeit und als Quelle ungewohnter Erfahrungen; gewohnte Denk- und Handlungsmuster sowie Restriktionen im Erleben sollen aufgebrochen werden;

– die vorübergehende Befreiung des einzelnen aus der Identifikation mit seinen Alltagsrollen und den damit verbundenen Repressionen und Reduktionen;

- die Steigerung des Selbstwertgefühls und die Selbstbestimmungsfähigkeit des einzelnen;
- Solidarität erfahrbar zu machen; Auseinandersetzungen müssen ausgetragen werden, da die Gruppe sonst handlungs- und erlebnisunfähig ist;
- das Erleben von Grenzsituationen, die Gefühle auslösen, die im normalen Alltag kaum in Erscheinung treten; ihr Austausch und Ausdruck innerhalb der Gruppe bewirkt sowohl für den einzelnen als auch für sein soziales Umfeld eine neue Erlebensqualität.

Unter diesen Prämissen, so meine ich, sind jugendliche Videocliquen weder auf medien- noch auf sozialpädagogische Unterstützung angewiesen. Auch bedürfen sie im Sinne des Grundmusters cliquenorientierter Jugendarbeit – nach *F. J. Krafeld* (1992, S. 10) „die Unterstützung selbstorganisiert angegangener Suche individualisierungsgeprägter Jugendlicher nach Wegen gelingender Lebensbewältigung in der Risikogesellschaft" – keiner helfenden Intervention von außen. Ihr Habitus, so könnte man etwas prononciert formulieren, ist 'gelebte Erlebnispädagogik'.

Videocliquen sind kleine Lebenswelten, die sich nahtlos in die bunt-plurale Welt zeitgenössischer jugendkultureller Formationen einfügen. Für diese gilt: „Die vornehmlich freizeitbezogenen Szenen und Jugendkulturen verstärken eine Tendenz, daß Jugendliche nicht mehr für konventionelle Entwicklungs- wie Persönlichkeitsvorstellungen verfügbar sind, denn sie wählen (...) in sensibler Reaktion auf gesamtkulturelle Zustände und Angebote ihre eigenen Wege der Motivverwirklichung" (*D. Baacke / W. Ferchhoff* 1988, S. 318). Die Videocliquen und die in ihnen und durch sie initiierten Prozesse der Selbsterfahrung, Filmliteralität und Affektstimulation stehen in dieser Tradition. Sie sind ein psycho-soziales Experimentier- und Erlebnisfeld, dessen Expressivität gleichermaßen auf Widerstand gegen Erwachsenendomänen als auch auf eine kulturelle Überhöhung und Ästhetisierung des Alltäglichen zielt. Pädagogischer Aktionismus könnte hier nur Schaden anrichten. Ein Jugendlicher bringt das Cliquenselbstverständnis in diesem Zusammenhang auf den Punkt: Wir wollen für uns bleiben.

Literatur

Baacke, D. / Ferchhoff, W.: Jugend, Kultur und Freizeit. in: Krüger, H.-H. (Hg.): Handbuch der Jugendforschung. Opladen 1988, S. 291–325.

Bartels, K.: Die elektronische Pest. Kultur, Ansteckungsangst und Video. In: Die Deutsche Schule. 5/1984, S. 104–112.

Bourdieu, P.: Zur Soziologie der symbolischen Formen. Frankfurt 1974.

Carus, U. / Steinmetz, W.: Zombies und Kakao. Die Videokultur Jugendlicher. In: Büttner, C. / Trescher, H.-G. (Hg.): Adieu Alltag. München 1986, S. 60–75.

Coleman, J. S.: Die asymmetrische Gesellschaft. Weinheim 1986.

Eckert, R. / Winter, R.: Kommunikationstechnologien und persönliche Beziehungen. Trier 1986 (Forschungsbericht).

Eckert, R. / Vogelgesang, W. / Wetzstein, T. A. / Winter, R.: Grauen und Lust - Die Inszenierung der Affekte. Eine Studie zum abweichenden Videokonsum. Pfaffenweiler 1990.

Fasel, C.: Horror-Videos. Die Killer kommen ins Kinderzimmer. In: Eltern. 5/1985, S. 5–6.

Geißlinger, H.: Die Imagination der Wirklichkeit. Frankfurt/New York 1992.

Glaser, B. G. / Strauss, A. L.: Die Entdeckung gegenstandsbezogener Theorie: Eine Grundstrategie qualitativer Sozialforschung. In: Hopf, C. / Weingarten, R. (Hg.): Qualitative Sozialforschung. Stuttgart 1979, S. 91–111.

Glogauer, W. Kriminalisierung von Kindern und Jugendlichen durch Medien. Baden-Baden 1991.

Goffman, E.: Wir alle spielen Theater. München 19732.

Havighurst, R. J.: Developmental tasks of education. New York 1972.

Herrath, F.: Jugend, Familie und Video. In: Breckner, I. / Herrath, F.: Medienkonsum von Kindern und Jugendlichen. München 1987, S. 181–482.

Krafeld, F. J.: Cliquenorientierte Jugendarbeit. Weinheim/München 1992.

Müller, R.: Hits und Clips. Erklärungsmodelle zur Jugendkultur. In: Musik und Bildung. 1/1993.

Neumann, K. / Charlton, M.: 'Das schreckliche Monster'. In: Psychologie Heute. 9/1988, S. 48–51.

Schulze, G.: Die Erlebnisgesellschaft. Frankfurt/New York 1992.

Seesslen, G.: Die bizarre Schönheit zerplatzender Schädel. In: Deutsche Volkszeitung / Die Tat. 37/ 1987, S. 12.

Vogelgesang, W.: Jugendliche Video-Cliquen. Action- und Horrorvideos als Kristallisationspunkte einer neuen Fankultur. Opladen 1991.

Vogelgesang, W. / Winter, R.: Die neue Lust am Grauen. Zur Sozialwelt der erwachsenen und jugendlichen Horrorfans. In: Psychosozial. 4/1990, S. 42–49.

Ziehe, T.: Vom vorläufigen Ende der Erregung. In: Helsper, W. (Hg.): Jugend zwischen Moderne und Postmoderne. Opladen 1991, S. 57–71.

GERD BRENNER

Erlebnispädagogik –
ein Rettungsring für die Jugendarbeit?

Erlebnispädagogik

Welche/r Erzieher/in oder Soz.Päd. hat Interesse, Jugendliche im Alter von 15–18 Jahren auf einem Segelschiff zu betreuen (ab März 93).
Wir suchen einen flexiblen Mitarbeiter, der für eine bestimmte Zeit bei uns an Bord mitarbeitet.
Bewerber müssen Segelerfahrung haben. (...)
(Aus einer Anzeige in der „Zeit" vom 5.2.1993)

Pfarrverband Saarbrücken II und Dudweiler
„Nicht reden, sondern handeln" – Erlebnispädagogik für GruppenleiterInnen (...)
Zum Programm:
Zwei Tage Klettern – Reflexion, zwei Tage Kanu – Reflexion (...)
Ort: Mazet Plage am Chassezac, einem Seitenfluß der Ardeche
(Information aus der Katholischen Jugend der Region Saarbrücken, Januar 1993)

Eine Datenbank Erlebnispädagogik Nordbayern (DABEN) wird derzeit an der Georg-Simon-Ohm Fachhochschule Nürnberg in Zusammenarbeit mit dem Sozialpädagogischen Zentrum e. V. aufgebaut. DABEN ist Projektsammlung und Informationsbörse für sozialpädagogische Fachkräfte aus der Kinder- und Jugendarbeit.
Kontakt: Georg-Simon-Ohm Fachhochschule, Fachbereich Sozialwesen DABEN Bogenstr. 31, 8500 Nürnberg 40, Telefax: 0911/5880555
(Mitteilung der Fachhochschule Nürnberg)

Anzeigen dieser Art sind in Zeitungen und Zeitschriften ebenso wie in Mitteilungen der Jugendverbände und der Jugendhäuser in den letzten Jahren häufig zu lesen gewesen. Bereits Mitte der achtziger Jahre für die Jugendarbeit neu entdeckt (vgl. z. B. *Fischer u. a.* 1985), hat sich die Erlebnispädagogik in den neunziger Jahren zu einem vielschichtigen Praxisfeld entwickelt. Aus Tagungs-, Fahrten- und Fortbildungsankündigungen und auch aus vielerlei Praxisberichten muß man schließen, daß die Erlebnispädagogik für viele Jugendarbeiter und Jugendarbeiterinnen zu einem Rettungsanker in schwieriger Zeit geworden ist. Das Nachdenken darüber, ob diese Spielart der Pädagogik dazu taugt, jugendarbeiterische Praxis zu stabilisieren und voranzubringen, ja, ob es sich dabei überhaupt um Pädagogik im engeren Sinn handelt, bleibt oft unterentwickelt. So trägt die Erlebnispädagogik in der Jugendarbeit vielfach alle Kennzeichen einer Modewelle ohne zureichenden konzeptionellen Unterbau. „Erlebnispädagogik", formulierten die Teilnehmerinnen und Teilnehmer eines pädagogischen Kongresses der Sozialistischen Jugend Deutschlands – Die Falken 1992, „ist der neue Renner in der Jugendarbeit. Immer mehr Leute wenden sie an, doch nur die wenigsten wissen konkret etwas damit anzufangen" (SJD-Die Falken 1992, S. 36).

Die Erlebnispädagogik, so wie sie in den achtziger Jahren in der Jugendarbeit diskutiert wurde, war deutlich geprägt von Akzentsetzungen in der Jugendsozialarbeit, insbesondere in der Erziehungshilfe (vgl. u. a. *Nickolai / Quensel / Rieder* 1991; *Fürst* 1992; *Bohry / Liegel* 1992). Vielen Praxisansätzen war es anzumerken, daß sie in der Arbeit mit Problemjugendlichen entwickelt worden waren. Besonders vorangetrieben wurde die Erlebnispädagogik in der Jugendsozial- und Jugendfreizeitarbeit in den achtziger Jahren u. a. von Outward Bound – Deutsche Gesellschaft für Europäische Erziehung in München (vgl. *Jagenlauf / Breß* 1989, *Outward Bound* 1992), der Arbeitsgemeinschaft „Segeln mit Kindern, Jugendlichen und jungen Erwachsenen" an der Hochschule Lüneburg, dem 1990 am selben Ort gegründeten „Institut für Erlebnispädagogik" (vgl. *Ziegenspeck* 1986, 1990a; vgl. auch die Schriftenreihe „Wegbereiter der modernen Erlebnispädagogik", Lüneburg 1986 ff.; ausführliche Literaturliste in: *Ziegenspeck* 1990b) und in letzter Zeit besonders vom Verein zur Förderung bewegungs- und sportorientierter Jugendsozialarbeit in Marburg (bsj) (vgl. *Becker* 1992, *Wolf* 1991). Die genannten Organisationen haben in der Jugendarbeit zunehmend an Einfluß gewonnen; nicht zuletzt wurde die sportliche Jugendarbeit von den bewegungsintensiven Elementen der Erlebnispädagogik besonders angesprochen (vgl. *Sportjugend Nordrhein-Westfalen* 1989; *Pilz* 1991).

Anfang der neunziger Jahre nahmen die erlebnispädagogischen Aktivitäten in der Jugendarbeit deutlich zu. Z. B. erhielt der Marburger bsj 1992 fast täglich Anfragen von Jugendämtern und Jugendzentren, ob die Mitarbeiter nicht bei der Organisation und Durchführung erlebnispädagogischer Angebote behilflich sein könnten (vgl. *Becker* 1992b, S. 18). Eine Dominanz der Erziehungshilfe ist – was die quantitative Verteilung in der Praxis anbetrifft – inzwischen nicht mehr spürbar. „Offene Jugendarbeit", aber auch „die kommerziellen Anbieter" können mittlerweile „aus vielfältigen Praxisprojekten Erfahrungswerte vermitteln. Der Adressatenkreis und die Angebotsformen der Abenteuer- und Erlebnispädagogik befinden sich in einem Prozeß der Expansion und Ausdifferenzierung" (*Gilles* 1992). Allerdings weist die „Bibliographie Jugendhilfe" (*Deutsches Jugendinstitut* 1992) unter dem Stichwort „Erlebnispädagogik" weiterhin ganz überwiegend Titel aus dem Bereich der Jugendsozialarbeit (Heimerziehung, Strafvollzug, Arbeit mit Randgruppen) aus. Viele erlebnispädagogische Ansätze in der Jugendarbeit sind offensichtlich noch nicht so weit entwickelt, daß sie sich für die Fachöffentlichkeit dokumentieren lassen.

Daß sich auch in der Jugendarbeit erlebnispädagogische Praxisansätze unübersehhbar ausbreiten, ist sicherlich eine Reaktion auf ein wachsendes gesamtgesellschaftliches Bedürfnis nach immer neuen erlebnishaften Stimulationen, die sich schnell totlaufen und dann weiter gesteigert werden müssen (vgl. *Schulze* 1992, speziell zur Erlebnisintensität der Medien: *Rogge* 1987). Ob diese Art von Erlebnisorientierung sich gut mit Pädagogik verträgt, wie es der Terminus „Erlebnispädagogik" suggeriert, ist vorerst offen. Jedenfalls haben Untersuchungen jugendlicher Video-Cliquen, die sich sehr stark erlebnisorientiert verhalten, ergeben, daß sie sich gegen pädagogische Zumutungen in besonderer Weise abschotten (vgl. *Vogelgesang* 1992).

Der erlebnispädagogische Boom in der Jugendarbeit hat – über allgemein gesellschaftliche Ursachenzusammenhänge hinaus – wohl auch besondere Ursachen im Arbeitsfeld selbst. Einige spezifische Anforderungen und Problemkonstellationen der Jugendarbeit legen es nahe, bei der Erlebnispädagogik Lösungen zu suchen.

Zunächst gibt es bei der Klientel der Jugendarbeit einige Grundkonstanten, die erlebnishafte und gefühlsintensive Praxisformen seit je nahelegen. „Jugend ist Trunkenheit ohne Wein", schreibt bereits *Goethe* im „Ostwestlichen Divan"; und er meint damit wohl das Bestreben vieler Jugendlicher, sich von ereignishaften Erfahrungen ganz gefangennehmen zu lassen und sie so intensiv wie möglich auszukosten. Erlebnispädagogische Anforderungen kommen diesem Verlangen nach einem intensiven Sich-selbst-Erleben entgegen; denn sie „kippen zwischen Kontrolle und plötzlichem Kontrollverlust hin und her, das erzeugt Gefühle von Schreck, Spannung, Überraschung und 'Herzstillstand'. Aber im Grunde genommen ist man in jedem Augenblick überzeugt, die Kontrolle wieder zu erlangen. Darin steckt das Spannende, die Angstlust am Abenteuer" (*Becker* 1993, S. 27). Das „Abenteuerbedürfnis und das experimentierende Risikoverhalten von Jugendlichen, aber auch der Wunsch nach direkten Erfahrungen, ganzheitlicher Orientierung, nach körperlichem Erstreiten von Räumen" (*Wiesner* 1993, S. 16) legt erlebnispädagogische Angebote nahe. „Abenteuer – Ein Weg zur Jugend?" Diese Frage - Motto einer bundesweiten Fachtagung zur Erlebnispädagogik, die 1992 von dem bsj ausgerichtet wurde – kann also bejaht werden. Auch viele Kinder sind für abenteuerhafte Erfahrungen besonders aufgeschlossen; in ihrem Alltag halten sie sich gerne in verschiedenen Abenteuerwelten auf (vgl. *Lang* 1992).

Der Boom der Erlebnispädagogik in der Jugendarbeit hat freilich nicht nur etwas mit Jugendlichen zu tun, die auf Abenteuer aus sind, sondern auch mit dem etwas desolaten gesellschaftlichen Status dieses Arbeitsfeldes. Die Jugendarbeit ist in den letzten Jahren im Zuge einer zunehmenden Kommerzialisierung in eine stressige Attraktivitäts-Konkurrenz geraten. Ausgefallene erlebnispädagogische Angebote haben in diesem Zusammenhang auch den Zweck, Jugendliche wieder stärker auf Angebote der Jugendarbeit aufmerksam zu machen. Nicht überall stößt dies auf Zustimmung. So fragt *Reinhard Wiesner*: „Sucht eine hilflose Jugendarbeit krampfhaft nach neuen exotischen Konzepten für den Zugang zu den sich ihr immer mehr entziehenden Jugendlichen?" (*Wiesner* 1993). Schließlich ist die Renaissance des Aktional-Erlebnishaften auch auf dem Hintergrund einer Erosion sonstiger pädagogischer Konzepte zu sehen. Die Erlebnispädagogik erlaubt es dem Pädagogen und der Pädagogin, sich aus eher diskursiven Praxisformen zurückzuziehen. Dies ist besonders in Zeiten einer konzeptionellen Unübersichtlichkeit der Jugendarbeit verlockend; denn mit der Erlebnispädagogik kann man Argumentationsnöten entkommen und sich auf vordiskursive Formen der Arbeit zurückziehen, sozusagen auf den Zugzwang des Abenteuers, über das – anscheinend – nicht geredet und argumentativ gestritten werden muß (s. u.).

Erlebnisorientierte Praxisansätze

In der Jugendarbeit haben erlebnisorientierte Praxisansätze durchaus eine lange Tradition. Zum Beispiel haben die traditionellen Zeltlager der Jugendarbeit von der Nachtwanderung bis zur Flußfahrt auf einem selbstgebauten Floß schon immer erlebhafte Elemente umfaßt – wenn auch nicht unter dem Label „Erlebnispädagogik". Es ist daher nicht verwunderlich, daß im Sachregister des „Handbuches Jugendverbände" (vgl. *Böhnisch* u. a. 1991) unter der Eintragung „Erlebnispädagogik" nur auf „Fahrt" und „Zeltlager" verwiesen wird. Erlebnisorientierte Aktivitäten konzentrieren sich insbesondere in der verbandlichen Jugendarbeit traditionell auf einige Sondersituationen im Jahr, auf Ausbrüche aus der Alltagswelt (Fahrt, Zeltlager, Ausflug), die seit Beginn der verbandlichen Jugendarbeit als erlebhafte Höhepunkte des Jahresprogramms angelegt waren (vgl. z. B. SJD-Die Falken 1992, S. 37). Allerdings haben die Jugendverbände die besonderen Erlebnisqualitäten ihrer Ferienaktivitäten der Öffentlichkeit meist nicht hinreichend vermitteln können (vgl. *Winter* 1991a, S. 544).

Dabei verfügen viele Jugendverbände über ein beträchtliches „erlebnispädagogisches Know-how". Z.B. zeichnet sich die Zeltlager-Kultur der Verbände – ähnlich wie die bekannteren Aktivitäten der in der Jugendsozialarbeit boomenden „Erlebnispädagogik" – durch eine besondere Naturnähe, intensive Erfahrung von Naturgewalten und damit durch spezifische, Jugendlichen unmittelbar einsichtige Anpassungszwänge aus:

„Sie beinhaltet ein Der-Natur-Ausgesetzt-Sein – am deutlichsten wahrnehmbar beim Wetter – und damit die Notwendigkeit zur Anpassung. Darüber hinaus werden verschiedene Naturerfahrungen möglich: mit den vier Elementen (Lager)Feuer, (Trink)Wasser, (frischer) Luft und (matschiger) Erde; mit Kälte und Hitze; mit der Erfahrbarkeit des ganz Großen am Sternenhimmel oder des ganz Kleinen beim Beobachten der Ameisen, die durchs Zelt krabbeln. Dazu ist das Leben im Zeltlager *direkt*. Erleben kommt nicht aus zweiter Hand (...). Wenn Holz gehackt, Trinkwasser geschleppt, Feuer gemacht, ein Backofen oder ein Windrad gebaut werden, dann in dieser unmittelbaren Direktheit, die in Verbänden lange Tradition hat und die sich z. B. die offene Jugendarbeit – über die 'Erlebnispädagogik' (vgl. *Fischer u. a.* 1985) – mühsam wieder aneignen muß(te)" (*Winter* 1991 b, S. 611.).

In einigen Jugendverbänden sind diese traditionellen erlebnisorientierten Praxisansätze in den letzten Jahrzehnten freilich auch sehr in den Hintergrund getreten, nachdem die „gemeinsamen Fahrten" verbandlicher Jugendgruppen oft individualtouristischen Praktiken Jugendlicher (Inter-Rail-Fahrten usw.) zum Opfer gefallen sind. Im Zuge der Erlebnispädagogik-Welle wurden in letzter Zeit wieder Reaktivierungsversuche unternommen, wobei nun – in Anlehnung an Muster wie „Outward Bound" und andere – die Attraktivität von Angeboten dadurch gesteigert wird, daß eine Extremisierung der Erlebnis-Angebote (Felsklettertouren, Wildwasserfahren etc.) versucht wird.

Im Zuge dieser Entwicklung gerieten in den achtziger Jahren viele herkömmliche Praxisformen der Jugendarbeit, aber auch ganz neue Ansätze immer mehr in den Bann des Zauberwortes „Erlebnispädagogik", eines Wortes, das inzwischen sogar Spezialzeitschriften den Titel gibt (" Zeitschrift für Erlebnispädagogik", Neubauer Verlag, Lüneburg; vgl. auch die für April 1993 angekündigte Zeitschrift „erleben und lernen – Zeitschrift für handlungsorientierte Pädagogik", die die Bereiche Jugendarbeit, Kinder- und Jugendhilfe, Schulpädagogik und Management abdecken soll). Seit 1985 sind daher sowohl in der Offenen Jugendarbeit als auch in der Verbandsjugendarbeit vielerlei erlebnisorientierte Ansätze unter der Überschrift „Erlebnispädagogik" erprobt worden. Für die *Offene Arbeit*, die – an ihrem Rand - seit längerem über abenteuerpädagogische Einrichtungen wie die *Abenteuerspielplätze* und Kinderbauernhöfe verfügt (vgl. u. a. *Bund der Jugendfarmen und Aktivspielplätze* 1992; *Lang* 1992), sind u. a. dokumentiert:

- Zeltlager (*Fischer u. a.*, S. 60 ff.; 106 ff.; 124 ff.);
- Abenteuercamp (*AG Jugendfreizeitstätten Sachsen* 1992);
- Schlauchbootfahrt am Wochenende (*Fischer u. a.*, S. 65 ff.);
- Kanutour (*Fischer u. a.*, S. 116 ff.; 175 ff.);
- Kanu- und Wildwassertour eines Fan-Ladens (*Fan-Projekt Berlin* 1992);
- Abenteuerseminar für Jugendgruppenleiterinnen (*Fischer u. a.*, S. 154 ff.);
- Umwelt-Fahrrad-Ralley (*Fischer u. a.*, S. 166 ff.);
- Kinder- und Jugendfarm (*Kinder- und Jugdfarm Bremen* 1992);
- mobiler Abenteuerspielplatz (*Werdeker* 1990);
- Stadtranderholung als „Abenteuersommer" (*Meisenbach* 1991);
- Abenteuersport mit Mädchen (*Gilles / Krücken-Pasch* 1993);
- Feuertheater (*ABA Fachverband Offene Arbeit mit Kindern* 1991).

Im Bereich der *verbandlichen Jugendarbeit* sind – über die oben skizzierten Traditionen hinaus – u. a. folgende erlebnishafte Ansätze erprobt worden:

- Erlebnis- und Erfahrungskurse für Mädchen (*Arbeiterwohlfahrt Kassel* 1992);
- Langzeitwanderung mit Mädchen (*Opitz* 1991);
- Fahrradprojekt (*Arbeiterwohlfahrt* 1988);
- Videoprojekt (*ebd.*);
- Kanuprojekt (*ebd.*);
- Reitprojekt (*ebd.*);
- Schlauchbootfahrt als politische Aktion (*Güthler* 1993);
- erlebnispädagogische Jugendkulturarbeit (*Hillebrand* 1983);
- Sporttheater (*Pawelke 1987; Kösterke / Stöckle* 1989);
- Abenteuersport (*von Hagen* 1990).

Auch in der *kirchlichen Jugendarbeit* sind erlebnispädagogische Ansätze inzwischen verbreitet; vgl. z. B.:

- Abenteuerfreizeiten einer Kirchengemeinde (*Jugendpfarramt des Kirchenkreises Stormarn* 1984);
- Schulung von Mitarbeiterinnen und Mitarbeitern mit erlebnisorientierten Verfahren (*Langenberger* 1993).

Schließlich haben sich auch in der *Jugendbildungsarbeit* erlebnispädagogische Aktivitäten ausgebreitet:

- Ferienseminare (vgl. *Fischer u. a.*, S. 76ff.);
- Höhlentour (vgl. *Michl* 1989);
- Abenteuerfilme und Abenteuerschnitzeljagd (*Blümcke* 1987);
- Suchtprävention mit erlebnispädagogischen und künstlerischen Mitteln (*Witte* 1991).

In manchen der genannten Berichte fällt eine z. T. inflationäre Verwendung des Begriffs „Erlebnispädagogik" oder „Abenteuer(pädagogik)" auf; es treten viele begriffliche Unschärfen auf, und z. T. degenerieren die Begriffe zu kaum noch aussagekräftigen Allerweltswörtern.

Bedenken der Jugendarbeit

Vielfach werden in der Jugendarbeit der Erlebnispädagogik gegenüber *Bedenken* geäußert:

- Für viele nicht befriedigend lösbar ist die *Transferproblematik*.

Da es sich bei erlebnispädagogischen Aktivitäten im Rahmen der Jugendarbeit – anders als bei einigen Praxisansätzen in der Jugendsozialarbeit – in aller Regel um kurzzeitpädagogische Maßnahmen handelt, ist eine Übertragung des in der „exotischen" Situation kurzfristig Erfahrenen und Gelernten auf den Alltag keineswegs selbstverständlich. Da Pädagogik aber immer auf Folgewirkungen aus ist, wird auf das Gelingen des Transfers ein besonderes Augenmerk gerichtet. Die Transferproblematik spitzt sich zu, wenn erlebnispädagogische Ansätze davon ausgehen, daß Jugendliche in einer erlebnishaften Praxis gleichsam nebenherlernen könnten, wenn also gründliche kognitive Aufarbeitungen und situationsübergreifende Anwendungstrainings fehlen und wenn die Programmteilnehmer im Transferprozeß nicht begleitet werden, was nur in ganz wenigen Fällen tatsächlich geschieht (vgl. *Bühler* 1986). Verbände wie die Sportjugend, die über längere Zeiträume Erfahrungen mit erlebnispädagogischen Ansätzen gesammelt haben, kommen denn auch zu dem Ergebnis, daß der „Abenteuersport" – anders als andere sportliche Trainingsprogramme – in seinen Auswirkungen kaum überprüfbar ist: „Eine der größten Schwierigkeiten, der man im Umgang mit dem Begriff 'Abenteuersport – Sportabenteuer' begegnet, ist die Schwierigkeit der Nachprüfbarkeit der angestrebten Ziele. Erlernte Bewegungsmuster können und werden auf andere Bewegungsformen übertragen, das läßt sich beweisen. Wie sieht es jedoch mit der Überprüfbarkeit der neuen Erfahrungswelt aus? Inwieweit Abenteuersport – Sportabenteuer zusätzlich zu neuen Bewegungsmustern, sensorischen Erfahrungen auch im Bereich der Selbstfindung, der personalen, sozialen Entwicklung Zeichen setzen und Impulse geben kann, ist bisher noch nicht eindeutig nachgewiesen" (von *Hagen* 1990, S. 63).

- Einige erlebnispädagogische Programme erhöhen die Risikobereitschaft und das Unfallrisiko. Dieses kann letztlich nicht vermieden, im Rahmen der Jugendarbeit jedoch weitgehend durch Versicherungsabschlüsse haftungsrechtlich geregelt werden (vgl. *Agde* 1993). Die sportliche Jugendarbeit hat aus der besonderen Risikohaftigkeit mancher erlebnispädagogischer Ansätze die Konsequenz gezogen, nur noch kontrollierbare Abenteuer anzubieten. Udo von Hagen schreibt dazu, „Abenteuer – 'adventura': das sich Ereignende, ein außergewöhnliches, erregendes Geschehen, ein gefahrvolles, risikoreiches Unternehmen mit ungewissem Ausgang" dürfe in der verbandlichen Jugendarbeit nie „eine Gefährdung für 'Leib und Seele' sein". Die Sportjugend sei daher „immer mehr zu dem Begriff des 'sanften Abenteuers' übergegangen" (*von Hagen* 1990, S. 63). In einer Gesellschaft, „die trotz oder gerade wegen einer relativ guten sozialen Absicherung die Risikobereitschaft des Einzelnen sehr hoch bewertet", dürfe der Abenteuersport nicht zu einer „weiteren Singularisierung des Individuums oder zu einer Erhöhung der Risikobereitschaft" führen, erklärt ein Vertreter der Sportverbände (ebd., S. 60).

- In der Erziehungshilfe und später dann auch in der Jugendarbeit ist die Erlebnispädagogik stark an traditionell männlichen Sozialisationskonzepten ausgerichtet gewesen; sie darf aber, wenn sie Zukunft haben will, keine *Männerdomäne* bleiben. Die Diskussion um den Wandel der Geschlechterrollen (vgl. *Brenner / Grubauer* 1991; *Jörißen* 1991) wäre in konzeptionelle Fortentwicklungen einzubeziehen. Nach Meinung weiblicher Beobachter (vgl. *Rose* 1993) stellt die Erlebnispädagogik mit ihrer Betonung abenteuertypischer Ideale (Härte, Durchsetzungsvermögen, Handlungsbereitschaft) einen gesellschaftlichen Anachronismus dar, der sowohl parteiliche Mädchenarbeit als auch eine reflektierte Jungenarbeit bislang eher blockiert als fördert.

- Eine grundlegende Skepsis kommt hinzu: Angesichts des Booms der erlebnispädagogischen Praxis wird von wissenschaftlichen und publizistischen Beobachtern der Jugendarbeit immer wieder der Verdacht geäußert, die Erlebnispädagogik konzentriere sich zu sehr auf Erlebnishaftes und lasse pädagogische Konturen vermissen, sie sei geradezu *unprofessionell*. Die Frage lautet also:

Was an der Erlebnispädagogik ist denn pädagogisch?

Von vielen Pädagoginnen und Pädagogen wird die Erlebnispädagogik besonders im Umgang mit Problemjugendlichen als Entlastung von Konfliktsituationen und als Ersatz für pädagogische Eingriffe verstanden, die über die eigene Person laufen müßten. Das erlebnispädagogische Handlungsarrangement stellt sozusagen eine scheinbar apersonale erzieherische Struktur dar, die Verhaltensänderungen in Form eines prozeduralen Zugzwangs durchsetzen soll, ohne daß der Pädagoge oder die Pädagogin persönlich involviert wird. Nicht mehr der Pädagoge, sondern „die Lebenssituation sanktioniert" (*Fischer u. a.*, S. 69). *Ohmann u. a.* schreiben:

„Die Schlauchbootfahrten werden durch die jeweiligen Umstände geprägt (Strömung des Flusses, Regen, Hitze, Kälte ...). Das heißt auch, daß bestimmte Handlungen notwendig sind (...). So sanktioniert dann auch die Lebenssituation und nicht der/die GL (Gruppenleiter/in; G.B.), wenn notwendige Handlungen unterbleiben (was pädagogisch betrachtet für uns einer der wesentlichsten Aspekte von Schlauchbootfahrten überhaupt ist). Werden z. B. aus Faulheit die Zelte nicht aufgebaut und es fängt an zu regnen, wird man eben naß" (S. 69).

Von Hagen erklärt: „Im Abenteuer findet sich der Mensch als Individuum den Elementen ausgesetzt – er handelt, muß handeln, kann nicht verharren" (*von Hagen* 1990, S. 60). Und *Becker* führt aus: „Wenn man sich in die abenteuerliche Handlung hineinbegibt, kann man nicht mehr umkehren. (...) Wenn ich zum Beispiel in ein Wildwasser reingehe mit einem Boot, dann kann ich bei auftretenden Problemen schlecht wieder aussteigen, sondern ich muß einfach weiterfahren (...)" (S. 27).

Wenn solche Zugzwänge abenteuerlicher Einbahnstraßen zum Lernprogramm erklärt werden (*Becker u. a.* tun dies nicht), dann sind emanzipatorische Lernziele manchmal gänzlich aus dem Blick, dann geht es eher darum, die Plausibilität von Anpassungsleistungen sinnfällig nachzuweisen. Hier gerät die Erlebnispädagogik auch und gerade in der Jugendarbeit in ein Fahrwasser, das gefährlich ist.

Zu fragen ist hier, ob der Boom der Erlebnispädagogik in der Jugendarbeit – und ganz besonders in der Arbeit mit schwierigen Gruppen – etwas mit pädagogischen Zielverlusten zu tun hat, die in vielen Praxisfeldern der Jugendarbeit spürbar sind, und auch mit einer nachlassenden Bereitschaft, bei unklaren Perspektiven die Last der diskursiven Überzeugungsarbeit weiter zu tragen. „Erlebnispädagogik" wäre damit geradezu ein Versuch, Pädagogik im engeren Sinn, *kommunikative* Formen des pädagogischen Bezugs zurückzunehmen und sie durch sachzwanghafte Arrangements zu ersetzen, die in mehr oder weniger extrem natürlichen Umwelten aufgesucht werden. Die unmittelbar einsichtigen Handlungsveranlassungen einer „wilden" Natur, nicht die persönlichen Überzeugungskräfte eines Pädagogen oder einer Pädagogin sollen Jugendliche dem pädagogischen Ziel näherbringen. Nicht von ungefähr heißt ein einschlägiger Titel deshalb auch „(Er-)Leben statt Reden" (*Fischer u. a.*).

Dieser Zugzwang des erlebnispädagogischen Handlungsarrangements jenseits allen Diskursiven wird immer wieder herausgestellt. So verweist auch Becker auf die „sofortige Rückmeldung" von Handlungswirkungen: „ ... wenn ich einen Fehltritt beim Klettern tue oder einen Fehlschlag beim Paddeln mache, dann verliere ich das Gleichgewicht, dann stürze ich ins Seil oder falle ins Wasser. Das heißt, ich erleide gewissermaßen einen symbolischen Tod (...). Ich kann an den Wirkungen meiner Handlungen sofort erkennen, was ich richtig oder falsch gemacht habe" (*Becker* 1993, S. 27).

Für Jugendarbeiterinnen und Jugendarbeiter, die bei Jugendlichen eine zunehmende Unverbindlichkeit ihres Engagements und eine wachsende Neigung feststellen, für Konsequenzen ihres Handelns nicht selbst geradezustehen, macht ein erlebnispädagogisches Verbindlichkeitstraining natürlich Sinn, zumal es sich mit der von Jugendlichen immer wieder geforderten besonderen Erlebnisintensität („symbolischer Tod") verbinden läßt. Es mag sinnvoll sein, einstellungsprägende Handlungsveranlassungen (extremer) Naturerfahrungen – seien es die von Schlauchbootfahrten, steilen Felswänden oder Schonern auf hoher See – zu nutzen, um das Repertoire der Pädagogik wieder anzureichern, nachdem diskursive Methoden und Möglichkeiten des personalen Bezugs vielfach ausgereizt erscheinen. Jedoch sollte durch gründliche *pädagogische* Konzeptentwicklung sichergestellt werden, daß die Erlebnispädagogik Jugendarbeiter und -arbeiterinnen nicht zur Flucht vor den eigentlichen pädagogischen Aufgaben verleitet. Was passiert, so fragt *Ria Puhl*, wenn Jugendarbeiter und -arbeiterinnen Jugendliche mit Hilfe der Erlebnispädagogik wieder erreicht haben. „Müßte jetzt nicht die 'eigentliche pädagogische' Arbeit beginnen? Etwa mit einem weiteren Ansatz, dem konfliktorientierten, zum Beispiel?" (*Puhl* 1993).

Einige Ansätze zur *pädagogischen* Akzentuierung von abenteuerhaften Intensiverlebnissen, wie sie in der Jugendsozialarbeit entwickelt wurden, können auch in der Jugendarbeit aufgegriffen werden. In der Diskussion sind u. a. die folgenden päd-

agogischen Ziele, die im Rahmen erlebnispädagogischer Aktivitäten verfolgt werden können:
- die Konsequenzen eigenen Tuns und Nicht-Tuns einschätzen und akzeptieren lernen (s.o.);
- die soziale, gemeinschaftliche Bewältigung von Herausforderungen erproben („Die Praktiker wissen, daß während erlebnispädagogischer Maßnahmen verwöhnte Lebensstile ungewöhnlich rasch aufgedeckt werden. Unter den realen Anforderungen einer Schlauchbootfahrt bilden sich wie im gruppentherapeutischen Prozeß Rollen und Beziehungsgeflechte, verläuft die Gruppenentwicklung in bekannten und vielbesprochenen Phasen, sind Konflikte und Krisen zu meistern, geht es um Identität und Gruppengefühl, um Selbstbestimmung und Einfühlungsvermögen, um Rücksichtnahme und Hilfsbereitschaft. Den Wattebausch der Verwöhnung behutsam bewußt zu machen und das Lernziel Solidarität zu stecken, können Herausforderungen der Erlebnispädagogik sein" < *Michl* 1992, S. 323 >) ;
- Gruppenbildung beschleunigen und intensivieren („Aus den praktischen Erfahrungen hat sich herausgestellt, daß Erlebnispädagogik auf alle Fälle ein geeignetes Mittel ist, um Gruppen schnell und intensiv zusammenwachsen zu lassen, da die Teilnehmerinnen und Teilnehmer die gestellten Aufgaben nur gemeinsam und mit Rücksicht und Verantwortung auf und für die anderen bewältigen können" < SJD-Die Falken 1992, S. 37 >);
- eigene Möglichkeiten zur Problembewältigung realistisch einschätzen und vernünftig einsetzen lernen;
- Erfolg und Mißerfolg angemessen gewichten und Mißerfolge rational bewältigen lernen (" Das Abstürzen ins Seil – dieser symbolische Tod – es kann ja auch als eine Niederlage erlebt werden. Hier gibt es dann Chancen und realistische Anknüpfungspunkte, mit Niederlagen rational umgehen zu lernen. Für männliche Jugendliche wichtige Erfahrungen" < *Becker* 1993, S. 28 >);
- durch erlebnissportliche Anstrengungen den Kopf freibekommen für theoretische Fragestellungen („Es stellte sich ... heraus, daß durch die körperliche Auslastung die Konzentrationsfähigkeit und Bereitschaft der Teilnehmerinnen und Teilnehmer anstieg, sich mit theoretischen Fragen auseinanderzusetzen" < SJD-Die Falken 1992, S. 37 >).

Werden solche Ansätze nicht aufgegriffen, weiterentwickelt und zu einem wirklichen erlebnis*pädagogischen* Konzept verbunden, dann wird die Erlebnispädagogik auf einen selbstzweckhaften, oberflächlich-touristischen Abenteuergenerator reduziert. In ähnlicher Form präsentieren sich bereits viele Spielarten des Erlebnisurlaubs, wie sie von Touristik-Clubs angeboten werden. „Im Unterschied dazu", meint *Becker*, „gilt es auch, das Abenteuer zu reflektieren. Also die Rede darf nicht verloren gehen" (*Becker* 1993, S. 28). Insofern war ein Titel wie „(Er-)

Leben statt Reden" (*Fischer* 1985) für die Entwicklung in der Jugendarbeit unglücklich gewählt, weil er eine falsche Alternative formulierte und die Möglichkeit einer kognitiv amputierten Erlebnispädagogik suggerierte. Das Abenteuer kommt aber, will es zur Erlebnis*pädagogik* werden, auch in der Jugendarbeit ohne Reflexion nicht aus. „Erleben statt reden" ist also keineswegs der Königsweg der Jugendarbeit, wie *Becker* zu Recht feststellt:

„Dort, wo die Konzentration auf die Bewältigung der Natursituation gerichtet ist, wo die Unversehrtheit des Lebens auf dem Spiel steht, dort ist für die Kraft der legitimierenden und problemlösenden Rede kein Raum mehr. Keines der erlebnispädagogischen Edelsubstantive: Spannung, Überraschung, Echtheit, Action, Spontaneität, Angstlust, Glück, Authentizität ist angekränkelt von des Gedankens Blässe. Die von den entsprechenden Naturatmosphären ausgelösten Gefühle genügen sich selbst" (*Becker* 1992, S. 19).

In ihrem unreflektierten Zustand ist eine solche Praxis – z.B. von politischen Rattenfängern – auf gefährliche Weise anti-emanzipatorisch instrumentalisierbar und liegt damit quer zu allen bisher relevanten Zielangaben der Jugendarbeit; anti-intellektueller Irrationalismus und der Emanzipationsgedanke schließen sich aus (vgl. dazu *Ewald* 1989).

Eine einseitig erlebnisorientierte Spielart der „Pädagogik" ist in der Jugendarbeit auch noch in einer weiteren Hinsicht kontraproduktiv: Während die Jugendarbeit auf längerfristige Erfahrungs-, Lern- und Bildungsprozesse zielt, ist die oben skizzierte Variante einer amputierten Erlebnispädagogik prinzipiell kurzatmig und kurzsichtig:

„In den Erlebnissen der Angst, des Glücks, der Spannung und des Wir-Gefühls und ihrer immer dazugehörenden Körpernähe regiert das absolute Präsens. (Diese) Gefühle haben keine Vergangenheit und keine Zukunft. Angst-, Spannungs- und Glückserlebnisse hat man im Hier und Jetzt, nicht im Gestern und Morgen. Deshalb sind sie auch relativ immun gegen Legitimationen und Sanktionen, die außerhalb von ihnen liegen" (*Becker* 1992b, S. 19).

Für eine Erlebnispädagogik, die sich voll auf intensive Emotionen verlegt, Reflexion erübrigen will und damit ein Auf-Dauer-Stellen von Bewußtlosigkeit bewirkt, kann in der Jugendarbeit kein Platz sein. Um solche Gefahren zu vermeiden, sind in Zukunft erhebliche konzeptionelle Anstrengungen der Jugendarbeit nötig. Dabei ist zu klären, wie die Erlebnispädagogik als *eine* emanzipatorische Antwort auf jene gesellschaftlichen Krisenerscheinungen konzipiert werden kann, die ihren Boom wohl mitverursacht haben; denn „nicht zufällig findet die Renaissance erlebnispädagogischer Konzepte samt ihrer fragwürdigen Vorläufer in der Phase einer ökonomisch-sozialen Krise statt" (*Ewald* 1989, S. 538).

Die folgenden Fragen sind aus der Sicht der Jugendarbeit weiterhin offen:

„Lassen sich die in der Lebenswelt zunehmenden Erlebnisdefizite und Verunsicherungen von Jugendlichen (...) tatsächlich dadurch beheben, daß kurzfristige, erlebnispädagogisch arrangierte Wagnissituationen angeboten werden? Bleibt die Erlebnispädagogik vielleicht doch nur eine mehr oder weniger hilflose Kompensation, eine Art erlebnisexotisches Kursreservat für Jugendliche, deren Persönlichkeit durch ihre Lebensumstände defizient gemacht wurde?" (*Brenner* 1985, S. 228).

Literatur:

AG Jugendfreizeitstätten Sachsen: Erlebnispädagogik auf sächsisch: Das Abenteuercamp löste Begeisterung aus, in: KABI (Konzertierte Aktion Bundesjugendplan Innovation), Nr. 8, 17.11.1992.

Agde, Georg: Mit einem Bein im Gefängnis. Wo hat das Abenteuer seine gesetzlichen Grenzen? Versicherungsschutz für Veranstaltungen der Gemeinden, in: sozialmagazin, 2/1993, S. 23–25.

Arbeiterwohlfahrt Kassel: Die Erziehungskurse in Kassel. Vom Abenteuer zum Alltag, Kassel 1988.

Arbeiterwohlfahrt Kassel: Erleben anstatt reden. Erlebnis- und Erfahrungskurse für Mädchen in Kassel, in: KABI, Nr. 8, 17.11.1992.

Becker, Peter: Sozialarbeit mit Körper und Bewegung, Theoretische und programmatische Vorbemerkungen zur Entwicklung einer bewegungsbezogenen Sozialarbeit, Frankfurt/M. und Griedel 1992 (1992a).

Becker, Peter: Erlebnispädagogik in der Erlebnisgesellschaft, in: hessische jugend, 4/1992, S. 17–19 (1992b).

Becker, Peter: Die Lust am Abenteuer und die Pädagogik. Was macht das Abenteuer für die Jugendarbeit eigentlich so attraktiv, in: sozialmagazin, 2/1993, S. 26–32.

Bedacht, Andreas / Dewald, Wilfried / Heckmair, Bernd / Michl, Werner / Weis, Kurt (Hrsg.): Erlebnispädagogik – Mode, Methode oder mehr? Tagungsdokumentation des Forums Erlebnispädagogik, München 1992 (Fachhochschulschriften Prof. Dr. Jürgen Sandmann).

Blümcke, Waltraud: Film – Erlebnis – Wirklichkeit. Ein Wochenendseminar, in: Medien Konkret, 2/ 1987, S. 62–66.

Böhnisch, Lothar / Gängler, Hans / Rauschenbach, Thomas (Hrsg.): Handbuch Jugendverbände, Weinheim und München 1991.

Bohry, Joachim / Liegel, Wolfgang: Chancen und Grenzen der Erlebnispädagogik in Jugendhilfemaßnahmen, in: Nachrichtendienst des Deutschen Vereins für öffentliche und private Fürsorge, 8/1992, S. 250–258.

Brenner, Gerd: Erlebnispädagogik, in: deutche jugend, 5/1985, S. 227–231.

Brenner, Gerd / Grubauer, Franz (Hrsg.): Typisch Mädchen? Typisch Junge? Persönlichkeitsentwicklung im Wandel der Geschlechterrollen, Weinheim und München 1991.

Breß, Hartmut: Outward Bound – Persönlichkeitsbildung durch Erlebnispädagogik. Die deutschen Kurzschulen als Alternative zu Passivität und Resignation, in: deutsche jugend, 5/1985, S. 222–226.

Bühler, Josef: das Problem des Transfers. Kritisches zur erlebnisorientierten Kurzzeitpädagogik, in: deutsche jugend, 2/1986, S. 71–76.

Bund der Jugendfarmen und Aktivspielplätze (Hrsg.): Abenteuerspielplätze und Kinderbauernhöfe – eine Arbeitshilfe, Stuttgart 1992.

Deutsches Jugendinstitut (Hrsg.): Bibliographie Jugendhilfe 1991. Literatur zu Jugendforschung, Jugendhilfe und Jugendpolitik, München 1992.

Ewald, Thomas: Kritisches zur Erlebnispädagogik. Die geschichtlichen Wurzeln gegenwärtiger Irrationalismen, in: deutsche jugend, 12/1989, S. 536–541.

Fan-Projekt Berlin (Hrsg.): Aufsuchende Jugendarbeit mit Faßballfans, Berlin 1992.

Fischer, Dieter / Klawe, Willy / Thiesen, Hans-Jürgen (Hrsg): (Er-)Leben statt Reden. Erlebnispädagogik in der offenen Jugendarbeit, Weinheim und München 1985 (2. Aufl. 1991).

Fürst, Walter: Die Erlebnisgruppe. Ein heilpädagogisches Konzept für soziales Lernen, Freiburg 1992.

Gilles, Christoph: Abenteuer, ein Weg zur Jugend? in: Jugendhilfe Report (Landesjugendamt Rheinland), 1992, S. 9–10.

Gilles, Christoph / Krücken-Pasch, Gisela: Das Schönste ist das Kribbeln im Bauch. Abenteuersport mit Mädchen in der Offenen Jugendarbeit, in: sozialmagazin, 1/1993, S. 30–36.

Güthler, Wolfram: Im Schlauchboot gegen Ausbauwahn, in: Jugendnachrichten (Bayerischer Jugendring), Okt. 1992, S. 7.

Hagen, Udo von: Abenteuersport – Sportabenteuer, in: Der Nagel (Fachzeitschrift des ABA Fachverbandes Offene Arbeit mit Kindern), Herbst / Winter 1989/90, Wuppertal 1980, S. 58–63.

Heckmair, Bernd / Michl, Werner: Erleben und Lernen. Einstieg in die Erlebnispädagigik (Reihe: Schriften zur Erlebnis- und Reformpädagogik, Luchterhand), Neuwied / Berlin 1993.

Hillebrand, Peter: Kultur als Erlebnis, in: Jugendnachrichten (Bayerischer Jugendring), Okt. 1992, S.8.

Jagenlauf, M. / Breß, H.: Erlebnispädagogik und Outward Bound. Bibliographie 1989, Berichte und Materialien 7/1989 (hrsg. von Outward Bound).

Jörißen, Gudrun: Erlebnispädagogischer Wandel der Geschlechterrollen? in: Brenner / Grubauer 1991, S. 111–113.

Jugendpfarramt des Kirchenkreises Stormarn (Hrsg.): Abenteuerfreizeiten, Stormarn 1984.

Kinder- und Jugendfarm Bremen: Kinder erleben Abenteuer und Verantwortung, in: KABI, Nr. 8, 17.11.1992.

Klawe, Willy / Fischer, Dieter / Thiesen, Hans-Jürgen: Wieder mal was losmachen! Erlebnispädagogik in der offenen Jugendarbeit, in: deutsche jugend, 5/1985, S. 221–216.

Kösterke, Astrid / Stöckle, Gerd: Neue Bewegungskultur als Anregung für die Jugendarbeit? Konzepte und Vorschläge des Sportprojekts „Traumfabrik", in: deutsche jugend, 11/1989, S. 477–484.

Lang, Thomas: Kinder brauchen Abenteuer, München und Basel 1992.

Langenberger, Viola: Bike Tour 1992. Erlebnisorientierte Schulungen für Mitarbeiterinnen und Mitarbeiter, freizeit – forum (Evangelisches Jugendferienwerk Rheinland), 1–2/1993, S. 14–19.

Meisenbach, Jürgen: Die Idee des „Abenteuersommers" und konzeptionelle Überlegungen zu der Maßnahme „Vom Handwerk zum Kunstwerk", in: Unsere Jugend, 7/1991, S. 311–316.

Michl, Werner: Höhlentour. Zur Integration von Körpererfahrung, Erlebnispädagogik und kultureller Praxis, in: deutsche jugend, 11/1989, S. 485–489.

Michl, Werner: Dimensionen des Lernens in der Erlebnispädagogik, in: Jugendwohl, 7/1992, S. 318–326.

Nickolai, Werner / Quensel, Stephan / Rieder, Hermann: Erlebnispädagogik mit Randgruppen, 2., verb. Aufl., Freiburg 1991.

Ohmann, Marianne / Stig, Horst / Ropers, Frank / Pasche Marlies: Schlauchbootfarten am Wochenende – Soziales Lernen und Konflikte, in: Fischer u. a. 1985, S. 65–75.

Opitz, Ulrike: „Mädchen-Marlboro", in: Brenner / Grubauer 1991, S. 105–110.

Pilz, Gunter A.: Plädoyer für eine sportbezogene Jugendsozialarbeit, in: deutsche jugend, 7–8/1991, S. 334–343.

Outward Bound: Ein Kurs für lernbehinderte Jugendliche in Berchtesgaden, in: KABI, Nr. 8, 17.11.1992.

Pawelke, Rainer: Traumfabrik – poetisches Sporttheater, München 1987.

Puhl, Ria: Editorial in: sozialmagazin 2/1993, S. 3.

Reiners, Annette: Praktische Erlebnispädagogik. Neue Sammlung motivierender Interaktionsspiele, München 1992 (Fachhochschulschriften Prof. Dr. Jürgen Sandmann).

Rogge, Jan-Uwe: Gegenwelten als Erlebnisräume. Populäre Filme im Medienalltag Jugendlicher, in: Medien Konkret, 2/1987, S. 38–45.

Rose, Lotte: Suchen Mädchen Abenteuer? Zur Bedeutung des Abenteuers in der weiblichen Sozialisation, in: sozialmagazin, 1/1993, S. 18–29.

Schulze, Gerhard: Die Erlebnisgesellschaft. Kultursoziologie der Gegenwart, Frankfurt/New York 1992.

Sportjugend Nordrhein-Westfalen (Hrsg.): Sportabenteuer - Abenteuersport, Duisburg 1989.

Sozialistische Jugend Deutschlands – Die Falken (Hrsg.): Solidarisch und Frei, Bonn 1992.

Vogelgesang, Waldemar: „Die haben keinen Plan". Video-Cliquen als Orte der Erlebnisorientierung und der Abschottung gegen Pädagogik, in: Pädagogik, 11/1992, S. 18–22.

Werdeker, Martina: Spielen in der Stadt – die mobile Bewegungsbaustelle, in: Der Nagel, Herbst / Winter 1989/90, S. 38–42.

Wiesner, Reinhard: Das Abenteuer des modernen Lebens. Das Assoziationsfeld „Abenteuer – Jugend – Jugendhilfe" beschäftigt derzeit viele Fachleute, in : sozialmagazin, 2/1993, S. 14–16.

Winter, Reinhard: Fahrt, in: Böhnisch / Gängler / Rauschenbach, op. cit, S. 542–546 (1991a).

Winter, Reinhard: Zeltlager, in: Böhnisch / Gängler / Rauschenbach, op. cit, S. 610–612 (1991b).

Witte, Wolfgang: Kultur- und medienpädagogische Ansätze suchtpräventiver Jugendarbeit. Die Praxis des Arbeitskreises Medienpädagogik in Berlin, in: deutsche jugend, 5/1991, S. 209–215.

Wolf, Roland: Risikosportarten in der Sozialarbeit. Felsklettern als Erfahrungsraum von Kontrolle und Selbstwirksamkeit, Frankfurt/M. und Griedel 1991.

Ziegenspeck, Jörg (Hrsg.): Outward Bound. Geschütztes Warenzeichen oder offener pädagogischer Begriff? Lüneburg 1986.

Ziegenspeck, Jörg (Hrsg.): Erlebnispädagogik. Rückblick – Bestandsaufnahme – Ausblick, Lüneburg 1990a.

Ziegenspeck, Jörg: Erlebnispädagogik. Segeln und Pädagogik – Pädagogik und Segeln, in: Unsere Jugend, 11/1990, S. 463–471 (1990b).

ERZIEHUNGSWISSENSCHAFTLICHE
FACETTEN

HANS G. BAUER

Erleben als Aktionismus oder Bildungsansatz?

Vorab:

Das *gegenwärtige Erscheinungsbild der Erlebnispädagogik*, welches im ersten Teil dieses Beitrags nachgezeichnet werden soll, ist ein eher heterogenes und ambivalentes. Ist einerseits eine breite Palette an Ansätzen und Aktivitäten erkennbar, so sind andererseits starke Tendenzen hin zu Aktionismus, Einseitigkeit und „Äußerlichkeit" nicht zu übersehen. In einem zweiten Abschnitt wird daher ein „*Plädoyer für ein Entwicklungs- und Bildungsdenken (in) der Erlebnispädagogik*" formuliert. Erlebnispädagogik wird als eine Art „Sonderpädagogik" verkannt. Unter dem augenblicklichen Lernverständnis und Weltzugang der Pädagogik aber ist sie in der Tat „die Alternative, die sie nicht sein kann" (Oelkers 1992, S. 9).

Zum gegenwärtigen Erscheinungsbild der Erlebnispädagogik

Erlebnispädagogik boomt seit geraumer Zeit, jedenfalls im Feld der sozialen Arbeit (vgl. zu den Einsatzfeldern der Erlebnispädagogik im Bereich der sozialen Arbeit *Bauer / Nickolai* 1991). Insbesondere für die Randständigen, die ausgegrenzten und abgeschobenen bildungs- und sozialbenachteiligten Jugendlichen und jungen Erwachsenen in der Jugend- und Erziehungshilfe, im Jugendstrafvollzug und in der Bewährungshilfe, in der Arbeit mit Drogenabhängigen wie in der von Beratungsstellen, aber auch in der offenen Jugendarbeit und in vielen weiteren Bereichen erscheint die Erlebnispädagogik als „*das*" Konzept bzw. *die* „Alternative". Auch dies, so scheint es, belegt die Richtigkeit der folgenschweren Behauptung von *R. Fatke*, wir seien heute – ähnlich wie zu Zeiten der Reformpädagogik – konfrontiert mit einer „... allgemeine/n/ Ratlosigkeit und Ergebnislosigkeit der offiziellen Pädagogik: Die Kinder laufen der Pädagogik weg, die Jugendlichen laufen der Jugendhilfe davon" (ders. 1991, S. 5ff.) Gerade in Zusammenhang mit besonders schwierigen Kindern und Jugendlichen wird der Erlebnispädagogik daher aktuell sehr häufig die – m. E. ihre Potentiale verkennende – Funktion eines „Notnagels" oder „finalen Rettungskonzepts" zugedacht (zur Schädlichkeit einer solchen Zuordnung vgl. insbes.: AFET-Mitgliederrundbrief, 2/3 1991). Im Bereich der schulischen Pädagogik wiederum ist von Erlebnispädagogik interessanterweise eher nur im Ausnahmefall die Rede.

Weniger Aufmerksamkeit erregend als im sozialen Feld, aber ebenfalls mit zunehmender Tendenz, finden wir erlebnispädagogische Aktivitäten auch in berufspädagogischen Zusammenhängen, vornehmlich in der beruflichen Ausbildung in Unternehmen (vgl. *Bauer / Brater / Büchele* 1984). In letzteren stoßen wir im Fort- und Weiterbildungsbereich dann sogar auf eine von Randständigkeit sehr weit entfernte Gruppe: die Mitglieder des Managements. Dort ist dann allerdings die Rede von „outdoor (experiential) training", „wilderness experience", von „survival training", „challenge programmes" oder „outdoor development". Solche Bezeichnungen stammen jedoch keineswegs alleine aus diesen unternehmerisch-manageriellen Bezügen, und auch die unter solche Bezeichnungen subsumierten Aktivitäten unterscheiden sich vor allem von ihrem *medialen* Ansatz her im Grundsatz kaum von den im Feld der sozialen Arbeit gebräuchlichen. Zwei Komponenten sind es vor allem, die solche Ähnlichkeit markieren:

- Als Übungs- bzw. Trainings- und Lernmedien genutzt werden gerade nicht Schulen, Klassenzimmer oder Seminarräumlichkeiten, sondern die „outdoors", das Freie, die Natur – und diese vornehmlich in ihren möglichst (noch) wilden und möglichst auch herausfordernden Ausformungen: (einsame) Wildnis, (steile) Berge, (reißende) Flüsse und (weite) Meere.
- Hinzu kommen die jeweils benötigten, adäquaten Hilfsmittel bzw. Medien im engeren Sinne, so z. B. Kanus, Flöße oder Segelschiffe, Kletterseile, Fahrräder, Ausrüstungen usw. usw.

Und hinzu kommt natürlich der Mensch selbst, der herausgefordert („challenge") werden und sich bewähren oder gar überleben („survival") lernen soll. Diese Herausforderungsformen sind, bedingt durch die o. a. „settings" und Medien, meist natursportlicher Art, die ihrer Natur entsprechend eher die Körperlichkeit in den Vordergrund rücken.

„Pädagogisches" scheint dem Betrachter zunächst eher indirekt entgegen: dem „experiential" mag man den Hinweis entnehmen, daß Lernerfolge natürlich intendiert und gewünscht sind und man hierbei vor allem auf *Erfahrungen* bzw. *Erlebnisse* als Formen des Lernens setzt. Das „development" läßt ahnen, daß bei all dem etwas *entwickelt* werden soll. (Dazu kommt, wenn man so will: „training", also *Übung* als Lernelement). Deutlicher allerdings kommt zum Vorschein: es geht um z.T. massive An- und Herausforderungen, um extreme(re) Erfahrungsbereiche und Lernorte, um Grenzsituationen und um Distanz zum Gewohnten: Fremde, Nicht-Alltäglichkeit, Außer-Gewöhnlichkeit u.ä. als Bewährungs- und Lernelemente.

Nochmals zurück zu den *Zielgruppen*: Nicht weiter betrachtet werden sollen hier die managementbezogenen Aktivitäten, für die allerdings noch der Hinweis angefügt sei, daß neben Zielsetzungen wie etwa „Durchsetzungsfähigkeit", „Führungs- und Leitungskompetenz" der „Persönlichkeitsentwicklung" als „extrafunktionaler Kompetenz" zunehmend mehr Bedeutung zugemessen wird.

In den USA finden unter der – frei als Erlebnispädagogik übersetzbaren – Überschrift der „Experiential Education" offenbar vorwiegend solche (meist ebenfalls natursporthaften) Aktivitäten statt, die sich *nicht* in erster Linie an randständige, delinquente u. ä. Kinder und Jugendliche richten, sondern an ein eher „sanftes Publikum" (vgl. *Hufenus* 1991, S. 89 ff.). Dies steht nicht ganz in Gegensatz zu den Zielgruppen der auf K. *Hahn* zurückgehenden Bewegung (Hahn wird ja vielfach als „Vater" oder Begründer der Erlebnispädagogik betrachtet), die innerhalb und außerhalb Europas unter dem Titel „Outward Bound" firmiert. Diese Metapher aus der Seefahrt bezeichnet ein Schiff, das zum Auslaufen in die Weiten des Meeres – und des Lebens – bereit ist, und auf dem dann, um in der Terminologie *Hahns* zu bleiben, „Erziehung durch die See" (vgl. *Schwarz* 1968, S. 56), also *durch* das jeweilige Medium, stattfinden kann und soll.

Alle unter dem Hahn'schen Konzept der „Erlebnis*therapie*" gegründeten und entwickelten pädagogischen Institutionen (vom Internat Schloß Salem am Bodensee bis hin zu den deutschen „Kurzschulen" (vgl. insbes. *Weber / Ziegenspeck* 1983) wandten sich *nicht primär* einem randgruppenhaften, schwierigen, also sozialpädagogischen Klientel zu, sondern galten dem Kampf gegen die „Verfallserscheinungen" in Schule, Gesellschaft und Kultur allgemein. *Hahn* stand damit voll in der Tradition der Reformpädagogik der Jahrhundertwende, die, verbunden mit Kultur- und Gesellschaftskritik, vor allem eine Reform der Schulen, des Lernens, der Pädagogik und der *Bildung* beabsichtigte. Etliche dieser vielfältigen reformpädagogischen Strömungen und Bewegungen benannten sich selbst ausdrücklich als erlebnispädagogische.

Heutige erlebnispädagogische Entwicklungen und Aktivitäten und ihr Boom haben jedoch überwiegend in den Bereichen und für das Klientel der Sozialarbeit und -pädagogik stattgefunden, einem Feld also, das sich in seinem Selbstverständnis weniger der „Bildung" zugehörig fühlt, sondern der „Erziehung" bzw. sogar der Erziehungs„arbeit". Hier ist überwiegend (noch) der Erlebnispädagogik-Begriff gebräuchlich, manchmal auch der der „Abenteuerpädagogik" oder der des „handlungsorientierten Ansatzes". Hier finden wir auf der einen Seite also die Segelschiffe, auf denen Heimjugendliche oder straffällige Jugendliche auf Langzeittörns gehen, Drogenabhängige Wüsten durchqueren, „Schwierige" eine „Wildnisphase" in Kanada durchleben u. ä. m. Ebenso finden sich hier auch vergleichsweise „einfachere" Aktivitäten wie etwa Rad-, Kanu oder Bergtouren teils punktueller, sporadischer Art, teils maßnahme- oder projektförmig, überdies in sehr unterschiedlichem Ausmaß in übergreifende Konzeptionen eingebunden. Es finden sich „bewegungs- und sportorientierte" Schwerpunktsetzungen (so z. B. beim Verein zur Förderung bewegungs- und sportorientierter Jugendsozialarbeit e. V., Marburg), aber beispielsweise auch, wenngleich ohne Frage ebenfalls bewegungsorientiert, die mit deutlich anderen Akzenten und Elementen versehen spielerisch-circensischen

Kinderzirkusprojekte (vgl. hierzu die „Internationalen Kinderzirkustreffen", die vor allem durch Initiative von *G. Veith* und der Kath. Fachhochschule Freiburg/ Brsg. ein anerkanntes Forum erhalten haben). Daß letztere, auch stellvertretend für andere, „softere" Formen der Erlebnispädagogik genannt, dieser gelegentlich *nicht* zugerechnet werden, ist ebenfalls Bestandteil ihres gegenwärtigen Erscheinungsbildes.

Es läßt sich zusammenfassen und dazu thesenhaft formulieren:

(1) Erlebnispädagogik findet sich heute nicht ausschließlich, jedoch überwiegend in den Feldern der sozialen Arbeit. Diese Position eigener Randständigkeit in der Arbeit mit „schwierigen" Kindern und Jugendlichen – und dies sollte keinesfalls als Kritik mißverstanden werden – ist jedoch weder historisch noch pädagogisch gesehen ihr Ursprungsort, und auch die Ambitionen und Intentionen dieses Ansatzes waren und sind nicht von vornherein auf diese Funktion und „nur" auf diese Zielgruppen beschränkt.

(2) Das Erscheinungsbild heutiger Erlebnispädagogik wird ebenfalls geprägt durch einen dominant natursporthaften Charakter der Aktivitäten, denen eine gewisse „Exotik" vor allem durch die geographischen wie zeitlichen und medialen (insbesondere äußerlich materiellen) Ausprägungen anhaftet, die ihr im Zusammenhang gerade mit den randständigen Zielgruppen aber auch angeheftet wird (etwa im Sinne des: „soll man *'Die'* denn auch noch belohnen bzw. verwöhnen").

In der erlebnispädagogischen Praxis finden sich aber auch viele Formen und Aktivitäten weniger extremen Zuschnitts, weniger materialschlachtenhafte, auch nicht ausschließlich natursportorientierte, sondern ebenfalls solche, die z. B. auch an das Erlebnis denken, das es möglicherweise sogar „hinter der nächsten Ecke", nicht nur im Ausland, im Außer-Gewöhnlichen, sondern auch im Alltäglichen geben kann. Manche setzen sogar nicht einmal mehr ausschließlich auf die „outdoors", die Natur, sondern nennen sich „City Bound" (vgl. *Heckmair / Holtrop / Van der Voort* 1992, S. 186ff.).

Ist das Feld erlebnispädagogischer Aktivitäten also durchaus weit gefächert, so ist m. E. doch von einer Dominanz solcher Ausprägungsformen zu sprechen, die eher hin zum Spektakulären, Aktionistisch-Materialhaften, Äußerlichen und Extremen tendieren – und darin den gegenwärtigen kommerziellen Ausbeutungsformen des „Erlebens" auf gefährliche Weise nahekommen. *W. Fritschi* hat dies zutreffend in der nachdenklich stimmenden Beobachtung ausgedrückt: *„Bei der Projektwahl, der Programmgestaltung, den Angeboten wird zu schnell nach dem 'Erfolgreichen' gesucht, das Vordergründige gewählt, der Gag aufgebauscht und zu wenig nach dem Inhaltlichen gefragt, dem eigentlich Pädagogischen – das sich eben schwer verkaufen läßt. Ob man auf eine Alp geht, eine turbulente Floßfahrt organisiert, das Wagnis Meer als Projektbe-*

reich wählt . . . hinter dem 'Aufhänger' geht es doch um etwas sehr Menschliches, um das eigentlich Seelische. Von dieser Reise ins eigene Innere lese ich in den Berichten und Reportagen betrüblich wenig" (ders. 1991, S. 31).

(3) Auch solche Skepsis und die Frage nach Orientierung gehören in das Erscheinungsbild gegenwärtiger erlebnispädagogischer Entwicklungen: die meisten der größeren erlebnispädagogischen Fachtagungen der letzten Jahre formulieren Fragen an das eigene Selbstverständnis, die Notwendigkeit nach Standortbestimmung und Perspektive (so z. B.: „1. Bundesweite Tagung: Standortbestimmung der Erlebnispädagogik in der Erziehungshilfe, Bad Godesberg, 1991; „Erlebnispädagogik. Entwicklungen, Modelle, Kritik". Fachtagung des GDI in Rüschlikon, 1991; „Erlebnispädagogik: Mode, Methode oder mehr?", Tagung des Forums Erlebnispädagogik, Baad / Kleinwalsertal, 1991); „Erlebnispädagogik – Schlagwort oder Konzept?" Impulstagung der Höheren Fachschule für Sozialpädagogik Luzern, 1992.

Plädoyer für ein Entwicklungs- und Bildungsdenken (in) der Erlebnispädagogik

Die Erlebnispädagogik hat sich bereits in ihrer reformpädagogischen Entwicklungsphase in ihrem Ringen für „Persönlichkeitsentwicklung" und „Ganzheitlichkeit" und gegen „Vereinseitigungen" (insbes. die „Verkopfung") nicht nur gegen die Institution Schule als solche gerichtet, sondern gegen ein *Lernparadigma*, das u. a. auch deshalb als *„schulisches Lernparadigma"* richtig bezeichnet ist, weil es in allen unseren gesellschaftlichen Bereichen „Schule gemacht" hat: Es ist dies ein Lernparadigma, welches auch heute noch weitgehend Erziehung und Bildung vom Leben und vom *„Lernen am Leben"* abtrennt, die Theorie von der Praxis abspaltet, die allgemeine von der beruflichen Bildung, das Erkennen von der Erfahrung, die funktionalen von den extrafunktionalen Fähigkeiten, das Denken vom Handeln und Fühlen u. ä. Trennungen mehr. Es ist dies ein *Lern- und Sozialisationstypus*, der in seiner Folge auch Lebenslagen im Sinne der Einengung und Behinderung von *Erlebnismöglichkeiten* entstehen läßt, die sich gegenwärtig mit verschärften umweltbezogenen, gesellschaftsstrukturellen, sozialen u. a. Einengungen verbinden. So z. B., grob umrissen:

– Umwelt(nah)räume sind enger, gefährlicher, lauter, verschmutzter, monotoner, vergifteter u. v. ä. m. geworden, ökologisch „wilde", ursprüngliche Räume sind kaum mehr vorhanden.
– Durch Nutzung jugendspezifischer Werbepsychologie und unter Mißbrauch der hohen Empfänglichkeit jüngerer Menschen werden hierfür Substitute angeboten, Ersatz: so z. B. in Medien, elektronischen u. a. Spielen; dort, wo aus der Suche, weil sie immer nur auf Ersatz trifft, Sucht wird, treffen wir auch auf die Phänomene der Drogen (Suche und Sucht!), des „thrill" (etwa S-Bahn-Surfen), des (Rechts-)Extremismus, des Aussteigens oder überangepaßten Einsteigens.
– Die Phase des Jugendalters ist gekennzeichnet vor allem durch die Diskrepanz zwischen körperli-

cher und sozialer Reife einerseits und beruflich-ökonomischer und sozialer Unmündigkeit andererseits.
- Jugendspezifische Erprobungsrituale werden oft, da ordnungsstörend, als delinquent etikettiert und in Folge kriminalisiert.
- Die allgemeine Verarmung der Lebenswelt verstärkt die (zunächst altersspezifischen) Sinnkrisen (vgl. Shell-Jugendstudie und Wertewandeldiskussion), die Sinnfragen und Unsicherheiten.
- Schulische Bildung und Erziehung betont weiterhin einseitig „Verkopfung" und Rationalität, verhindert emotionale wie anschauliche und tätige Erfahrungen, sie langweilt – und muß daher „verwöhnen" statt entwicklungsadäquat zu „fordern" (vgl. *v. Cube, Alshuth* 1987).
- Zunehmend werden Kinder und Jugendliche durch die vorhandenen pädagogischen Angebote – in Schule wie Jugendhilfe – nicht mehr erreicht.

Dies alleine stellt m.E. *einen* Argumentationsstrang dar, der dafür spricht, erlebens- und erfahrungsbezogene Lern-, Sozialisations- und Entwicklungsräume und -formen aufzusuchen, zu nutzen bzw. zu schaffen und zu verteidigen. Dies war immer und *ist* auch heute ein Anliegen der Erlebnispädagogik – nicht zuletzt ein *bildungspolitisches*.

Ein *zweiter* Argumentationsstrang hat mit den *Charakteristika der entwicklungspsychologischen Situation des Jugendalters* selbst zu tun. In aller Kürze sei skizziert: Der Entwicklungsabschnitt des Jugendalters ist charakteristisch geprägt von Phänomenkomplexen, die man beschreiben kann durch „*Suche*", durch die Notwendigkeit von „*Entwicklung, Entdeckung, Erfahrung*" und schließlich durch einen Bedarf an „*Erlebnissen*" (vgl. hierzu ausführlicher AFET-Mitgliederrundbrief 1991 Abschn. 3.1, S. 56ff.). Folglich erfordern diese jugendaltersspezifischen „Entwicklungsaufgaben" auch eine ihnen entsprechende Pädagogik, und auch eine Lebenswelt, die diesen Entwicklungsanforderungen in ihrem Wesen entspricht.

Erlebnispädagogik hat hier mit ihrer Betonung natursportlicher (damit potentiell auch ökologischer), bewegungsorientierter, gruppenbezogener (damit auch sozialer und potentiell z.B. auch interkultureller) u.ä. Elemente durchaus etwas anzubieten. Und es kann aus dieser Perspektive auch nicht überraschen, daß Erlebnispädagogik für junge Menschen gerade dieses Altersabschnitts eine gewisse „natürliche" Attraktivität besitzt (damit jedoch, wie schon erlebt und aktuell wieder erlebbar, aber auch Potentiale zu Mißbrauch und Verführung). Es bedarf biographisch zum einen des „Auslebens" solcher Entwicklungsphasen und -prozesse, und es bedarf dabei, wie wir zunehmend deutlicher sehen, immer des Ausbalancierens der geist- und kopfbezogenen wie körperlichen Anteile des ganzen Menschen. Damit stehen wir aber, pädagogisch gesehen, immer wieder vor der Frage, ob und wie wir ein entsprechendes „pädagogisches Arrangement" gestalten können – in zumindest zweierlei Richtung:

(1) Die eine Richtung hat mit der Veranlagung von „Erfahrungsbezogenheit" des Lernens, der Entwicklung, der Sozialisation zu tun. Welcher Richtung geben wir Raum und Möglichkeit:

* Einem Lernen der Art: *„Ich kann Dir <u>sagen</u>, wie Du es machen sollst"*? (mit der Konsequenz: Du wirst es, nach aller Erfahrung, vergessen)!

* Einem Lernen wie: *„Ich kann Dir <u>zeigen</u>, wie Du es machen sollst"*? (mit der Konsequenz: Du wirst mich kopieren)!

* Oder einem Lernen und Entwickeln nach dem Motto: *„Erst wenn Du es <u>selber</u> machst, wirst Du es begreifen"*? – ich lasse Dich dabei aber nicht im Stich.

Auf letztere Orientierung setzt die Erlebnispädagogik – in deutlicher Absetzung vom „schulischen Lernparadigma" – in erster Linie.

(2) Die zweite Ebene hat wiederum mit den Vehikeln, den Mitteln bzw. Medien des Lernens bzw. der Entwicklung zu tun. Betrachtet man die Mittel – ich nenne sie gerne die Lehrmeisterinnen und Lehrmeister –, welche die Reform- und Erlebnispädagogik in ihrer Entwicklungsgeschichte als „gute Wege" hin zu den Zielen

– Entwicklung der Persönlichkeit,
– ganzheitliches und lebendiges Lernen,
– Lernen im und am Leben

befunden hat, so waren das immer die folgenden (vgl. *Bauer* 1989):

1. Immer spielte die *Körperlichkeit*, die Physis, eine bedeutsame Rolle.
2. *Handwerkliche Tätigkeit* ist ein vielgenanntes und -genutztes Medium, nicht aus Beruflichkeitsgründen, sondern wegen der in ihm angelegten Möglichkeiten zu stofflichsinnlichen Erfahrungen. In ihr stecken auch Grundlagen für Materialerfahrungen, für die Ausbildung von Handlungs- und Gestaltungsfähigkeit, und nicht zuletzt auch die Bewahrung von Kulturtechniken.
3. Ähnliches gilt für ernsthafte *berufliche Arbeit*, die erziehende, pädagogische Wirkungen haben kann. Verwiesen sei z. B. auf die Arbeitsschulen von *Blonskij* und *Makarenko* und die Stichworte: Selbständigkeit, Selbstverantwortung und Selbstorganisation, sowie auf die Potentiale der „Arbeit als Bildungsmittel" (vgl. gleichnamiges Themenheft der WPB 8/1979).
4. Immer spielt das *künstlerisch-kreative Tun* eine zentrale Rolle. Hier nur die Anmerkung: es geht dabei im Wesen gar nicht um das Produkt, sondern um den künstlerischen Tätigkeitsprozeß, in dem, weil der Weg und Prozeß die ausschlaggebende Rolle spielen, die Entdeckung und Entwicklung der inneren Erlebnisfähigkeit ganz besonders gefördert werden kann. Überdies stellt die (in den hier besprochenen Zusammenhängen m. E. noch weitgehend vernachlässigte) Gestaltung der Biographie einen Anwendungsfall *par excellence* für den künstlerischen Handlungs- und Gestaltungstypus dar (vgl. *Brater u. a.* 1989).
5. Die *Natur*. Die Natur*elemente* bergen in sich in der Tat *elementare* Lernpotentiale. Wie wir, abgesehen davon, daß sie uns zu interdisziplinärem Denken nötigt, durch sie noch besser lernen könnten, kann uns z. B. *Martin Wagenschein* in sei-

nem „genetisch, sokratisch, exemplarischen Lernen" demonstrieren (ders. 1988).

Eines vor allem ist allen diesen Medien, in und an denen erlebend gelernt werden soll und kann, gemein: Lernen im erlebnispädagogischen Sinne heißt erfahrungsbezogenes und möglichst „erfahrungsgesättigtes" Lernen. Erfahrungen aber lassen sich nur „machen", d. h. Priorität hat in der Erlebnispädagogik immer das *Handeln*, die eigene *Aktivität* – freilich nie um ihrer selbst willen, denn das bedeutete, blinden Aktionismus zu betreiben. In Absetzung zum schulischen Lernparadigma geht hier der Lernweg eindeutig *von der Praxis zur Theorie!* Gerade deshalb bedarf es immer auch der *reflexiven Bearbeitung des Erlebten*, um es zur Erfahrung werden zu lassen.

Damit ist ein für die Erlebnispädagogik, aber auch für die Pädagogik insgesamt kritischer Punkt angesprochen: der des Transfers. Angemerkt sei hier nur, daß diese reflexive Bearbeitung von Erlebnissen nicht alleine Angelegenheit der rational-kognitiven und verbalen Ebenen sein muß, sondern beispielsweise auch vermittels künstlerischer Formen Ausdruck finden und bearbeitbar werden kann (vgl. etwa *Mollenhauer u. a.* 1992).

In hier nur angedeuteten Dimensionen des reform-erlebnispädagogischen Fundus sind m. E. viele Potentiale angelegt, die nicht nur für die Erlebnispädagogik, sondern für alle Pädagogik *bildende* Bedeutsamkeit haben. „Er-Leben" ist eine Alternative zum schulischen Lernparadigma, wenn die Pädagogik den Mut gewinnt, sich auch methodisch und didaktisch mehr auf die nie völlig kontrollierbare Tatsache „unstetiger" Lebensformen (*O. F. Bollnow*) einzulassen. Auf die Tatsache also, daß alle Prozesse des Bildens und Entwickelns anstrengende, nie völlig plan- und kontrollierbare, eigentlich künstlerische Prozesse sind, die lebendiges, erlebenshaftes, in das Leben „eingewurzeltes" (*H. Rumpf*) Lernen benötigen. Darin scheint mir die grundsätzlichste Botschaft der Erlebnispädagogik zu liegen.

Literatur

AFET-Mitgliederrundbrief, Hannover, 2/3 1991; ebenfalls veröffentlicht in: Zeitschrift für Erlebnispädagogik, 12. Jahrg., Heft 4/1992

H. G. Bauer / M. Brater / U. Büchele: Erlebnispädagogik in der beruflichen Bildung. Erfahrungen aus dem FORD-Jugendförderungsprogramm. Großhesselohe 1984

H. G. Bauer / W. Nickolai (Hrsg.): Erlebnispädagogik in der sozialen Arbeit. Lüneburg 1992 (2. Aufl.)

H. G. Bauer: Erlebnispädagogik im Atomzeitalter. Oder: Von Versuchen, den Bildungsbegriff zu erweitern. In: H.G. Bauer, W. Nickolai (Hrsg.): Erlebnispädagogik in der sozialen Arbeit. Lüneburg 1992 (2. Aufl.).

M. Brater / U. Büchele / E. Fucke / G. Herz: Künstlerisch handeln. Die Förderung beruflicher Handlungsfähigkeit durch künstlerische Prozesse. Stuttgart 1989

F. v. Cube, D. Alshuth: Fordern statt Verwöhnen. Die Erkenntnisse der Verhaltensbiologie in Erziehung und Führung. München 1987 (2. Aufl.)

R. Fatke: 'Vorsicht: Erlebnis!' Über historische Konjunkturen und pädagogische Prinzipien der Erlebnispädagogik. In: Gottlieb Dutweiler Institut (Hrsg.): Erlebnispädagogik. Entwicklungen, Modelle, Kritik. Dokumentation der Fachtagung. Rüschlikon 1991

W. Fritschi: Jugendhilfe zu Wasser, zu Land – und aus der Luft? Fragen und Bedenken zu einem gesellschaftlichen Phänomen. In: Gottlieb Dutweiler Institut (Hrsg.): Erlebnispädagogik. Entwicklungen, Modelle, Kritik. Dokumentation der Fachtagung. Rüschlikon 1991

B. Heckmair, J. Holtrop, Ch. Van der Voort: City bound: „Sich bewähren im Dickicht der Großstadt. In: A. Bedacht / W. Dewald / B. Heckmair / W. Michl / K. Weis (Hrsg.): Erlebnispädagogik: Mode, Methode oder mehr? Tagungsdokumentation des Forums Erlebnispädagogik. München 1992

P. Hufenus: Erlebnispädagogische Projekte im Ausland. In: Gottlieb Dutweiler Institut (Hrsg.): Erlebnispädagogik. Entwicklungen, Modelle, Kritik. Dokumentation der Fachtagung. Rüschlikon 1991

K. Mollenhauer / U. Uhlendorff: Sozialpädagogische Diagnosen. Über Jugendliche in schwierigen Lebenslagen. Weinheim und München 1992

J. Oelkers: Kann „Erleben" erziehen? In: Zeitschrift für Erlebnispädagogik, 3/1992

K. Schwarz: Die Kurzschulen Kurt Hahns. Ihre pädagogische Theorie und Praxis. Ratingen 1968

M. Wagenschein: Naturphänomene sehen und verstehen. Stuttgart 1988

H. Weber / J. Ziegenspeck (Hrsg.): Die deutschen Kurzschulen. Historischer Rückblick, gegenwärtige Situation, Perspektiven. Weinheim und Basel 1983

Westermanns Pädagogische Beiträge, Themenheft „Arbeit als Bildungsmittel", 8/1979

VOLKER MAASS

Lebendiges Lernen und lebensweltorientiertes Hilfesystem.

Neue Gedanken zu einer umfassenderen Erlebnispädagogik in der Erziehungshilfe

Vorbemerkung

Da Erlebnispädagogik ein weites Feld ist und es sich in vielen Fachdiskussionen herausgestellt hat, daß es sinnvoll ist, zuallererst eine Begriffsklärung vorzunehmen, um nicht aneinander vorbeizureden, möchte ich zwei Statements vorausschicken, auf die sich dieser Aufsatz bezieht.

1. Statement

Das erste Statement hat *Hans G. Bauer* sehr präzise und komprimiert zusammengefaßt, so daß ich diesem nichts hinzufügen möchte: „Der geistesgeschichtliche Hintergrund der Erlebnispädagogik beinhaltet, so behaupte ich, ein umfassendes und komplexes Menschenbild. Ein Menschenbild, das sich vor allem gegen verschiedenste Trennungen und Spaltungen wandte und wendet: gegen die Trennung von Kopf, Hand und Herz; gegen die Trennung von Lernen und Leben; gegen die Trennung von Erleben und Erkennen; gegen fachliche Abrichtungen auf Kosten der Entwicklung der Persönlichkeit; gegen Ausgrenzungen von Menschen und Gruppen gerade auch im sozialen Zusammenhang. Positiv gewendet und stichwortartig formuliert: Erlebnispädagogik wollte schon immer

- die Entwicklung und Bildung der ganzen Persönlichkeit betreiben, d. h. möglichst „ganzheitlich" entwickeln, erziehen, lehren, lernen;
- das Lernen und Lehren am Entwicklungs- und Fähigkeitsstand der Lernenden orientieren, was auch heißt: nicht an den Defiziten, sondern gerade an den Fähigkeiten anzusetzen – oder diesen zum Durchbruch zu verhelfen;
- das Lernen im und am Leben ermöglichen, was meint: möglichst lebendig zu lernen und zu lehren, möglichst aktives, handelndes, erfahrungsbezogenes und
- gesättigtes Lernen / Lehren und Entwickeln zu ermöglichen, dazu dementsprechende „Lernorte" aufzusuchen bzw. zu schaffen und entsprechende Medien zu

nutzen" (*H. G. Bauer:* Erlebnispädagogik: Inhalte - Strukturen – Ausblicke, Vortrag zur 1. Mitgliederversammlung des „Bundesverbandes Erlebnispädagogik", Freiburg 1992, in: Zeitschrift für Erlebnispädagogik 1/93, Lüneburg, S. 16).

2. Statement

Im Alltag einer Erziehungshilfeeinrichtung, in der ich zur Zeit tätig bin, stellt sich mir die Erlebnispädagogik heutzutage folgendermaßen dar:

Wer sich heute mit der Erlebnispädagogik in der Erziehungshilfe auseinandersetzt, hat in den meisten Bundesländern nicht mehr die Möglichkeit, Landesmittel in Anspruch zu nehmen. Er muß sich mit den örtlichen Jugendämtern auseinandersetzen, die einerseits haushaltsmäßig viel stärker eingeengt sind und andererseits häufig in erzieherischen Denkschemata verhaftet sind und somit die Haltung, die hinter dem erlebnispädagogischen Handeln steht, kaum nachvollziehen können.

Die Jugendämter großer Städte mit ihren erheblichen Randgruppenproblemen sehen derzeit in der Erlebnispädagogik das „finale Rettungskonzept" für all diejenigen Jugendlichen, die nicht mehr bereit bzw. in der Lage sind, sich den leistungsorientierten Normen unserer Gesellschaft anzupassen und mit ihren delinquenten, aggressiven und provokanten Verhaltensweisen kommunalpolitisch massiv Druck ausüben. Da bieten sich erlebnispädagogische Reise- und Auslandsprojekte geradezu an, diese Störenfriede aus dem Stadtbild zu entfernen. Im Gegensatz zu den Zwangsmaßnahmen der ehemaligen Fürsorgeerziehung, die in den letzten Jahren immer stärker unter pädagogischen Legitimationsdruck gerieten, kann man sich jetzt auch noch auf pädagogische Erkenntnisse, die Freiwilligkeit vieler Jugendlicher, sich auf solche „Abenteuer" einzulassen und ein Gesetz berufen, das im § 35 KJHG hierfür auch einen rechtlichen Rahmen geschaffen hat.

Wenn diese Maßnahmen dann sehr teuer sind, so wirken sie sich in ihrer bescheidenen Anzahl (gemessen an Unterbringungen in traditionellen Heimeinrichtungen) kaum auf das soziale Haushaltsvolumen aus.

Kritische Anmerkungen – neue Gedanken

Zur Erlebnispädagogik und insbesondere zur Erlebnispädagogik in der Erziehungshilfe ist in den letzten Jahren viel geschrieben worden, und noch vor einem Jahr hätte ich mich mit diesem Beitrag als hoffnungsvoller Befürworter mit in diesen Kanon eingefügt. Leider sind die Entwicklungen in andere Richtungen gelaufen, und unter dieser Überschrift sind die Hoffnungen, daß das von *H. G. Bauer* postulierte umfassende und komplexe Menschenbild im Lebensalltag der uns anvertrauten Kinder und Jugendlichen mehr Gewicht bekommen würde, m. E. nicht mehr berechtigt.

Aus diesem Grunde möchte ich auch nicht die alten Argumente wiederholen, diese durch einen historischen Exkurs und als Praktiker mit herausragenden Beispielen unterstreichen. Vielmehr will ich den mir gegebenen Platz dazu nutzen, das hinter der Erlebnispädagogik stehende Menschenbild auf etwas zu übertragen, das auf den ersten Blick anscheinend nichts damit zu tun hat, das aber die Chance beinhaltet, jedes Kind und jeden Jugendlichen unter dieser Haltung zu fördern und das nicht so sehr zu Ausgrenzungen führt.

Ausgangslage

„Durch das Jugendwohlfahrtsgesetz wurden Maßnahmen- und Eingriffsdenken zu einem Schwerpunkt des Denkens und Entscheidens über erzieherische Hilfen. Probleme mit Kindern und Jugendlichen wurden nach dem vorhandenen Maßnahmen- und Eingriffsraster behandelt und eingeordnet... In der bisherigen Praxis erzieherischer Hilfer hat sich – sicherlich auch unter dem Gesichtspunkt von Planung und Kontrolle – ein gut ausgebautes, relativ stabiles, auf bestimmte Erziehungsprobleme abgestelltes Spektrum von Erziehungshilfen entwickelt. Diesen vorhandenen Hilfeschablonen wird ein bestimmter Jugendlicher im Rahmen der Entscheidungsfindung über angemessene erzieherische Hilfen zugeordnet... Der Dialog, der mit ihm und seinen Eltern im Rahmen dieser Entscheidungsfindung geführt wird, ist bestimmt von den möglichen Ausgängen, die das Hilfesystem bietet" (*AFET-Mitgliederrundbrief* 2/3, 1991).

Diese Grundhaltung ist beeinflußt und bestimmt von der wirtschaftlichen Aufbruchsstimmung der Nachkriegsjahre, von Zuwachs, Leistung, Effizienz, Arbeitsteilung und Konkurrenz. Wirtschaftliche Denkweisen hielten mehr und mehr Einzug in zwischenmenschliche Bereiche. Denk- und Handlungsansätze wurden auch im sozialen Bereich bestimmt von erstrebenswerten Eigenschaften wie „besser", „größer", „schneller", „reicher" ... Menschen, die diese Eigenschaften aufgrund ihrer Anlagen und ihrer sozialen und ökonomischen Umweltbedingungen nicht aufweisen konnten, waren, um den Konkurrenzdruck auszuhalten, immer stärker gezwungen, ihren „Marktwert" durch Schein und Trug, Illusion und Überheblichkeit zu bewahren. Werte wie Offenheit und Echtheit, das Zeigen von Schwächen und Ängsten beinhalteten die Gefahr, ausgenutzt und unterdrückt zu werden. Wärme und Zuwendung sowie persönliche Anteilnahme gerieten immer mehr und insbesondere bei denjenigen, die sie in verstärktem Maße benötigten – den Kindern und Jugendlichen in sozialen und wirtschaftlichen Randbereichen – ins Defizitäre.

In anderer Begrifflichkeit und auf verschiedensten Ebenen angesiedelt, findet sich solche Zivilisationskritik in einer zwischenzeitlich unübersehbaren Zahl wissenschaftlicher Veröffentlichungen und gerade auch zeitgenössischer Literatur. Im Zusammenhang mit der Argumentationslinie, die „Erlebnisdefizite" in unserem heutigen gesellschaftlichen Entwicklungsrahmen darstellen will, ist hier vor allem auf die Zusammenschau von *F. Bitz* zu verweisen, der die „...neuen Leiden am Zivilisationsprozeß" als die der „modernen Unleibhaftigkeit, Unbehaustheit, Unzeithaftigkeit, Unwirklichkeit, Unübersichtlichkeit, Uneigentlichkeit und Ungefährlichkeit" zusammenfaßt und pointiert dargestellt hat (*F. Bitz*, Tagungsdokumentation: Standortbestimmung der Erlebnispädagogik in der Erziehungshilfe, Bad Godesberg, 1990).

Der mit dem schnellen wirtschaftlichen, wissenschaftlichen und materiellen Wachstum verbundene Wandel führte zudem zu erheblichen Einengungen und Behinderungen der Erlebens- und Erprobungsmöglichkeiten der jungen Menschen. Hierzu gehören, um nur einige Aspekte zu nennen,

- die Einengung der Umwelt(nah)räume, die gefährlicher, lauter, verschmutzter, monotoner, vergifteter u.v.ä.m. geworden sind. Ökologisch „wilde", ursprüngliche Räume sind kaum mehr vorhanden,
- die Diskrepanz zwischen körperlicher und sozialer Reife einerseits und beruflich-ökonomischer und sozialer Unmündigkeit andererseits,
- die als ordnungsstörend und als delinquent etikettierten und in Folge kriminalisierten jugendspezifischen Erprobungsrituale,
- die allgemeine Verarmung der Lebenswelt, die die zunächst altersspezifischen Sinnkrisen verstärkt und zu Sinnfragen und Unsicherheiten führt (vgl. Shell-Jugendstudie und Wertewandeldiskussion),
- die einseitige „Verkopfung" und Rationalität in der schulischen Bildung und Erziehung, die emotionale wie anschauliche und tätige Erfahrungen verhindert, langweilen und „verwöhnen" muß, statt entwicklungsadäquat zu „fordern".

Im Jugendhilfebereich, und hier insbesondere im organisatorisch abgekoppelten Heimbereich, finden sich häufig die oben beschriebenen Denk- und Haltungsstrukturen wieder. Vielfach ohne Verbindung zu den realen Lebenswelten der Kinder und Jugendlichen funktionieren hinter den Mauern von Heimen und Institutionen gut ausgestattete, arbeitsteilig und hierarchisch perfekt organisierte Hilfesysteme.

Im organisatorischen Bereich hat es in den letzten Jahren hier in weiten Bereichen Öffnungen in Form von Differenzierung und Dezentralisierung gegeben. Damit verbundene Haltungsänderungen in der Beziehung zwischen Betreuern und Betreuten sind dem jedoch in vielen Fällen nicht gefolgt. Vielfach werden die Probleme junger Menschen immer noch als Krankheiten oder Sozialisationsdefizite gesehen, die „behandelt" oder „aufgefüllt" werden müssen. Eine solche Problemdefinition orientiert sich an bürgerlichen Normalitätskonzepten, die von einer Identitätsfindung auf der Basis lebenslanger Vollzeitarbeit auf dem Fundament von Schule und Ausbildung ausgehen. Gelingt der Erwerb dieser Identität nicht, müssen Arrangements organisiert werden, die es ermöglichen, diese Verhaltensdefizite aufzuheben und Entwicklungsaufgaben nachholen. Die Intensität und Spezialität der Behandlung richtet sich nach der Stärke und Form der Verhaltens- und Entwicklungsdefizite. Zur Sicherung der Behandlungsmöglichkeit bedarf es dann auch bei besonders schwierigen Fällen der geschlossenen Unterbringung.

Was die Problemsituation der heutigen Generation betrifft, hat sich dieser Ansatz in den letzten Jahren als mehr und mehr ineffektiv herausgestellt. Die junge Generation lief der Jugendhilfe davon und führte das sanktionistische Denken ad absurdum.

Nach langen Planungsphasen hat der Gesetzgeber darauf reagiert und ein neues Kinder- und Jugendhilfegesetz verabschiedet, das in entscheidenden Punkten Abschied nimmt von Gundhaltungen, die lange Jahre dieses Denken und Handeln in der Jugendhilfe bestimmt haben. Das Maßnahmen- und Behandlungsdenken soll durch eine Persönlichkeits- und Lebensweltorientierung abgelöst werden. Die Individualität des Jugendlichen und seine Probleme sollen im Vordergrund stehen.

Damit hat der Gesetzgeber auf den immer schnelleren gesellschaftlichen Wandel reagiert, in dem Kinder einer Zukunft entgegensehen, die zunehmend so unüberschaubar und unkalkulierbar wird, daß man sie nicht nach den Maßstäben einer stabilen, von den Älteren kontrollierten und nach elterlichem Vorbild geformten Kultur unter dem Einfluß von Vorstellungen und Erwartungen der vorherigen Generation erziehen kann (vgl. *M. Mead*, 1971).

Wenn es jedoch keinen allgemein akzeptierten Konsens über ein „normales Leben" mehr gibt, die Maßstäbe vorheriger Generationen nicht mehr ohne weiteres übertragbar sind und sich Lebensentwürfe zunehmend pluralisieren, muß auch Jugendhilfe aus ihren abgeschotteten Anstalten heraustreten und einwandern in den Lebensalltag junger Menschen.

Wie schon dargestellt, reicht ein alleiniges Heraustreten aus den Mauern nicht. Wenn wir die Probleme des Kindes oder Jugendlichen ernst nehmen wollen, dann müssen wir auch bereit sein, sie sehen zu wollen.

Sehen kann ich jedoch nur, wenn ich bereit bin, im wachen Zustand die Augen zu öffnen; Probleme des Jugendlichen sehen, beinhaltet noch zusätzlich, mich auch in das Sehen des anderen hineinzufühlen.

So etwas gelingt mir weder, wenn ich in Symptomgruppen denke, denen ich diesen Klienten zuordnen kann, um ihn zu behandeln, noch wenn ich schon vorgefertigte Hilferaster im Kopf habe, mit denen ich Defizite ausgleichen kann.

Da wir nur ahnen können, was für diesen oder jenen Jugendlichen, für dieses oder jene Kind richtig ist, bleibt uns nur die Möglichkeit, ihm Hilfestellungen anzubieten, mit denen er oder es in die Lage kommt, sein Leben zu bewältigen.

Wir müssen Abschied nehmen vom Mach- und Veränderbarkeitswahn einer Pädagogik, die Ziele formuliert und Methoden entwickelt, diese zu erreichen. Keiner noch so trickreichen Pädagogik oder Therapie ist es bisher gelungen, Menschen überdauernd zu verändern – ohne Ziel erst recht nicht (wohin denn?). Menschen verändern sich nur, wenn sie es selbst wollen. Hilfestellung zur Lebensbewältigung bedeutet somit nicht mehr und nicht weniger, als den Hilfesuchenden ein Lebensumfeld aufzuzeigen, das es ihnen ermöglicht, ihre vorhandenen Fähigkeiten alters- und entwicklungsgerecht auszuprobieren, das anregend ist, sie persönlich berührt, in dem sie sich relativ angstfrei ausprobieren können und in dem sie sich angenommen fühlen, damit sie neue, weiterführende Erfahrungen machen können, die ihnen den Umgang mit den Lebensrealitäten erleichtern.

In diesem Kontext (und unter Einbeziehung der oben angeführten Gesellschaftskritik) sollte insbesondere für all diejenigen jungen Menschen, die Hilfen zur Verbesserung ihrer Lebensbedingungen benötigen, der Erziehungsbegriff durch Beziehung ersetzt werden. „Dieser Gedanke gründet in dem Vertrauen, daß ein offener, fairer Kontakt (eine Beziehung) im weitesten Sinne hilfreich ist, wobei „hilfreich" nicht definiert werden darf aus dem Bezugssystem derjenigen heraus, die vorgeben, zu helfen. „Hilfreich" meint vielmehr die vielfältigen Prozesse, auf deren Grundlage Jugendliche mehr Klarheit über sich und ihr Leben gewinnen, identitätsfördernde Erfahrungen machen und Formen finden, in dieser verrückten Gesellschaft zu existieren, ohne andauernd Ärger mit der Polizei, dem Richter oder anderen Erwachsenen zu kriegen. Eben: Lebensbewältigung. Es gibt unzählig viele Formen glücklich zu werden, und ich will mich nicht zur Beurteilungsinstanz der jeweiligen Lebensstile emporschwingen. Wer aber ständig Ärger kriegt mit seiner Form des Glücklichwerdens, wird dankbar sein, wenn er sich diesen Ärger vom Halse halten kann. Wenn Jugendliche herausfinden, wie das geht, so wird das „hilfreich" sein, und die sie umgebenden Instanzen und Erwachsenen werden ebenfalls froh sein, wenn sie ihre Ruhe haben. Aber das Ziel des Prozesses darf nicht sein, daß eben diese Erwachsenen ihre Ruhe haben – es ist ein für BeziehungsarbeiterInnen gern in Anspruch genommenes Abfallprodukt des Prozesses, aber nicht das Essential" (*W. Hinte*, Tagungsdokumentation: Erlebnispädagogik in der Erziehungshilfe, Malente, 1992).

Für die Jugendhilfe hat diese Haltung im täglichen Miteinander sehr starke Auswirkungen. Die Beziehung zwischen Kind / Jugendlichem und Betreuer wird zum Dreh- und Angelpunkt jeglichen Handelns.

Somit heißt die Frage auch nicht mehr allein: Welche Fähigkeiten hat das Kind/der Jugendliche, und welche Bedingungen verhindern deren Aktualisierung, sondern auch: welche Fähigkeiten hat der Betreuer, und wie kann das Feld aussehen, in dem sich beide begegnen können. Denn letztlich sind es nur die Felder, d. h. die realen Erlebnis- und Begegnungssituationen, die ausgestaltbar sind und die neue, andersartige Erfahrungen vermitteln, Erfahrungen, die gemeinsam erlebt und gemeinsam reflektiert werden können.

Nur hier findet Lernen statt, das der Beteiligte für sich selbst umsetzen kann und das ihn dann vielleicht befähigt, sich zu entscheiden, seine Einstellungen bzw. seine Verhaltensweisen zu verändern.

Prinzipien des Modells

Das hier dargestellte Modell geht davon aus, daß alle bestehenden, lebensweltnahen Beziehungskonstellationen überprüft und voll ausgeschöpft werden sollen, bevor eine längerfristige Fremdunterbringung, die mit dem Aufbau neuer Beziehungsangebote einhergeht, ins Auge gefaßt wird.
Folgende Prämissen stehen dabei im Vordergrund:
1. **Alle Hilfen richten sich nach dem momentanen individuellen Bedarf**
2. **Jede Hilfe sollte darauf ausgerichtet sein, alle Einflußvariablen zu berücksichtigen, die das Lebensumfeld bietet**
3. **Alle Hilfen sollten in einer Hand liegen**

zu 1: Alle Hilfen richten sich nach dem momentanen individuellen Bedarf

Das Modell steht hier im Einvernehmen mit dem Willen des KJHG, welches in § 27, Abs. 2 sagt: „Art und Umfang der Hilfe richtet sich nach dem erzieherischen Bedarf im Einzelfall." Somit ist nicht irgendeine Hilfe zu leisten, die irgendein Jugendhilfeträger gerade vorhält, sondern einzig und allein die Hilfe, die geeignet und notwendig ist. Daß der Gesetzgeber mit den §§ 28 bis 35 KJHG verschiedene, bereits etablierte Hilfeformen nennt, beinhaltet nicht zwingend, daß lediglich diese zur Auswahl stehen, sondern daß auch solche entwickelt werden können, die das Gesetz nicht ausdrücklich erwähnt.

„Erzieherischer Bedarf im Einzelfall" bedeutet weiterhin, daß jede Hilfeform nur so lange gewährt wird, wie sie sinnvoll und notwendig ist und schließt auch alle parallel notwendigen Hilfen mit ein.

In der praktischen Umsetzung bedeutet dies, daß nach der oben beschriebenen pädagogischen Haltung, unter Berücksichtigung aller Einflußvariablen (siehe 2.) und unter Einbeziehung aller notwendigen Fachlichkeiten (siehe 3.), dem Kind oder Jugendlichen sein Lernfeld angeboten werden muß. Dieses sollte immer unter der Prämisse eines Beziehungsaufbaus geschehen. So mannigfaltig, wie die Problemsichten der einzelnen Kinder und Jugendlichen sind und so vielfältig ihre Fähigkeiten ausgeprägt sind, so differenziert sollte das Hilfesystem reagieren können. Dabei sollten alle Möglichkeiten des Lebensumfeldes voll ausgeschöpft werden, bevor Gedanken zum Verlassen dieses Feldes spezifiziert werden. Ein Verlassen dieses Umfeldes sollte möglichst nur vorübergehend sein und nur dann erfolgen, wenn das alte Umfeld und die entwickelten Defizite keinen Beziehungsaufbau zulassen. Sobald dieser Beziehungsaufbau gelungen ist, sollte mit dieser neuen Variablen ein neuer Versuch im alten Umfeld gewagt werden.

Um ein laissez-faire-Denken gar nicht erst aufkommen zu lassen, möchte ich in diesem Zusammenhang betonen, daß ich nicht die Auffassung vertrete, daß alle Entscheidungen dem Kind oder Jugendlichen überlassen werden können. Alters-, entwicklungs- und gefährdungsspezifisch müssen den Hilfesuchenden auch Angebote gemacht werden, die über ihren Denk- und Lebenshorizont hinausgehen, die aber vielleicht so interessant und motivierend sind, daß sie sich trotz aller Ängste dafür entscheiden können.

zu 2: Jede Hilfe sollte darauf ausgerichtet sein, alle Einflußvariablen zu berücksichtigen, die das Lebensumfeld bietet

Das soziale Gefüge, in dem Kinder und Jugendliche heute aufwachsen, besteht aus vielen Variablen, die alle Einfluß auf die Entwicklung haben. Dazu gehören normalerweise die Familie, Freunde, Nachbarn, die Schule, peergroups, Jugendgruppen, Kindergärten, Sportvereine, Ausbildungsstätten, etc.

Dieser Reigen wird im Jugendhilfebereich noch ergänzt durch allgemeine und besondere soziale Dienste, Heimeinrichtungen, Erziehungs- und Pflegefamilien, Beratungsstellen, Tagesstätten, Familienhelfer, Jugendgerichtshelfer, Erziehungsbeistände, Nothilfen, Telefonseelsorge, etc.

Im „Normalfall" entwickelt sich ein Kind zum Jugendlichen und letztlich zum Erwachsenen, ohne mit dem Jugendhilfebereich in Berührung zu kommen. Eine jede Jugendhilfemaßnahme ist zudem darauf ausgerichtet, den „Normalfall" wieder herzustellen.

a) Das derzeitige Hilfesystem

Versagt dieses „Normalsystem", werden zusätzliche Hilfen nötig. Hier hält die Gesellschaft ein gut ausgebautes System vor, das symptom- und intensitätsspezifisch darauf eingestellt ist, alle notwendigen Maßnahmen zu ergreifen, das Kind oder den Jugendlichen wieder in die „Normalität" zurückzuführen. Dieses Hilfesystem ist oft gekennzeichnet durch:
– organisatorische Abgrenzung von Zuständigkeiten
– institutionalisierte Lösungen
– in Teilbereichen bestehende Orts- und Lebensweltferne
– Unflexibilität

D. h. im einzelnen, daß z. Zt. nur wenige Einrichtungen in der Lage sind, individuelle, fähigkeitsspezifische Lösungen anzubieten, die auch in der Intensität mit dem Hilfebedarf übereinstimmen. Reichen ambulante Hilfen nicht aus, muß in den meisten Fällen ein neuer Träger gesucht werden, der in der Lage ist, auch teilstationäre Hilfen anzubieten. Das Spiel wiederholt sich, wenn dann vollstationäre Unterbringung für nötig erachtet wird.

Im umgekehrten Sinne, d. h. bei Entlassungen nach erreichten Erfolgen, ist dieses System noch weit weniger durchlässig. Nicht selten werden Kindern und Jugendlichen nur deswegen keine geringer intensiven Hilfeformen angeboten, weil organisatorische und finanzielle Belange berücksichtigt werden müssen, oder weil einfach nur das Hilfesystem so spezialisiert ist, daß Alternativen gar nicht gedacht werden können. Die Organisationsform traditioneller Heim-Wechseldienstgruppen begünstigt zudem einen Verbleib, der über das notwendige Maß hinausgeht. Neue schwierige Kinder und Jugendliche sind weitestgehend nur dann in stark strukturierte Heimgruppen zu integrieren, wenn in ihnen schon Kinder und Jugendliche sind, die sich mit diesen Strukturen abgefunden haben.

Des weiteren erschweren einseitig ausgerichtete Institutionen, wie wir sie in der Jugendhilfe überwiegend finden, parallele Hilfen. Nur wenige Jugendhilfeeinrichtungen sind in der Lage, neben stationärer Betreuung der Kinder bzw. Jugendlichen, die Herkunftsfamilien fachlich so zu stützen, daß diese wieder in die Lage versetzt werden, die Erziehung selbst in ihre Hände zu nehmen. Dieses wird dann von anderen Fachdiensten ausgefüllt, was wiederum zu Informationsverlusten führt.

Organisatorische Abgrenzungen und institutionalisierte Spezialisierungen verhindern nicht nur den Informationsaustausch, sondern führen auch zu verunsichernden parallelen Hilfen, die meist symptomorientiert den Gesamtlebenszusammenhang der Hilfebedürftigen nicht überschauen.

Negative Lebensumstände sind häufig der Grund für eine frühzeitige Herausnahme aus dem kommunalen Umfeld, ohne daß zuvor alle Einflußvariablen bedacht und auf ihre Einflußmöglichkeiten überprüft wurden, zu denen immer noch solche gravierenden Erziehungsfaktoren, wie Schule, Ausbildungsstätten, Sportvereine und Jugendgruppen gehören.

b) Das lebensweltorientierte Hilfesystem

Im einzelnen sieht dieses auf Lebensbewältigung ausgerichtete Hilfesystem folgendermaßen aus:

Im Mittelpunkt aller Überlegungen steht das Kind bzw. der Jugendliche in seiner derzeitigen Lebenssituation, die (bei über das „Normale" hinausgehendem Hilfebedarf) geprägt ist durch Variablen, die nicht mit seinen derzeitigen Fähigkeiten korrelieren. Das bedeutet nicht, daß dieses Kind oder dieser Jugendliche Fähigkeitsdefizite hat, die aufgefüllt werden müssen. Er bzw. es kann z. B. hervorragende Fähigkeiten haben, die jedoch zumindest zu dieser Zeit und in diesem Umfeld

Lebendiges Lernen und lebensweltorientiertes Hilfesystem

nicht dazu beitragen, den Anforderungen, die an ihn bzw. es gestellt werden, gerecht zu werden.

Die an ein Hilfesystem gestellte Aufgabe lautet also, individuelle Fähigkeiten und Umfeld wieder in Einklang zu bringen.

Da sich Fähigkeiten über den Erwerb von Fertigkeiten nur auf der Basis von gemachten Erfahrungen entwickeln, sollte es Aufgabe der Helfenden sein, das Umfeld so zu gestalten, daß neue „hilfreiche" Erfahrungen gemacht werden können.

Weitere Variablen des Fertigkeitserwerbs sind Neugier und Interesse, Fähigkeits- bzw. Entwicklungskonformität und eine relative Angstfreiheit. Hier muß das Hilfesystem ansetzen. Nicht erziehen und formen ist gefragt, sondern der einfühlsame Aufbau eines fähigkeits-, interessen- und bedürfnisadäquaten, d. h. ganzheitlichen Lernfeldes. So etwas ist nur auf der Basis von Beziehung umsetzbar.

1. Phase:

Da der Aufbau von Beziehung, insbesondere bei Kindern und Jugendlichen, die sich in der eigenen Identifikationsfindung befinden und die zudem in diesem Rahmen bisher häufig negative Erfahrungen gemacht haben, ganz besonders schwierig ist, sollten zuallererst die Beziehungsangebote überprüft werden, die schon einmal bestanden haben oder z. T. noch bestehen, bevor ganz neue Angebote gemacht werden, die außerhalb des Lebensumfeldes liegen.

Hierzu zähle ich neben den traditionell schon praktizierten Hilfen, die insbesondere die Herkunftsfamilie betreffen, Schulen, Ausbildungsstätten, Sport- und Freizeitvereine, ja vielleicht sogar der hilfreiche Nachbar oder sozial engagierte Privatpersonen oder Firmen. Bei fachlicher und finanzieller Unterstützung können gerade diese zum „normalen" Einflußbereich zählenden Erziehungsvariablen das notwendige Lernfeld bieten, das letztlich eine Fremdplazierung verhindert.

Dabei nehmen die Schulen eine einflußreiche Sonderstellung ein. Sie haben sich im Laufe der Jahre immer mehr den Anforderungen einer Leistungsgesellschaft angepaßt und ihren erzieherischen Auftrag in dieser Richtung verstärkt. Damit produzieren sie einerseits in vermehrtem Maße Versager, die dann zusätzlicher Hilfen bedürfen. Andererseits leiden sie an den Störungen, mit denen ihre eigenen „Produkte" die Wissensvermittlung erschweren.

Ich befürchte, daß das Schulsystem nicht in der Lage ist, sich kurzfristig vom verkopften „schulischen Lernparadigma" zu verabschieden, um ganzheitlichen, lebensbezogeneren Lernformen den Vorrang zu geben. Da jedoch 80% aller in Heimerziehung befindlichen Kinder und Jugendlichen unter Schul- und Leistungsängsten leiden, bzw. diese auch mit dazu geführt haben, daß ihre Verhaltensauffälligkeiten so gravierend wurden, daß Jugendhilfemaßnahmen nicht mehr zu umgehen waren, sehe ich es für notwendig an, auch hier lebenswelt-, d. h. schulnahe zusätzliche pädagogische Hilfen anzubieten. Dabei bin ich mir der Tragweite dieser Überlegungen bewußt, mit denen vermutlich ein System aufrechterhalten wird, das Mitverursacher ist.

Für die Vernetzung solch eines Sozialsystems werden im Einzelfall auch soziologische Erhebungen notwendig sein. Aus diesen lassen sich dann Soziogramme erstellen, die dazu dienen können, verfestigte Randgruppen aufzubrechen und besser zu integrieren. Hierfür sind bei fachlicher und finanzieller Unterstützung sicher auch Sportvereine und Jugendgruppen zu gewinnen.

Aufgabe des Hilfesystems ist hier stärker als bisher die Analyse des Lebensweltsystems, das Finden und die Motivierung von positiven Einflußfaktoren, deren fachliche Begleitung und Supervision sowie deren Unterstützung im finanziellen Bereich für ihren zusätzlichen Zeitaufwand.

2. Phase

Reichen diese Maßnahmen nicht aus, kommen zusätzliche Hilfen in Betracht, die das bisherige Feld ergänzen können.

M. E. bedarf es auch hier nicht zwangsläufig institutionalisierter „Mauern" in Form von Kindertagesstätten, ambulanten Gruppen o. ä., die sehr leicht am Bedarf vorbeigeplant und gebaut werden und deren Nutzung insbesondere in ländlichen Gegenden mit zeitraubenden, teuren und organisatorisch schwierig zu realisierenden Transportproblemen einhergehen. Für die soziale Hygiene einer kommunalen Struktur sind lebensweltbezogene Modelle vorzuziehen.

Es gibt in fast allen Gemeinwesen qualifizierte pädagogische Fachkräfte, die - zumindest vorübergehend – an Haus und Familie gebunden sind und die gerne arbeiten würden. Diese sind sicher in der Lage, im eigenen Umfeld oder in nicht voll genutzten öffentlichen Räumen (Schulen, Gemeindezentren, kirchlichen Versammlungsräumen) kleine Gruppen von Kindern und Jugendlichen zu fördern. Eine Verbindung zwischen diesen Gruppen kann organisatorische Engpässe vermeiden helfen.

Die engen kommunalen Strukturen können zudem durch die dabei notwendig werdenden Erwachsenenkontakte zu einer besseren Integration von Randgruppen führen. Sollten im Einzelfall keine fachlich qualifizierten pädagogischen Fachkräfte zur Verfügung stehen, könnte ich mir auch engagierte Menschen für diese Arbeit vorstellen, die „voll im Leben stehen". Eine intensive fachliche Begleitung bzw. Supervision ist allerdings Voraussetzung.

3. Phase

Bei Kindern und Jugendlichen, die in besonders problematischen Umfeldern leben oder die sich schon sehr stark aus ihrem alten Umfeld gelöst und sich problematischen Randgruppen angeschlossen haben, kann diese (ergänzende) Hilfe in einer Begleitung bestehen, die sie dort aufsucht und gegebenfalls abholt, wo sie sich gerade befinden.

Welche Entwicklungen sich hier auftun, hängt weitestgehend von den gemeinsam definierten Zielen ab. Jene sind also abhängig vom Aufbau einer vertrauensvollen Beziehung. Sie können ins alte Umfeld zurückführen (s.o.) oder zum Aufbau eines eigenen Lebensfeldes führen. Hiermit sind betreute Wohnformen oder Wohngemeinschaften gemeint.

Bei so gravierenden Problemen und Beziehungsängsten von Hilfebedürftigen, die den Aufbau einer neuen förderlichen Beziehung in oder in der Nähe des gegebenen Lebensumfeldes nicht entstehen lassen, ist ein vorübergehendes – in Einzelfällen auch vollständiges – Heraustreten aus dem alten Lebensumfeld angezeigt.

Das Spektrum kann von familien- bzw. beziehungsorientierten Wohnformen bis hin zu Maßnahmen reichen, die heute mit dem Begriff „Erlebnispädagogik" einhergehen und für die nach meinen Erfahrungen auch fast immer Jugendliche zu motivieren sind, die sich unter „normalen" Umständen jedem Beziehungsangebot verweigern.

Nach dem Beziehungsaufbau in solch einem andersartigen „Schonraum", der zudem mit dem Erwerb neuer Fähigkeiten einhergeht, können wieder neue Schritte in alte oder eigene Lebensräume gewagt werden – jedoch immer mit Blick auf bestehende und auch nicht-professionelle Ressourcen, die von den professionellen Mitarbeitern genutzt und ggf. auch mit finanziellen Anreizen versehen neu aktiviert werden und somit den professionellen (d. h. finanziell aufwendigen) Hilfeanteil ganz oder teilweise ersetzen.

zu 3: Alle Hilfen sollten in einer Hand liegen

Alle Hilfen für den Einzelnen müssen bei diesem Ansatz fachlich und organisatorisch in einer Hand liegen. Nur damit ist gewährleistet, daß dem Hilfesuchenden auch wirklich die Hilfe zuteil wird, die er in dieser Situation benötigt – nicht mehr und nicht weniger. Das schließt nicht aus, daß man sich bei spezifischen Fachfragen nicht Unterstützung bei denjenigen holen sollte, die besondere Erfahrungen haben. Unumgänglich ist dabei die Kooperationen mit anderen freien und öffentlichen Trägern, um die Palette der individuellen Hilfeangebote noch weiter zu differenzieren. Die Federführung kann dabei jedoch nur ein Träger haben.

Zusammenfassung

Abgesehen von den vielen erlebnispädagogischen Freizeit- und Ferienangeboten, die auch im Heimalltag ihren Platz gefunden haben, wird Erlebnispädagogik in der Erziehungshilfepraxis fast ausschließlich

- den Kindern und Jugendlichen gewährt, „die sich allen anderen Hilfeangeboten entziehen und aufgrund ihrer aktuellen Lebenssituation (z. B. im Punker-, Prostituierten-, Drogen- oder Nichtseßhaftenmilieu) besonders gefährdet sind..."

So steht es in der Begründung zur Gesetzesvorlage zum § 35 KJHG, in der es weiter heißt:

- „Für solche Jugendliche seien Formen der 'Geschlossenen Unterbringung' ungeeignet, insbesondere da sich 'ebensoviele Jugendliche der Hilfe durch Entweichen entziehen wie in offenen Einrichtungen' und die 'Konzentration von gefährdeten Jugendlichen' ausgesprochen hinderlich sei.

- Die Erfahrungen aus der Praxis zeigten, „daß Jugendlichen in besonders gefährdenden Lebenssituationen häufig nur noch durch eine intensive Einzelbetreuung geholfen werden kann, wenn die Gesellschaft diese jungen Menschen nicht völlig aufgeben will" (*BR-Drucksache* 503/89, S. 69)

Damit wird dem pädagogischen Dilemma von 'Ausgrenzung und Zuwendung' – nur wer vorher zum besonders Gefährdeten erklärt wird, kann auch in den Genuß besonderer Zuwendung kommen – Vorschub geleistet. Diese Tendenz entspricht nicht der Intention all derjenigen, die sich in den letzten 20 Jahren wieder mit Erlebnispädagogik beschäftigt haben und ihr in der Erziehungshilfe Umsetzungsmöglichkeiten eröffneten.

„Erlebnispädagogik will vielmehr: lebendiges Lernen im und am Leben. D. h. Lernen, Erziehen und Entwickeln in Handlungssituationen, die „echt" sind, die sinnvoll sind, die keine Aussperrung von Leben bedeuten, die nicht Erlebnisse als Ersatz für Leben anbieten, sondern die Chance, die Möglichkeit zu unvermittelter, primärer, individueller Erfahrung. Und das ist, ganz zu Ende betrachtet, letztlich die Erfahrung seiner selbst". (*H. G. Bauer:* Vortrag zur Einladung des Ev. Jugenddorfes Rendsburg an die Jugendämter und das Landesjugendamt Schleswig-Holstein am 5. und 6. September 1991, Aero / Dänemark, S. 20) Diese Erfahrung sollte nicht nur Kindern und Jugendlichen in besonders gefährdenden Lebenssituationen, sondern allen zuteil werden – insbesondere aber denjenigen, deren Zuhause so etwas nicht zuläßt und für die der Staat die Verantwortung für ihre Entwicklung übernehmen muß.

Anmerkung

Aus Platzgründen ist es mir hier leider nicht mehr möglich, dieses Modell an konkreteren Beispielen zu erläutern. Es wird zur Zeit jedoch in enger Kooperation zwischen einem freien Träger und den Allgemeinen Sozialen Diensten der Stadt Kiel als Modellversuch umgesetzt. Des weiteren sind Anträge auf eine finanzielle und wissenschaftliche Begleitung beim Land gestellt worden, das sich im Zuge der Einführung des KJHGs von seinen geschlossenen Einrichtungen getrennt hat und nach alternativen Hilfeformen sucht.

RICHARD MÜNCHMEIER · CHRISTIAN V. WOLFFERSDORFF

Lebensweltorientierte Jugendhilfe und Erlebnispädagogik

1. Einleitung

Wenn es um zukunftsweisende Konzepte geht, dann wird das „Leben" beschworen. In den verschiedensten Bereichen der Gesellschaft läßt sich dieser Gestus des Beschwörens und Festhaltens heute beobachten – in den Debatten über Ökologie und Umweltschutz, in den Kirchen, selbst in der Werbung – so als gelte es, sich wenigstens im Diskurs einer Erfahrung zu vergewissern, die sich von einer destruktiven Wirklichkeit zunehmend bedroht sieht. Auch die Jugendhilfe macht darin keine Ausnahme. Die Diskussionen zu ihrer Weiterentwicklung haben sich in letzter Zeit auffallend um zwei Themen gruppiert, die das Leben bzw. Erleben in den Mittelpunkt stellen, die „Lebensweltorientierung" einerseits, die „Erlebnispädagogik" andererseits. Beide Diskussionsstränge setzen sich – jeder auf seine Weise – kritisch mit den Entwicklungen der 70er und 80er Jahre auseinander und fordern Korrekturen. Das Postulat der Lebensweltorientierung kritisiert die Prozesse der Spezialisierung, Differenzierung und Professionalisierung, „in denen sich der Bezug zur Lebenswelt der Adressaten verfachlicht, zergliedert, segmentiert hat" (*Thiersch*, 1992, S. 24) und fordert erneut eine integrierte, ganzheitliche Sicht. Erlebnispädagogik wendet sich gegen Entwicklungen im Bereich von Schule, Jugendhilfe und Justiz, durch die Lernen und (Re)Sozialisation vor allem zu einer kognitiven Angelegenheit geworden sind, die die soziale Realität von Jugendlichen ausblendet. Auch sie fordert eine Rückbesinnung auf ganzheitliche Konzepte, indem sie dem Erleben Jugendlicher neue Dimensionen zu erschließen versucht.

Freilich: beide Konzepte sind durch unterschiedliche Diskutanden in verschiedenen Fachdiskursen ins Spiel gebracht worden; in der Regel nehmen beide Diskurse nicht aufeinander Bezug, laufen unvermittelt parallel. So drängt sich die Frage nach den Unterschieden bzw. Gemeinsamkeiten oder besser nach der Verknüpfbarkeit beider Optionen auf. Stellt man solche Überlegungen an, so drängen sich zuerst einmal grundlegende Unterschiede in Bezug auf die Stoßrichtung beider Konzepte auf, die Anlaß geben, sie eher für unvereinbar zu halten: Lebensweltorientierung meint die Aufgabe der Jugendhilfe, sich um die Verhältnisse – die „Lebenswelt" – zu kümmern, in denen die Jugendlichen und ihre Familien leben und ihr Leben bewältigen müssen. Insofern geht es ihr zentral um die Verbesserung von

Lebens*bedingungen* und um die Gestaltung sozialer Infrastruktur. Sie richtet sich gegen die Individualisierung sozialer Probleme, gegen den Reduktionismus der traditionellen Jugendhilfe, in dem Lebensschwierigkeiten einfach auf subjektives Unvermögen zurückgeführt wurden. Sie hält daran fest, daß defizitäre Lebensverhältnisse nicht allein durch die Verbesserung von Sozialisationsangeboten (also durch „Verhaltensänderungen" der Betroffenen) behoben werden können, sondern soziale Aktion und Intervention erfordern. Erlebnispädagogik dagegen zielt zunächst – wie alle Sozialisations- und Bildungskonzepte – auf Einstellungs- und Verhaltensänderungen bei ihren Adressaten. Sie möchte durch entsprechende Arrangements möglichst optimale Voraussetzungen für Persönlichkeitsentwicklung und Handlungskompetenz schaffen. Die Frage, ob die alltäglichen Lebensverhältnisse der Teilnehmer den Ansprüchen an gedeihliche Lebensbedingungen genügen oder nicht, bleibt für die Erlebnispädagogik zumeist ausgeklammert und außerhalb ihrer Reichweite. Sie vertraut stattdessen darauf, daß die Teilnehmer selbst in die Lage versetzt werden, eingeschliffenes Rollenverhalten aufzugeben und damit auch ihren Alltag ein Stück weit zu verändern.

Trotz dieser auf den ersten Blick eher gegensätzlichen Perspektiven ist die Frage nach Berührungs- und Anknüpfungspunkten zwischen den beiden Konzepten nicht überflüssig. Denn es scheint sich um Ansätze zu handeln, in denen die Lösung sozialer Probleme gewissermaßen von beiden denkbaren Enden her aufgerollt wird: von der Seite der Verhältnisse zum einen, von der Seite der Subjekte zum andern. Verabsolutiert man diesen Unterschied, so polarisiert man, was offensichtlich erst zusammengenommen ein Ganzes gibt: lebensweltbezogene *und* personbezogene Interventionen erscheinen notwendig, wenn soziale Probleme und Lebensschwierigkeiten gelöst werden sollen. Man würde den Vertretern des Konzepts einer lebensweltorientierten Jugendhilfe Unrecht tun, wollte man ihnen unterstellen, die Rolle von Persönlichkeitsfaktoren bei der Entstehung von Defiziten und Notlagen zu leugnen. Ebensowenig wären die Vertreter erlebnispädagogischer Ansätze damit einverstanden, wollte man ihre Konzepte gleichsam psychologistisch verengen und außer acht lassen, daß es bei der Erlebnispädagogik auch um die Auseinandersetzung mit der Umwelt und den politisch-sozialen Bedingungen ihrer Erhaltung geht.

Ferner darf nicht übersehen werden, daß beide Konzepte bei ihrer Operationalisierung auf Probleme und Grenzen stoßen. Gerade sie lassen die Frage nach den Bedingungen einer sinnvollen Verbindung wichtig werden. So muß etwa bei erlebnispädagogischen Angeboten die Frage nach dem Transfer in den Alltag als besonders kritisch und offen gelten – ein Defizit, zu dessen Überwindung lebensweltbezogene Aktionen einen Beitrag liefern könnten. Umgekehrt ist nicht zu verkennen, daß es sich bei der Orientierung an Lebenswelt und Infrastruktur zunächst einmal um ein sehr allgemeines Problem handelt, bei dem oft nur schwer erkennbar ist, ob und wie es methodisch eingelöst werden kann. Während es bei der Erlebnispädagogik eher so ist, daß die Methode (also die Vermittlung intensiver und außergewöhnlicher Erlebnisse) zum Inhalt zu werden droht, steht die lebensweltorientierte Jugendhilfe zuweilen etwas kopflastig vor der Frage, wie denn ihre schönen und weitgesteckten Ziele in Methoden umgesetzt werden können. Wie aus dem drohenden Patt ein kooperatives Nebeneinander werden kann, ist von daher eine spannende Aufgabenstellung für *beide* Ansätze.

2. Lebensweltorientierte Jugendhilfe: Zwischen Anspruch und Realisierung

Der Grundgedanke

Von „Lebensweltorientierung" spricht man, um neuere Diskussionen und Entwicklungen nicht nur in der sozialen Arbeit und der Jugendhilfe, sondern etwa auch im Gesundheitswesen, der psychosozialen Gemeindepsychiatrie, in der Behindertenarbeit, der Erwachsenenbildung und anderen sozialen Diensten zu charakterisieren. Im 8. Jugendbericht (1990) ist der Begriff zentral; er dient dort sowohl der Beschreibung realer Praxisentwicklungen wie als normativer Zielbegriff. Der damit verbundene Grundgedanke ging auch in das Motto des letzten Jugendhilfetages (1992) ein: „Lebenswelten mitgestalten – Jugendhilfe ist gefordert". Lebenweltorientierung bedeutet also auch die Erinnerung an den alten Grundsatz,

„den Menschen in seiner Situation, in seinen Verhältnissen zu sehen; bedeutet also, ihn nicht losgelöst aus den Verhältnissen, also nur als Individuum zu sehen" (*Thiersch*, 1992, S. 25).

Sie wendet sich gegen eine mit der fachlichen Spezialisierung und maßnahmebezogenen Differenzierung verbundene Gefahr, Probleme selektiv zu bearbeiten und über der Fülle professioneller Detailaspekte den Blick für das „Ganze" zu verlieren. Gesucht werden stattdessen eine ganzheitliche, systemische Analyse der Problemzusammenhänge und integrierte, d.h. auf Kooperation beruhende und miteinander vernetzte Lösungsstrategien. Damit knüpft das Konzept an ältere Diskussionsbestände und Methoden an, wie sie etwa schon zur Weimarer Zeit (also lange vor den in den 60er Jahren einsetzenden Spezialisierungs- und Professialsierungsentwicklungen) zu finden waren. Zu erinnern wäre z.B. an *Marie Baum*s Konzept einer ganzheitlichen Familienfürsorge, in der sie alle Spezialfürsorgen integriert wissen wollte, und das an heutige Überlegungen zum Allgemeinen Sozialdienst (ASD) erinnert. Ähnliche Orientierungen fanden sich in Konzepten der Gemeinwesenarbeit oder in der Berliner Psychosozialen Arbeit der 30er Jahre (*C. W. Müller*, 1982).

Lebensweltorientierung bedeutet aber nicht lediglich eine ganzheitliche Arbeit „am Fall". Sie bliebe dann ja immer noch einer subjektivistischen, individualisierten Sicht verhaftet und auf pädagogisierende bzw. psychologisierende Interventionsstragetien begrenzt. Lebensweltorientierung heißt, die zu engen Grenzen der „face-to-face-Situation", die zu enge Orientierung am „Fall" zu überschreiten und den Schwerpunkt auf die Veränderung der lokalen Lebensverhältnisse einschließlich ihrer sozialen Infrastruktur zu legen. Das Konzept plädiert so für eine *Erweiterung* der Jugendhilfeaufgaben. Sie liegen danach nicht nur in der Einwirkung auf Personen (Beratung, Erziehung, Sozialisation), sondern auch in der Einwirkung auf Strukturen – kurz: in der Auseinandersetzung mit der alltäglichen Lebenswelt ihrer Klienten. Demnach ist Jugendhilfe nicht nur „personbezogene soziale Dienstleistung", sondern auch „soziale Infrastrukturpolitik" und „soziale Entwicklungsarbeit". Natürlich dürfen beide Aufgaben nicht gegeneinander ausgespielt oder als falsches Entweder-Oder auseinandergerissen werden (*Münchmeier*, 1991). Erst beide zusammen können die Aufgabe einlösen, „den Menschen in seinen Verhältnissen zu sehen".

Diese jugendhilfepolitische Aufgabenerweiterung hat auch in das neue KJHG (Kinder- und Jugendhilfegesetz) Eingang gefunden, wenn freilich auch nur im eher präambelartigen ersten Artikel. Dort heißt es, Jugendhilfe solle zur Verwirklichung des Rechts junger Menschen auf „Förderung (ihrer) Entwicklung und auf Erziehung zu einer eigenverantwortlichen und gemeinschaftsfähigen Persönlichkeit" unter anderem „dazu beitragen, positive Lebensbedingungen für junge Menschen und ihre Familien sowie eine kinder- und familienfreundliche Umwelt zu erhalten oder zu schaffen" (KJHG § 1,3.4). Damit hat z.B. das Jugendamt zumindest prinzipiell eine Rechtsgrundlage dafür, sich in Planungen und Vollzüge anderer Ämter oder Politikbereiche einzumischen. Die von I. *Mielenz* geforderte „Einmischungsstrategie" wäre eine Weise der Umsetzung ihres gesetzlichen Auftrags. Gerade wenn Jugendhilfe nicht zum Lückenbüßer und Ausfallbürgen für Probleme werden wolle, die durch andere Institutionen und Politikfelder (Schule, Wohnungs-, Arbeitsmarktpolitik usw.) verursacht werden, müsse sie sich als Anwalt für Kinder, Jugendliche und Familien in die politische Gestaltung der Lebens- und Umweltbedingungen einmischen.

Natürlich bewirkt auch diese Definition der Aufgaben in § 1 KJHG nicht ohne weiteres, daß die Jugendhilfe bei relevanten Entscheidungen der Verwaltung und Politik durch die anderen Ressorts auch wirklich „gehört" wird. Eher bleibt wahrscheinlich, daß die anderen Politik- und Verwaltungsbereiche das Dreinreden der Jugendhilfe nach Möglichkeit verhindern oder sich verbitten wollen – etwa mit Verweis auf die „Nichtzuständigkeit" der Jugendhilfe.

Bedauerlich ist deshalb, daß dieses „Einmischungsrecht" nach § 1,3.4 in den nachfolgenden Bestimmungen des KJHG nicht offensiver durchgehalten wurde. Als Beispiel hierfür kann § 81 stehen, der die Zusammenarbeit mit anderen Stellen und öffentlichen Einrichtungen regelt. Hier wird wieder *nur* von einer *Pflicht* der

Jugendhilfe gesprochen, mit Schulen, Gesundheitswesen, Arbeitsverwaltung, Polizei usw. zusammenzuarbeiten. Aber alle diese „anderen Stellen" werden nicht umgekehrt auch zur Zusammenarbeit mit der Jugendhilfe verpflichtet. Die Pflicht bleibt einseitig statt wechselseitig. Das Einmischungs*recht* der Jugendhilfe verwandelt sich in eine Kooperations*pflicht*.

Sozialpolitische Verpflichtung

Die moderne Jugendhilfe ist zu einer öffentlichen, sozialstaatlichen Institution der Sozialintegration geworden. Damit erhält sie aber auch den Charakter einer sozialen Infrastruktur der Lebensbewältigung und wird stärker einem sozialpolitischen (statt sozialpädagogischen) Steuerungsmodus unterworfen. In der Diskussion um den 5. Jugendbericht ist diese sozialpolitische „Inpflichtnahme" als unsachgemäß und dem Bildungs- bzw. dem Erziehungsverständnis der Jugendhilfe widersprechend energisch zurückgewiesen worden. Jugendhilfe sei dadurch in ihrer Eigenständigkeit als Sozialisationsbereich bedroht; ihr Selbstverständnis als Erziehungsbereich werde durch „von außen" kommende Aufgabenzuweisungen untergraben. Zudem bedeuteten sie die Gefahr, in eine „Lückenbüßerfunktion" gegenüber politisch nicht gelösten Aufgaben zu geraten. In der Erinnerung an diese Debatten der siebziger Jahre mag es überraschen, daß der 8. Jugendbericht in seiner Konzeption einer „lebensweltorientierten Jugendhilfe" die „sozialpolitische" Ausdifferenzierung ihres Aufgabenprofils offenbar ganz selbstverständlich vornimmt. So wird z. B. festgestellt:

„Zur Strukturmaxime Prävention gehören sozialpolitische und kommunalpolitische Aktivitäten zur Gestaltung der Lebensverhältnisse ... Unterstützungen der Institutionen, die die heutigen Lebenslagen bestimmen, also der Familie, der Schule, des Arbeitsmarktes ... Erschließung von Ressourcen und Beziehungen zu Selbsthilfeinitiativen" (S. 85).

Die Kommission hat versucht, sich damit an die in der Praxis selbst abzulesenden Entwicklungen – so wie sie in den einzelnen Handlungsfeldern sichtbar sind – anzulehnen. Betrachtet man nämlich die im Abschnitt III des Berichts (Tätigkeitsfelder der Jugendhilfe) zusammengestellten Analysen der Praxisentwicklungen, so zeigt sich, daß in sehr vielen Handlungsfeldern infrastrukturelle Angebote, die Vermittlung von Gelegenheitsstrukturen bis hin zu Ausbildungs- und Arbeitsplätzen, Versuche zur Vernetzung sozialer Ressourcen, die Beeinflussung kommunaler Strukturen und Selbsthilfebestrebungen inzwischen zum normalen und geläufigen „Regelangebot" der Jugendhilfe gehören.

Auf der Ebene der Praxis selbst – so scheint es – gehören über den engeren erzieherischen Bereich hinausgehende, eher sozialpolitisch ausgerichtete Aktivitäten zum akzeptierten Bestand. Die darin liegende „Erweiterung" des Aufgabenspektrums (also die „Sozialpolitisierung") scheint nicht als problematisch empfunden zu werden. Im Gegenteil: Es scheint Konsens zu sein, daß eine Jugendhilfepraxis, die sich präventiv, dezentral, alltags- und lebensweltbezogen ausrichten will, ihr Erziehungsverständnis um die angesprochenen sozialpolitischen Funktionen erweitern muß.

Beispiele dafür sind etwa die Weiterentwicklung des Kindergartens von einer Bildungseinrichtung zu einem „Nachbarschaftszentrum" (S. 101); die Konzeptionierung von Familienbildungsstätten als „Begegnungszentren" (S. 106); „schulbezogene Angebote der Jugendhilfe" (S. 121f.); Angebote der „Berufsvorbereitung" und „Ausbildung" (S. 126) sowie „Beschäftigungsprojekte" (S. 128f.); „Schuldnerberatung" (S. 138f.); „Frauenhäuser" (S. 140f.), Mütterzentren, Teestuben, Jugendcafes und anderes.

Die Beispiele machen deutlich, daß es sich bei der sozialpolitischen „Erweiterung" des Erziehungsverständnisses der Jugendhilfe nicht mehr um jene ältere Form von Sozialpolitik handelt, die sich auf die Sicherung vor Daseinsrisiken und materielle Unterstützung bezog. Vielmehr nimmt sie die moderne Konzeption von Sozialpolitik auf, der es um die Stützung von Lebenslagen, um Bereitstellung von sozialen Infrastrukturen und Ressourcen, um die Verbesserung von Lebensqualität und Selbsthilfepotentialen geht. Diese „weichen" Bereiche der Sozialpolitik lassen sich nur bedingt durch die klassischen staatlichen Steuerungsmittel von Rechtssetzung (Verabschiedung von Gesetzen) und Transfer von Geld realisieren. Sie setzen die Aktivität und Kooperationsbereitschaft der jeweiligen Zielgruppen voraus und müssen Spielraum für Eigengestaltung lassen. Gerade deshalb verbinden sich in ihnen Aspekte von Erziehung, Sozialisation und Infrastrukturpolitik. Erziehung und Sozialpolitik sind vor dem Horizont der alltäglichen Lebensbewältigung keine Widersprüche, sondern bedingen sich gegenseitig. Mit ihrer Beteiligung an den genannten sozialpolitischen Aufgaben erfüllt die Jugendhilfe deshalb auch keine „Lückenbüßerfunktion", sondern schafft die Voraussetzungen für eigenes erfolgreiches Handeln.

Vom Programm zur Methode

Die Erweiterung des Erziehungsauftrags der Jugendhilfe um die erwähnten sozial- und infrastrukturbezogenen Aufgaben bedingt auch eine Erweiterung des Professionsverständnisses. Die Frage ist, mit welchen fachlichen Methoden das erweiterte Aufgabenspektrum angemessen, d.h. nicht bloß dilettierend bearbeitet werden kann. Die ältere sozialpädagogische Ausrichtung der Professionalität und Handlungsmethoden in der Jugendhilfe bleibt dabei zweifellos wichtig, weil sie am ehesten einen Zugang zum Alltag des Klienten gewährleistet. Entscheidend ist aber, daß dieser Zugang so erweitert werden muß, daß die über das „Pädagogische" hinausgehenden Ansätze nicht *außerhalb* des professionellen Bereichs zu stehen kommen und als (lästige bzw. illegitime) „Zusatzarbeit" oder gar als „unfachlich" mißverstanden werden können.

Solches zu fordern wäre unseriös, blieben die Fachkräfte dabei lediglich auf ihren gesunden Menschenverstand angewiesen und könnten nicht auf einen gesicherten Bestand an Erfahrungen zurückgreifen. In einem interessanten Kapitel über „*Methoden in der Sozialarbeit und Sozialpädagogik*" (S. 167ff.) stellt die Kommission einschlägige neuere Entwicklungen im Bereich sozialpädagogischer Methoden vor. Der Überblick über „integrative Handlungskonzepte" wie z.B. „Engagierter Dialog", „Lifemodell", „Milieuarbeit", „lebensraumorientierte Netzwerkarbeit", „systemische Ansätze", „Konfliktstrategie", „sozial-ökologische Konzepte", „Einmischungsstrategie" usw. macht deutlich, daß seit der Zeit der klassischen Methoden (Einzelfallhilfe, Gruppenarbeit, Gemeinwesenarbeit) viele Ansätze, Konzepte und Modelle entwickelt worden sind, die die genannten erweiterten Aufgaben der Jugendhilfe aufnehmen und fachlich umsetzen können. Sie werden aber – wie der Bericht zu Recht feststellt – bisher viel zu wenig in der Aus- und Fortbildung berücksichtigt. Es bleibt zu fragen, welchen Platz erlebnispädagogische Ansätze innerhalb eines solchen Methodenspektrums haben können.

3. Erlebnispädagogik: Chancen und Irritationen

Wer sich heute ein begründetes Urteil über die Erlebnispädagogik verschaffen will, macht schnell eine widersprüchliche Erfahrung: Um ihr gerecht zu werden, kann er nicht in der Pose des distanzierten Betrachters verharren, wie dies bei der allgemeinen Beschreibung der „Lebensweltorientierung" immerhin möglich und in einer Vielzahl von Variationen über das Thema des 8. Jugendberichts inzwischen gängige Praxis ist (auch die Autoren nehmen sich davon nicht aus). Er muß sich vielmehr auf sie einlassen. Doch je mehr er eben dies tut, desto undeutlicher werden die Konturen des Gegenstands. Was eben noch wohlgeordnet schien, gerät plötzlich zum Kippbild, in dem sich positive und negative Assoziationen zum Stellenwert der Erlebnispädagogik überlagern. Schon ein Blick auf die Literatur macht dies deutlich, etwa wenn sich die Herausgeber einer jüngst erschienenen Dokumentation grüblerisch fragen, ob es sich bei der Erlebnispädagogik nur um eine Mode, eher doch um eine Methode oder vielleicht gar um mehr handelt (*Bedacht* u.a., 1992). Die seit einigen Jahren ständig wachsende Zahl von Beiträgen über erlebnispädagogische Konzepte und Projekte vermittelt gerade aufgrund ihres weitgehend deskriptiven, zuweilen geradezu beschaulichen Charakters den Eindruck einer Vielfalt, die ihr zunächst wie kaum einem anderen pädagogischen Ansatz die Aura des „Alternativen" verlieh. Wer wollte angesichts dessen bezweifeln, daß Lapplandfahrten, Höhlenerkundungen, Wüstendurchquerungen und Segeltörns der Phantasiearmut herkömmlicher Betreuungsformen mit ihrer institutionellen Borniertheit etwas Neues entgegensetzen und auch der „lebensweltorientierten" Jugendhilfe Impulse geben können? Und wer wollte so pharisäerhaft sein, den an solchen Projekten beteiligten Sozialarbeitern, Erziehern und Therapeuten die Vorteile zu mißgönnen, die die Erlebnispädagogik auch ihnen selbst bei der Entfaltung ihrer Interessen und Neigungen bietet?

Die Vorzüge der Erlebnispädagogik im Sinne einer Bereicherung der Jugendhilfelandschaft liegen, so gesehen, klar auf der Hand. Man könnte es dabei bewenden lassen, wie jener Leiter eines geschlossenen Erziehungsheims, der uns diese Vorzüge in einem Interview aus seiner Sicht erläuterte. In seiner Einrichtung, so führte er aus, seien die Mädchen zunächst für mehrere Wochen eingeschlossen; sie müßten sich dann nach einem vorgeschriebenen Stufensystem mehr und mehr Selbständigkeit in Form von Ausgang etc. erwerben; laufe der Gruppenprozeß gut, dann werde nach einigen Monaten ein gemeinsamer Segeltörn auf der Ostsee in Erwägung gezogen, „als Zuckerl".

Und doch läßt schon dieses kleine Beispiel die Zweifel deutlich werden, die sich bei einer gründlicheren Betrachtung der Erlebnispädagogik einstellen. Vieles in den gängigen erlebnispädagogischen Projektbeschreibungen und im Reden über den Sinn des „Erlebens" ist von Ungenauigkeiten durchsetzt, die eine rationale Einschätzung der Möglichkeiten und Grenzen dieser Methode erschweren. Nicht selten kommt darin ein verschwommenes Pathos der „Grenzüberschreitung" zum Vorschein, das sich angesichts der Lebensbedingungen, in die die Jugendlichen anschließend zurückkehren müssen, als ideologisch erweist. Kaum zu übersehen ist schließlich, daß das erlebnispädagogische Schrifttum einem Hang zur rückblickenden Konstruktion philosophisch-pädagogischer Ahnenreihen (von *Plato* über *Pestalozzi* und *Dilthey* zu *Hahn*) frönt, in dem sich unschwer eine Professionalisierungsstrategie ausmachen läßt. So wie die ambulante Bewegung in der Straffälligenhilfe nicht zuletzt dem Motiv folgte, im Gebäude der Justiz (oder doch zumindest in ihrem Souterrain) Platz für sozialpädagogische Berufsgruppen zu schaffen, könnte auch der gegenwärtige Boom der Erlebnispädagogik Teil des Versuchs sein, die Handlungsfelder der Jugendhilfe neu zu vermessen und ihr zur Aufbesserung ihres blassen Images ein farbigeres Terrain zu erschließen. Daß ihr dieses Terrain bislang eher suspekt war und ohne die Auseinandersetzung mit kommerziellen Pädagogikanbietern kaum noch zu betreten ist, scheint die Jugendhilfe nicht mehr zu beunruhigen. Die Doppeldeutigkeit der Erlebnispädagogik resultiert also weniger aus einer Willkür des Betrachters – sie scheint in der Sache selbst zu liegen.

Erlebnispädagogik als entlastetes Lernfeld – die Chancen

Auffällig ist, daß sich ein Großteil der erlebnispädagogischen Projekte in der Arbeit mit gefährdeten und gesellschaftlich randständigen Jugendlichen entwickelt hat. Schwerpunkte lagen in der Heimerziehung, in der Drogenarbeit und nicht zuletzt in der Straffälligenhilfe. Vor allem dort konnte sich während der achtziger Jahre im Zeichen einer auf Prävention, Entstigmatisierung und Diversion bedachten Zieldebatte eine Entwicklung durchsetzen, die inzwischen kaum noch als alternativ bezeichnet werden kann, sondern als „ambulante Bewegung" längst in den kriminalpolitischen mainstream Eingang gefunden hat. Die Zahl der Projekte, die gefährdete Jugendliche (zumeist mehrfach auffällige Straftäter mit einer sich abzeichnenden „kriminellen Karriere") zur Vermeidung von Arrest und Haft in offenem Rahmen betreuen und dabei erlebnispädagogische Elemente einbeziehen, hat sich während des letzten Jahrzehnts vervielfacht (*Pfeiffer*, 1990). Auch bei dem Versuch, „problembelasteten" Jugendlichen mehrmonatige Gruppenfahrten statt herkömmliche Formen der Heimerziehung oder gar geschlossene Heimunterbringung anzubieten, spielen erlebnispädagogische Konzepte eine zunehmende Rolle (*Kupko*, 1985). Bei aller Unterschiedlichkeit im Detail lassen sich die pädagogischen Chancen solcher Projekte wie folgt zusammenfassen: Die tägliche Routine mit ihren Auslösern und Verstärkern für delinquentes bzw. selbstschädigendes Verhalten wird unterbrochen. Im Kontakt mit einer ungewohnten Umgebung, in der Auseinandersetzung mit den Anforderungen einer nicht zu-gerichteten Natur kann der Zugang zu Gefühlen freigelegt werden, die in der normalen Umgebung verschüttet oder tabuisiert sind. Die Bewältigung schwieriger Situationen, die sich nur durch verantwortungsvolles Handeln und Rücksichtnahme überwinden lassen, lassen in der Gruppe Ansätze eines Vertrauens (und damit auch: Selbstvertrauens) entstehen, das den Jugendlichen in ihrem Herkunftsmilieu verlorengegangen ist. Die Rollenverteilung in der Gruppe kann sich an den Aufgaben orientieren, die gelöst werden müssen – statt an vorab festgelegten institutionellen Ordnungen und Hierarchien. An der Flexiblität und Reziprozität der Gruppenrollen kann so die Erfahrung wachsen, daß Beziehungen nicht unumstößlich sind, sondern „ausgehandelt" werden können, und daß brachliegende Kompetenzen Einzelner zu wichtigen Stützen der Gemeinschaft werden können. In diesem Sinne können erlebnispädagogische Situationen durchaus therapeutische Wirkungen entfalten. Verkrustungen im Umgang mit anderen und sich selbst werden aufgebrochen; Ansätze eines offeneren, toleranteren Beziehungsgefüges werden greifbar. Frelich ist es dazu unumgänglich, daß sich auch die PädagogInnen selbst als Teil der Gruppendynamik begreifen können, daß sie mitagieren und nicht als Beobachter oder Leiter außerhalb stehen bleiben.

Gisela Tuchtenhagen hat in ihrer Filmdokumentation über eine Gruppenreise nach Portugal (Teilnehmer: einige als besonders schwierig abgestempelte Jungen des Johannes Petersen-Heims in Hamburg) ein sensibles Porträt dieser gruppendynamischen Prozesse gezeichnet und dabei, ganz ohne therapeutisches Pathos, die Bedingungen aufgezeigt, unter denen Erlebnispädagogik persönliche Wirkungen erzielen kann. Deutlich wird, wie die Jungen die in der „Lebenswelt" erfahrenen Verletzungen durch ein kompliziertes Netz von Ausreden, Rationalisierungen und Symptomen zudecken, wie sie der Einsicht in eigene Schuld durch geschickte Neutralisierungstechniken zu entgehen suchen (vgl. hierzu die Beschreibungen bei *Redl* u. *Wineman*, 1979) und wie sie ihre auf der Straße und in Heimen erlernten Verhaltenstechniken gegen alle Versuche der Betreuer so lange wie möglich verteidigen. Als die gemeinsame Reise infolge permanenter Regelverletzungen einzelner Jungen bereits zu scheitern droht, agiert die Gruppe als ganze, setzt sich auseinander und erzwingt die Einhaltung von Regeln.

Erst das Erleben einer gemeinsamen Aktion und deren abrupte Gefährdung lockt die Jungen aus ihrer je individuellen, ängstlich verteidigten Reserve. Erst das Verhalten der Betreuer, über mehrere Monate gegen äußeren Druck und innere Zweifel durchgehalten, ermöglicht überhaupt erst eine Situation, in der sich Gemeinsamkeit entfalten kann. Soweit, in äußerster Verkürzung, das Protokoll eines „erfolgreichen" Projekts. Erlebnispädagogik, so läßt sich daraus lernen, kann dort gelingen, wo sie die Voraussetzungen für eine *reale Auseinandersetzung* schafft – innerhalb der Gruppe, aber auch beim einzelnen Jugendlichen. Sie benötigt dazu geeignete Rahmenbedingungen, ist aber nicht auf ein bestimmtes „Medium" (Meer, Gebirge, Wüste, Einsamkeit o.ä.) angewiesen. Zumindest im Umgang mit gefährdeten Jugendlichen kommt der Fähigkeit und Bereitschaft der Betreuer, sich auf widersprüchliche, belastende Beziehungen verbindlich einzulassen, ein höherer Stellenwert zu als der Frage des Breitengrades, auf dem dies geschieht. Da erstmals gelingt, was keine der vorherigen Betreuungsinstanzen zwischen Schule, Heimerziehung und Justiz vermocht hat, wird in diesem Beispiel letztlich auch die Abgrenzung zwischen Erlebnispädagogik und Lebenswelt müßig; nur indem die Jugendlichen aus ihrer zerstörten Lebenswelt heraustreten, können sie allmählich auf die Mechanismen verzichten, mit denen sie sonst *in ihr* agieren.

Erlebnispädagogik als Verschiffung sozialer Probleme: die Gefahren

Doch nicht immer liegen die Dinge so wie in diesem Beispiel. Trotz der überzeugenden Perspektiven besteht die Gefahr, daß sich die Erlebnispädagogik zu einer neuen Strategie der Problemverlagerung und Ausgrenzung entwickelt bzw. in eben diesem Sinne *politisch* mißbraucht wird. Störende Jugendliche fernab von den Orten ihrer Frustration und den Objekten ihres Hasses in Reisegruppen oder Sommercamps zusammenzulegen, ist allemal leichter, als die Ursachen ihres Verhaltens dort zu verändern, wo sie entstanden sind und sich reproduzieren – eben in der „Lebenswelt". Besonders deutlich zeigte sich diese politische Doppelbödigkeit im Einsatz von Erlebnispädagogik in den Versuchen der französischen Regierung, randalierende Jugendliche (zumeist nordafrikanischer Herkunft) aus den sozialen Brennpunkten von Marseille und Lyon während der „heißen" Sommermonate in großangelegten Ferienlagern in den ebenso reizvollen wie entlegenen Tälern der Ardèche unterzubringen, um sie auf diese Weise davon abzuhalten, gestohlene Luxuslimousinen für Rodeo-Rennen zweckzuentfremden und dabei zu Schrott zu fahren.

Eine so verstandene Funktionalisierung der Erlebnispädagogik als präventiver

„Befriedigungsschlag" gegen Problemgruppen wäre, wie auch immer umschrieben, kaum mehr als ein Rückgriff auf Repression im Gewand der Pädagogik. Das alte Dauerproblem der Jugendhilfe, die Behandlung der „Schwierigen" (*Peukert*, 1986) würde dabei – einmal mehr in ihrer Geschichte – durch die Ausdifferenzierung einer spezialisierten Sonder-Pädagogik gelöst und liefe schon dadurch dem zentralen, integrativen Anspruch der Lebensweltorientierung zuwider. Das gegenwärtige Aufbrechen rassistisch motivierter Gewaltpotentiale unter Jugendlichen – und zwar in den verschiedensten Regionen Europas – läßt es nicht als abwegig erscheinen, daß unter den in Frage kommenden Lösungsstrategien gerade die Erlebnispädagogik als methodisch überzeugendes, vergleichsweise kostengünstiges und vom Geruch der Anstalt freies Arrangement verstärkt in den Blick der Jugendhilfeadministrationen gerät. Europäische Perspektiven?

Auch bei gesellschaftstheoretischer Betrachtung spricht einiges dafür, daß diese von den positiven Intentionen der Erlebnispädagogik wegführende Entwicklung zumindest nicht ganz unwahrscheinlich ist: Als Folge der fortschreitenden sozialen Polarisierung, wie sie im Bild der Zweidrittelgesellschaft (*Hirsch*, 1985) angesprochen ist, wächst zwangsläufig auch auf die Jugendhilfe der Druck, ihre Angebote auf neue Weise zu differenzieren. Einerseits erwachsen ihr aus dem Strukturwandel der Jugendphase, wie ihn etwa der 8. Jugendbericht beschreibt, neue Zuständigkeiten für die Gestaltung der *gesamten* Lebensverhältnisse junger Menschen (s.o.). Andererseits wird sie sich künftig durch ein anwachsendes Potential „neuer Armut" und daraus resultierender Rand- und Problemgruppen abermals einer Nachfrage nach speziellen Betreuungsformen für diejenigen ausgesetzt sehen, die mit den gängigen sozialpädagogischen Methoden nicht erreichbar sind – wir kommen in unserer Schlußbetrachtung noch einmal darauf zurück. Die Versuchung, sich dieser Nachfrage durch eine Strategie der „Verschiffung" zumindest partiell zu entledigen und Erlebnispädagogik zum funktionalen Äquivalent der pädagogisch nicht mehr vermittelbaren geschlossenen Heimunterbringung werden zu lassen, ist groß; in der Diskussion sollte sie stärker beachtet werden als bisher (*v. Wolffersdorff* u. *Sprau-Kuhlen*, 1990).

Ganz bewußt greifen wir zur Kennzeichnung dieser Gefahr auf eine polemische Überzeichnung zurück – nicht um die Erlebnispädagogik pauschal zu diskreditieren, sondern um auf jene Aspekte ihrer Konzeption und Tradition hinzuweisen, die sie für eine solche stillschweigende Umdefinition ihres Funktionsverständnisses empfänglich machen könnten. Zu diesen Aspekten gehört einmal die Tatsache, daß viele erlebnispädagogische Projekte ihren Schwerpunkt aus nachvollziehbaren Erwägungen (s.o.) in entlegene Regionen verlagern, dabei jedoch die strukturellen Analogien übersehen, die sie mit herkömmlichen Versuchen einer Verhaltensänderung unter künstlich arrangierten Bedingungen teilen. So scheiterte ja bereits der „Behandlungsvollzug" (in den siebziger Jahren seinerseits als sozialpädagogische Alternative gehandelt) letztlich an der selben Transferproblematik, die heute die Erlebnispädagogik begleitet: Daß die „Erziehung zur Freiheit in Unfreiheit" heute ein eher verstaubtes Dasein in den Arsenalen abgelegter Globalkonzepte fristet, ist weniger der schwammigen Zielsetzung zuzuschreiben als dem kleinen Unterschied zwischen veranstaltetem Lernen und sozialer Realität (*Gottschalk*, 1992, S. 39). Zwar liegt in dem Vorwurf einer „geschlossenen Unterbringung zur See", wie er gegenüber mehrmonatigen Segelfahrten oder – in entsprechender Variation – anderen Projekttypen mit langen Phasen räumlicher Abgeschiedenheit erhoben wird, zuweilen ein böses Moment von Übertreibung. Doch erinnert er – durchaus heilsam – daran, daß es bereits in früheren Epochen Versuche gab, städtischer Jugendkriminalität durch die Einweisung der Delinquenten auf Segelschiffe zu begegnen – so geschehen zu Beginn des 19. Jahrhunderts auf Anweisung der Königin von England (*Millham* u. a., 1978). Wer sich einer strukturellen Betrachtung des Formenwandels sozialer Kontrolle nicht grundsätzlich verschließt, wird in der Erinnerung an so problematische Vorläufer der Erlebnispädagogik keinen unfairen Angriff sehen, sondern den Hinweis darauf, daß auch sie ein Teil jenes Januskopfes von Zuwendung und Abwendung, Integration und Ausgrenzung ist, der der Sozialpädagogik unwiderruflich in die Wiege gelegt ist (*Peukert*, 1986).

Zweifellos enthält das strukturelle Arrangement des Schiffs mit den Entbehrungen eines monatelangen Lebens auf See, der Unentrinnbarkeit der Gruppe, dem Ausgeliefertsein an die Elemente der Natur und die Kommandos des Kapitäns vielfältige Ansatzpunkte für soziales Lernen. Wir bezweifeln aber, daß sie zur Wirkung kommen können, wenn nicht (a) die uneingeschränkte Freiwilligkeit der Teilnahme gewährleistet ist und (b) zuvor geklärt wird, was bei diesem speziellen Jungen / Mädchen mit einer solchen „Maßnahme" erreicht werden soll. Hinzu kommt, daß die Trennung des/der Jugendlichen vom Herkunftsmilieu eine Eigendynamik entfaltet, die neben Vorbereitungs- auch längere Nachbereitungsphasen umfaßt und so den angestrebten „Transfer in die Lebenswelt" u. U. eher erschwert als unterstützt. Zu den Widersprüchen gehört schließlich auch, daß erlebnispädagogische Projekte für Jugendhilfeeinrichtungen eine Ventilfunktion für strukturell oder im Alltag ungelöste Probleme der Institution erfüllen können und daß sie, wie im oben zitierten Beispiel des geschlossenen Erziehungsheims, den Status einer Belohnung für institutionelle Anpassung erhalten.

Schluß

Keine der hier beschriebenen Chancen, Widersprüche und Begrenzungen sind eindeutig in dem Sinne, daß sich aus ihnen ein schlüssiges Gesamtbild ableiten ließe – dies gilt für die lebensweltorientierte Jugendhilfe ebenso wie für die Erlebnispädagogik. Beiden Konzepten ist zudem gemeinsam, daß sie gegenwärtig einem gewissen Verschleiß unterliegen, sei es durch die ständige Aufzählung wünschenswerter Prinzipien oder durch einen überzogenen Glauben an die Machbarkeit von Verhaltensänderungen. Wenn wir beide Ansätze vergleichen, dann sehen wir, daß es sich bei der „Lebensweltorientierung" letztlich um ein *infrastrukturelles* Konzept mit sozialpolitischer Zielsetzung handelt, bei der Erlebnispädagogik hingegen um einen *subjektbezogenen* Ansatz mit Blick auf den Einzelnen. Es ist weder sinnvoll noch notwendig, diese unterschiedliche Ausgangslage zu verwischen und den einen Ansatz aus der Perspektive des jeweils anderen zu kritisieren.

Wichtiger erscheint es uns, die Umsetzungsbedingungen und die Grenzen der beiden Methoden zu überprüfen und nach wechselseitigen Möglichkeiten der Ergänzung und Vernetzung zu fragen. Auf eine Reihe immanenter Widersprüche der Erlebnispädagogik haben wir in diesem Beitrag bereits hingewiesen. Aber auch das Konzept einer lebensweltorientierten Jugendhilfe hat seine eigentliche Bewährungsprobe noch vor sich. Nachdem es heute jugendhilfe*intern* weitgehend akzeptiert ist, dürfte es künftig darum gehen, seine Erstarrung zum rituell wiederholten Gemeinplatz zu verhindern und sein zentrales Anliegen gegenüber einer (offenbar stärker werdenden) Position durchzuhalten, die von der Jugendhilfe eben nicht „sozialpolitische Öffnung" und „Einmischung" erwartet, sondern die Verwaltung von Problemgruppen. Wenn wir es richtig sehen, erleben wir zur Zeit parallel zur Verfestigung einer sozial gespaltenen Zweidrittelgesellschaft die Vorboten einer Entwicklung, in der auch die Jugendhilfe von Polarisierung bedroht ist. Es ist zu erwarten, daß sich ihre Klientel in zwei große Gruppen ausdifferenzieren wird: Ein Teil von Familien, Kindern und Jugendlichen in durchschnittlichen Lebenslagen wird die Angebote der Jugendhilfe in großer Breite nach eigenen Präferenzen wahrnehmen bzw. neue lebensweltorientierte Angebote und darunter auch solche der Erlebnispädagogik fordern. Allgemeines Motiv für diesen „weichen" Teil der Jugendhilfe wird das Bedürfnis nach Selbstentfaltung und individueller Erlebnisvielfalt sein. Ein anderer Teil von Familien, Kindern und Jugendlichen dagegen wird aufgrund sozialstruktureller und biographischer Belastungen nicht mehr imstande sein, die für eine durchschnittliche Lebensführung notwendigen Kompetenzen und Ressourcen aufzubringen. Diese Klientel wird sich an den Rändern der Gesellschaft verfestigen und die Jugendhilfe auf Dauer beschäftigen. Für sie mißraten lebensweltbezogene *und* erlebnispädagogische Maßnahmen allzu leicht zu einem sich verdichtenden Kontrollzusammenhang, dem sie nur schwer entrinnen können. Ob es tatsächlich dazu kommt, hängt nicht nur von den hier diskutierten Konzepten selbst ab, sondern entscheidend von den politischen Rahmenbedingungen der Jugendhilfe im schwieriger werdenden Prozeß der Modernisierung.

Literatur

Bedacht, A. u.a. (Hrsg.): Erlebnispädagogik: Mode, Methode oder mehr? Tagungsdokumentation des Forums Erlebnispädagogik. München 1992.

Bundesministerium für Jugend, Familie, Frauen und Gesundheit (Hrsg.): Achter Jugendbericht, Bundestagsdrucksache 11/6576. Bonn 1990.

Gottschalk, W.: Statement zur Podiumsdiskussion. In: Erlebnispädagogik: Mode, Methode oder mehr? Tagungsdokumentation des Forums Erlebnispädagogik. Bedacht, A. u.a. (Hrsg.), S. 37–42. München 1992.

Hirsch, J.: Spaltung oder neue Solidaritäten? In: Die ökosoziale Frage. Opielka, M. (Hrsg.). Frankfurt a.M. 1985.

Kupko, S.: Entstehung und Bewältigung jugendlicher Dissozialität. Lüneburg 1985, Bd. 1 und 2.

Müller, C.W.: Wie Helfen zum Beruf wurde. Eine Methodengeschichte der Sozialarbeit, Bd. 1. Weinheim, Basel 1982.

Münchmeier, R.: Das Ende der Erziehung? Zum veränderten Erziehungsverständnis in der Jugendhilfe. In: Der 8. Jugendbericht: Konsequenzen für die Praxis der Jugendhilfe. Ergebnisse einer Fachtagung des Deutschen Vereins und der AGJ (Schriften des Deutschen Vereins Nr. 28). Faltermeier, J. (Bearb.), S. 79–93. Frankfurt 1991.

Peukert, D.J.K.: Grenzen der Sozialdisziplinierung. Aufstieg und Krise der deutschen Jugendfürsorge 1878–1932. Köln 1986.

Pfeiffer, Ch.: Jugendkriminalität und jugendstrafrechtliche Praxis. Eine vergleichende Analyse zu Entwicklungstendenzen und regionalen Unterschieden. In: Risiken des Heranwachsens. Probleme der Lebensbewältigung im Jugendalter. Materialien zum 8. Jugendbericht, Bd. 3. Sachverständigenkommission 8. Jugendbericht (Hrsg.), S. 153–291. München 1990.

Redl, F.; Wineman, D.: Kinder, die hassen. München 1979.

Thiersch, H.: Lebensweltorientierte Jugendhilfe. In: Lebenswelten – Lebenslagen. Veränderungen in der Praxis der Jugendhilfe? Arbeitsgemeinschaft für Jugendhilfe (Hrsg.), S. 24–36. Bonn 1992.

Wolffersdorff, v.Ch.; Sprau-Kuhlen, V. in Zusammenarbeit mit J. Kersten: Geschlossene Unterbringung in Heimen – Kapitulation der Jugendhilfe? München 1990.

BOJE MAASSEN

Naturerleben mit Kindern und Jugendlichen

1. Erscheinungsformen des Naturerlebens

Naturerleben ist eine pädagogisch vermittelte Begegnung von Mensch und Natur in der Absicht, intensive Gefühlseindrücke hervorzurufen.

Natur können eine Lichtung, ein Bach, ein Naturschutzgebiet, Pflanzen auf dem Erdwall im Schulgelände, das Nest einer Rauchschwalbe, eine Ameisenstraße oder der Kletterefeu an einer Garagenwand sein. Spektakuläre Natur ist fast verdächtig. Aufgesucht wird lieber die zugängliche Natur, deren Strukturen und Merkmale oft kleinformatig, versteckt, verdeckt und unscheinbar sind und eines zweiten Blickes bedürfen, um überhaupt wahrgenommen zu werden. Geschätzt wird Natur, die „tapfer" ist, da sie sich trotz größter zivilisatorischer Bedrängungen behauptet. Als angenehm empfunden wird Natur, die im Betrachter positive Gefühle erweckt, weil sie Ruhe ausstrahlt, harmonisierend wirkt, Geborgenheit bietet. Atmosphären, Stimmungen, Schönheit und Werte werden von der Natur nicht abgespalten, sondern gezielt in ihr aufgesucht und erlebt. Eine ungeschriebene Norm ist offensichtlich, daß die Begegnung „vor Ort" stattfinden soll. Klassenzimmer oder Arbeitsräume sind bestensfalls Orte der Nachbereitung.

Die Dauer der Naturbegegnung reicht von einem Augenblick, einer Unterrichtsstunde über Tagesexkursionen bis hin zu mehrtägigen Aufenthalten in Zeltlagern, Schullandheimen oder spezifischen Einrichtungen.

Im Vergleich zu den Methoden des Biologieunterrichts oder gar der Naturwissenschaften variieren die von dem/der Anleiter(-in) vorgegebenen strukturierenden Formen der Begegnungen beträchtlich. Es wird gerochen, geschmeckt, gefühlt und getastet, gehört und aus verschiedenen Perspektiven und Distanzen betrachtet. Diese sinnlichen Aktivitäten reichen von gezielt („Hört bitte genau auf den Beginn des Gesangs des Wintergoldhähnchens") bis hin zu unspezifisch („Was hört ihr alles?"). Sie werden subjektiv gedeutet, mit wissenschaftlichen Erkenntnissen, mit kulturellen Aussagen (beispielsweise volkstümliche Ausdrücke oder traditionelle Nutzungen), mit eigenen Erfahrungen („Die kenne ich von meiner Oma") zusammengebracht oder für sich als Wert stehengelassen. Es wird wenig abgezählt und gemessen. Hilfsmittel werden sparsam eingesetzt. Naturwissenschaftliche Vorgehensweisen und Terminologie haben ihren Platz z.B in Bestimmungsübungen oder beim Analysieren von Wasserqualitäten. Mit ihrer Hilfe werden aber nicht systematisch umfassende Problemaufgaben bearbeitet. Kommunikation mit der Natur wird praktiziert (der Baum als Subjekt). Viel Raum und Zeit wird dem spielerischen Umgang mit Naturteilen, den Spielen in der Natur und Rollenspielen gegeben. Ein aktuelles Rollenspiel wäre: „Verzicht auf Erweiterung eines Betriebsgeländes in ein Naturschutzgebiet versus Verlust von Arbeitsplätzen". Nachahmung von Natur als mimetische Handlung oder Nachformen mit verschiedenen Materialien stärken subjektives Aneignen. Jeder Mensch kann zum Naturerleben angeleitet werden: in unserer Gesellschaft vorzugsweise SchülerInnen, UrlauberInnen, Angestellte auf Bildungsurlaub, LehrerInnen in der Fortbildung.... Es liegen damit unterschiedliche Biographien, Interessenlagen, Wissens- und Fähigkeitsbestände und Bedingungssituationen vor. Naturerleben mit Kindern und Jugendlichen unterscheidet sich vom Naturerleben mit einer heterogenen Urlaubergruppe, von einer studentischen Biologie-Exkursion oder einer Lehrer-Fortbildung. Generell läßt sich mit aller Vorsicht und mit Einschränkungen sagen, daß Naturerleben mit Kindern und Jugendlichen folgende Akzente setzen sollte:

- sich viel Zeit lassen
- Einbettung in umfassendere Projekte (z. B. Kanufahrt),
- vorsichtiger Einsatz von Superlativen: Das ist der größte, schnellste, seltenste ...oder „Auf diesem Quadratmeter befinden sich 20000 Herzmuscheln",
- viel streicheln, anfassen, begreifen, schmecken,
- das spielerische Moment stärker berücksichtigen,
- Identifikationsmöglichkeiten schaffen.

Bevor wir weiter in der Bestimmung des Naturerlebens mit Kindern und Jugendlichen fortfahren, ist es sinnvoll, sich die unmittelbaren „Umwelten" des Naturerlebens anzusehen.

2. Nachbarschaften und Abgrenzungen

Naturerleben besitzt keine eindeutigen Grenzen. Zur Orientierung: Die vereinseitigende Akzentuierung des Objektpols führt hin zur Biologie, die Akzentuierung des Subjektpols zur Erlebnispädagogik. Im folgenden wenden wir uns der Erlebnispädagogik (2.1) und ihrer vermarkteten Variante, dem Konsumerlebnis (2.2) zu. In der Erlebnispädagogik liegt gegenüber dem Naturerleben eine Verwechslungsmöglichkeit vor, im Konsumerlebnis eine Gefahr.

2.1 Naturerleben und Erlebnispädagogik

Naturerleben und Erlebnispädagogik haben das Wort „Erleben" und das damit Gemeinte gemeinsam, nämlich den relativ kurzfristigen, intensiven Gefühlseindruck. Von der Herkunft, Zielsetzung und Durchführung sind es aber zwei verschiedene pädagogische Ansätze.

Naturerleben will zuallererst die Begegnung mit der Natur. Diese Begegnung hat grundsätzlich ihren Wert in sich. Im Hintergrund schwebt die Hoffnung, den Prozeß zu einer weniger ausbeuterischen Naturbeziehung einzuleiten. Das Verhalten ist auf die jeweilige Natur ausgerichtet. Der Gang durch den weglosen Wald verlangt sensible Aufmerksamkeit: Die kleine Fichte wird umgangen, der Ast wird vorsichtig zurückgebogen, der Moosteppich nicht betreten, die Stimme gesenkt, bunte Kleidung vermieden. Der Mensch paßt sich lernend der jeweiligen Natur an, sie bestimmt die Interaktionen.

Aktivitäten in der Erlebnispädagogik finden zwar vorzugsweise in der Natur statt, ihre Zielrichtung ist aber eine ganz andere: Die Natur ist nur der Gegenstand, das Hindernis, durch deren Überwindung das Subjekt wächst, seine Fähigkeiten übt, ausbildet und weiterentwickelt. Es geht um Selbsterkenntnis und -stärkung und nicht um Naturerkenntnis und -verstehen. Die oft schwierigen Aufgaben mit überwiegendem Sportcharakter verlangen höchste Konzentration auf sich selbst. Daher ist während einer schwierigen Phase der Bergbesteigung, einer Kanufahrt in einem schnellfließenden Gewässer oder einer mehrstündigen Nachtwanderung ein sensibler Umgang mit der jeweiligen Natur nicht möglich.

In einem Vergleich: Naturerleben verhält sich zur Erlebnispädagogik wie Akkomodation zu Assimilation in der Theorie Piagets. Naturerleben zielt auf Anpassung des Verhaltens an vorgegebene Natur, während Erlebnispädagogik Natur in bereits vorliegende subjektive Handlungsmuster einarbeitet.

Die Natur der Erlebnispädagogik kann man systemtheoretisch als das Produkt eines selbstreferentiellen Prozesses verstehen. Damit ist gemeint, daß Systeme sich ihre eigenen Umwelten schaffen und nur noch auf Eigenes reagieren: der Fluß als Rennstrecke, der Berg als schwierige Kletteraufgabe. Die reine Form der Erlebnispädagogik ist ähnlich der des Konsumerlebnisses. Die Form hat keinen funktionalen Charakter mehr, sondern repräsentiert zusätzlich etwas: Von Passau nach Wien mit dem Fahrrad zu fahren, ist offensichtlich nur mit einer Ausrüstung möglich, die sich nicht wesentlich von der der Fahrer der Tour de France unterscheidet, auch bei einer Tagesleistung von 26 Kilometern. Die Form des Naturerlebens scheint da wesentlich resistenter zu sein.

2.2 Naturerleben und Erlebniskauf

Mit dem Begriff „Konsumerlebnis" soll auf eine Tendenz verwiesen werden, die im Kleide des Erlebens daherkommt, in der Sache aber deren Negation ist. Was ist damit gemeint?

Einerseits vereinfachen, rationalisieren, geometrisieren, funktionalisieren, entsinnlichen und abstrahieren die bestimmenden Kräfte und Tendenzen in der Gesellschaft die Alltagswelt – in überwiegender Übereinstimmung mit den Betroffenen. Andererseits greifen dieselben Kräfte die freivagabundierenden Bedürfnisse nach Emotionen, Unübersichtlichkeit, Wildnis und Spannung auf und lenken sie auf Waren und Dienstleistungen. Daraus entstehen dann der Erlebniskauf, der Safaripark oder die Abenteuerreise durch das Packeis mit dem Luxusliner.

Ein genuines Erlebnis verhält sich zu einem Konsumerlebnis wie Gebrauchs- zu Tauschwert. Das Konsumerlebnis bezieht sich allein auf einen losgelösten Schein, sei es Bild, Arrangement oder nur Slogan. Es leuchtet ein, daß man nach einem solchen „Erlebnis" nicht erfüllt ist, nichts nachklingt, sondern Leere entsteht und bestenfalls dieser Trug kritisch analysiert wird. Letzteres ist aber die Ausnahme. Vielmehr sucht der Enttäuschte den Fehler bei sich selbst und hofft auf den nächsten Erlebniskauf. Die wesentlichen, aber verdrängten Merkmale des Konsumerlebnisses sind: endloser Hunger auf mehr, permanente Steigerungen, Herrschaft der Superlative, Künstlichkeit, köperloser Schein, Grenzenlosigkeit.

All das ist erst möglich geworden auf der Basis der innengerichteten Modernisierung. G. *Schulze* (1992, S. 419) beschreibt diesen Prozeß wie folgt:

> „Mit der Ästhetisierung des Alltagslebens ist Modernisierung in ein neues Stadium eingetreten. Zunächst lagen die Zwecke moderner Rationalität außerhalb des Handelnden. Es ging um die Leistungskraft von Maschinen, um Gewinnmargen,.... Wann immer Handlungsstrukturen im Hinblick auf solche Zielsetzungen geändert wurden, richtete sich Modernisierung nach außen, auf Zustände, die den Bedingungen zugehörten, unter denen die Menschen zu leben hatten.... Modernisierung des Erlebens bedeutet nun eine Wendung der Zweckdefinition nach innen. Die neue Zweckdefinition löst die alten nicht ab, sondern kommt hinzu".

Schulze führt eine Reihe von Beispielen erlebnisrationalen Handelns auf: Einkäufe, Musik, Kosmetik, Sport, Fernsehprogramme, Ausgehen, Urlaube, Konzerte, Museumsbesuche, Kleiderwechsel, Essen, Trinken, Zeitschriften, Süßigkeiten, neue Frisuren, durch die Stadt gehen usw. (vergl. ebd., S. 42O).

Auch Kinder und Jugendliche befinden sich auf der Handlungsebene mit zunehmender Tendenz weit weg von natürlichen oder naturnahen Räumen. Ihre Erfahrungen mit Natur sind überwiegend vermittelte (TV) oder aufbereitete (Erlebnispark). Ihre unzweifelhaft vorhandene Naturliebe ist häufig abstrakt, genauer: Sie wird in abstrakte Bahnen gelenkt. Natur erscheint überwiegend idealisiert, das Mühsame, Unattraktive, Unscheinbare, sich Wiederholende kommt darin nicht vor.

Von dieser Art des Erlebnisses droht dem Naturerleben Gefahr, denn es ist nicht grell und spektakulär, will nicht überrumpeln oder einschläfern. Interessant in diesem Zusammenhang ist ein Phänomen, das auch im Naturerleben zu beobachten ist, das der Seltenheit. Ein Eisvogel oder eine seltene Orchideenart erregen mehr Aufmerksamkeit und Gefühlsintensität als ein Spatz oder das weit verbreitete Gänseblümchen. Liegt hier eine kulturunabhängige, anthropologische Konstante vor, oder ist bereits der Einfluß der Warenwelt aus der Beziehung von Angebot und Nachfrage „Das Seltene hat seinen Preis" wirksam?

Erlebnispädagogik und Konsumerlebnis haben also beide den Akzent auf dem Subjekt, in der ersteren verändert sich der Mensch, im letzteren nur scheinbar.

3. Fünf Merkmale des Naturerlebens

Die bisherige, im Allgemeinen sich aufhaltende Darstellung des Naturerlebens war derart, daß keine Dynamiken und Widersprüche sichtbar wurden. Der ständig störende Einfluß der Erlebnisindustrie, das frustrierend Mühsame und das anthropologische Faktum, daß der Mensch nicht in Natur aufgeht, sind beispielsweise Größen, die pädagogische Aufgaben aufwerfen.

Ich beschränke mich auf fünf mir wichtig erscheinende Merkmale oder Problembereiche, die das pädagogisch Unerwünschte und Unbegriffene nicht ausklammern: Mitgefühl ist nicht immer vorhanden (3.1), subjektive Gestimmtheit (3.2), Distanz (3.3) Möglichkeiten der Nähe (3.4) Mühe und Erlebnis bedingen einander (3.5). Ausgangspunkt ist immer eine konkrete Situation.

3.1 Mitgefühl ist nicht immer vorhanden

Ich gehe mit der fünften Hauptschulklasse ins Watt. Der sanfte Dennis bekommt die Aufgabe, den sogenannten Gummibandwurm (Heteromastus) aus einem Sandhaufen zu ziehen. Diese Aufgabe ist nahezu unlösbar, da Heteromastus derartig dünn ist (3mm), daß er sehr schnell zerreißt. Dieses droht zu passieren, und Thomas ruft in einer eigenartigen Mischung von Freude und Erregung: „Los, reiß endlich zu!" Die Reaktionen der Schüler und von mir sind unterschiedlich: Während die Mädchen dies lautstark als gemein bezeichnen, hat zumindest eines von ihnen (man sieht es am Gesichtsausdruck) starkes Interesse am Reißen. Die Mehrheit der Jungen sprechen sich ebenfalls für dieses Vorgehen aus. Ich äußere, daß man einem Tier nicht unnötig Schmerz zufügen solle. Auch hier handele es sich um ein zugegebenermaßen kleines und unscheinbares Mitlebewesen. Ich sorge dafür, daß Dennis seine Aufgabe, den Wurm aus dem Sandhaufen zu holen, abbricht.

Interpretation:

Die Situation zeigt, daß jedes Kind (und Erwachsener) nicht von vornherein eine mitfühlende, beschützende Einstellung gegenüber allen Tieren hat. Einige Schüler haben gegenüber Natur nicht nur ein gleichgültiges, sondern sogar ein offensichtlich aggressives Verhalten, das auch nicht rationalisiert wird. Aggressionen und ihre Darstellungen finden wir in vielfältigen Formen in der Gesellschaft wieder. Allein der Hinweis auf die notwendigen Aggressionshandlungen im Nahrungserwerb belegt, daß diese Thematik anthropologisch und ethisch höchst schwierige und komplexe Dimensionen berührt.

Für das Naturerleben:

Liebe und Mitgefühl können nicht erzwungen werden. Man kann aber Situationen schaffen, die die Chance des Fließens von Zuwendungen erhöhen. Einflußreich ist das Verhalten der AnleiterInnen: Vorsichtiges Gehen im Biotop und behutsames In-die-Hand-Nehmen des Wurmes (oder ganz darauf verzichten) erreichen oft mehr als nur verbale Aufklärung oder gar Ermahnung.

3.2 Naturerleben setzt eine lebendige innere Natur voraus

„Ich bin wie gerädert". „Ich bin verspannt". „Ich bin nicht mehr integraler Teil in meiner Umwelt". „Ich habe Phasen, die ein Autist auch haben muß".

Interpretation:

Diese Aussagen bezeichnen Befindlichkeiten, die wohl jeder von uns mehr oder weniger stark an sich selbst „erdingt" hat (erlebt eben nicht, denn man ist ja in solchen Momenten „leblos") . In dieser Verfassung kann man keine lebendigen Beziehungen zu seiner Umwelt aufbauen.

Lebendige Beziehungen heißt, daß man sich für seine Umwelt öffnet: für Pflanzen, Tiere, Menschen, Situationen oder Teile davon. Man läßt sich faszinieren, tritt in Kommunikation mit ihnen ein, schaut und wird angeschaut, spürt die Ausstrahlung, die Lebenskraft, die Atmosphäre, die Aura und strahlt selbst aus. Man merkt, daß Leben und Liebe vielleicht identisch sind, zumindest sehr nahe beieinander liegen.

Für das Naturerleben:

Verspannungen, Verpanzerungen, kein Interesse mehr an seiner Umwelt haben sind Phasen, die in einem gewissen Umfang zum Leben gehören. Übersteigen sie ein (individuelles) Maß, gibt es auch Möglichkeiten, darauf zu reagieren:
– den Körper elastisch machen, rhythmisieren,
– den Geist mit Konzepten konfrontieren, die öffnen: Das kann eine Indianergeschichte, Naturlyrik, ein Umweltbericht oder ein philosophischer Text, aber auch Malerei,
– darauf achten, daß Ganzheit nicht nur auf sich selbst beschränkt bleibt, sondern auch die soziale, kulturelle und natürliche Umwelt mit einschließt und gehalten werden muß.

3.3 Naturerleben erfordert Distanz

Jens, Sohn eines Landwirts, 15 Jahre alt, ein intelligenter Junge mit befriedigenden Lernerfolgen an der Hauptschule. Frage an ihn: „Ist die Natur schön?" Antwort: „Das ist eine dumme Frage".

Interpretation:

Jens findet diese Frage dumm, weil Schönheit der Natur für ihn keine Kategorie ist. Auf Wanderungen war er einer der interessiertesten Schüler: Er sah nicht nur die Maisfelder, sondern konnte genau bestimmen, welche Anbautechniken es sich handelte, welche Qualität der Mais hatte usw. Die gleiche Wahrnehmungsschärfe galt den Rindern, den Zäunen, den Drainageröhren. Er sah alles – nur keine Schönheit.

Naturerleben und -empfinden war erst nach dem Heraustreten aus dem Zusammenhang der ursprünglichen Reproduktion möglich. Nicht zufällig fallen der Beginn der Industrialisierung und die Entstehung eines romantizierenden Naturgefühls zeitlich und örtlich zusammen. Was wird da plötzlich wahrgenommen, das vorhergehenden Generationen nicht auffiel? Was ist das Natürliche des Naturerlebnisses? Eine Vermutung: Der Mensch findet im Anderen der Natur Verdrängtes wieder. Das Andere wäre das, was im vernunftorientierten Bewußtsein keinen Platz finden darf. In der Natur ist es die Fülle, die Intensität, die Wildnis, die partielle Unberechenbarkeit, das Nutz- und Funktionslose von Gerüchen, Geräuschen (Wasserplätschern, Vogelgesang), die unregelmäßigen Formen der Schönheit, die Erotik und Sexualität, das Einzigartige, das Besondere. Alles das, was nach Georges Bataille (vergl. *R. Bischof* 1984, S.115–161) bei der Begriffsbildung, beim Vernünftigwerden von Welt, verlorengeht.

Folgen für das Naturerleben:

Jens ist sicherlich heute bereits die große Ausnahme. Kinder und Jugendliche stehen nicht mehr in Situationen der ursprünglichen Reproduktion und sind nach obiger Logik offen für Naturerlebnisse.

3.4 „Nähe zur Natur" oder „Irks Ziege"

In unserem Dorf sind Zwergziegen „in". Bisher haben wir drei. Sie gehören Jungen im Alter von 4 bis 9 Jahren. Irk (7) läuft mit seiner Ziege „Peterlein" durchs Dorf. Ziegen, obwohl Herdentiere, haben ihren eigenen Kopf. Sie wollen oft nicht so, wie ihr Besitzer will. Trotzdem, Irks Ziege ist etwas Besonderes. Sie ist sehr klug, sie kennt ihn, sie freut sich, wenn er kommt, sie nimmt von ihm am liebsten das Futter an, ja, er hat schon mit ihr in dem kleinen Stall zusammen im Stroh gelegen, und sie war da ganz ruhig (was sie ja sonst gar nicht ist). Er hat ihre Wärme gespürt, diesen merkwürdig scharfen Geruch aus Ziege und Heu gerochen, und letzte Nacht hat er vorm Einschlafen sich noch einmal vorgestellt, wie die anderen Kinder und auch Erwachsenen ihn bewundern, wenn er mit seiner Ziege durchs Dorf geht. Die Ziege ist für ihn mehr als ein Tier. Sie ist ein Teil seiner lebendigen Welt.

Interpretation:

Zwischen Irk und seiner Ziege finden ständige Interaktionen statt. Mal zieht Irk, mal Peterlein, mal bettelt, mal schimpft Irk mit der Ziege und umgekehrt. Sie diskutieren, ob es in dieser Situation sinnvoll sei, Gras fressen zu müssen, wo Mutter doch mit dem Mittagessen wartet und zu Hause auch das Fressen bereitsteht. Irk verändert ständig die Ziege, die Ziege verändert ständig Irk, und die sich ändernden Situationen verändern ständig beide. Bei dieser Analyse ist der Faktor Umwelt noch gar nicht eingeflossen. Kurz: Irk, Ziege und Umwelt bilden eine letztlich unentwirrbare Einheit, ein System.

Für das Naturerleben:

Eine Nähe im obigen Sinne zu ermöglichen, ist wesentliches Anliegen des Naturerlebens, wohl wissend, daß Nähe eben mehr meint als reine räumliche Nähe. Dieses Mehr, das Erlebnis, ist nicht planbar, nicht herstellbar. Hier sind Grenzen der Pädagogik erreicht. Pädagogische Maßnahmen können aber räumliche Nähe herstellen und Motivationen schaffen – eine Aufgabe, die arbeitsaufwendig ist und Können verlangt. Dazu gehört auch, Natur in die Schule und in den Alltag hineinzuholen und erfahrbar zu machen.

3.5 „Mühe und Erlebnis bedingen einander" oder „Der dunkle Moment des Augenblicks beim Naturerleben"

Eine sechsstündige Wanderung einer vierten Grundschulklasse durch eine ziemlich gleichbleibende Landschaft: ein von Hecken durchzogenes und inselartig mit kleinen Gehölzen durchsetztes ostholsteinisches Hügelland. Zu Beginn: „Wandern finde ich blöde", „Frau B., wir haben alle keine Lust", „Wie lange wandern wir noch?" (mit klagender Stimme). Nach einer einstündigen Einlaufphase gibt es das erste Mal auch positive Aussagen wie: „Die Luft ist hier so gut", „Dürfen wir zum Teich laufen?" „Dürfen wir schon vorweglaufen?" (außerdem entspannte Gespräche vielfältigster Art mit der Lehrerin und zwischen den Kindern).
Nach zweistündiger Wanderung am Ziel, dem Bungsberg, der höchsten Erhebung in Schleswig-Holstein: „Sieh, welch schöner Ausblick", „Hat sich gelohnt", „Wie klein der Bauernhof aussieht." Auf dem Rückweg verebben die positiven Aussagen, und Beschwerden und Klagen dominieren bis zur Jugendherberge. Am Abend nach dem Bad und dem Abendessen stufen drei Viertel der Klasse die Wanderung kurz mit „klasse" ein. Ja, es wird von Erlebnissen auf der Wanderung erzählt, von deren Größe, Glanz und Einzigartigkeit die Kollegin gar nichts mitbekommen hat, als sei sie gar nicht dabeigewesen.

Für das Naturerleben:

In Abwandlungen gilt auch für das Naturerleben: Vor den Preis setzten die Götter den Schweiß. Die Produktion des letzteren ist bekanntlich nicht nur mit Spaß und Freude verbunden. Es ist realistisch, davon auszugehen, daß intensivere Übungen zum Naturerleben auch mit Momenten der Frustration, Resignation, ja Zorn verbunden sind. Diese gilt es, im Zusammenhang einer „Gesamtbilanz" ernstzunehmen.

4. Wozu Naturerleben?

Naturerleben ist von der Methode her phänomenologisch ausgerichtet. Die Konzentration auf das Wesen des Gegenstandes und die „Ausklammerung" des bereits vorhandenen Wissens können deshalb zu dem Fehlschluß führen, daß das Naturerleben etwas von historischen Bedingungen und gesellschaftlichen Prozessen Unabhängiges sei bzw. sein will. Aber „Erleben" war bereits in der Romantik ein Oppositionsbegriff zum „kalten Rationalismus der Aufklärung" (vgl. *Gadamer* 1975, S.57–66), und dieser kritische Impetus hat sich gegenüber der modernen Industriegesellschaft im Naturerleben fortgesetzt, allerdings häufig nicht explizert. Die wesentlichen Handlungsmaximen des Naturerlebens können als pädagogische Antwort auf die von dieser Gesellschaft hervorgebrachten ökologischen Probleme verstanden werden. Konkret: Am Anfang der Übungen zum Naturerleben steht der Wille der AnleiterInnen. Sie führen diese Übungen durch, weil sie Naturerleben für gut, sinnvoll und freudebringend einschätzen, eine Einschätzung, die sich aufgrund der eigenen Erfahrungen von selbst versteht ist. Ihre Begeisterung möchten sie weitergeben, sie wirkt ansteckend.

Dahinter stehen oft weiterführende Gedanken. Sicherlich auch die einfache Überlegung, daß die Adressat(en)Innen der medialen Oberflächenwelt für die Dauer der Übungen entrissen sind und sinnvoller ihre Zeit verbringen, also verhindern, daß Lebenswelten in Medienwelten ohne Rest aufgehen. Ein/eine LehrerIn erhofft sich über das Naturerleben ein intensiveres Interesse für seinen/ihren nachfolgenden Biologieunterricht. Und sicherlich erhofft man sich ein anderes Verhältnis zur Natur, angefangen im konkreten Umgang mit ihr bis hin zur individuellen und gesellschaftlichen Produktion und Konsumption. Das könnte konkret heißen: Die Schokoverpackung wird im Wald nicht weggeworfen, Tropenhölzer nicht verwendet und die Lebenswelt nach ökologischen Werten ausgerichtet. Was von all den Hoffnungen in den Handlungen der AdressatInnen Wirklichkeit wird, ist nicht prognostizierbar. Nichtprognostizierbarkeit ist aber kein Argument für Unterlassung.

Literatur:

Bischof, R.: Souveränität und Subversion. Georges Batailles Theorie der Moderne. München 1984
Schulze, G.: Die Erlebnisgesellschaft. Kultursoziologie der Gegenwart. Frankfurt/Main 1992

GÜNTHER BITTNER

Wie „erlebt" das Kind?

1. Der Begriff

Erleben ist lt. Brockhaus „das subjektive Innewerden von Vorgängen ..., bes. von Inhalten *(Erlebnissen)*, die als bedeutsam empfunden werden" (Brockhaus, 1989, Bd. 5, S. 127). Diese Definition enthält drei Bestimmungsstücke: das subjektive Innewerden, die Bedeutsamkeit, das Empfinden.

In den Anfängen der wissenschaftlichen Psychologie im 19. Jahrhundert war das Erleben wichtig gewesen: sowohl die geisteswissenschaftliche als auch die naturwissenschaftlich-experimentelle Psychologie interessierten sich dafür. Der Experimentalpsychologe *Wilhelm Wundt* begründete seine Psychologie als Wissenschaft von den Bewußtseinstatsachen. Ihm zufolge fallen „der Begriff einer seelischen Tatsache und der einer Bewußtseinstatsache ihrem Inhalte nach völlig zusammen" (*Wundt* zit. in *Pongratz*, 1967, S. 101). Später nimmt er auch den nach 1900 zunehmend in Gebrauch kommenden Begriff „Erleben" auf, was freilich bei ihm nicht mehr bedeutet als einen *Bewußtseinsinhalt*, dessen ich mittels Selbstbeobachtung (Introspektion) gewahr werden kann. Bei den Psychologen in der Nachfolge *Wundts* ging es um die Bewußtseinsinhalte: der Begriff „Erleben" diente „lediglich der sprachlichen Abwechslung" (*Pongratz*, 1967, S. 255).

In einen weiteren Horizont hat *Dilthey* den Begriff des Erlebens gestellt. Dieses ist bei ihm den „Kategorien des Lebens" zugeordnet. Erlebnis ist „die Art und Weise, wie der einzelne Mensch sein Dasein vorfindet" (*Bollnow*, 1955, S. 101). Erlebnis ist etwas, das zugleich Innen und Außen, Gegenständliches und Zuständliches umfaßt:

„Denn im persönlichen Erlebnis ist ein seelischer Zustand gegeben, aber zugleich in Beziehung auf ihn die Gegenständlichkeit der umgebenden Welt" (*Dilthey* zit. in *Bollnow*, 1955, S. 106).

Bollnow weist nachdrücklich den im Sinne *Diltheys* falschen Sprachgebrauch ab, der „Erlebnis" auf eine „reine Gefühlszuständlichkeit" reduziert und der in einer „haltlosen Subjektivität" enden muß. Statt dessen muß das Erlebnis die „Ganzheit der Seelenkräfte" und zugleich „den Menschen in Einheit mit seiner Welt" erfassen (*Bollnow*, 1955, S. 106f.).

Die geisteswissenschaftliche Psychologie im Gefolge *Diltheys* stellt den „Subjektpol", das „emotionale Engagement" des Erlebenden, die persönliche Bedeutsamkeit in den Mittelpunkt des Interesses: unter Psychologen gilt Erleben freilich als irrationalistisch und „typical German" (vgl. *Pongratz*, 1967, S. 255ff.).

2. Das Erleben von Kindern und Jugendlichen als Gegenstand psychologischen Interesses

2.1 In die Jugendpsychologie ist der Erlebens-Begriff von *Eduard Spranger* eingeführt worden. „Erlebnis ist ein Lieblingsausdruck unserer Zeit", schreibt *Spranger* 1924 und beklagt schon damals: „Gedankenloser Gebrauch hat ihm allmählich jede bestimmte Bedeutung genommen" (*Spranger*, 1963, S. 284). Er selbst verwendet ihn im Rahmen seiner Lebensformen-Lehre, indem er die „sinnempfangenden Erlebnisse des Subjekts" mit den jeweils entsprechenden objektiven Sinn- und Wertgebieten korreliert. Er unterscheidet intellektuelle, ökonomische, ästhetische, soziale, politische, religiöse und methaphysische „Erlebniskreise" und beschreibt differente jugendliche Erlebnistypen. Ob er von einem Erleben auch beim Kinde sprechen würde, bleibt zweifelhaft: Zum einen findet die bewußte Auseinandersetzung „mit dem Gehalt des objektiven und des idealen Geistes" noch nicht statt; zum andern fehlt es noch an der notwendigen Intensität von „Innerlichkeit", z.B. behauptet er: „Ein Kind hört keine Stille" (304d., S. 46) (was gewiß unzutreffend ist, vgl. *Montessori*, 1952, S. 172ff.).

2.2 Der Sache nach finden wir einen erlebnisorientierten Zugang zu Entwicklungsphänomenen des frühen Lebensalters bei *Heinz Werner* (1926), auch wenn der Begriff selber nur sporadisch vorkommt. *Werner* analysiert die „Struktur" von Entwicklungsstufen, ihre „genetische Ordnung" (Werner, ^{4}1959, S. 4), wobei er das Interesse für frühe, archaische Weisen der Welterfassung nicht auf das Kind beschränkt wissen will: ihn interessieren primäre Wahrnehmungs- und Denkvorgänge, primäre Handlungsabläufe ebenso beim Kind wie beim Tier oder bei „primitiven" Völkerstämmen oder bei Geisteskranken.

Eines der Hauptkapitel seines Buches ist den „urtümlichen Welten und Wirklichkeitssphären" gewidmet. Hier ist sein Zugang ausgesprochen „erlebnisbezogen": es geht um die Erfassung der je „qualitativ eigenartigen Welt" (ebd., S. 258) von Tieren, Kindern oder primitiven Völkerschaften.

„Das Bedeutungs- und Beachtungsrelief der Umwelt ... ist für den jungen Menschen ein ganz anderes als für den reifen. 'Möbelstücke, an denen man nicht turnerische Exerzitien unternehmen kann, Häuser, in denen keine Bekannten wohnen, sie existieren gewissermaßen gar nicht im Bewußtsein des Kindes'" (ebd., S. 269).

Das Ich des Kindes ist von seiner Welt nur unscharf abgegrenzt: „Der diffuse und komplexe Charakter der Ich-Person ..., seine relative Unbestimmtheit gehört zu den verbürgten Entwicklungstatsachen der Kinderpsychologie" (ebd., S. 331f.).

Werner verwendet die Kategorie „Erleben" nur beiläufig; dennoch ist sein Buch der erste konsequente Versuch, das urtümliche Ich in der subjektiv erlebten Welt seiner „Wirklichkeitssphären" zu vergegenwärtigen.

2.3 Nun ist in dieser älteren Entwicklungspsychologie der Begriff „Erleben" auch in jener bedenklichen subjektivistisch eingeengten, von *Bollnow* kritisierten Weise verwendet worden, die „Erleben" auf „Gefühlserleben", auf die Erfahrung innerseelischer Befindlichkeiten begrenzt und den Welt-Pol mehr oder weniger aus dem Auge verliert.

Felix Krueger schreibt: „*Gefühle* sind niemals Teilgegebenheiten des Erlebens neben anderen. Die Gefühle sind vielmehr ... die *Gesamtqualitäten des jeweiligen Erlebnistotals*" (Krueger, 1953, S. 285). Jedes Erleben sei fundiert in einer gefühlsmäßigen „Ganzqualität" (ebd., S. 286), aus der sich alles „Partielle" erst entfalte.

Manches Einleuchtende ist dennoch an dieser Auffassung und läßt sich erstaunlich genau empirisch und sogar experimentell belegen. *Krueger* nennt z.B. als psychologische Gesetzmäßigkeit: „Jedes einheitliche Erlebnisganze ist genauer vollziehbar" als dessen „Teile oder Gliedstücke" (ebd., S. 291), z.B. wenn Kinder angefangene Geschichten weitererzählen: „Je älter sie sind ..., umso einfallsreicher und sinnvoller gliedverbunden wird das Hinzugefügte. Umso bündiger rundet es sich zu einer 'Geschichte'" (ebd., S. 290). Oder beim Erlernen von Bewegungsabläufen: „'Ich hab's im Gefühl', so antwortet, wenn man seine Selbstbeobachtung befragt, das Kind, das etwa einen Ball 'richtig' wirft und auffängt ..." (ebd., S. 289).

Was bei *Krueger* theoretisch zugrundeliegt, bezeichnet er selbst ohne Bedenken als die „totalitäre Auffassung vom Gefühl" (ebd., S. 285): Gefühl ist identisch mit dem „Erlebnisganzen".

2.4 *Wilhelm Hansen* hatte seinerzeit die „Entwicklung des kindlichen Weltbildes" zur Darstellung bringen wollen. Als das besondere Kennzeichen menschlichen Seelenlebens galt ihm die „Erfassung und Verarbeitung gegenständlicher Sinnzusammenhänge" (*Hansen,* ² 1949, S. 19). Dementsprechend sollte das „Weltbild" des Kindes auf den verschiedenen Entwicklungsstufen als ein inhaltlich stimmiges Ganzes erfaßt werden.

Daher steht bei seiner Konzeption von Entwicklungspsychologie das „Erleben" des Kindes im Mittelpunkt. Die Phasen des Kinderlebens sieht er durch eine je unterschiedliche „Erlebnishaltung" charakterisiert, die es in entwicklungspsychologischer Analyse herauszuarbeiten gilt. Beim Kleinkind, meint *Hansen,* leite sich die Erlebnisbedeutung der begegnenden Weltdinge von ihren wunschbestimmten Tunsqualitäten her, während das Kind im Schulalter ein Interesse an den Merkmalen habe, die „den Dingen *unabhängig von seinem Ich zukommen*" (ebd., S. 240). So geht er in dieser Phase z.B. dem kindlichen „Begriffserleben" (ebd., S. 260ff.), den „vorzähligen Mengen-erlebnissen", dem „Erleben von Raum und Zahl" (ebd., S. 298ff.) etc. nach.

*Hansen*s Konzept einer am Erleben des Kindes orientierten Entwicklungspsychologie ist das reifste und elaborierteste: er untersucht *explizit* das „Erleben" des Kindes (im Gegensatz z.B. zu *Werner*), und er vermeidet die Einengung der Erlebniskategorie auf *gefühlhafte* Zustände (wie *Krueger*). Damit wird er dem von *Bollnow* herausgearbeiteten *Dilthey*'schen Verständnis von Erleben am weitestgehenden gerecht, weil Erleben bei ihm Subjekt und begegnende Welt, Anmutungsqualität und gegenständlichen Charakter des Begegnenden gleichermaßen umgreift.

2.5 *Hildegard Hetzer* hat nur den einen, aber wichtigen Gesichtspunkt beigetragen, daß der Zugang zum Erleben des Kindes über die *sprachliche Mitteilung* geht. „Mehr oder weniger zufällige und unabsichtliche *Aussagen über sein Erlebnis*, z.B. über seine Träume oder darüber, ob ihm etwas gefällt oder nicht gefällt, sind dem Kinde im Kleinkinderalter schon möglich ..." (*Hetzer*, 1954, S. 20).

2.6 In einer spezifischen Weise am Erleben des Kindes orientiert ist auch die *psychoanalytische Kinderpsychologie*. Ihr geht es darum, die tieferen, vor andern und vor sich selbst verheimlichten Erlebnisqualitäten erfahrbar zu machen: z.B. Todeswünsche gegen den gleichgeschlechtlichen Elternteil in der Ödipusphase, Geschwisterneid etc.

Ausdrücklich hatte sich der Schweizer Lehrer und Kinderpsychoanalytiker *Hans Zulliger* darum bemüht, das beiseite geschobene Erleben der Kinder zur Sprache zu bringen. „Wir Erwachsenen wissen in der Regel vom intensiven Erleben der Kinder ... viel zu wenig" (*Zulliger*, 1966, S. 182). „Wer Kinder wirklich verstehen will, der muß wagen, sich bewußt ihrer Denkart, ihren Denkkategorien hinzugeben – bewußt auf eine längst überwundene Denkstufe zu regredieren" (ebd., S. 190).

2.7 Der *zeitgenössischen Kinderpsychologie* ist die Kategorie „Erleben" weithin abhanden gekommen. Bei *Oerter* und bei *Oerter / Montada* suchen wir das Stichwort vergebens, ebenso bei *Mietzel* und *Kleber*. Daß es bei fremdsprachlichen Autoren wie *Mussen*, *Stone / Church* und *Leontjew* nicht zu finden ist, verwundert weniger, wegen seiner „typisch deutschen" Wurzeln. Lediglich *Nickel* (^{3}1981) und *Heller / Nickel* (1976) verwenden den Begriff, wenn auch ungeklärt und unsystematisch, z.B. wenn sie die Leseinteressen von Kindern behandeln:

„Im Verlauf des Schulkindalters verlagert sich das Leseinteresse zunehmend von Themen der Phantasiewelt bzw. der realen kindlichen Eigenwelt auf Gegenstände und Ereignisse der sog. Fernwelt ..., also auf Inhalte, die zwar Realitätscharakter besitzen, jedoch das eigene Erleben übersteigen und damit zugleich ausweiten (...). Dazu gehören v.a. Erlebnisse und Ereignisse in anderen Ländern und Kulturen" (*Nickel*, ^{3}1981, Bd. II, S. 88f.).

In ähnlich unspezifischem Sinn sprechen sie auch von „Erinnerungserlebnissen" (*Heller* u. *Nickel*, 1976, S. 144), vom Raum- und Zeiterleben:

„Stärker noch als die bisher dargestellten Aspekte der Umweltwahrnehmung ist die Auffassung von Raum und Zeit in das Gesamterleben des Individuums integriert, und zwar nicht nur im frühen Kindesalter, sondern auch noch beim Erwachsenen. Das zeigt sich schon bei Versuchen zum Tiefensehen oder zur Zeitschätzung und gilt ganz besonders für die räumliche und zeitliche Orientierung" (*Nickel*, ^{3}1981, Bd. II, . 175).

Die Bestandsaufnahme in der Psychologie, insbesondere der Kinderpsychologie ergibt folgendes Bild: die Kategorie „Erleben", teils von *Wundt*, teils von *Dilthey* hergeleitet und entsprechend inhaltlich unterschiedlich gefaßt, hatte in den zwanziger und dreißiger Jahren unseres Jahrhunderts gerade in der Kinderpsychologie zahlreiche und bedeutsame Forschungsansätze inspiriert: als Aufgabe der Kinderpsychologie galt es, die „Welten und Wirklichkeitsspären" (*Werner*), in denen das Kind sich bewegt, sein „Weltbild", seine „Erlebnishaltung" (*Hansen*) zu rekonstruieren, das Auffassen und Tun von Kindern aus dem zugrundeliegenden gefühlshaften „Erlebnisganzen" (*Krueger*) verständlich zu machen, die schuld- und schambesetzten kindlichen Erlebnisse zu Wort kommen zu lassen (Psychoanalyse, z.B. *Zulliger*).

Von alledem, von der Erforschung der Subjektseite des kindlichen Weltzugangs, von der Frage, wie das Kind die Dinge „erlebt", ist in der gegenwärtigen Kinderpsychologie kaum etwas übrig geblieben. Dies hängt mit zwei eng verbundenen Trends zusammen: dem *Behaviorismus*, der sich überwiegend mit dem „Verhalten", d.h. der beobachtbaren und objektivierbaren „Außenseite" des Menschlichen befaßt, und der dessen kaum objektivierbare, deshalb „wissenschaftlich" scheinbar irrelevante „Innenseite" eliminiert hat – und, eng damit verbunden, mit dem *sprachlichen Amerikanismus*: da die Sprache wirklichkeitsgestaltend ist, da dem, wofür es keine Worte gibt, weitgehend auch die Realität entzogen ist, ist es kaum verwunderlich, daß das Fehlen einer adäquaten sprachlichen Bezeichnung für „Erleben" im Englischen und Amerikanischen den psychologischen Sachverhalt selber hat in der Versenkung verschwinden lassen.

Dieser aus der Kinderpsychologie „verschwundene" Sachverhalt lebt heute schlecht und recht in einigen wenigen, vor allem von *Langeveld* (1956) inspirierten Ansätzen einer pädagogischen Phänomenologie weiter (*Duncker, Maurer* u. *Schäfer*, 1990; *Lippitz* u. *Rittelmeyer*, 1989; *Berg*, 1991).

3. Zwei Beispiele: das Erleben von vertrautem Nahraum („Heimat") und Natur

An zwei Beispielen soll gezeigt werden, wie heute pädagogisch dem Erleben von Kindern nachgegangen werden kann bzw. werden sollte.

3.1 „Das Kind, das mit uns in demselben Zimmer lebt, erlebt dieses Zimmer ganz anders als wir. So schöpft es zum Beispiel den Raum ... mit einer Intensität aus, wie wir nie wieder im Leben fähig sind, einen Raum kennenzulernen" (*Spranger*, [6]1964, S. 18). Die Bedeutung, die wir solchen Kindheitsräumen in der Rückschau zumessen, gehört zum „Subjektivsten des Menschenlebens"; der Heimatcharakter wird durch „Erlebnisverbundenheit" begründet, wobei die Orte ihre Bedeutung durch die an ihnen haftenden „Sinnbeziehungen" erhalten (vgl. ebd.).

Ist „Heimat" überhaupt ein für Kinder relevanter erlebbarer Sachverhalt? Psychoanalytische Autoren haben dem Phänomen wenig Beachtung geschenkt: *Anna Freud*s Erfahrungen mit evakuierten Kindern im letzten Weltkrieg legten z.B. die Vermutung nahe, es käme allein auf die Gegenwart der Mutter an; wenn diese anwesend sei, spiele die räumliche Umgebung keine Rolle (*Freud* u. *Burlingham*, 1971). *Erikson*s klassischere Schilderungen des Aufwachsens von Kindern bei Prärie- und Flußindianern legten hingegen die Vermutung nahe, daß die individuellen Eltern Teil eines umfassenderen, teils psychosozialen, teils auch geographischen Nahraumes sind (*Erikson*, ^{5}1973).

In seiner Monographie „Kind und Heimat" (1938 bzw. 1968) hat *Hansen* als Kinderpsychologe danach gefragt, wie Kinder ihren vertrauten Nahraum erleben. Allerdings war die empirische Basis seiner Ausführungen wenig befriedigend. Die Umbenennung des früheren Unterrichtsfaches „Heimatkunde" in „Sachkunde" entzog dem kinderpsychologischen Interesse für das Erleben von „Heimat" vollends den Boden. Der „vertraute Nahraum" spielte allenfalls im „Situationsansatz" der Elementarpädagogik (*Zimmer*, 1985) eine etwas vage sowie in der Verkehrserziehung von Kindern (*Bittner*, 1982) eine reichlich reduzierte Rolle.

Dem Nahraum der Kinderwelt im Spiegel der Erwachsenenerinnerung ist *Lippitz* (1989) nachgegangen. Er forderte Studenten auf, aus der Erinnerung Faustskizzen ihres kindlichen Lebensraumes anzufertigen und zu erläutern. Auf ähnliche Weise war ich kürzlich mit der Rekonstruktion meines erlebten Kindheitsraumes befaßt. Als über 50jähriger reiste ich zum ersten Mal nach Prag – in die Stadt meiner Kindheit, die ich mit 8 Jahren verlassen hatte.

Ich fange im Umkreis meines Elternhauses an: Prag – Smichov, Na Skalce 9 oder 11. Heute ist es 11, damals war es 9, die Nummern haben gewechselt. Manches hatte ich anders in Erinnerung, vor allem die Umgebungstopographie: zwei Parkanlagen, recht steil und bergig, meine Mutter hatte doch dort den Kinderwagen geschoben?

Auf der Gasse vor dem Haus sehe ich im Geiste meinen Großvater auf und ab promenieren, mit einem Taschentuch vor dem Mund, um keine kalte Luft einzuatmen. War er ein Hypochonder, der Herr Oberlandesrat i.R.? Und mich selbst sehe ich auf diesem Bürgersteig: 1943 oder 1944. Drei Hitlerjungen kommen des Weges, wollen mich herunterstoßen. Ich antworte ihnen auf deutsch, da lassen sie mich in Ruhe. 'Wenn ich ein tschechischer Junge gewesen wäre? – *Freud*s Vater erlebte etwas Ähnliches im mährischen Freiberg; als er dies seinem zwölfjährigen Sohn erzählte, war dieser (wegen der gelassenen Reaktion des Vaters) über den „Mangel an Heroismus bei dem Mann, der sein Vorbild gewesen war", entrüstet (vgl. *Jones*, 1960, S. 43).

Die Wohnung, in der wir damals wohnten, steht offen, es wird darin gebaut. Den Grundriß kann ich mir noch vage rekonstruieren. Mein Kinderzimmer weiß ich noch. Die Glastür von damals ist nicht mehr da. Mein Vater hat mich einmal hinausgeworfen, vor diese Glastür hinausgestellt, als ich 4 Jahre alt war – ich quengelte und zerrte ungeduldig, weil wir spazierengehen wollten. Mein Vater wurde wütend, er riß die Tür auf, riß mir die Mütze vom Kopf und den Mantel vom Leib; kein Spaziergang. Eine meiner schlimmsten Erinnerungen – verzärteltes Kind, das ich war, in ständiger Angst vor unvorhersehbaren väterlichen Wutausbrüchen.

Das Haus hatte einen Hof, mit Teppichklopfstange und einem einzelnen Strauch darin. Wenn es auch

Auf „Tuchfühlung" mit der Natur …

kein Garten war, so roch es doch im Frühling manchmal nach frischer Erde. Die Ameisen kamen von dort bis hinauf in unseren 2. Stock, wenn sie etwas Süßes rochen.

Die Menschen dort: als erstes die Namen. Die dünne Liduschka – das Hausmädchen meiner Großeltern, die im ersten Stock in der Bel Etage wohnten. Die dicke Liduschka – unser Mädchen. Ich glaube, meine Eltern sagten nur, sie sei dick, um sie schlecht zu machen. Sie war meine erste Liebe; ich erinnere mich an ihr Parfum und ihren festen, warmen Körper.

Wie „erlebt" das Kind?

Auf „Tuchfühlung" mit der Natur ...

Daß die Schule „Heimat" war, merkt man oft erst, wenn sie zu Ende ist.

Diese Liduschka wurde eines Tages Knall und Fall aus dem Haus geworfen. Irgend jemand hatte an die Tür des Elternschlafzimmers ein Wort gekritzelt: mein Vater las es als „dite", zu deutsch Kind. Hatte Liduschka es dort hingeschrieben, weil sie ausdrücken wollte, dort werden Kinder gemacht? Mein Vater hat es wohl so aufgefaßt. Es hätte aber auch Dita heißen können, das war nämlich der Name meiner Schwester. Diese weniger delikate Version wurde verworfen, weil doch jedermann im Hause wisse, daß Dieta mit ie geschrieben wird.

Die Räume, die Menschen – und mit den Menschen die Wörter, die vieldeutigen wie dite und Dita. Überall, wenn ich durch Prag gehe, stoße ich auf die Wörter. „Pozor" steht auf Straßenschildern und auf Bahnhöfen; pozor schrien wir als Kinder, wenn wir den Berg hinunterrodelten: „freie Bahn" schreit man wohl bei uns zulande. Pozor ist das einzige tschechische Wort, an das ich mich erinnere, selbst gebraucht – das heißt: aus Leibeskräften gebrüllt – zu haben. Das ist seltsam, denn man sagt von mir, ich hätte als Sechjähriger fließend tschechisch mit den Kindern auf der Straße gesprochen.

Ist Prag für mich „Heimat"? Es ist ein Stück meines persönlichen Lebenshintergrunds. Dabei meine ich vielleicht zuallerletzt die reine Geographie: es ist dieses Geflecht, in dem die Orte, die Menschen, die Wörter, die Lebensmuster dieser längst vergangenen Zeit zu einem „Erlebnisganzen" verdichtet sind.

Auf dem Weg vom „Kopffüßler" zur Menschengestalt
(4 Jahre). Kinder „sehen" Menschen anders als wir.

3.2 *Rolf Göppel* hat vor kurzem dafür plädiert, Umwelterziehung bei Kindern nicht mit dem Pathos von „Überleben" und „Rettung aus der Not" zu befrachten, sondern sie als „ästhetische Bildung" zu konzipieren. Der Begriff des Ästhetischen soll nach seinem Verständnis nicht auf das Kunstschöne beschränkt bleiben, vielmehr soll „Ästhetik genereller als Aisthetik" verstanden werden: „als Thematisierung von Wahrnehmungen *aller Art*, sinnhaften ebenso wie geistigen ... lebensweltlichen wie künstlerischen" (*Welsch*, zit. in *Göppel*, 1991, S. 33). In diesem Sinne gilt ihm als Basis von Umwelterziehung:

„Die Erziehung zur Wahrnehmungs-, Empfindungs- und Genußfähigkeit, die Pflege der Fähigkeit zu staunen, die Sensibilisierung der Aufmerksamkeit dafür, welche Umgebung 'der eigenen Seele gut tut', die Ausbildung eines liebevoll-achtsamen Verhältnisses zu den natürlichen Erscheinungen, die einem zum Beispiel den Duft einer Blume oder den Gesang eines Vogels wertvoll sein lassen, auch wenn diese 'zu nichts nütze' sind und die einem die Beobachtung der Fortbewegungsart einer Raupe oder des Baus eines Spinnennetzes zum spannenden Erlebnis werden lassen" (*Göppel*, 1991, S. 33).

Göppel zitiert eine autobiographische Erinnerung von *Carl Jacob Burckhardt*, wie ihm der Großvater als Fünfjähriger das Zählen beibringen wollte, unter Hintansetzung aller kindlichen Erlebnisbedeutsamkeiten:

„Vor sich hatte mein Lehrer den Deckel einer Pappschachtel, und in diesem Deckel lagen eine kleine Handvoll Kieselsteine. Er nahm einen Stein heraus und legte ihn auf den Tisch. 'Was ist das?', fragte er. Der Stein lag in einem gebrochenen Sonnenstrahl, der durch die Blätter der rankenden Rosensträucher einfiel. 'Er ist schön', sagte ich. 'Warum ist er so rot'? Aber das wollte der alte Herr nicht hören. 'Nein', sagte er, 'nimm dich zusammen, was ist das'? Nun nahm er einen zweiten Kieselstein. Dieser war blaßgrau wie die Forellen am Sonntagsessen. 'Er ist von dort, wo die Forellen wohnen', sagte ich. Darauf der Großvater: 'Jetzt erzähl mir keine Märchen, du sollst zählen lernen', und rasch auf den roten weisend: 'Das ist ein Stein'. Dann hob er den grauen auf und legte ihn neben den anderen: 'und das sind zwei Steine. Das ist der erste, und das ist der zweite'" (zit. in ebd., S. 35).

Ästhetische Bildung im neuen, erweiterten Sinne würde von der sinnlichen Wahrnehmung, vom Erleben des Kindes ausgehen und daran das Unterrichtsgespräch anknüpfen, wie es z.B. in meisterhafter Weise *Martin Wagenschein* getan hat. Ästhetische Bildung hat anscheinend das Erbe der traditionellen reformpädagogisch geprägten Erlebnispädagogik angetreten. Die neue Erlebnispädagogik sollte sich mit der ästhetischen Bildung sozusagen verschmelzen, um sich nicht in spektakulären Aktionen zu erschöpfen und den alltäglichen Lebenskontext des Kindes darüber zu vergessen.

4. Warum wieder „erleben"?

Warum dieser nachdrückliche Rekurs auf das Erleben als die ursprüngliche Form, in der dem Menschen, schon als Kind, „Welt" gegeben ist? Die Gründe sind anthropologisch und pädagogisch; sie lassen sich in drei Thesen unterschiedlicher theoretischer Reichweite zusammenfassen.

4.1 Der erneute Rekurs auf das Erleben ist notwendig, weil das subjektive Moment in der Aneignung von „Welt" darin nicht unterschlagen wird.

Für die Didaktik (leider auch die Grundschuldidaktik) sind die subjektiven und alterstypischen Auffassungsweisen von Kindern kein Thema mehr. Vergessen die Zeiten, wo Grundschulpädagogen vom *Erleben* der Zahlen und Rechenoperationen, vom *Erleben* der Welt her den Unterricht in Rechnen und Heimat- bzw. Sachkunde konzipierten. Vergessen auch *Martin Wagenschein*s elementare Didaktik der Naturwissenschaften, bei der es entscheidend auf das Erleben und Begreifen ankam. In seiner berühmten Unterrichtsstunde über das Nicht-Abbrechen der Primzahlenreihe heißt es, als die Schüler anfingen, den Beweis zu begreifen: „Es war, wie wenn ein neuer Teil des Gehirns entdeckt und in Gang gesetzt wurde" (*Wagenschein*, 1967, S. 220), so die Äußerung eines Schülers. „Es sind also nicht nur die logischen Erfahrungen, auf die es ankommt", bemerkt *Wagenschein* dazu, „auch nicht emotionale Begleitmusik ist gemeint (ein Denkfehler, dem „Erlebnispädagogen" gelegentlich unterliegen – GB) ... Mit der logischen Einsicht untrennbar verbunden ist *eine 'Bewegung' der ganzen Person...*" (ebd., S. 222). *Das Begreifen selbst wird zum Erleben*, und was da erlebt wird, ist nicht nur als „emotional", sondern als eine „Bewegung der ganzen Person" zu charakterisieren.

4.2 *Die menschliche Biographie – ein vom Subjekt selbst gestifteter Zusammenhang von „Erlebnissen"*

„Der Lebensverlauf besteht aus Teilen, besteht aus Erlebnissen, die in einem inneren Zusammenhang miteinander stehen. Jedes einzelne Erlebnis ist auf ein Selbst bezogen, dessen Teil es ist..." (*Dilthey*, 1985, S. 7).

Das in den letzten Jahren entstandene lebhafte erziehungswissenschaftliche Interesse an autobiographischen Texten (z.B. *Baacke* u. *Schulze*, 1979; *Herrmann*, 1991) macht das je eigene Leben des Ich-Erzählers als ein von ihm selbst *erlebtes* zum Gegenstand der Aufmerksamkeit. Mehr noch: die „identitätstheoretische" Reflexion über autobiographische Texte führt den Ich-Erzähler als den „Konstrukteur" seiner Biographie vor Augen (vgl. *Bittner*, 1979). Wer sein erlebtes Leben schildert, tut dies immer in einer systematischen Absicht, jeder erfindet bis zu einem gewissen Grade seine Biographie: angefangen von *Augustin*, der sein Leben als eine Art Gottesbeweis konstruierte, über *Rousseau*s autobiographisches Lehrstück in Empfindsamkeit, bis zu modernen Frauenautobiographien, die aufweisen, wie herrlich weit man's mit der Emanzipation gebracht habe (*Hoeppel*, 1983). In jedem Fall bin ich der auctor, der Konstrukteur meiner erlebten Lebensgeschichte – zumindest was deren Erzählfassung angeht.

4.3 *Die Rehabilitation der Erlebnisperspektive ist notwendig, weil darin das Subjekt von seinem konventionellen Ort (als „Zuschauer") weggerückt und an seinen wahren Ort (als „Akteur" seiner Lebensgeschichte) gesetzt wird. Zugleich konstituiert sich das Subjekt als „Subjekt des Unbewußten".*

Wie ist es aber mit den Erlebnissen selbst – stehen auch sie in einem überzufälligen, sinnvollen Zusammenhang, der von irgendwoher gestiftet wird, der jemanden zum Urheber hat?

Ich erlebe z.B. einen Autounfall oder einen Herzinfarkt; das Kind erlebt, daß es in der Schule sitzen bleibt oder ins Krankenhaus kommt – kann ich sagen, daß ich der auctor dieser kritischen Lebensereignisse bzw. Erlebnisse bin? Natürlich bin ich nicht morgens aus dem Haus gegangen mit dem Vorsatz: heute baue ich einen Unfall; und das Kind hat sich nicht am Anfang des Schuljahres vorgenommen: dieses Jahr werde ich wiederholen. Dennoch: „etwas in mir" war wohl maßgeblich daran beteiligt, daß es so gekommen ist. *Dilthey* nimmt einen solchen Zusammenhang an, dessen Urheber gleichsam das Leben selber ist: „Nur weil das Leben selbst ein Strukturzusammenhang ist, in welchem die Erlebnisse ... stehen, ist uns Zusammenhang des Lebens gegeben ..." (*Dilthey*, 1985, S. 7).

Hier hält die Psychoanalyse eine etwas präzisere Vorstellung über den Zusammenhang der mir begegnenden Lebensgeschehnisse bereit. Bekannt ist ihre Interpretation der Fehlleistungen: ich habe z.B. den Unfall gemacht, weil ich da und da nicht hinfahren wollte. Und das Kind hat „unbewußt" vielleicht das Gefühl gehabt, eine langsamere Gangart würde ihm besser tun als der pausenlose Schulstreß. Also konstelliert „das Unbewußte" in einem Fall das Malheur mit dem Auto, im anderen Fall das Sitzenbleiben (vgl. *Freud*, [6]1973).

Was *mein Unbewußtes* will oder tut, habe *ich* das gewollt bzw. getan? Eine prekäre Frage. Lange Zeit neigte ich dazu, dem alltäglichen Ich ein „anderes" geheimnisvolles, gleichsam dämonisches Ich mit eigenen Wünschen und Absichten gegenüberzustellen; ich nannte es das „Grund-Ich" (*Bittner*, 1974, 1988). Heute denke ich eher, daß es sich um eine semantische Unklarheit beim Gebrauch des Wortes *ich* handelt (vgl. *Bittner*, 1992). Wenn ich z.B. sage *ich bin da*, dann meine ich im einen Fall vielleicht nur meine körperliche Anwesenheit. Innerlich kann ich völlig unbeteiligt sein. *Ich bin da* kann aber auch heißen: ich bin präsent mit allen meinen Sinnen, mit meinem Fühlen und Begehren. Wenn ich *ich* sage, bleibt also undeutlich, wie viel oder wie wenig von mir ich meine. Diese volle Person, der zugleich ein „volles Sprechen" korrespondiert, nennt *Lacan* das „Subjekt des Unbewußten", das er dem klassischen psychoanalytischen Ich entgegensetzt (*Lacan*, 1973).

Wenn ich mit der angemessenen Emphase erlebe, was mir im Leben begegnet, gewinnt zugleich mein Ich seine wahre Tiefe. Das brauchen durchaus keine spektakulären und dramatischen Lebensereignisse zu sein, die mich aus dem Alltagstrott herauswerfen. Am Beispiel von *Wagenschein* und seiner Lehrstunde über die Primzahlenreihe: Wer etwas begreift und zugleich *erlebt, daß er es begreift*, der gerät in eine „Bewegung der ganzen Person". Er bewegt sich vom Ort des gedankenlosen *ich bin da* in die eigene Tiefe: gerade indem ich von mir weggehe in diesen mathematischen Zusammenhang hinein (mit *Wagenschein*s Worten: „Es war, wie wenn ein neuer Teil des Gehirns entdeckt und in Gang gesetzt wurde").

Ein „tiefes" Erlebnis: das ist ein solches, das meine eigene Tiefe wach ruft, zum Leben ruft, das mich auf eine bisher ungekannte Weise fühlen läßt: *ich bin*.

Literatur

Baacke, D.; Schulze, Th. (Hrsg.): Aus Geschichten lernen. München 1979.
Berg, Chr. (Hrsg.): Kinderwelten. Frankfurt/M. 1991.
Bittner, G.: Das andere Ich. Rekonstruktionen zu Freud. München 1974.
ders.: Zur psychoanalytischen Dimension biographischer Erzählungen. In: Aus Geschichten lernen. Baacke, D.; Schulze, Th. (Hrsg.). München 1979.
ders.: Der bekannte Weg. Das Kind im Straßenverkehr: Möglichkeiten der Verkehrserziehung. In: und Kinder 3 (1982), S. 39–47.
ders.: Das Unbewußte – ein Mensch im Menschen? Würzburg 1988.
ders.: Ich bin, du bist, er (sie, es) ist … Über die linguistischen und psychologischen Bedingungen der Möglichkeit, *ich* zu sagen; nebst pädagogischen Folgerungen. In: Scheidewege 1992.

Bollnow, O.F.: Dilthey. Eine Einführung in seine Philosophie. Stuttgart 1955.

Brockhaus, Lexikon, Bd. 5, dtv. München 1989.

Dilthey, W.: Der Aufbau der geschichtlichen Welt in den Geisteswissenschaften. In: ders.: GS Bd. VII, Frankfurt/M. 1985.

Duncker, L.; Maurer, F.; Schäfer, G.E. (Hrsg.): Kindliche Phantasie und ästhetische Erfahrung. Wirklichkeiten zwischen Ich und Welt. Langenau-Ulm 1990.

Erikson, E.H.: Kindheit und Gesellschaft. Stuttgart ^{5}1973.

Freud, A.; Burlingham, D.: Heimatlose Kinder. Stuttgart 1971.

Freud, S.: Zur Psychologie des Alltagslebens, GW IV. Frankfurt/M. ^{6}1973.

Göppel, R.: Umwelterziehung. Neue Sammlung 31 (1991), S. 25–38.

Hansen, W.: Die Entwicklung des kindlichen Weltbildes. München ^{2}1949.

ders. (1938): Kind und Heimat. München 1968.

Heller, K.; Nickel, H. (Hrsg.): Psychologie in der Erziehungswissenschaft, Bd. I. Stuttgart 1976.

Herrmann, U.: „Innenansichten". Erinnerte Lebensgeschichte und geschichtliche Lebenserinnerung, oder: Pädagogische Reflexion und ihr „Sitz im Leben", In: Kinderwelten. Berg, Chr. (Hrsg.). Frankfurt/M. 1991.

Hetzer, H.: Kind und Jugendlicher in der Entwicklung. Hannover, Darmstadt 1954.

Hoeppel, R.: Weiblichkeit als Selbstentwurf – Autobiographische Schriften als Gegenstand der Erziehungswissenschaften, Diss. Würzburg 1983.

Jones, E.: Leben und Werk von Sigmund Freud, Bd. 1. Bern 1960.

Krueger, F.: Zur Philosophie und Psychologie der Ganzheit. Heidelberg 1953.

Lacan, J.: Funktion und Feld des Sprechens und der Sprache in der Psychoanalyse. In: ders. Schriften I. Olten 1973.

Langeveld, M.: Studien zur Anthropologie des Kindes. Tübingen 1956.

Lippitz, W.: Räume – von Kindern erlebt und gelebt. Aspekte einer Phänomenologie des Kinderraumes. In: Phänomene des Kinderlebens. Lippitz, W.; Rittelmeyer, Chr. (Hrsg.). Bad Heilbrunn 1989.

Lippitz, W.; Rittelmeyer, Chr. (Hrsg.): Phänomene des Kinderlebens. Bad Heilbrunn 1989.

Montessori, M.: Kinder sind anders. Stuttgart 1952.

Nickel, H.: Entwicklungspsychologie des Kindes- und Jugendalters, Bd. II: Schulkind und Jugendalter. Bern ^{3}1982.

Pongratz, L.J.: Problemgeschichte der Psychologie. München 1967.

Spranger, E.: Lebensformen. Tübingen ^{8}1950.

ders.: Psychologie des Jugendalters. Heidelberg ^{27}1963.

ders.: Der Bildungswert der Heimatkunde. Stuttgart ^{6}1964.

Wagenschein, M.: Unterrichtsgespräch über das Nicht-Abbrechen der Primzahlenfolge. In: Einführung in pädagogisches Sehen und Denken. Flitner, A.; Scheuerl, H. (Hrsg.). München 1967.

Werner, H.: Einführung in die Entwicklungspsychologie. München ^{4}1959.

Zimmer, J. (Hrsg.): Erziehung in früher Kindheit, Enzyklopädie Erziehungswissenschaft, Band 6. Stuttgart 1985.

Zulliger, H.: Bausteine zur Kinderpsychotherapie. Bern 1966.

WERNER MICHL

Anthropologische Grundlagen der Erlebnispädagogik

Sind wir unbehaarte zweibeinige Primaten, ausgestattet mit einem in Jahrmillionen gewachsenen Entwicklungsprogramm, das uns die Evolution aufgezwungen hat, unfähig, wesentlich Neues zu lernen? Haben nicht Naturforscher wie *Charles Darwin*, Tiefenpsychologen wie *Siegmund Freud* und Verhaltensforscher wie *Konrad Lorenz* bewiesen, daß der Mensch kaum Herr seiner selbst, sondern eher Sklave seiner Triebe ist und mit evolutionär bewährten, und daher in sein genetisches Programm aufgenommenen, Verhaltensmechanismen auf die Anforderungen seiner Umwelt reagiert? Welchen Stellenwert hätte in einem solchen Menschenbild die Praxis und Theorie der Erziehung, die Annahme von der Bildsamkeit des Menschen, das Theorem des freien Willens und der freien Entscheidung, die Hoffnung auf kreative und schöpferische Kräfte im Menschen? Der Verhaltensforscher *Paul Leyhausen* (1968, S. 66) vertritt eine deutliche Meinung, wenn er anmerkt, „daß sehr viele Kinder zu guten und brauchbaren Menschen heranwachsen nicht wegen, sondern trotz der Erziehung, die sie genießen."

Aber auch das diametral entgegengesetzte Menschenbild, das den Menschen als tabula rasa einschätzt, seine absolute Manipulierbarkeit voraussetzt, gesteht dem Menschen keinen freien Willen zu. Der Behaviorist *B. F. Skinner* (1975, zit. nach *Thomae* 1991, S. 111) sah den Menschen als Reiz-Reaktions-Maschine, deren Verhaltensmöglichkeiten nicht mehr Freiheitsgrade besitze als Verdauung, Schwangerschaft oder Alterungsprozesse. „Wie formbar ist die menschliche Natur?" Diese Frage stellte sich die amerikanische Ethnologin *Margret Mead* (1974, Bd. 1, S. 7), und ihr zu Unrecht – weil methodisch unzulänglich – berühmt gewordener Vergleich von drei Gesellschaften in Neuguinea sollte beweisen, daß der Mensch durch Erziehung und Sozialisation anpassungsfähig und formbar ist.

Die Anthropologie als die Wissenschaft vom Wesen des Menschen bedient sich der Ergebnisse von Nachbardisziplinen, um der Frage nach dem Kern des Menschlichen im Wandel von Zeit und Raum, also durch die (prä-)historische Analyse und im Blickwinkel des Kulturvergleichs, nachzugehen. Die Methode des Vergleichs spielt dabei eine zentrale Rolle. Die Verhaltensforschung verglich in ihren Anfängen tierisches und menschliches Verhalten, später dann suchte *Irenäus Eibl-Eibesfeldt* nach Verhaltensweisen, die sich über alle Kulturen hinweg beobachten lassen. Auch gelangte das Verhalten taubstummer oder blinder Menschen ins Forschungsinteresse: So entwickelte sich aus der vergleichenden Verhaltensforschung die Humanethologie, die durch den Vergleich von Menschen und Kulturen Erkenntnisse über die biologische Grundausstattung gewinnen wollte. Auch die Kulturanthropologie betrachtet die Vielfalt der Variationen menschlicher Gesellschaften, Kulturen und Verhaltensformen in Raum und Zeit und hat dabei mehrere Methoden von interkulturellen Vergleichsverfahren entwickelt (vgl. dazu *Schweizer* 1983).

Die „Freigelassenen der Schöpfung" (J. G. Herder)

Die bisher beschriebenen Menschenbilder lassen wenig Platz für eine pädagogische Anthropologie, gestehen der menschlichen Entwicklung wenig Offenheit zu, betonen die Determiniertheit oder Manipulierbarkeit des Menschen und wenden sich gegen offene Menschenbilder, die auf seiner Bildsamkeit, Erziehbarkeit und seinen schöpferischen Kräften fundieren. Die Klassiker der Anthropologie, *Adolf Portmann, Arnold Gehlen, Max Scheler* und *Heinrich Roth* sahen im Menschen ein erziehungsbedürftiges und daher logischerweise auch erziehbares Wesen. Nach *Portmann* kommt der Mensch zu früh auf die Welt und verbringt gleichsam ein „extra-uterines Frühjahr", in dem er existenziell auf Pflege, Hilfe und Erziehung angewiesen ist. Die Entwicklung des menschlichen „Nesthockers" kann nicht mehr allein durch sein biologisches Programm gesteuert werden, die Erziehung tritt hinzu. Darüberhinaus wird der Mensch als offenes Wesen verstanden, das durch den Körperbau wenig spezialisiert, aber vielseitig und anpassungsfähig ist und das wegen seiner Instinktarmut die Gestaltung seiner Umwelt selbst in die Hand nehmen muß. Das natürliche Defizit, so meint *Arnold Gehlen*, verlangt nach Kompensation durch die Erziehung und durch die Leistungen der menschlichen Kultur.

Die Erziehung als praktische Handlung und die Erziehungswissenschaft als die Reflexion über dieses Handeln, gründen auf der Tatsache, daß der Mensch ein lernbedürftiges und lernfähiges Wesen ist. Wenn die Anthropologie nach dem Wesen des Menschseins fragt, so sucht die pädagogische Anthropologie nach den Anteilen der Erziehung an der Menschwerdung. Dabei ist Erziehung eine anthropologische Konstante: man kann nicht erziehen. Wer das unüberschaubare Ausmaß von Erziehungsformen betrachtet, von der Steinzeit bis zur Postmoderne, von der Erziehung bei den Sammlern und Jägern der Kalahari (*Michl* 1982) bis zur Jugendgang in Chicago, – der „Street Corner Society" – dem wird bewußt, daß neue und moderne Methoden der Erziehung, wie etwa die Erlebnispädagogik, nichts anderes sein können als die Wiederentdeckung der alten Erziehungsformen zum rechten Augenblick.

Menschsein und Erziehung manifestieren sich in Zeit, Raum und Kultur und gehen von einigen zeitlosen Konzepten aus, an denen die anthropologischen Dimensionen der Erlebnispädagogik aufgezeigt werden sollen:

– Der Mensch ist als „zoon politikon", als Gemeinwesen, zu verstehen, das notwendigerweise auf Mitmenschen zur Bewältigung der Lebensaufgaben angewie-

sen ist, gerade im Zeitalter der Individualisierung und Entsolidarisierung. Psychologisch gewendet stößt man hier auf die Theorie des Gemeinschaftsgefühls von *Alfred Adler*, die erstaunliche Parallelen zur Hahnschen Erlebnistherapie aufweist.
- Die Sprache ist das augenscheinlichste Merkmal, das den Menschen vom Tier unterscheidet. Der Anteil der Erziehung in der Ausbildung der sprachlichen Kompetenz, die ja immer sehr eng verbunden ist mit der Entwicklung des Denkens, ist unumstritten – nicht zuletzt durch die Erfahrung mit gehörlosen Kindern. Die Dimension der Sprache in der Erlebnispädagogik ist bislang wenig beachtet worden: Vermittlung von Techniken, Verständigung in der Aktion, Verarbeitung von Erlebnissen – das alles geschieht vor allem auf der Ebene der verbalen Kommunikation.
- Die Definition von Zeit, das Verhältnis von Handeln und Reflektieren spielt eine zentrale Rolle in der angloamerikanischen Theoriediskussion zum „Adventure-based Experiential Learning" (vgl. dazu *Heckmair / Michl* 1993), vor allem auch bei den Fragen zu Wirkungen und Transfermöglichkeiten erlebnispädagogischer Praxis. Reflexivität und Reflexion, die Fähigkeit, sich in Frage zu stellen und die Bereitschaft, über Handeln nachzudenken, sind allerdings auch Grundformen menschlichen Seins.
- Kritiker der Erlebnispädagogik werfen ihr unter anderem vor, daß sie eine Minimalpädagogik sei, in der das Handeln um seiner selbst willen geschehe. Das Bewußtsein pädagogischer Ziele – und letztlich läßt sich Pädagogik nicht ohne die Zielkategorie definieren – führt aber zur ethischen Dimension: Erziehung und damit auch Erlebnispädagogik sind eine hochmoralische Angelegenheit. Welche Werte und Normen, welche positiven und negativen Menschenbilder bestimmen Praxis und Theorie der Erlebnispädagogik?
- Erlebnispädagogik führt nicht selten zu Grenzen hin, Grenzen der physischen und psychischen Belastbarkeit, und will neue Formen des Lernens vermitteln. Versagen und Vertrauen, Schuld und Scheitern, Erfolg und Erkenntnis, Freude und Freundschaft – dies alles sind Herausforderungen der Erlebnispädagogik, die auch auf die Endlichkeit menschlichen Daseins verweisen und damit die Frage der Transzendenz und der religiösen Dimension aufwerfen. Ein Blick in die Vielfalt der menschlichen Kulturen zeigt, daß religiöse Phänomene ubiquitär sind und somit zum menschlichen Weltbild gehören.
- Das vielstrapazierte Schlagwort der Ganzheitlichkeit ist Kennzeichen der Erlebnispädagogik. Lernen mit Kopf, Herz und Hand, so nannte Kurt Hahn sein Konzept. Nach der Verkopfung der außerschulischen Bildung in den 70er Jahren und der Diffamierung des Denkens durch die esoterisch-therapeutische Szene der 80er Jahre, könnte durch die Erlebnispädagogik eine plausible Verbindung von Körper, Psyche und Geist erfolgen. Vielleicht wird das im Rückblick eine ihrer wichtigsten historischen Leistungen sein. Die Dimension der Körperlichkeit als

Bewußtsein und Erfahrung über den eigenen Körper gehört aber auch zu den anthropologischen Konstanten der menschlichen Natur. *Josef Koch* hat sich in diesem Buch mit dieser Frage auseinandergesetzt.

Zwischen Selbstverwirklichung und Gemeinschaftsgefühl – Soziales Lernen contra Individualisierung

Die Jungen sitzen im Kreis, ihre Gesichter werden durch den fahlen Kerzenschein angeleuchtet. Sie rezitieren ihre Lieblingsgedichte, verwünschen das Internat, schimpfen über die Lehrer, gestehen ihre Zuneigung zu einem Mädchen ein. Die Höhle im Wald, jenseits des Flusses, fern von ihrem Internat, wurde ihr gemeinsames Geheimnis, ihre zweite und eigentliche Heimat. Sie ist ein Ort von Behausung, Beheimatung und Geborgenheit geworden, bietet einen Standort außerhalb der Welt der Lehrer und Eltern. Die Szene spielt in dem Kultfilm „Der Club der toten Dichter" und stellt ein Plädoyer für die Erlebnispädagogik dar, freilich eine Pädagogik ohne Pädagogen.

Die Schüler dieses Internats haben die Gruppe der Gleichaltrigen für sich entdeckt und sich einen eigenen Raum erobert. Die Sozialisation durch die Peer-group ist nicht nur ein entscheidender Meilenstein auf dem Wege in die Erwachsenengesellschaft, sie ist auch ein unersetzlicher Ort sozialen Lernens.

Die Sozialwissenschaftler und die neueren Jugendstudien zeigen auf, daß die Möglichkeiten sozialen Lernens in den letzten 20 Jahren unverhältnismäßig abgenommen haben. Der achte Jugendbericht der Bundesregierung spricht von der Pluralisierung der Lebenslagen Jugendlicher und der Individualisierung ihrer Lebensentwürfe. Die Kehrseite dieser Entwicklung zur „Erlebnisgesellschaft" (Schulze 1992), die ihren Mitbürgern Selbstverwirklichung, Lebensgenuß und Freizeiterlebnisse als unverzichtbare Werte suggeriert, die sozusagen zum gelungenen Leben gehören, ist die Entsolidarisierung der Gesellschaft, verbunden mit einem Bedeutungsverlust traditioneller Gesellungsformen wie Familie und Nachbarschaft, Gemeinde und Stadtteil, Verein und Verband, Konfession und Beruf. Daten und Trends unterstreichen das Schlagwort von der Entsolidarisierung:

– Der Anteil der Familien mit zwei Kindern an der Gesamtbevölkerung beträgt in München 8%, der Anteil der Einpersonenhaushalte 64% (Achter Jugendbericht, S. 255). Das ist sicher ein krasses Beispiel, gilt aber im Trend für alle größeren Städte Deutschlands.
– Die Ein-Kind-Familie ist zur Norm geworden. Soziales Lernen durch die Geschwister fällt in der Regel aus.
– Die Schule wird mehr denn je durch Leistung und Noten geprägt. Verkürzung der gymnasialen Schulzeit, Einteilung in Leistungsgruppen, Numerus Clausus

u. a. haben und werden den Ruf der Schule als Lern- und Paukeinrichtung verstärken. Ihrem Auftrag als Ort, der soziales Lernen ermöglichen, der Atmosphäre, Geborgenheit und Menschlichkeit bieten soll, kann sie nur schwerlich gerecht werden.
- Das Großstadtleben läßt Kindern und Jugendlichen wenig Freiräume für eigene Erfahrungen und Erlebnisse. Zwar gibt es pädagogische Orte wie Kindergärten, Horte, Tagesstätten, Jugendzentren, Spielplätze, Museen für Kinder, aber den Kindern und Jugendlichen stehen wenig Räume zur selbstbestimmten Nutzung zur Verfügung.

Erlebnispädagogik ist erstens der Schlüssel zu neuen Lebens- und Erlebnisräumen. Im Film „Der Club der toten Dichter" ist die Höhle im Wald, jenseits des Flusses und fern vom Internat zur eigentlichen Heimat der Schüler geworden. Dort haben sie eine Welt für sich geschaffen, eine Welt ohne Lehrer und Eltern und ohne die von Erwachsenen vorgegebenen Zwänge. Zu ihrer geistigen, psychischen und nun auch räumlichen Selbständigkeit sind sie von einem einfühlsamen Lehrer ermutigt worden. Der Lebens- und Erlebnisraum Stadt wird durch die City-Bound-Bewegung erschlossen (*Weis* 1993). Erlebnispädagogik kann bei dieser Erschließung neuer Lebensräume behiflich sein, und sie kann dazu ermutigen, sie zu nützen. Ab einem gewissen Alter beginnen Kinder mit großem Wissensdurst, sich die Dinge ihrer Umgebung anzueignen. Sie wollen wissen, wie etwas funktioniert, sie wollen den Dingen auf den Grund gehen. In dieser Phase entwickelt das Kind auch einen moralischen Realismus, bei dem angenommen wird, daß die moralischen Regeln nicht relativierbar seien. Dieser moralische Realismus tritt jedoch oft in Konflikt mit einem weiteren Charakteristikum dieses Lebensalters, nämlich der Cliquenbildung. Zum ersten Mal bekommt die Gruppe der Gleichaltrigen Bedeutung. Die Regeln dieser Gruppe sind oft in besondere Rituale gefaßt: Die Aufnahme verläuft als Probe, die Gruppe hat ein Revier, entwickelt eine eigene Sprache. Hier erfolgt zum ersten Mal eine Auseinandersetzung zwischen Ich-Erfahrung und sozialem Lernen. Neben diesen oben erwähnten rituellen Aspekten entwickelt das Kind auch das magische Denken. Aus diesen Charakteristika der Kindheit lassen sich einige Grundthemen entwickeln: Verstecke, geheime Sprache, gemeinsame Tabus, feierliche Eide, ritualisierte Kämpfe, Blutsbrüderschaften – am Ende der Kindheit steht die Eroberung der natürlichen und sozialen Umwelt, stehen prägende Erlebnisse und unwiederbringliche Erfahrungen. Die Kinder- und Jugendgemeinschaft ist nahezu ausgestorben und mit ihr eine Fülle von Lernchancen, Erlebnismöglichkeiten und Erfahrungen, die wir an anderer Stelle durch teure pädagogische Anstrengungen zu kompensieren versuchen. Je mehr aber gebannt auf die Schwierigkeiten von Kindern und Jugendlichen gestarrt wird und je mehr die Pädagogen an die „Front" gerufen werden, um so mehr könnten die Schwierigkeiten, die Erwachsene mit Jugendlichen (und umgekehrt!) haben, zunehmen. Es gilt, und das ist auch eine Aufgabe von Erlebnispädagogik, Kindern Lebens- und Erlebnisräume bereitzustellen, und sie dazu zu befähigen, diese Freiräume wahrnehmen zu können. Nichts wäre der Erziehung von Kindern und Jugendlichen so abträglich wie eine Rundumbetreuung durch Schule, Familie und Jugendarbeit. „Wer sein Kind liebt, erzieht es nicht" (Pro Juventute 1982), so lautet ein Leitsatz der Antipädagogik. Man braucht aber kein Antipädagoge zu sein, um dieser Aussage einen Kern Wahrheit zugestehen zu können. Ein Netz für Kinder und Jugendliche zu schaffen, muß eben nicht die totale Pädagogisierung jugendlicher Lernwelten bedeuten, sondern kann lediglich die Bemühungen bezeichnen, Kindern und Jugendlichen Lernfelder bereitzustellen und sie dafür zu sensibilisieren. Das Lernen in der Gruppe der Gleichaltrigen wird im Zeitalter der möglichen Entsolidarisierung überlebensnotwendig für diese Gesellschaft sein.

Zweitens passen erlebnispädagogische Aktionen zum pubertären Seelenleben wie ein Schlüssel zum Schloß. Sie führen zur Einsamkeit ebenso wie zur Gemeinschaft, sie tragen zur Abgrenzung zwischen Ich und Außenwelt bei, weil die Anforderungen des Natursports diese Grenzlinien spürbar aufzeigen. Die Lust nach körperlicher Leistung ist auslebbar, ebenso wie die Lust an der subjektiven Gefahr und zum subjektiven Risiko. Die Angst, nicht voll genommen zu werden und die Sehnsucht nach dem Verstandenwerden können durch gemeinsames Handeln – von Pädagogen und Jugendlichen – besser angesprochen und einer Lösung nähergebracht werden.

Die Praktiker wissen drittens, daß erlebnispädagogische Aktionen ohne Gemeinschaftsleistungen kaum durchgeführt werden können. Die Zusammenarbeit auf dem Segelboot, das Sichern beim Klettern und Abseilen, Einkaufen, Kochen, das Nachtlager bereiten – ohne gegenseitige Hilfe und Unterstützung wird alles doppelt schwierig. Unter den realen Anforderungen einer Schlauchbootfahrt bilden sich wie im gruppentherapeutischen Prozeß Rollen und Beziehungsgeflechte, verläuft die Gruppenentwicklung in bekannten und vielbesprochenen Phasen, sind Konflikte und Krisen zu meistern, geht es um Identität und Gruppengefühl, um Selbstbestimmung und Einfühlungsvermögen, um Rücksichtnahme und Hilfsbereitschaft. Den Wattebausch der Verwöhnung und die Nachteile des egozentrischen Verhaltens behutsam bewußt zu machen, sind Herausforderungen für die Erlebnispädagogik.

Erleben und Reden – die Dimension der Sprache in der Erlebnispädagogik

Eine Karikatur der Süddeutschen Zeitung zeigt einen Großvater im Lehnstuhl, an dessen Fuß zwei Enkelkinder spielen. „Opa, erzähl' uns eine Geschichte", bitten die zwei Kinder. Der Großvater erzählt: „Also, mein Chef hat mich mal gebeten, etwas Ähnliches wie eine Selbsttherapie geschehen. Das Extrembergsteigen ist nach Ansicht von *Aufmuth* in der Tat eine Selbsttherapie. Extrembergsteiger beschreibt er als Menschen, die durch übermächtige Leistung, durch Überwindung größter Schwierigkeiten zu einer gewissen inneren Stabilisierung gelangen und die Herausforderungen der Berge immer wieder benötigen, um dieses innere Gleichgewicht halten zu können. Sie sind getrieben von der Sehnsucht nach Grenzsituationen, nach Todesnähe, sie sind auf der ständigen Flucht in die Berge, auf der Flucht vor ihrer inneren Leere. Gefahr, Qual, Besessenheit, Todessehnsucht – all dies läßt den Schluß zu, daß die extreme Bergleidenschaft etwas mit Sucht zu tun hat. Wer sich selbst kaum spürt, braucht mächtige Reize, um seine Grenzen zu erkennen. Die Expedition an die Ränder des lebbaren Lebens läßt diese extremen Bergsteiger erst ihr Leben spüren. Das Erlebnis wird hier zur Therapie.

Grenzen überschreiten – Zu neuen Ufern des religiösen Erlebens

George Bush wurde im Sommer 92, wie die Wochenzeitschrift „Die Zeit" berichtet, zur Beerdigung eines Mannes eingeladen, den die lieben Verwandten in ihrem Brief an den ehemaligen amerikanischen Präsidenten als „arbeitsamen, patriotischen Amerikaner" beschrieben. Eine Nachfrage seines Büros ergab, daß die Sache einen Haken hatte: Der Mann war noch nicht tot. Seine Familie sah darin allerdings kein Problem. Der, den sie gemeinsam mit Bush betrauern wollten, war an ein medizinisches Lebenserhaltungs-System angeschlossen. Wann immer der Zeitplan des Präsidenten eine Teilnahme gestatte, erklärte die Familie, werde man den Stecker herausziehen.

Pädagogik und Lebenskrisen haben wenigstens einen gemeinsamen Nenner. Sie brauchen eine Inszenierung, eine Dramaturgie, um ihre Ziele erreichen zu können. Auch in atheistischen Gesellschaften entwickeln sich Rituale an den Rändern des Alltagslebens. Grenzsituationen bringen den Menschen näher an die großen Fragen heran, die die Philosophen des Altertums ebenso beschäftigten wie die modernen Denker. Dem Gang zu den Ursprüngen folgt immer auch die Suche nach dem Sinn. Die neueste Armut ist neben der realexistierenden der Mangel an Sinn, die eigentliche Not, so muß man mit ein wenig Hybris konstatieren, ist die Notlosigkeit. Wenn das Jugendalter ein Alter der ersten und bedrängenden Sinnfragen ist, dann bietet die Erlebnispädagogik Annäherungen an diese Grundfragen menschlichen Lebens. Die Erlebnispädagogik ist ein archimedischer Punkt der Pädagogik, weil sie uns aus unserem Raum- und Zeitverständnis hinausführen kann. Sie bringt uns lebensfeindliche Räume nahe wie Berge, Felsen, Höhlen, Schluchten, wildes Wasser. Sie sind die Antithese des Lebens wie die Wüste: „Sie ist ein Normalzustand unseres Planeten, und die Belebung mit Pflanzen und Tieren (ist) ein kurzes Zwischenspiel" (*Jünger* 1980, S. 259). Und doch suchen die Menschen die Wüste bzw. menschenleere, unwirtliche Gegenden und die Einsamkeit. „Dorthin um Gott zu schauen, zogen sich auch die Propheten immer wieder zurück" (Ebd., S. 203).

„An den langen Tischen der Zeit zechen die Krüge Gottes (*P. Celan* 1970, S. 29) ... – Erlebnispädagogik soll unseren schnellebigen Alltag entschleunigen, die Langsamkeit wiederentdecken, die Vergänglichkeit vermitteln, die Ewigkeit spüren lassen, den von Gott gegebenen rechten Augenblick ermöglichen. Bei Höhlentouren wird unser Zeitverständnis brüskiert: Was bedeutet eine Stunde beim Anblick eines vieltausendjährigen Stalagmiten? Das ferne Rauschen des Höhlenbaches, das stille und stetige Tropfen, die tiefe Dunkelheit, die durch unser Licht für wenige Minuten erhellt wird – überall steingewordene Zeit. Ein Hauch von Zeitlosigkeit und von Ewigkeit, dem wir in diesem öden Lebensraum Höhle ausgesetzt sind und der die Hektik unseres Alltags, unser Bedürfnis nach Zeit als Hilfskonstruktion unseres Daseins entlarvt.

Wer solche Lebensräume aufsucht, sich von den Menschen und der Zivilisation kurzzeitig verabschiedet, kann sich auf Wege und Weisen einlassen, über Sinn und Bedeutung des Lebens nachzudenken und sich auf die Suche nach Grenzen begeben. Den heiligen Orten aus Menschenhand entsprechen die heiligen Orte der Natur, die gleichsam geladen sind mit spiritueller Energie. In der Erlebnispädagogik kann man die anthropologischen Wurzeln spüren, und die Sinnfragen – woher komme ich, wohin gehe ich, wer bin ich, was erwarte ich von der Welt, was erwartet die Welt von mir – entdecken.

Literatur

Aufmuth, U.: Die Lust am Aufstieg. Weingarten 1984.

Bedacht, A.; Dewald, W.; Heckmair, B.; Michl, W.; Weis, K. (Hrsg.): Erlebnispädagogik – Mode, Methode oder mehr? (Bd. 12 „Soziale Arbeit in der Wende") München 1992.

Celan, P.: Ausgewählte Gedichte. Frankfurt a. Main 1970.

Csiksentmihalyi, M.: Das Flow-Erlebnis. Stuttgart 1987.

Cube, F. v.: Gefährliche Sicherheit. München 1990.

Der Bundesminister für Jugend, Familie, Frauen und Gesundheit: Achter Jugendbericht. Bonn 1990.

Handke, P. in einem Interview mit A. Müller, in: „Die Zeit" vom 03.03.1989.

Heckmair, B.; Michl, W.: Erleben und Lernen – Einstieg in die Erlebnispädagogik. Neuwied: 1993.

Jünger, E.: Siebzig verweht. Stuttgart 1980.

Leyhausen, P.: Das Verhältnis von Trieb und Wille in seiner Bedeutung für die Pädagogik. In: Antriebe tierischen und menschlichen Verhaltens. Lorenz, K.; Leyhausen, P. München 1968. S. 54–76.

Mead, M.: Jugend und Sexualität in primitiven Gesellschaften. 3 Bde., 2. Aufl., München 1970.

Michl, W.: Erziehung und Lebenswelt bei den Buschleuten der Kalahari. Saarbrücken; Fort Lauderdale: 1982.

Ders. (Hrsg.): Praxis der ökologischen Bildung in der Jugendarbeit. Lüneburg: 1992.

Oppitz, M.: Schamanen, Hexen, Ethnographen. In: Der Wissenschaftler und das Irrationale. Dürr, H.-P. (Hrsg.) Erster Band. S. 37–59. Frankfurt/M. 1981.

Pro Juventute: Wer sein Kind liebt, erzieht es nicht. Zürich 1982, Heft 4.

Schweizer, Th.: Interkulturelle Vergleichsverfahren. In: Einführung in die Ethnologie. Fischer, H. (Hrsg.), S. 427–445. Berlin 1983.

Schulze, G.: Die Erlebnisgesellschaft. Frankfurt/M.; New York 1992.

Thomae, H.: Psychologische Anthropologie. In: Pädagogik – Handbuch für Studium und Praxis. Roth, L. (Hrsg.), S. 109–121. München 1991.

Weis, K.: Erlebniswelten in der Stadt – symbolträchtige Räume für Erziehung und Eroberung, Spiel und Kampf. In: Erlebnispädagogik in der Stadt. Aktion Jugendschutz, Landesarbeitsstelle Bayern e. V. (Hrsg.), S. 6525. München (Fasaneriestr. 17) 1993.

HANS GÜNTHER HOMFELDT

„Am Anfang steht die Zumutung"

Ein Beitrag zum pädagogischen Können in der Erlebnispädagogik

„Heimausreißerin sollte per Fußmarsch zurück" oder *„Rückmarsch mit Höchstmaß an persönlicher Zuwendung"* so lauteten die Überschriften zweier Artikel im Trierischen Volksfreund vom 19. April und 22. April 1991. Eine strafbare Mißhandlung gegenüber einer Schutzbefohlenen? läßt die erste Überschrift mich fragen. Oder eine besondere Therapieform für schwererziehbare Jugendliche? die zweite. Lesen Sie selbst:

Heimausreißerin sollte per Fußmarsch zurück

Polizei spricht von „Gewaltmarsch" – Strafanzeige
Heimleitung: „Wanderung Teil der Erlebnistherapie"

Eine besondere Therapieform für extrem schwer erziehbare Jugendliche oder strafbare Mißhandlung von Schutzbefohlenen? – Diese Frage wirft ein Vorfall um ein 15jähriges Mädchen auf, durch den sich die Polizeiinspektion Merzig-Wadern am Dienstag veranlaßt sah, gegen die Leitung des Erziehungsheims „Longuicher Mühle" (Kreis Trier-Saarburg) Strafanzeige bei der zuständigen Staatsanwaltschaft in Saarbrücken zu erstatten. Nach Ansicht der Merziger Polizei war die Jugendliche nach einem Ausreißversuch zu einem Gewaltmarsch von Saarbrücken nach Longuich gezwungen worden. Die Heimleitung teilte indessen gestern auf Anfrage mit, daß es sich bei dem angeblichen Gewaltmarsch um eine therapeutische Maßnahme in Begleitung eines Pädagogen gehandelt habe.

Die Polizei Merzig-Wadern dagegen hielt auch gestern an ihrem Verdacht auf eine Straftat durch Mißhandlung Schutzbefohlener fest und schilderte den Fall wie folgt: Die 15jährige war aus dem Heim in Longuich ausgerissen und später von der Polizei in einer Saarbrücker Wohnung aufgegriffen worden. Der daraufhin verständigte Heimleiter erschien mit einem 32jährigen Erzieher in Saarbrücken und nahm das Mädchen in Empfang. Während der Heimleiter wieder mit dem Auto nach Longuich zurückkehrte, brach der Erzieher mit der Ausreißerin zu einem rund 100 Kilometer langen Rückmarsch nach Longuich auf. Als Gepäck hatte das Mädchen einen rund elf Kilogramm schweren Rucksack und einen Schlafsack zu tragen.

Das Paar fiel am Dienstag nachmittag einer Polizeistreife des Reviers Merzig an der B 51 in Höhe der Abzweigung Harlingen auf. Offenbar hätten die beiden gestritten und das Mädchen sich geweigert, dem Mann weiter zu folgen. Die Jugendliche habe dabei einen „fix und fertigen" Eindruck gemacht.

Von der Streife zur Rede gestellt, erklärte der Begleiter, daß es sich bei dem Fußmarsch um eine erzieherische Maßnahme handele. Da den Polizisten die Sache nicht ganz geheuer vorkam, nahmen sie die beiden mit zur Wache. Dort wurde das zuständige Jugendamt und der Heimleiter verständigt. Ihm gegenüber machten die Merziger Polizeibeamten deutlich, daß das Mädchen unmöglich den Fußmarsch fortsetzen könne. Sie verwiesen dabei auf die von ihnen veranlaßte ärztliche Untersuchung der 15jährigen. Danach lagen bei ihr eine Rachenentzündung und ein Schwellung der Mandeln vor. Außerdem habe das Mädchen durch den Rucksack Hautverletzungen am Rücken und durchgelaufene Schuhe. Trotz dieser Tatsache, so die Polizei Merzig weiter, sei der Heimleiter unnachgiebig geblieben und habe sich geweigert, das Mädchen in Merzig abzuholen. Die Polizei brachte daraufhin das Mädchen und dessen Begleiter in einem Streifenwagen zurück nach Longuich.

Gegen die Heimleitung wurde Anzeige wegen Verdachts auf Mißhandlung Schutzbefohlener gestellt. Inzwischen hat sich die Saarbrücker Staatsanwaltschaft in den Fall eingeschaltet. Ein Sprecher der Merziger Polizei gestern zum TV: „Auch wenn die Heimleitung nun mit dem Hinweis auf eine erforderliche Spezialtherapie argumentiert, stehen wir hinter unserer Anzeige. Auch ein extrem schwer erziehbarer Jugendlicher hat Anspruch auf menschenwürdige Behandlung und körperliche Unversehrtheit."

Ganz anders stellt sich die Sache aus Sicht des gestern ebenfalls vom TV befragten Leiters der „Longuischer Mühle" dar. Wie er mitteilte, handele sich bei dem Heim um eine hauptsächlich von Jugendämtern getragene Einrichtung der freiwilligen Jugenderziehung. Aufgenommen wurden nur extreme Fälle von schwerwerziehbaren Jugendlichen, mit denen andere Einrichtungen überfordert seien. Die Behebung extremer Schwererziehbarkeit, so der Heimleiter, erfordere aber eine besondere, sozialtherapeutische Methodik im Rahmen einer sogenannten Erlebnispädagogik, bei der die Betroffenen auch lernen, sich selbst zu fordern. Dazu zähle im Falle des Ausreißens die „therapeutische Wanderung" unter Begleitung eines pädagogischen Mitarbeiters zurück ins Heim. Die Jugendlichen würden nicht direkt zum Mitwandern gezwungen, sondern vor die Alternative „Fußmarsch oder Rückeinweisung in Haftanstalt oder psychiatrische Anstalt" gestellt. Der Heimleiter: „Ich muß ausdrücklich klarstellen, daß die Betroffene nicht mitgehen mußte und die Wanderung auch keine Straßfmaßnahme darstellte. Im Falle der Weigerung allerdings – und das weiß sie – wäre sie vom zuständigen Jugendamt wieder in die geschlossene Anstalt einer Psychiatrie eingewiesen worden. Durch das völlig unsensible Verhalten der Merziger Polizei ist unsere pädagogische Arbeit an der 15jährigen nun um Monate zurückgeworfen worden. Das Mädchen wurde dadurch in seiner fast schon ausgeräumten Fehleinstellung neu bestärkt, daß sich Willensschwäche und Aufgeben am Ende doch lohnen." Zu den Krankeitssymptomen der 15jährigen wurde betont, daß sie nach eigenem Bekunden an einer chronischen Halsentzündung leide und Striemen bei langen Rucksackwanderungen unvermeidbar seien. Das Mädchen habe inzwischen selbst zugegeben, in Merzig „keinen Bock" mehr gehabt und vor der Polizei eine „Schau" gemacht zu haben.

Wenig Verständnis gab es am Donnerstag auch bei dem für den „Longuicher Hof" als Aufsichtsbehörde zuständigen Landesamt für Jugend und Soziales in Mainz. Dort wurde betont, daß das Longuicher Heim eine in Rheinland-Pfalz einzigartige Einrichtung sei, die sich wirklich „extrem schwieriger junger Menschen" annehme. Ein Sprecher des Landesamtes gegenüber dem TV: „Wir bringen diesem Heim, seiner Leitung und den von ihr angewandten Therapiemethoden volles Vertrauen entgegen. Ein Vertrauen, das durch die Erfolge bestätigt wird."

f.k./mps

Rückmarsch mit Höchstmaß an persönlicher Zuwendung

Erläuterungen der Heimleitung „Sozialtherapie Longuicher Mühle" zu ihrem Erziehungskonzept

Unter der Überschrift „Heimausreißerin sollte per Fußmarsch zurück" berichteten wir in unserer Freitagsausgabe (19. April) über einen Vorfall um ein 15jähriges Mädchen, das aus einem Erziehungsheim entwichen war und nach dem Wiederaufgreifen einen 100 km langen Rückweg zu Fuß antreten soll. Es ging dabei auch um die Frage, ob es sich um eine besondere Therapieform handelt oder um die strafbare Mißhandlung einer Schutzbefohlenen. Der Leiter des Heimes, Dipl.-Sozialarbeiter Winfried Konsdorf, Gestalt- und Psychodramatherapeut, hat uns zu der Arbeit in der „Sozialtherapie Longuicher Mühle" einige Erläuterungen überreicht, aus denen wir folgende Auszüge übernehmen:

Zunächst möchte ich nochmals darauf hinweisen, daß wir in unserer Einrichtung mit extrem schwierigen, verhaltensauffälligen jungen Menschen arbeiten, die zum Teil erfolglos mehrere Heime durchlaufen haben, straffällig wurden, inhaftiert waren, anderweitige Störungen im emotionalen Bereich haben und letztlich durch alle Raster der Sozialarbeit hindurchgefallen sind. Um diesen jungen Menschen trotz eingeschliffener Verhaltensstrukturen noch einen Weg in die Gesellschaft möglich zu machen, ohne weitere langwierige, vielleicht bis an das Lebensende dauernde Heimunterbrigung, bedarf es eines feinfühligen, aber vielleicht auch ungewöhnlichen Erziehungskonzeptes. Aus unserer Einrichtung braucht kein Klient zu entweichen. Jeder Klient kann aus freien Stücken die Einrichtung verlassen. Er wird nicht zurückgehalten. Er weiß auch, daß bei Verlassen der Einrichtung die Wiederaufnahme erarbeitet werden muß. Wird, wie im vorliegenden Fall, der Jugendliche von einem Jugendamt oder der Polizei aufgegriffen, verweigern wir die nochmalige Aufnahme nicht. Der Klient steht dann vor der Wahl, unserem Angebot zuzustimmen oder sich für die geschlossene Unterbringung beziehungsweise Strafvollzug zu entscheiden.

Hier setzt Erlebnispädagogik meist ein natursportlich akzentuiertes Angebot ein mit einer Wanderung dahin zurück, wo der Klient sich durch Entweichen der Auseinandersetzung im sozialen Gefüge der Therapiegruppe entzog. Während der meist langfristig angelegten Wanderung ist ein Höchstmaß an persönlicher Zuwendung durch den Erzieher gegeben, wodurch gleichzeitig das Entziehen aus der Einrichtung aufgearbeitet werden kann sowie weitere Mangelerscheinungen aufgedeckt werden können.

Im vorliegenden Fall wurde die Klientin von mir und dem späteren Erzieher in Saarbrücken aufgesucht. Sie befand sich in einer Zelle, weil sie beim Verhör die Polizeibeamten tätlich angegriffen hatte.

Zuerst weigerte sie sich zurückzumarschieren und zog noch die Zelle vor. Nach etwa 30 Minuten hatte sie sich dann doch für die Wanderung entschieden. Sie wurde noch kurz von einem Beamten nach Nadelstichen durchsucht, um sicher zu gehen, daß sie nicht bei ihrem wiederholten Aufenthalt in der Drogenszene angefixt worden war. Wir verließen das Polizeirevier, ein Polizist rief uns noch nach, ob wir Handschellen benötigten, was wir, auf unsere Berufsauffassung bezogen, dankend ablehnten.

Bei der nachfolgenden Wanderung kam es darauf an, zum richtigen Zeitpunkt die notwendigen Impulse zu geben, damit bei der Klientin Entwicklung und Bereitschaft der Auseinandersetzung mit sich und den gestellten Anforderungen möglich werden. Durch den Eingriff der Merziger Polizei konnte dies nicht realisiert werden. Für einen außenstehenden Polizeibeamten ist es nicht leicht, hier richtig zu entscheiden. Dennoch hätte die Polizei, nachdem sie mit dem zuständigen Jugendamt und mit mir Rücksprache gehalten hatte, eine andere Entscheidung treffen können. Der begleitende Erzieher wurde auf der Polizeidienststelle wie ein Beschuldigter behandelt, er durfte nicht einmal zur Toilette. Nicht verdenken kann ich der Polizei, daß sie auf die Tricks und typischen Verhaltensmuster der Klientin hereinfiel. Einige Stunden nach dem Vorfall erklärte die Klientin selbst: „Ehrlich gesagt, mir ging es nicht so schlecht, ich hatte nur keine Lust weiterzulaufen. Ich bin dann auf die Straße gerannt und hab' das nächste Polizeiauto angehalten und denen erzählt, ich kann nicht mehr."
Die Vorhaltung, daß das Jugendamt und ich auf der Fortsetzung der Wanderung trotz „schwerer Erkrankung" bestanden, ist schlichtweg falsch. Aber auch hier gibt es in unserem Konzept Möglichkeiten, die Therapie nicht zu unterbrechen und so zu gestalten, daß keine gesundheitlichen Nachteile entstehen.

Unser Ziel ist es anzukommen – aber nicht um jeden Preis und so schnell wie möglich. Die Aussage, daß wir die Klientin mit dem Auto nicht abholen wollten, trifft völlig zu. Auch hier sind wir wieder pädagogisch konsequent in unserer Haltung gefordert. In keiner Weise hätte es zum pädagogischen Konzept gepaßt, wenn auch wir als Bezugspersonen durch das Abholen mit dem Auto mit zur vorzeitigen Beendigung der Maßnahmen beigetragen hätten. Der Vorfall gibt uns Anlaß, unser therapeutisches Programm und die sicherlich aufwendigen Maßnahmen transparent zu machen und dem Interessierten zugänglich zu machen. Letztlich ist unsere Arbeit immer eine Gratwanderung, mit der die pädagogischen Ziele erreicht werden sollen.

Auch die überregionale Presse nahm sich des Themas im Sinne des ersten Artikels an und verschärfte noch den Ton (Originalton FR 19.4.91):,,Marschbefehl für 15jährige").

Die kontroverse Darstellung in der Presse hatte mein Interesse geweckt. Was ist das für ein Heimleiter, der es vermag, den Drohungen der Polizei sein pädagogisches Wahrnehmens- und Verstehensvermögen so energiereich entgegenzustellen?

Im Verlauf eines Jahres haben wir viele Gespräche geführt, in denen mir seine Pädagogik des Erlebens immer sichtbarer und wichtiger geworden ist. Sie setzt sich aus einigen Grundformen zusammen, die ich durch thematisch pointierte Dialogauszüge erhellen und kommentieren werde, um im Anschluß einige Grundfiguren pädagogischen Könnens zu formulieren.

Nichts gegen die Klassiker der Pädagogik und die großartigen Pädagogen der Reformpädagogik. Aber immer wieder müssen sie mit ihren Überlegungen zu pädagogischem Können und ihren Entwürfen pädagogischer Einrichtungen herhalten, um die Vorstellungskraft heutiger Pädagogen anzuregen, aber auch institutionell festzulegen. So haben wir Peter-Petersen-Schulen und Montessori-Vorschulen, zumeist aber im Bereich der Regelschulen wie in Einrichtungen der Ersatzerziehung viel Überforderung, Ohnmacht und Resignation, weil es an überzeugenden heutigen Grundmustern für pädagogisches Können fehlt. Den im Dialog sichtbar werdenden Grundmustern ist gemeinsam, daß sie mit dem Erleben verbunden sind. Sie sind keinesfalls auf solche Jugendliche eingrenzbar, die mit ihren Nächsten und der Gesellschaft nicht zurechtgekommen sind. Gleiches gilt für die Ausführungen zum pädagogischen Können.

Paradox intervenieren

H.: Ihr Haus nimmt für sich in Anspruch, eine qualifizierte Alternative zu einer geschlossenen Einrichtung zu sein?

K.: Das ist es schon von seiner Bewohnerstruktur. In der Longuicher Mühle leben gegenwärtig 17 junge Menschen, 8 wohnen im Loslösehaus. Das ist ein Übergangshaus. Ich selbst lebe mit meiner Frau und unsern drei Kindern in der Mühle. Zwar ist dies im Laufe der Zeit zu einer ungeheuren Belastung geworden, aber gleichzeitig ist es die beste Möglichkeit, mit den jungen Menschen zu arbeiten. Keiner von uns allen kann sich entziehen.

H.: Nun sprechen wir von *den* Jugendlichen, obwohl sie doch einen ganz unterschiedlichen biographischen Hintergrund haben. Gleichwohl sind sie in *eine* Karriere geraten.

K.: Wir sorgen für eine möglichst heterogene Zusammensetzung unter unseren Jugendlichen, damit sich möglichst viele Konflikte und so auch viele Lernangebote entwickeln können. Die jungen Menschen kommen aus den unterschiedlichsten Milieus: Es reicht von Adoptivkindern aus der gehobenen Mittelschicht bis zum Kind aus einer Alkoholikerfamilie der Unterschicht. Gleich ist allen, daß sie bis zu einem gewissen Grad instanzengeschädigt sind. Gemeinsam ist ferner fast allen, keine Verantwortung für sich übernehmen zu können. Sie haben eine Unmenge von Abwehrmechanismen und fehlgeleiteten, verinnerlichten Erziehungsbotschaften, die sie hindern, nicht so handeln zu können, wie man das von ihnen erwartet.

H.: Wie gehen Sie nun auf diese Abwehrmechanismen und Erziehungsbotschaften ein? Können Sie das an einem Beispiel aufzeigen?

Gespräch mit Ariane
Sie ist vier Tage im Haus, 15 Jahre alt.

K.: Vielleicht kannst du uns mal sagen, was hier anders ist als bei dir zuhause. Ich erinnere dich an das Aufnahmegespräch mit deiner Mutter. Was war da anders für dich?

A.: Ja, wegen der Schule. Wenn man nicht muß, wenn man nicht will…

K.: Du hast zum erstenmal gehört, du brauchst gar nicht in die Schule zu gehen. Wie war das?

A.: Komisch. Bisher bekam ich gesagt, man muß in die Schule, solange man schulpflichtig ist.

K.: Jetzt sagt einer „wenn du zu uns kommst, brauchst du gar nicht in die Schule zu gehen." Wie ist das?

A.: Nicht so gut.

K.: Du hättest es lieber, wenn ich sage, du mußt in die Schule?

A.: Vielleicht.

K.: Gestern abend hast du mir gesagt, du würdest immer überlegen.

A.: Ja, ob ich in die Schule geh.

K.: Dich macht unzufrieden, daß keiner sagt, du mußt jetzt in die Schule gehen. Ariane, unzufrieden bist du, weil wir keinen Kontakt haben, wenn ich sage, du mußt nicht in die Schule. – Warum lachst du?

A.: Ich denk' an meine Mutter.

K.: Wieso?

A.: Schläge hat sie mir angedroht, wenn ich nicht in die Schule gehe.

K.: Und wie war das für dich?

A.: Ich bin trotzdem nicht gegangen.

K.: Du hast aber Kontakt zu deiner Mutter gehabt.

A.: Ja.

„Am Anfang steht die Zumutung" 223

K.: Zur Verdeutlichung von paradoxer Intervention noch ein Beispiel von einem Jugendlichen, der immer wieder durch Suizidandrohungen auffällig geworden ist. Ich versuche zu verstehen, wieviel an diesen Androhungen dran ist. Dann gehe ich mit ihm zusammen, um das Risiko möglichst gering zu halten, den Weg des Suizids. Wahrscheinlich hätten die meisten Kollegen auf eine Drohung hin den Psychiater eingeschaltet. Ich sage:„Wir schauen uns deinen Selbstmord an. Also du willst in die Mosel, weil du mit deinen Kollegen Streß hast und von allen als homosexuell verschrien wirst. Ich geh mit dir!" Das ist ein Verhalten, das der Junge bislang nicht kennengelernt hat, ein Gegenüber zu finden, das sagt: Ich nehm dich beim Wort", aber um das Risiko niedrig zu halten, mit ihm geht.

FOTO 1

H.: Eine Form von Problemzuspitzung.

K.: Ja. Wir intervenieren *paradox* auf den schockierenden Hinweis des Jugendlichen.

Im Beispiel zu bleiben: Wir bringen uns beide gemeinsam um. Wenn ich ihn an die Hand nehme, weiß ich, der bringt sich nicht um. Ich hab die Sicherheit, weil ich bei ihm bin. Zum erstenmal kann der Junge erfahren, daß er ernstgenommen und nicht alleingelassen wird. Den jungen Menschen so ernstzunehmen, wie er sich darstellt, das ist eine der Methoden, mit denen wir arbeiten. So verhindere ich Ohnmacht und Überforderung.

H.: In der Erlebnispädagogik liegt ein erhöhtes Risiko. Die Jugendlichen haben ein selbstgefährdendes Risikohandeln, mit dem sie Druck erzeugen und erwarten, daß es von anderen aufgenommen wird. So erfahren sie Zuwendung. Sie verstärken das Risikohandeln, in dem Sie es positiv aufnehmen. Sie sagen: „Wir machen, was du sagst." Wenn er jetzt aber nicht am Ufer der Mosel haltmacht?

K.: Dann ist er zu stoppen, und ich weiß, das ist ein Suizidkandidat.

Hier! Sofort alles! Abwarten, Geduld und Zuhören gehören nicht zum Handlungsspektrum der Jugendlichen, die in der Longuicher Mühle zu finden sind. Entsprechend wenig erfolgreich sind gesprächstherapeutische Bemühungen. Die meisten Jugendlichen haben ein riesiges Potential an Abwehrmechanismen, Tricks und Ersatzgefühlen entwickelt. Sie sind entsprechend nur mit extremen und kreativen Erlebnissen und ihrer reflexiven Verarbeitung zumindest soweit aufzuweichen, daß sich die Jugendlichen in der Gesellschaft ohne negative Sanktionen zurechtfinden können.

In der Sozialtherapie der Longuicher Mühle haben die Jugendlichen Nischen für existentielle Wagnisse und gleichzeitig leistungsfreies Bewähren in Extremsituationen. In der Pädagogik ist ein zentrales Muster: Im erzieherischen Handeln gehe ich Risiken ein, auch physische. Versuche ich Risiken zu meiden, reduziere ich die Chancen, daß sich bei den Jugendlichen fehlgeleitete Grundmuster positiv verändern.

Am Anfang steht die Zumutung:

H.: Vielleicht sprechen wir nun über das Beispiel, das in der Presse als Sensationsmeldung auftauchte: über das Gehen.

K.: Das Gehen ist eine der Möglichkeiten, um hierher zu kommen, indem man durch Körperarbeit und Miteinander Begegnung zu den Mitarbeitern der Einrichtung herstellt. Beim Gehen ist man aufeinander angewiesen.

H.: Aber ist am Anfang nicht das Auseinandersein bestimmend?

K.: Durch das Gehen wird es abgebaut. Dies geht über Fluchen, Wutausbrüche, Verweigern, Jammern, Fintieren. Das gemeinsame Durchstehen einer Belastung schafft eine gute Beziehung. Ich zeige: Was ich dir zumute, mute ich mir auch zu. Ich zeige, wer ich bin. So bekommt der junge Mensch einen Zugang zu mir, und ich kann ihn fordern. Ich gehe davon aus, daß nur durch Fordern und Krisenarbeit Wachstum möglich ist. Durch das Erleben von Krisen beim Gehen, die er erfolgreich besteht, wächst er.

FOTO 2 und 3

H.: Wenn diese Wanderungen über mehrere Tage gehen und bis 200 km, ja bis Paris ausgedehnt sein können, dann muß ich doch selbst körperlich topfit sein. Haben Sie selbst schon Ihre Grenzen erlebt?

K.: Körperlich ist mir das noch nicht passiert. Aber ich spüre, daß ich während einer solchen Maßnahme jemanden bräuchte, mit dem ich reden kann. Ich bräuchte eine kurzfristige Supervision; denn es ist eine Arbeit, die in den anderen investiert und nicht in sich selbst; denn ich brauche viel persönliche Substanz, Wärme und Nähe, die ich abgebe.

H.: Nun ist ja eine Wanderung in der Presse reißerisch aufgemotzt worden: „Heimausreißerin sollte per Fußmarsch zurück". Die unmittelbare Außenwahrnehmung war anders als Ihre Intention, die Sie dann ja auch in der Zeitung mit der Überschrift „Rückmarsch mit Höchstmaß an persönlicher Zuwendung" verdeutlicht haben.

K.: Ein Polizeibeamter, der auf Recht und Ordnung setzt, muß den Vorgang anders interpretieren als ich. Denn unser erlebnispädagogisches Anliegen ist nicht in seiner Gedankenwelt und in seinem Arbeitsfeld.

Was ich der Polizei nicht verdenken kann, ist, daß sie auf die Tricks und Verhaltensmuster des Mädchens hereinfiel. Ein paar Stunden nach dem Vorfall sagte es ja zur Presse: Ehrlich gesagt, so schlecht ging es mir nicht. Ich hatte nur keine Lust mehr weiterzulaufen." Der Vorfall macht deutlich, daß unsere Arbeit immer eine Gratwanderung ist.

In bezug auf unsern Klientenkreis behaupte ich: Je geringer das Risiko ist, das in einer pädagogischen Intervention steckt, um so geringer ist auch der pädagogische Erfolg.

H.: Für den Beginn im Haus gibt es ja nicht nur das Gehen, sondern auch andere Arten der Aufnahme. Woher wissen Sie, wie das Angebot zum Einstieg zu gestalten ist?

K.: Mit jedem / jeder wird ein Aufnahmegespräch geführt. In diesem Gespräch versuchen wir, uns mit den Grundmustern, den Erziehungsbotschaften des Klienten / der Klientin auseinanderzusetzen.

Im Aufnahmegespräch haben wir meist recht schnell ein zentrales Reaktionsmuster heraus: ob jemand mit den Händen etwas anfangen kann, aber nicht will oder z. B. körperlich belastbar ist, aber nichts tut. Wer unbedingt mit einem Zopf, den er sich zwei Jahre im Gefängnis wachsen ließ, zu uns kommen will, dem sagen wir: „Du kommst hierher, wenn du dir einen vernünftigen Haarschnitt zulegst." Der braucht nicht zu laufen.

H.: Am Anfang steht also die Zumutung.

K.: Wir muten etwas zu, was abgelehnt wird. Es kommt darauf an, scheinbar oder anscheinend festgefahrene Strukturen aufzugeben. Und dies muß von

"Am Anfang steht die Zumutung" 227

Anfang an klar sein. Wir versuchen, beim Klienten die Bereitschaft zur Zumutung zu wecken. So wird er belastbar.

H.: Arbeiten Sie mit dem Willen der Klienten, oder ist jemand auch akzeptiert, der keine Energien in bezug auf sich zeigt, der widerstandslos erscheint?

K.: Leute, die widerstandslos sind, lernen, Widerstände aufzubauen. Wir haben mit zwei Mädchen gearbeitet, die in bezug auf sich keinen Widerstand hatten. Wenn man zu denen sagte: „Zieh die Bluse hoch", dann haben sie's getan. Wenn man eine Zigarette auf den Boden geworfen und zu ihnen gesagt hat „Heb sie auf", dann haben sies auch getan. Die haben zuerst Neinsagen gelernt. Die Klientin soll das lernen, was sie nicht kann. Fehlen ihr Widerstandspotentiale, so hat sie die aufzubauen.

Erlebnispädagogische Aktivitäten stehen zumeist in Verbindung mit der Natur. Sie vermögen Grundmuster menschlichen Handelns zu reaktivieren. Sich behaupten, sich durchsetzen, überleben und sich selbst wichtig nehmen ereignen sich notwendigerweise. Durch die Abgeschiedenheit beim Wandern und durch das einfache Leben werden die Jugendlichen auf sich selbst zurückgeworfen. Jede(r) muß sich mit sich und allenfalls seinem Gegenüber auseinandersetzen. Fluchtmöglichkeiten gibt es kaum – es sei denn, man versteht es, sich der Polizei zu bedienen. Die Natur kann hautnah erlebt werden. Sie wirkt als Autorität, mit der sich jede(r) beim Gehen zu arrangieren hat. Der Körper, die Gefühle und die eigene Leistungsfähigkeit, auch ihre Grenze werden gespürt und verarbeitet.

FOTO 4

Widerstand leisten

K.: Widerstand gegen alles Mögliche zu haben, sehen wir als etwas ganz Normales an. Unsere Jugendlichen ecken mit ihren Widerständen in der Gesellschaft gehörig an und kommen mit ihnen nicht zurecht. Die meisten Widerstände sind ein Schutz für die Klienten und dienen ihrer Sicherheit. Ich muß die Widerstände deshalb so ernstnehmen wie die Jugendlichen selbst, wenn dies bei ihnen auch häufig unbewußt ist.

H.: Was heißt dies nun für Ihren Therapieplan?

K.: Vor allem geht es darum, daß ich dem jungen Menschen den Widerstand, den er/sie hat, bewußt mache. Ich will ihn/sie aber nicht dazu bringen, den Widerstand aufzugeben. Den Widerstand können die Klienten nur von sich aus aufgeben, indem sie etwas anderes dafür bekommen. Solange sie nichts anderes dafür bekommen, geben sie ihn nicht auf.

H.: Wie entwickelt sich nun dieser Tauschvorgang?

K.: Ich mache den Widerstand nicht nur bewußt, sondern gehe soweit, daß sie diesen Widerstand leben und auch übertreiben, wenn es sein muß. Konkret: Wenn du nicht arbeiten willst, dann brauchst du nicht zu arbeiten! Geh bloß nicht in die Schule! Aber ich geh dann auch soweit, daß ich zu meinem Jugendlichen sage: „Du, wer nicht arbeitet, bleibt den ganzen Tag im Bett. Dort läßt es sich gut ruhen."

Gespräch mit Gregor (ein Jahr im Haus, 18 Jahre)

H.: Hattest du auch was, wozu du keine Lust hattest?
G.: Ich wollte nicht arbeiten gehen. Dann hat er gemeint, dann bleibst du hier.
H.: Warst du damit zufrieden?
G.: Nee.
H.: Und was hast du gemacht?
G.: Ich habs mir nicht anmerken lassen.
H.: Du wolltest, daß Herr Konsdorf sagt: Geh arbeiten.
G.: Klar.
H.: Wie bist du da rausgekommen?
G.: Mit der Zeit kommt man da selbst raus.

Kürzlich hatten wir jemanden, der sagte: „Ich arbeite nicht im Garten." Da sagte ich: „Im Garten gibt es nur eine Stelle, wo nicht gearbeitet wird. Und das ist der Komposthaufen." Ich mache das Problem deutlich, indem ich seine eigene Problematik vergegenständlicht problematisiere.

Wenn nun dieser Widerstand überwunden ist, dann schält sich der nächste Widerstand heraus, usw.

H.: Und wenn der Klient / die Klientin sagt: „Ich geh nicht auf den Komposthaufen, werde aber auch nicht arbeiten. Dazu habe ich keine Lust." Was dann?

K.: „Dann halte dich in der Nähe des Komposthaufens auf. Nur da wird gefaulenzt." Mit anderen Worten: Ich muß etwas anbieten, damit der Klient / die Klientin mit dem Widerstand konfrontiert ist. Der Widerstand steht häufig im Zusammenhang der verinnerlichten Erziehungsbotschaften. Etwa bei der Gartenarbeit. Das sei eine Aufgabe für Mädchen und Frauen. Gleiches gilt für Küchenarbeit. Mit der Zuspitzung und Problematisierung des Widerstands muß eine neue Botschaft entstehen wie z. B.: Arbeit macht keinen Spaß, wohl aber Geldverdienen. Wir sind um eine konkret-authentische Beziehungsarbeit bemüht. Es geht nicht darum, Gefühle zu manipulieren, sondern durch die authentische Auseinandersetzung den Jugendlichen ein neues Sinnbildungsangebot zu machen, das verinnerlichte Erziehungsbotschaften aufbrechen will. Ein neu entstehender Sinnzusammenhang stellt sich durch gemeinsames, erlebensbezogenes Tun wie Gehen, im Garten arbeiten, her.

H.: Noch einmal zurück zu Ihrem Beispiel zur Gartenarbeit: Gibt es niemanden, der sagt: Stelle dich doch selbst auf den Komposthaufen?

K.: Ich kann mir vorstellen, daß es diesen Menschen gibt. Ich hab ihn hier nur noch nicht erlebt. So jemand würd vielleicht sagen: Ich hau jetzt ab." Dann müßte ich sagen: „O.K., dann geh ich mit. Wohin gehen wir?" Verstehen Sie? Ein Klient / eine Klientin, der/die weglaufen will, muß weglaufen können.

H.: Widerstände sich selbst einzugestehen, sichtbar zu machen und aufzugeben, ist ein Stück Persönlichkeitsentwicklung. Erlebnispädagogische Aktivitäten ermöglichen die Aufgabe aller Widerstände, machen aber gleichzeitig auch neue Widerstände und Zumutungen sichtbar. Erlebnispädagogische Aktivitäten sind das pädagogische Medium für die Lernprozesse.

K.: Wir arbeiten mit Widerständen und machen sie durch Erleben sichtbar. Ein solcher Widerstand ist Abhauen. Unser Segelschiff ist dafür ein ungemein wichtiges Medium, diesen Widerstand zu überwinden. Das Segelschiff ermöglicht intensives gemeinsames Tun. Über das Tun werden Beziehungen hergestellt und gefestigt. Ist dies geschehen, laufen Jugendliche auch nicht mehr weg.

Ein weiterer sehr verbreiteter Widerstand ist die Unehrlichkeit. Sie kann etwas sehr Gesundes sein. Es ist den Klienten gestattet, unehrlich zu sein.

H.: Welche Muster werden dadurch freigesetzt?

K.: Wenn ich versuche, einer Person Unehrlichkeit, Nichtdurchhalten oder Ähnliches auszureden oder gar zu bestrafen, erreiche ich das Gegenteil von dem, was ich will. Die Beziehung wird gestört und der Widerstand größer. Wenn ich aber mitlüge, das Spiel also mitspiele, ist es viel einfacher, den Widerstand sichtbar zu machen und den / die Klienten / Klientin zu bewegen, ihn aufzugeben.

Amputation

H.: Gibt es Augenblicke des Aufgebens für Sie?

K.: Gibt es. Wir haben das kürzlich erlebt, zum erstenmal seit mehreren Jahren. Wir haben uns kürzlich von einem Jungen verabschiedet, als Ergebnis einer Gruppensitzung. Dieser Junge verübte immer wieder massive Straftaten. Die mußten unweigerlich den Strafvollzug zur Folge haben. So gravierend waren die. Da haben wir uns voneinander verabschiedet.

H.: Für immer verabschiedet?

K.: Nein, nein! Er kann nach Strafverbüßung wieder zu uns kommen. Für die Gruppe war es sehr gravierend.

H.: Wenn Sie jetzt nicht weiterwissen mit einem Klienten / einer Klientin, was dann?

K.: Dann gibt es jemand anderen. Ich selbst sehe für mich darin eine Lernaufgabe, der ich mich in der Supervision stellen kann.

Über Körperlichkeit Nähe herstellen

Dies ist in unsern Gesprächen immer wieder hervorgehoben worden. Über Körperlichkeit Nähe herstellen ist wichtig für die MitarbeiterInnen in unterschiedlicher Hinsicht. In bezug auf sich stellt Herr Konsdorf fest:

K.: Mir hat die Gestalttherapie wichtige Ansatzpunkte gegeben, mit unsern Jugendlichen nicht nur durch Gespräche Kontakt aufzunehmen, sondern über den Körper. Dazu ein Beispiel: Da ist der Junge, der aus der JVA Wittlich gekommen ist. Als meine Frau ihn abgeholt hat, sagte der Beamte:„Da kommt etwas auf euch zu. Wir haben uns zwei Jahre mit ihm rumgeärgert." Als er hier in der Mühle war, haben wir festgestellt, daß er nur auf Konfrontation aus war. Ich merkte, er suchte über Konfrontation Nähe. Deshalb sagte ich zu den Mitarbeitern: „Der hat nichts anderes in seinem Leben gemacht, als über Konfrontation Nähe erlebt. Wenn er konfrontativ wird, geht auf ihn zu, geht nicht auf ihn ein, streichelt ihn nur." Zuerst wehrte er den körperlichen Kontakt ab, indem er sich einkugelte und davonschlich. Mittlerweile erträgt er es, über den Rücken gestreichelt zu werden, während er lospoltert und schimpft. Irgendwann kommt der Augenblick, wo er spürt, daß er nicht „rumpoltern" muß, um Nähe zu haben.

Grundlage für dieses Erkennen ist die Gestalttherapie. Aber auch die Transaktionsanalyse spielt eine Rolle. Elemente aus verschiedenen Therapieansätzen der humanistischen Psychologie ergeben den Therapieplan. Erlebnispädagogische Ansätze bilden ein wichtiges Medium zur Bewußtmachung von Grundmustern (z. B. Widerstandsmustern) des Klienten.

Die Erlebnispädagogik ist mithin in den Therapieplan integriert. So wird das Segelboot am Anfang einer Therapie eingesetzt, oder es wird in einer Krise eingesetzt, indem ein Mitarbeiter mit zwei Klienten auf das Boot geht. Abgelehnt wird es, Angebote der Erlebnispädagogik, losgelöst von der Einrichtung, wahrzunehmen.

In der Erziehungsarbeit ist es wichtig, auf jeden Klienten / jede Klientin unverwechselbar persönlich einzugehen. Dies ist deshalb nicht leicht, weil ihre Herkunft quer durch alle gesellschaftlichen Bereiche geht, ganz anders als vor 15 Jahren noch. Die immer massiver werdende Unübersichtlichkeit der Lebensvollzüge und die wachsende Kompliziertheit der Lebensbewältigung machen es schwer, passende Therapiepläne zu entwickeln. Im Gegensatz dazu wirken die uniformierenden Zwänge im Jugendknast fast grotesk. Man stelle sich einen Strafgefangenen vor, mit zwei gesunden Händen, der auf der Pritsche liegt und 24 Stunden lang über 23 Fernsehprogramme verfügt: Auf der einen Seite die völlige Kasernierung, die Isolation – auf der anderen Seite die Reizfülle durch die Mattscheibe. Verzerrte Wirklichkeitserfahrung begründet die Arbeit im Haus und macht sie gleichzeitig schwer.

H.: Wie gehen Sie mit der von den Jugendlichen zurückgelassenen Lebenswelt um?

K.: Die Aufarbeitung von dem, was die Jugendlichen verlassen haben, z. B. die Familie, geschieht in zweierlei Hinsicht. Einmal versuchen wir über therapeutische Settings aus dem Psychodrama jeden einzelnen in die Gegenwart zu holen. Wir arbeiten jetzt mit einem Jungen dran zu verarbeiten, von einem Schwarzen gezeugt und dann adoptiert worden zu sein. Wir arbeiten zum andern, wo es möglich ist, auch mit den Eltern, indem die Eltern hierher kommen und der Vater dem Jugendlichen endlich sagt: „Ich bin nicht dein Vater, ich habe dich aber aufgenommen als mein Kind, du bist gezeugt worden vom Nachbarn, während der Zeit, als ich im Gefängnis war." Der ganze Ort weiß das, der Junge auch, er weiß es nur nicht aus dem Mund des Vaters – und das ist das Entscheidende.

Zum pädagogischen Können des Erlebnispädagogen und der Erlebnispädagogin

Es ließe sich nun ein Katalog von Schlüsselqualifikationen nennen. Einige Leser und Leserinnen erwarten ihn möglicherweise an dieser Stelle. Es ließen sich auch Lernwege bis zum ausgereiften pädagogischen Können zeigen. Es lassen sich letztlich Figuren zeigen, die dem pädagogischen Können im alltäglichen Handlungsgeschehen zugrundeliegen.

Ich möchte versuchen, drei Denkfiguren, die in meiner Sicht für Erlebnispädagogik grundlegend sind, in gebotener Kürze zu skizzieren. Mit ihrer Auswahl will ich nicht behaupten, sie seien die einzig möglichen. Vielmehr erhoffe ich mir mit ihrer Darbietung den Beginn eines Gesprächs, das sich um Ansätze zu einer Systematisierung des pädagogischen Könnens in der Erlebnispädagogik bemüht. Die erste Denkfigur bezieht sich auf den Körper und formuliert die Aufgabe: Alle Sinne beisammen zu haben, die zweite Denkfigur bezieht sich auf das Medium und formuliert die Aufgabe: Wandern, Klettern, Kanufahren z.B. werden zu pädagogischen Medien dadurch, daß sie zwischenmenschliche Transparenz und einen Schaffensvorgang bei aktiver Beteiligung und Gegenseitigkeit aller Subjekte auslösen. Die dritte Denkfigur schließlich entwickelt einen pädagogisch hermeneutischen Zirkel, mit dessen Hilfe pädagogisches Handeln und pädagogisches Erkennen zu einer dualen Einheit zusammenwachsen.

1. Alle Sinne beisammen haben:

Mit Hilfe der Wissenschaft lassen sich großräumige Modelle und ungewöhnlich komplizierte Gleichungen aufstellen. Wenn es aber darum geht, den gesellschaftlichen, institutionellen, persönlichen Alltag lebens- und das will auch heißen liebenswert zu gestalten, dann sind die Grenzen verblüffend eng gesteckt. Das vielfältige Spektrum analytischen Wissens hat Lebensqualität nicht entsprechend erhöhen können. Fragmentierendes Denken, Teile in immer kleinere Teile zu zerteilen, hat offenbar die Entwicklung von Lebensformen begünstigt, die sich in immer mehr Sinnprovinzen aufspalten. Offenbar vermag der größere Teil der Menschen unserer Gesellschaft den aus vielen getrennt existierenden Bruchstücken bestehenden Alltag immer noch so zusammenzustellen, daß ein Zurechtfinden weiterhin möglich ist. Einem nicht geringen Teil gelingt dies seit längerem zunehmend weniger.

Feststellbar ist, daß sich das Lebendige im Siegeszug analytisch-empirischer Wissenschaftsauffassung, die sicherlich historisch konsequent ist, ausgeblendet hat. Mit der wachsenden Störung äußerer Natur ging eine Nivellierung von Subjektivität einher. Zunehmend weniger erscheint es möglich geworden zu sein, den persönlichen Ausdruck, das Konkrete, das Einmalige, den in seiner Orts- und Zeitgebundenheit gegebenen lebenspraktischen Bezug als objektive Größe zu akzeptieren.

Erlebnispädagogik kann an dieser Stelle ansetzen, nämlich mit Hilfe von in der Regel naturbezogenen Aktivitäten, Menschen, denen es in der Regel nicht gut ergangen ist, wahrzunehmen, zu verstehen und in ihrem Willens- und Könnenspotential so zu stärken, daß sie sich im Alltag besser zurechtfinden. Wahrnehmen und Verstehen als Fähigkeiten auf die unverwechselbare Subjektivität schauen zu können, gelingt dem Pädagogen und der Pädagogin, wenn sie sich ihrer Sinne bedienen können. Dies ist weder athletisch noch olympisch gemeint. Wahrnehmen und Verstehen sind auch mit gezielter Nutzung sogenannter Prothesen möglich. Brille, Fernglas, Mikroskop, elektronisches und binäres Bild können den Augensinn erweitern, aber ihn auch immer mehr einengen. So kann Fernsehen die Fähigkeit vom Sinn zum Denken hin durch flache Anschauung verschütten, indem der Bildschirm den aktiven Part übernimmt und der Zuschauer zum eigentlichen Bildschirm wird. Es ergibt sich so ein Rollentausch in bezug auf das ursprünglich Natürliche. Auf der nächsten Stufe kommt dann nicht mehr das laufende Bild zum Menschen, sondern es kommen nur noch Zeichen, Informationen. Entsinnlichung läßt sich so skizzieren: vom gemalten Bild zur Fotographie, von dort zum Fernsehbild und schließlich zum binären Computerbild. Der menschliche Körper ist in den zurückliegenden Jahrzehnten mehr und mehr den Maschinengesetzen unterworfen worden. In gleichem Maße hat sich tendenziell das Sinnenbewußtsein zurückgezogen. Mit Hilfe dieses knappen Exkurses will ich feststellen, daß die Voraussetzungen für sinnenbezogene Aktivitäten aufgrund geometrisierter Rollenzuweisungen alles andere als günstig sind. Wiederkehr des Körpers lautet der Titel eines Buches von *D. Kamper* von 1982. Wiederkehr meint die Kultivierung der Sinne. Wiederkehr drückt Protest gegen eine zu geringe Nutzung und zu große Vernachlässigung und dadurch Verkümmerung des Körpers aus. Wenn es in der Erlebnispädagogik darum geht, mit jungen Menschen natürliche Wege zu gehen – im Dialog sind mehrere Beispiele genannt worden – dann gelingt dies in dem Maße, wie die pädagogische Begleitperson ihrer Sinne mächtig und bewußt ist. Dies allein würde jedoch nicht reichen.

2. Der pädagogisch-hermeneutische Zirkel

Eine nach wie vor ungebrochene Anwendung von Wissen auf Praxis ist sicherlich im Experiment möglich, nicht aber sinnvoll im Umgang zwischen Menschen, sollen diese nicht zu blassen Objekten vorauseilenden Wissens degenerieren.

In der erlebnispädagogischen Arbeit insbesondere ist es unerläßlich, den konkreten, unverwechselbaren Menschen über Anschauung stets von neuem mit pädagogisch relevantem Vorwissen zu verbinden. Der Pädagoge und die Pädagogin haben in der Interaktion mit dem jungen Menschen stets von neuem erweitertes Wissen als situative Theorie zu schaffen. Vorgängiges Wissen kann für die Gestaltung konkreter Situationen nie mehr als Vorverständnis sein. Folgender Ansatz, den ich pädagogisch-hermeneutischer Zirkel nennen möchte, hat sich in meiner bisherigen pädagogischen Arbeit im Zusammenhang von Praxis und Theorie als sinnvoll erwiesen.

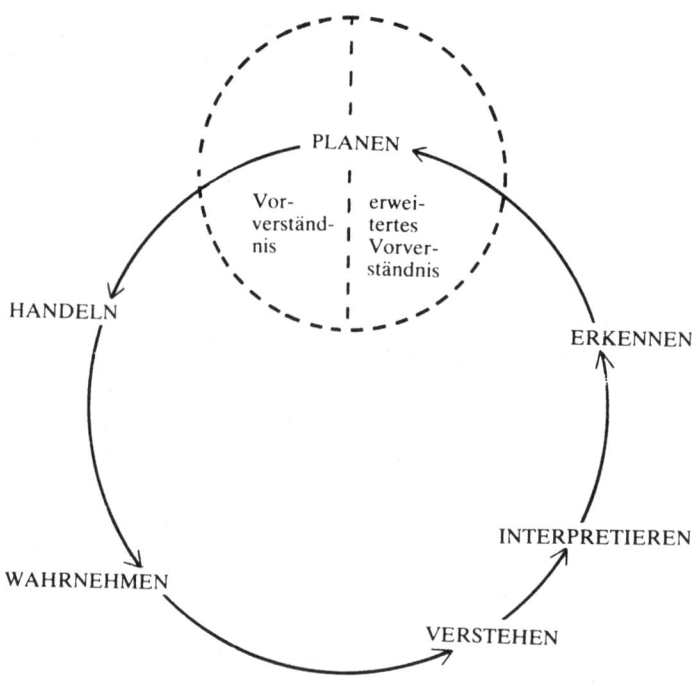

Der Zirkel konkretisiert Wahrnehmen (u.a. pädagogisches Sehen), Verstehen (empathisches Vermögen), Interpretieren (Herstellung des Zusammenhangs von Subjektivität und Objektivität im pädagogischen Feldvorgang), Handeln (als Lernhilfe). Der Ansatz will zeigen, daß die Qualität und Quantität von Wissen, Kenntnissen und Erfahrungen die genannten pädagogischen Fähigkeiten begünstigen bzw. verringern, nicht aber vorab festlegen können. In diesem Ansatz wird pädagogisches Erkennen an pädagogisches Handeln geknüpft. In meiner Sicht benennt der pädagogisch-hermeneutische Zirkel viel von dem, was der Erlebnispädagoge und die Erlebnispädagogin können müssen. Zur Planung gehören: Wissen, Erfahrung, Interesse, Phantasie und Intuition. Auf der Grundlage der Planung bzw. des Vorverständnisses wird gehandelt. Die Fähigkeit, die Prozesse während des Handelns sinnlich zu erfassen, bestimmt Grad und Differenziertheit des Wahrnehmens.

Das Verstehen entfaltet sich aus Anteilnahme und praktischer Rollenübernahme. In der Regel sind es einzelne Phänomene aus einer Großzahl von Wahrnehmungen, die den Verstehenden berühren und zur Verdichtung von Sinngebung führen, die schließlich in Interpretation durch Hinzufügung allgemeiner Sinnkontexte übergeht und letztlich wieder zum Beginn auf höherer Ebene zurückgeht und diesen gleichzeitig differenziert.

3. Pädagogische Medien

Wodurch werden Klettern, Wandern bzw. Gehen, Kanufahren etc. im *erlebnispädagogischen Handlungszusammenhang zu pädagogischen Medien? Vom lateinischen Ursprungswort her bedeutet Medium soviel wie Mitte. In unserem modernen Sprachgebrauch ist daraus Mittel geworden. Medienpädagogik bindet sich gewöhnlich an diese Bedeutung. Zumeist finden Medien im technischen und künstlerischen Sinne Verwendung.*

Von einem technischen Medium kann dann gesprochen werden, wenn eine Ein-Weg-Relation zwischen Anleiter (Anbieter) und Rezipient vorliegt. Das technische Medium steht zwischen Anleiter (Anbieter) und Rezipient so, daß der Sinn des Anleitungsprozesses für den Rezipienten diffus bleibt, ebenso die Aufgabe des Wahrnehmens und Verstehens für den Produzenten.

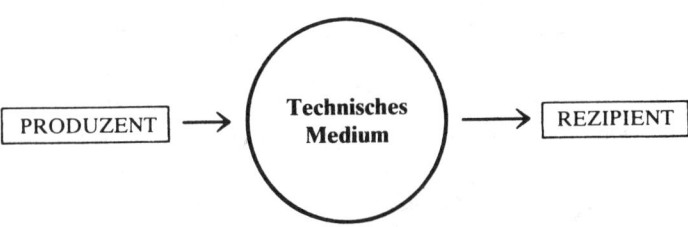

Beim künstlerischen bzw. sportlichen Medium steht der Anleiter in schöpferischer Spannung zum Medium. Er gestaltet das Medium, aber das Medium formt auch ihn. Im sportlichen bzw. bewegungsbezogenen Vorgang z. B. schafft sich der Anleiter ein Abbild seiner Wirklichkeit. Für den Rezipienten hingegen ist ein so gestaltetes Medium nur ein fertiges Objekt.

Anders verhält es sich beim pädagogischen Medium:

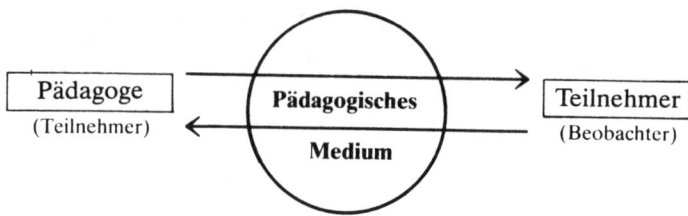

Die Skizze zeigt eine direkte, wechselseitige Verbundenheit von Pädagogen und Jugendlichen. Im Gegensatz zum technischen und künstlerischen Medium vergegenständlicht sich das pädagogische Medium nicht im fertigen Produkt, sondern es erzeugt zwischenmenschliche Transparenz und einen zwischenmenschlichen Aneignungs- und Verarbeitungsprozeß. Der Umgang mit pädagogischen Medien setzt kein technisches und künstlerisch-sportliches Können seitens des Jugendlichen voraus. Im Umgang mit pädagogischen Medien erfahren sich die beteiligten Personen als Subjekte, indem sie sich ihrer inneren Beweggründe im Medium entledigen, indem sie etwas gemeinsam herstellen (z. B. ein Floß, ein Kanu), indem eine sinnliche Gestaltung stattfindet (z. B. eine Kanufahrt auf dem Fluß), indem eine sinnliche Wahrnehmung stattfindet (z. B. beim Wandern durch die Eifel das Fluchen, das Räuspern etc.) und indem körperliches Gestalten stattfindet (z. B. sich Menschen beim Klettern helfen und günstige Kletterwege entdecken).

Pädagogische Medien helfen auf der Grundlage von Beteiligung den eigenen subjektiven Ausdruck zu artikulieren und damit auch intersubjektives Verstehen zu ermöglichen.

Schließlich werden pädagogische Medien erst dann wirklich pädagogisch, wenn sie dem Pädagogen und der Pädagogin über Wahrnehmen und Verstehen die fachkundige Einschätzung und die angemessene Verantwortungsübernahme verwirklichen helfen.

Autor(inn)en:

Hans G. Bauer, geb. 1948, Dipl.Soz., seit 1973 tätig in: FamilyResearch Center, Detroit/USA, DJI, München (Jugendhilfe / -politik), Institut für Frühpädagogik, München; Verbandsarbeit und Erzieher in einer Jugendhilfeeinrichtung; seit 1984 Gesellschaft für Ausbildungsforschung und Berufsentwicklung e. V., München. Derzeitige Arbeitsschwerpunkte: berufspädagogische Forschung und Beratung, Ausbilderqualifizierung, Erlebnispädagogik, Erwachsenenbildung, Veröffentlichungen u. a.: „ Erlebnispädagogik in der sozialen Arbeit" (Hrsg. mit Werner Nikkolai), Lüneburg 1992 / „Ausbilder als Partner" (mit G. Herz, H. Herzer). Alsbach 1990 / „Methoden betrieblicher Weiterbildung. Ansätze zur Integration fachlicher und fachübergreifender beruflicher Fortbildung (Hrsg. mit H. Herzer und G. Dybowski), Eschborn 1990 / Arbeitsgestaltung im Betrieb – Analysen und Konzepte" (mit A. Bojanowski, G., M. Herzer). Alsbach 1993.

Günther Bittner, geb. 1937 in Prag, Diplom-Psychologe, Pädagoge und Psychoanalytiker; psychoanalytische Ausbildung an der Stuttgarter Akademie für Tiefenpsychologie und Analytische Psychotherapie. Habilitation an der Universität Tübingen 1969, Professor an der Pädagogischen Hochschule Reutlingen und an der Universität Bielefeld, seit 1977 an der Universität Würzburg. Wichtige neuere Veröffentlichungen: Das Sterben denken um des Lebens willen, Würzburg 1984; (gem. hrsg. mit Christoph Ertle) Pädagogik und Psychoanalyse, Würzburg 1985; Das Unbewußte – ein Mensch im Menschen?, Würzburg 1988; (gem. mit Manfred Thalhammer) „ Das Ich ist vor allem ein körperliches..." Zum Selbstwerden des körperbehinderten Kindes, Würzburg 1989; (gem. mit Paul-Ludwig Weinacht) Wieviel Garten braucht der Mensch?, Würzburg 1990; Biographien im Umbruch. Lebenslaufforschung und Vergleichende Erziehungswissenschaft (im Druck).

Gerd Brenner, Dr. phil., Studium der Pädagogik, Germanistik, Anglistik und Philosophie, mehrere Jahre Leitungsämter im Jugendverbandsbereich, Bildungsreferent bei der Bundesleitung eines Schülerverbandes (Katholische Studierende Jugend), Erstes und Zweites Staatsexamen, Gymnasiallehrer, Moderator in der Lehrerfortbildung, seit 1977 Redakteur der Zeitschrift „deutsche jugend", Mitarbeiter von Lehrwerken, Herausgeber der Buchreihe „Praxishilfen für die Jugendarbeit" (Juventa Verlag). Arbeitsschwerpunkte: Aus- und Fortbildung, Schreibdidaktik, Kreatives Schreiben, Handlungskonzepte in der Jugendarbeit. Neuere Veröffentlichungen: Gerd Brenner / Franz Grubauer (Hrsg.): Typisch Mädchen? Typisch Junge? Persönlichkeitsentwicklung und Wandel der Geschlechterrollen, Weinheim und München 1991. Gerd Brenner / Martin Nörber: Jugendarbeit und Schule. Kooperation statt Rivalität um die Freizeit, Weinheim und München 1992. Gerd Brenner: Kreatives Schreiben, 2. Aufl., Frankfurt/M. 1992. Gerd Brenner / Renate Hußing-Weitz: Texte verfassen. Oberstufe, Frankfurt/M. 1992. Gerd Brenner / Horst

Niesyto (Hrsg.): Handlungsorientierte Medienarbeit. Video, Film, Ton, Foto, Weinheim und München 1993.

Horst Dräger, Prof. für Erziehungswissenschaft, Universität Trier. Arbeitsschwerpunkte: Geschichte der Pädagogik, Erwachsenenbildung, historische Bildungsforschung und Theorie der Erziehung. Veröffentlichungen u. a.: Pestalozzis Idee von der Einheit der Erziehung. Pädagogik, Andragogik, Politik. Frankfurt a.M. ; 1989; Aufsätze u. a.: Historische Aspekte und bildungspolitische Konsequenzen einer Theorie des lebenslangen Lernens. In: Internationales Jahrbuch für Erwachsenenbildung Bd. 7; Erziehungswissenschaft: Die Überwindung der doppelten Partikularität von Pädagogik und Andragogik. Eine historische Skizze. In: Historische Zugänge zur Erwachsenenbildung. Bremen 1985.

Rüdiger Gilsdorf, Diplom-Psychologe, Jg. 1958, Studium der Psychologie an der Universität Hamburg (1978–1984); Weiterbildung in Gestalttherapie (beim Institut für Humanistische Therapie in Eschweiler, 1986–1989; Mitarbeiter in der Schulpsychologischen Beratungsstelle Bad Kreuznach (seit 1986); Freier Mitarbeiter bei Outward Bound Frankreich (seit 1989). Arbeitsschwerpunkte: Lehrerfortbildung und Praxisbegleitung zu folgenden Themen: Erlebnispädagogik, Kreative Ruhe – Arbeit mit Verfahren der Entspannung und Imagination, Planspiele, Supervision und Beratung von Lehrerteams.

Hans Günther Homfeldt, Professor für Sozialpädagogik an der Universität Trier. Arbeitsschwerpunkte: Gesundheitsbildung und Gesundheitsförderung im schulischen / hochschulischen und sozialpädagogischen Kontext; Erlebnispädagogik – ihre Möglichkeiten und Grenzen; Weiterbildung im europäischen Zusammenhang; Ansätze zur Qualifizierung der Jugendarbeit und Jugendverbandsarbeit; Schule als Ort sozialpädagogischen Handelns. Neuere Veröffentlichungen: (mit A. Stenzel): Auszug in ein fremdes Land? Weinheim 1989[2]; Erziehung und Gesundheit (Hg.), Weinheim 1991[2]; Sinnliche Wahrnehmung – Körperbewußtsein – Gesundheitsbildung (Hg.), Weinheim 1993[2]; Ausbilden und Fortbilden. Krisen und Perspektiven der Lehrerbildung (Hg.), Bad Heilbrunn 1991; Anleitungsbuch zur Gesundheitsbildung (Hg.), Baltmannsweiler 1993. Mitherausgabe der Zeitschrift Pädagogisches Forum (Pädagogischer Verlag Burgbücherei Schneider, Baltmannsweiler).

Josef Koch, Jg. 1960, Studium der Erziehungswissenschaft, Germanistik, Philosophie und Sozialwissenschaften an der Philipps-Universität Marburg (1979–1985); Sozialarbeiter im Sozialen Brennpunkt (1985–87) und wissenschaftlicher Mitarbeiter an der Universität Marburg (1987–88); Fortbildungsreferent / Projektleiter beim bsj e.V. / Marburg (1989 / seit 1990); Vorstandsmitglied für Sozialarbeit der Sportjugend Hessen (seit 1990). Arbeitsschwerpunkte: Konzepte und Theorien der Sozialarbeit mit Körper und Bewegung; Schul- und berufsbezogene Sozialarbeit in Heimen; Konzepte der Erlebnispädagogik in der Jugendhilfe. Einige Veröffentlichungen: Risikosportarten in der Sozialarbeit (1988 / mit J. Schirp); Flüsse, Flöße,

Floßgesellen. Projekte als Lernmethode (1989); Jugendhilfe in Bewegung (1991 / mit P. Becker; J. Schirp); Lernen und Klassenkörper, in: Sportunterricht (1992); Erlebnispädagogik und Heimerziehung, in: Sozial extra (1993).

Volker Maaß, geb.: 1944, seemännische Ausbildung; Lehrerstudium und 6 Jahre Schuldienst in Bremen; Psychologiestudium in Kiel; seit 1979 Mitarbeiter des Ev. Jugenddorfes Rendsburg und seit 1992 Geschäftsführer im Kinder- und Jugendhilfeverbund e. V. in Kiel – 3 Jahre praktische Arbeit auf dem Jugendschiff „Jonathan" – Organisator der Tagung „Standortbestimmung der Erlebnispädagogik in der Erziehungshilfe", Bad Godesberg 1991 – Organisator der Tagung „Erlebnispädagogik in der Erziehungshilfe", Malente 1992 – Herausgeber der beiden Tagungsdokumentationen.

Boje Maaßen, Diplom-Pädagoge, von 1969–1990 Lehrer auf Föhr, seit 1990 wissenschaftlicher Mitarbeiter am Institut für Allgemeine Pädagogik und Koordinator des Studiengangs „Erziehung und Gesundheit" an der Pädagogischen Hochschule Flensburg. Arbeitsschwerpunkte: Naturerleben, theoretische Grundlagen der Pädagogik. Veröffentlichungen: Maaßen, B.: Naturerleben im Wattenmeer. In: Homfeldt, H.G. (Hg.): Sinnliche Wahrnehmung – Körperbewußtsein – Gesundheitsbildung. Weinheim 1991, S. 206–220. Maaßen, B.: Wahrnehmen und Verstehen. In: Homfeldt, H.G. (Hg.): Anleitungsbuch zur Gesundheitsbildung. Baltmannsweiler 1993, S. 12–20. Maaßen, B. (Mitverfasser) (1990): Landesinstitut Schleswig-Holstein für Praxis und Theorie der Schule; Landesamt für den Nationalpark Schleswig-Holsteinisches Wattenmeer (Hg.): Tiere im Wattenmeer. Zur Lebensweise ausgewählter Arten.

Werner Michl, Jahrgang 1950, M.A. in Pädagogik und Dr.phil., arbeitet als Referent für Jugendhilfe bei der Katholischen Jugendfürsorge München. Von 1979–1981: Leitung des Jugendzentrums Pullach. Von 1981–1990: Bildungsreferent beim Kreisjugendring München-Land (Bildungsstätte Burg Schwaneck) mit den Arbeitsschwerpunkten: politische und ökologische Bildungsarbeit, Erlebnispädagogik. Zahlreiche Veröffentlichungen zu ökologischen Themen und zur Erlebnispädagogik, u. a.: Michl, W.: Praxis der ökologischen Bildung in der Jugendarbeit. Lüneburg 1992 (edition erlebnispädagogik). Bedacht, A., Dewald, W., Heckmair, B., Michl, W., Weis, K.: Erlebnispädagogik – Mode, Methode oder mehr? München 1992 (Fachhochschulschriften). Heckmair, B., Michel, W.: Erleben und Lernen – Einstieg in die Erlebnispädagogik. Neuwied 1993 (Luchterhand Verlag).

Richard Münchmeier, Studium der Erziehungswissenschaft, Psychologie und Soziologie; Promotion in Tübingen; Habilitation für das Fach Sozialpädagogik an der Gesamthochschule Kassel – Universität. Seit 1981 Leiter der Abteilung Jugendhilfeforschung am Deutschen Jugendinstitut, München und seit 1989 Privatdozent in Kassel. Veröffentlichungen: Lothar Böhnisch / Richard Münchmeier: Wozu Jugendarbeit? Orientierungen für Ausbildung, Fortbildung und Praxis, Weinheim und München 3. Auflage 1992. Lothar Böhnisch / Richard Münchmeier: Pädagogik des Jugendraums. Zur Begründung und Praxis einer sozialräumlichen Jugendpädagogik, Weinheim und München 1990.

Werner Nickolai, geb. 1950, Dipl.Sozialarbeiter (FH), Studium der Erziehungswissenschaft und Kriminologie an der Universität Heidelberg; von 1974 bis 1989 als Sozialarbeiter und Sportreferent in der Jugendvollzugsanstalt Adelsheim tätig; seit 1989 an der Katholischen Fachhochschule für Sozialwesen und Religionspädagogik in Freiburg mit den Themenschwerpunkten Straffälligenhilfe, Erlebnispädagogik, Arbeit mit rechtsextremistischen Jugendlichen". Veröffentlichungen: Nickolai, W. (Hrsg.): Sozialpädagogik im Jugendstrafvollzug. Freiburg 1985. – Nickolai / Quensel / Rieder: Erlebnispädagogik mit Randgruppen. Freiburg 1991. 2. Auflage. – Bauer, H.G. / Nickolai, W. (Hrsg.): Erlebnispädagogik in der sozialen Arbeit. Lüneburg 1991. 2. Auflage. – Nickolai / Rieder / Walter (Hrsg.): Sport im Strafvollzug - pädagogische und therapeutische Modelle. Freiburg 1992. – Nickolai, W. / Reindl, R. (Hrsg.): Sozialarbeit und Kriminalpolitik. Freiburg 1993.

Jürgen Oelkers, geb. 1947. Seit 1987 o. Professor für Allgemeine Pädagogik an der Universität Bern. Forschungsschwerpunkte: Theorie der Erziehung, Geschichte der Pädagogik (18./19. Jahrhundert), Reformpädagogik. Veröffentlichungen: – Antipädagogik – Herausforderung und Kritik, zus. m. Thomas Lehmann. (Braunschweig 1983; inzw. 2. Aufl. Weinheim / Basel 1990). – Erziehen und Unterrichten – Grundbegriffe der Pädagogik in analytischer Sicht. (Darmstadt 1985). – Die Herausforderung der Wirklichkeit durch das Subjekt. Literarische Reflexionen in pädagogischer Absicht. (Weinheim / München 1985). – Die große Aspiration. Zur Herausbildung der Erziehungswissenschaft im 19. Jahrhundert. (Darmstadt 1989). – Reformpädagogik. Eine kritische Analyse (Weinheim / München 1989; 2. erg. Aufl. 1992). – Erziehung als Paradoxie der Moderne. Aufsätze zur Kulturpädagogik. Weinheim 1991. – Pädagogische Ethik. Eine Einführung in ihre Probleme, Paradoxien und Perspektiven. Weinheim / München 1992. – Hrsg.: Aufklärung, Bildung und Öffentlichkeit. Pädagogische Beiträge zur Moderne. Weinheim / Basel 1993. Wissenschaftliche Tätigkeit: Mitherausgeber der „Zeitschrift für Pädagogik" (seit 1985); Geschäftsleitung der Redaktion 1990–1992. Vorsitzender der Kommission „ Bildungs- und Erziehungsphilosophie" der Deutschen Gesellschaft für Erziehungswissenschaft" (1987–1990).

Lotte Rose, Jg. 1958, Diplom-Pädagogin, Dr. phil., Mutter von zwei Kindern, freie Autorin. Mitarbeiterin der Shell-Jugendstudien 1985 und 1992, 1985–1988 Forschungsprojekt „ Biographien junger Kunstturnerinnen" an der Gesamthochschule Siegen; 1990–1991 Forschungsprojekt „Weiblicher Körper und Sport" an der Philipps-Universität Marburg; seit 1992 wissenschaftliche Begleitung des Modellprojekts „ Mädchen in Bewegung" des bsj e. V. in Marburg, Koordinatorin des Arbeitskreises „ Mädchen in der Erlebnispädagogik", diverse Publikationen zum Geschlechterverhältnis, zur weiblichen Körper- und Bewegungssozialisation und bewegungsorientierten Mädchensozialarbeit.

Jörgen Schulze, Diplom-Pädagoge, von 1988 bis 1990 tätig als Leiter eines Jugendzentrums, seit 1990 wiss. Mitarbeiter an der Universität Trier, Abt. Pädagogik. Arbeitsschwerpunkte: Berufsforschung, Jugendarbeit / Jugendverbandsarbeit, Rechtsextremismus. Veröffentlichungen u. a.: Rechte Jugendliche auf der Suche nach action und Abenteuer – Herausforderungen für die Pädagogik. Pädagogisches Forum 4/1992, S. 180–186; ...besser als ihr Ruf. Berufseinmündung und Beschäftigungssituation von Diplom-PädagogInnen. Der pädagogische Blick 1/1993, S. 19–31 (mit B. Krüdener).

Hans Thiersch, Professor Dr. phil., Jahrg. 1935, seit 1970 Professor für Erziehungswissenschaft und Sozialpädagogik an der Universität Tübingen. Arbeitsschwerpunkte: Fragen der sozialpädagogischen Theorie; Probleme abweichenden Verhaltens, der Beratung, Heimerziehung und der sozialpädagogischen Jugendarbeit. Mitherausgeber der Zeitschrift Neue Praxis und des Handbuchs Sozialarbeit / Sozialpädagogik. Hans Thiersch war Mitglied des Vorstands der Deutschen Gesellschaft für Erziehungswissenschaft und von 1978–1982 deren Vorsitzender; ist Mitglied des Kuratoriums des Deutschen Jugendinstituts und Vorsitzender des Wissenschaftlichen Beirats des Deutschen Jugendinstituts, München; war Mitglied der Sachverständigenkommission zum 8. Jugendbericht; ist Vorsitzender des Tübinger Vereins für Sozialtherapie (Martin-Bonhoeffer-Häuser) und Mitglied des Vorstands der Tübinger Drogenhilfe e. V. Publikationen: Die Erfahrung der Wirklichkeit, Weinheim/München 1986; mit Thomas Rauschenbach (Hrsg.): Die herausgeforderte Moral, Bielefeld 1987; mit Burkhard Müller (Hrsg.): Gerechtigkeit und Selbstverwirklichung, Freiburg/Br. 1990; mit Walter Jens: Deutsche Lebensläufe in Autobiographien und Briefen, Sammlung Luchterhand 1991. Lebensweltorientierte Soziale Arbeit – Aufgaben der Praxis im sozialen Wandel, Weinheim 1992.

Waldemar Vogelgesang, Dr. phil., geb. 1952. Studium der Soziologie, Philosophie und Politikwissenschaft. Mitarbeit in mehreren sozialwissenschaftlichen Forschungsprojekten, derzeit wissenschaftlicher Angestellter im Fach Soziologie der Universität Trier. Arbeitsschwerpunkte: Allgemeine Soziologie, Bildungs- und Jugendsoziologie, Soziologie der Medien, Kultur- und Stilforschung, Methoden und Methodologie der Sozialwissenschaften. Veröffentlichungen: Jugendliche Video-Cliquen. Opladen 1991; Grauen und Lust – Die Inszenierung der Affekte. Pfaffenweiler 1990 (gemeinsam mit R. Eckert u. a.); Auf digitalen Pfaden. Die Kulturen von Hackern, Programmierern, Crackern und Spielern. Opladen 1991 (gemeinsam mit R. Eckert u. a.); Okkulte Jugendliche: Höllenfahrer oder Himmelsstürmer. Frankfurt 1993 (im Erscheinen; gemeinsam mit A. Zimmer).

Christian von Wolffersdorff, nach dem Studium der Soziologie Forschungstätigkeit an der Universität Münster zum Thema Drogen und Subkultur; von 1973 bis 1992 in verschiedenen Funktionen und Projekten tätig am Deutschen Jugendinstitut München – zuletzt im Rahmen einer Untersuchung zur Problematik der geschlossenen Heimerziehung sowie einer noch laufenden Erhebung zur Entwicklung der Jugendhilfe in den neuen Bundesländern. Seit 1992 als Hochschullehrer am Institut für Sozialpädagogik und Sozialarbeit der TU Dresden tätig; Aufgabenschwerpunkte: Jugendhilfe, Delinquenz, Sozialarbeit im Gesundheitswesen. Veröffentlichung: C. v. Wolffersdorff / V. Sprau-Kuhlen: Geschlossene Unterbringung in Heimen – Kapitulation der Jugendhilfe? München 1990.